本书内容为厦门市社会科学界联合会、厦门市社会科学院2011—2013年厦门市社会科学调研重大课题"闽台历史民俗文化遗产资源调查"系列课题研究成果之一,课题由厦门理工学院承接并组织完成。

《厦门社科丛书》编委会

顾　　问：叶重耕
主　　任：朱崇实
副 主 任：张　萍　周　旻
委　　员：林书春　黄珠龙　洪英士　陈振明
　　　　　周　宁　彭心安　黄晓舟　沈铁岩
　　　　　陈怀群　黄碧珊　王　琰　李　桢

《闽台历史民俗文化遗产资源调查》编纂委员会

编委会主任：周　旻　黄红武　林书春
副 主 任：王　琰　林志成　陈丽安　吴克寿
　　　　　李　桢
委　　员：葛晓宏　项　茜　郭肖华　陈英涛
　　　　　袁雅琴　王　伟　朱瑞元　罗善明
　　　　　严　滨　王玥娟　詹朝霞　李文泰
　　　　　刘芝凤　李秋香　徐　辉　林寒生
　　　　　段宝林　欧　荔　和立勇　林江珠
　　　　　黄金洪　蔡清毅　庄荣志　方　奇
总主持/总编审：刘芝凤
编　　审：王宏刚　张安巡　陈育伦　邓晓华
　　　　　郑尚宪　蔡葆全　夏　敏　林德荣
　　　　　戴志坚　陈少坚　曾凤飞

闽台历史民俗文化遗产资源调查系列

2013年
厦门社科丛书

中共厦门市委宣传部
厦门市社会科学界联合会 合编

闽台民间信仰传统文化遗产资源调查

林江珠 段凌平 王煌彬 徐辉 谢赐龙 著

厦门大学出版社
国家一级出版社
全国百佳图书出版单位

《闽台民间信仰传统文化遗产资源调查》

本专题主持人：	徐　辉			
本专题组成员：	林江珠	段凌平	王煌彬	徐　辉
	胡　丹	蔡清毅	吴应其	王商书
	郑蔚琳			
本专题图片摄影：	王煌彬	刘芝凤	黄辉海	刘少郎
	林江珠	王商书	柯水城	戚丹丹
参加田野调查人员：	刘芝凤	林江珠	段凌平	徐　辉
	吴应其	蔡清毅	王煌彬	谢赐龙
	胡　丹	王商书	林婉娇	柯水城
	黄辉海	刘少郎	唐文瑶	张凤莲
	卢艺强	叶志鹏	李　钰	卓小婷
	曾晓萍	黄雅芬	池荣秀	陈燕婷
	朱秀梅	戚丹丹	曾丽莉	郑慰琳
	王美琴	康　莹	康加宝	郑振嗣
	吴炜强	刘丽萍	谢翠娜	陈春香
	冯银淑	郑元聪	林春红	匡　妙
	谢　楠	陈子冲	沈少勇	郭文源
	黄雅瑜	张丽婷	庄忆雯	傅素勤
	高自宋	黄艺娜	林龙明	袁　庆
	游燕燕	蔡庆卫	上官婧	

闽南南安码头镇金中村民间信仰（上图）
台湾大甲妈祖信仰（下图）

闽台民间信仰

闽台图腾崇拜与田野调研

1. 海神妈祖信仰
2. 金门风狮爷信仰
3. 农历六月初六三平祖师爷诞辰，各地信众在漳州三平寺祈愿的传统习俗
4. 远古的生殖崇拜
5. 保生大帝信仰
6. 妈祖绕境的阵头表演
7. 福安猴崇拜
8. 厦门思明区清代延平王祠
9. 南平市樟湖区蛙神信仰
10. 屏东排湾人蛇图腾
11. 台北万华龙山寺
12. 漳州龙文九龙江边的水仙庙端午划水仙

福建民间信仰实地调查

1. 福建漳州"送王船"仪式
2. 南安码头金中村五谷神巡境场面
3. 永定县坎市妈祖祭祀上的贡品
4. 漳州长泰赛大猪
5. 徐辉、刘芝凤教授在台湾花莲县马太鞍阿美头人家采访民间信仰
6. 林江珠副教授带学生在云霄县油车村采访民间信仰习俗
7. 课题组师生在云霄县油车村夜以继日赶写民间信仰调查报告

台湾民间信仰

1. 台北霞海城隍庙人潮拥挤
2. 台湾澎湖糯米龟祭祀
3. 台湾关公闹境习俗

4. 日本统治时期台湾六堆忠义祠
5. 苗栗东河乡永圣宫祭祀
6. 台湾苗栗县后龙镇庙中清代令牌上的蛇图腾
7. 新竹义民庙祭放河灯

总　序

闽台历史民俗文化是民族文化和地域文化的融合体，是中国当代文化的有机组成部分。对闽台历史民俗文化进行全方位的调查与研究，是继承和发扬优秀传统文化的基础性工程，也是厦门社科工作者义不容辞的责任。

经过多位社科专家学者数年的努力，《闽台历史民俗文化遗产资源调查》丛书终于面世了。该套丛书涵盖闽台民间信仰习俗、民间文学、民间艺术等十三个方面，视野宽广、资料翔实。注重田野考察，掌握第一手资料，是该套丛书的一个鲜明特点；收集保存珍贵的民俗文化遗产资源，纠正相关研究中的一些资料文献误差，是该套丛书的又一个重大贡献。

两岸同根，闽台一家。福建和台湾文化底蕴相通、学术传统相似，《闽台历史民俗文化遗产资源调查》的出版就是一个很好的范例。习近平总书记最近指出，"要使中华优秀传统文化成为涵养社会主义核心价值观的重要源泉"。如何进一步挖掘闽台特色文化资源，让人民群众在优秀历史文化的传承中受到启迪和教育，切实"增强文化自信和价值观自信"，是时代赋予的重大课题。我期待厦门社科研究工作一直走在全省、全国的前列，体现出应有的担当。

中共厦门市委常委、宣传部部长
叶重耕

目录

- 001　**第一章　综　述**
- 001　　第一节　闽台民间信仰资源调查综述
- 014　　第二节　闽台民间信仰产生的自然与社会环境
- 022　　第三节　闽台民间信仰的历史沿革
- 049　　第四节　福建民间信仰的宗族性与台湾民间信仰的地缘性
- 050　　第五节　闽台民间信仰的价值与民俗文化特征

- 059　**第二章　闽台民间自然与地理神灵崇拜调查**
- 060　　第一节　闽台自然神灵崇拜
- 076　　第二节　闽台植物神灵崇拜
- 080　　第三节　闽台石神崇拜
- 086　　第四节　闽台农林民俗信仰
- 097　　第五节　闽台海洋水神信仰
- 125　　第六节　闽台水仙尊王崇拜

- 129　**第三章　闽台开基始祖崇拜调查**
- 129　　第一节　开闽始祖（闽越王无诸）崇拜
- 131　　第二节　闽台开漳圣王崇拜
- 139　　第三节　闽台开闽圣王崇拜
- 142　　第四节　闽台开台圣王崇拜

- 147　**第四章　闽台民众俗信崇拜调查**
- 147　　第一节　闽台关帝崇拜
- 156　　第二节　闽台药神崇拜

170　第三节　闽台财神崇拜
174　第四节　闽台城隍崇拜

第五章　闽台客家与少数民族神灵崇拜调查
178　第一节　闽台客家民间信仰
182　第二节　闽台少数民族收获祭祀信仰

第六章　闽台民间鬼仙与女神崇拜民俗调查
189　第一节　闽台鬼魂崇拜
206　第二节　闽台女神崇拜

第七章　道教和佛教俗神崇拜调查
215　第一节　闽台的道教俗神崇拜
228　第二节　闽台佛教俗神崇拜
247　第三节　福建与台湾定光古佛崇拜

第八章　神灵系统与闽台民间信仰的仪式活动
252　第一节　闽台民间鬼神观念与神灵系统
259　第二节　闽台民间信仰的仪式活动
305　第三节　闽台两地的普渡
310　第四节　闽台神灵与信仰活动的理论分析

附　录
319　一、台湾民间信仰调查时间、区域和庙宇汇总表
324　二、田野调查报告目录
326　三、调查对象名单列表

341　**参考文献**

353　**后　记**

第一章 综　述

第一节　闽台民间信仰资源调查综述

"闽台民间信仰文化遗产资源调查"是厦门市社科重大课题"闽台历史民俗文化遗产资源调查"13个子课题之一。遵照厦门市社会科学合作课题的任务通知，本课题自2011年5月正式承接，在总课题负责人刘芝凤教授的统一指导和安排下，确定该项目研究任务与执行时间、调研进程规划等。

课题组成员分工：徐辉负责课题调查研究的总体设计和文献资料的搜集与分析，参加田野调查并做调查资料分析、文本修订与统稿；林江珠负责田野调查与资料搜集，参与资料分析和文本撰写；段凌平参与文献收集与分析，并参与文本撰写；王煌彬全程参加田野调查，并负责田野调查报告的整理，参与文本修改；蔡清毅、吴应其参加田野调查，协助整理部分调查资料。

一、研究方法

本课题对闽台民间信仰的调查研究采取学术资料科学梳理与田野考察紧密结合的新方法，田野调查主要采用文化人类学的方法，选取典型样本，调查民间信仰活动的程序和过程，宫庙的历史与现实状况，以及信众的主观信仰体验等等。与以往多利用文献资料进行研究的历史学方法相比较，此次调研进步不小，如一些活的民间信仰活动，有些现有文献中难寻其迹，有些文献中记载有误，且长年以讹传讹，田野调查不光有了修正的机会，还能补充一些生动的细节，而这些细节是文化研究不可或缺的。当然，我们的方法决定了调查点一定会分布广泛，需要收集与整理的第一手资料数据庞大，需要更多的人力、财力支持，这是很具挑战性的。

田野资料的分析研究与文献资料相对比、相印证,切磋砥砺,而后才能正确把握事实、排除舛误。因此我们在下去调查之前、之后,都做了大量的文献科学梳理。在徐辉和段凌平负责下,我们充分利用了厦门大学与厦门理工学院两座大学的图书馆的信息资源,查阅并摘录了考古发现、历史典籍、地方史志以及当代学者的专著、论文等数百部(册、篇),还到各级地方政府部门索取、查阅了大量相关文档,字数当以千万计。参考文献的主要部分都列在文本的"附录"中了。

二、田野调查的过程与收获

相对于文献的科学梳理,田野调查当然是更加辛苦劳累的工作。课题组师生深入乡野村庄或海滨小镇调查,舟车劳顿、寒暑难耐自不待言,有时偏僻乡野根本无处觅宿,只能求助村民,或在小学教室打地铺。综合大组的刘芝凤、林江珠、胡丹、姜艳等老师带领王煌彬、黄辉海、冰婉娇、康佳宝等23位学生,在2年多的田野调查过程中吃苦最多,受累最甚,特于此致谢!他们获得了上千份民间信仰方面的问卷、调查报告、音像资料等,并悉数提供给了本课题组。本课题组成员徐辉、蔡清毅、吴应其等,同样勉力从事田野调查,取得了珍贵的第一手资料。

入户核实信息

第一章 综 述 | 003

课题组在漳州云霄东厦镇后埔村

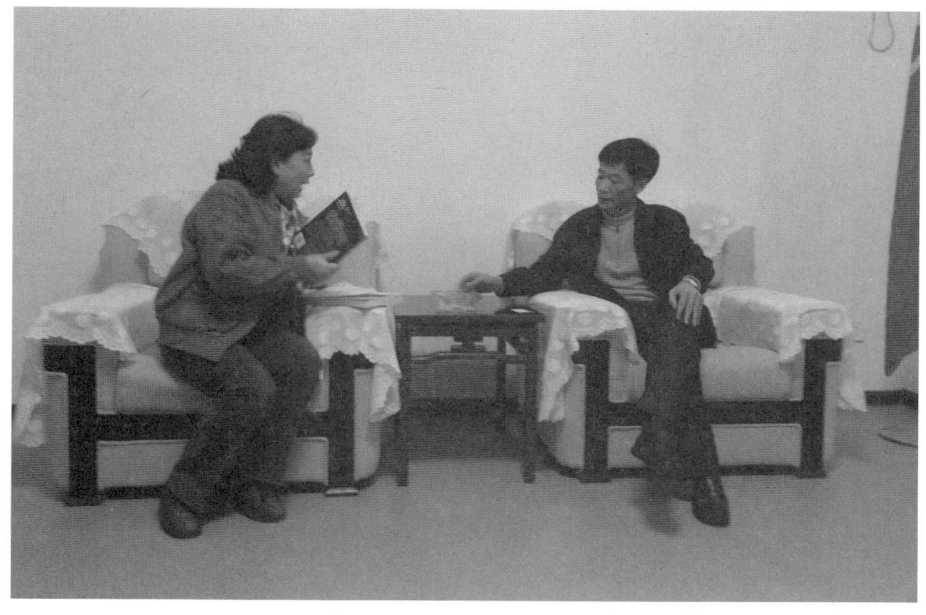

在漳浦杜浔镇正阳村与杜浔镇镇长交流调研情况

考察福安金斗洋雷氏家庙

漳浦杜浔镇正阳村调研

中期检查课题调查情况的总结和文献整理时,我们发现虽然闽台两地的民间信仰同根同源,但由于政治、经济、社会环境的原因,在其发展演变进程中发生了不同程度的一些变异,值得深入研究。课题组先后三次赴台考察,除了宜兰、花莲等三个县市外,其他县市均采点考察。重点对台湾客家人褒忠义民爷信仰、平埔族信仰中心竹堑社采田福地、泰雅、赛夏、卑南、鲁凯、邹族和阿美等台湾"原住民"传统信仰等项目进行全过程记录,深度访谈台湾"行政院原住民委员会"的官员,较深入地了解台湾市县政府保护"原住民"文化资源的政策及行动等。我们三次赴台调查,得到了台湾"中央研究院"民族研究所、上述县市原委会、乡公所等单位的热情接待与支持,先后得到了台湾学者王建平、谢赐龙、廖贤德、高江孝怀(泰雅人)等先生的热情支持和积极参与,在此再次深表谢意!

考察福安畲族种茶人家

考察福安乡村齐天大圣庙

调查福安畲族民间信仰活动

在台湾明道大学交流两岸非物质文化传承

访谈新竹尖石乡文化馆馆长

在新竹尖石乡公所访谈

在苗栗赛夏人祖灵屋前考察

在台湾苗栗赛夏人家调查

台湾苗栗"原住民"文化保护者廖贤德先生

在台湾苗栗"原住民"文化保护者廖贤德先生工作室(1)

在台湾苗栗"原住民"文化保护者廖贤德先生工作室(2)

在台湾苗栗"原住民"文化保护者廖贤德先生工作室(3)

与廖贤德先生合影

此外,2012年5月到2013年7月期间课题组再次对福建省内民间信仰资源进行筛查补漏性田野调查。本课题组(及综合组师生)共计对闽台地区612个田野调查点进行了民间信仰资源调查;发放并回收调查问卷1223份,完成田野调查日记76篇,调查报告28篇,整理制作8个完整个案,编辑3600张照片以及36段影视录像短片;现场拍摄、访谈录音、录像和摄影记录存储3T之多。

三、项目预期研究计划的执行情况与结题成果形式

1. 完成书稿:《闽台民间信仰资源调查》(文本)。
2. 已经公开发表的论文8篇。
3. 闽台民间信仰调查统计数据表:
(1) 台湾民间信仰市、县、区寺庙分类统计数据表(22个);
(2) 台湾地区寺庙供奉神祇分类统计数据表(58个);
(3) 台湾"原住民"传统信仰以及相关习俗调查表;
(4) 福建省民间信仰田野调查区域与时间统计数据表;
(5) 福建省各市、县、镇、区、乡寺庙信息统计数据表;
(6) 泉州地区民间信仰寺庙、供奉神祇分类调查统计表;
(7) 漳州地区民间信仰寺庙、供奉神祇分类调查统计表;
(8) 台湾"原住民"传统民间信仰及其习俗调查信息汇总表;
(9) 重点研究调查报告22篇。

四、研究成果基本内容、创新之处

民间信仰是当代社会文化生态的重要组成部分。在新形势下,民间信仰场所能否成为地域文化网络的联结点,其信仰活动能否有助于慰藉民众的心理需求,有利于家庭和睦、社会安定,日益成为政府和人民群众关注的热点。积极引导民间信仰与人类文明诉求相适应,成为构建和谐社会的议题之一。

课题组重点考察当代社会的民间信仰,重视普通大众的生命体验,从中看出闽台民间信仰是一种原生态的乡土文化,也是一种流动、迁转与融合的社会文化,它有泛宗教文化的内涵因素,在海峡两岸民间中有悠久的历史渊源和深厚的民众基础,至今仍生生不息。

本项目研究较以往对民间信仰的研究多局限于政治评判或宗教研究的单一学科视角之不同,在于对人类社会各种复杂现象,开展多学科的综合考察,在跨学科的研究设计中,秉承客观的研究态度,结合人类学、社会学、民俗学、旅游学等多学科的智慧,在对相关考古成果、历史文献科学梳理的基础之上,紧密结合课题组的田野调查。

五、主要学术建树

(1) 本专题调查研究汇集整理了闽台地区主要的民间信仰神灵与宫庙

的基本信息,并进行了专门分类。

(2)纠正了以往某些闽台民间信仰研究成果中的讹误,在田野调查实证资料的基础上,提出了一些新看法。

(3)民俗学方法与社会学方法、历史学方法相结合,对闽台民间信仰从民俗事项的具体描述、对象的历史溯源、信仰的社会功能与影响等多维度地进行调研。

(4)通过田野调查和实证研究,发现了目前闽台民间信仰的一些倾向性问题,如基本信众从老人与妇女为核心群体逐渐弥散于社会精英阶层,信众群体呈年轻化、知识化的趋势。

(5)调查和个案研究中发现了某些地区民间信仰与基督教等宗教争夺信众的问题,提醒政府及相关部门重视。

(6)闽台民间信仰与宗族文化相结合的历史传统,至今仍是有价值的文化资源,一可开发利用,形成一种新型的旅游文化业态;二可作为连接纽带,加强两岸民间文化交流与合作,以此来促进两岸的文化认同。

六、成果的学术价值和应用价值,以及社会影响和效益

本课题立项后,有计划、有步骤地将丰富、翔实的田野调查所得的资料进行综合研究。课题组成员已独立撰写专著1册;在权威刊物公开发表研究论文8篇;提供闽台地区民间信仰统计数据各类表格8个总类表和86个区域表,个案调查综合报告14个。

在2012年10月中国人类学民族遗产委员会组织的"海峡两岸文化遗产研讨会"上,课题组发表的论文受到全国政协民族宗教委员会副主任周明甫的高度重视和赞扬,并受邀请参加11月在北京举行的"第二届亚洲人类学民族学论坛",作主题报告。学术论文公开发表后,引起闽台两岸民俗专家、各级政府的重视。2012年8月30日,台湾新竹县都城隍庙管理会特别邀请课题组赴台参加"晋封威灵公新竹都城隍巡境"活动,课题组做了全过程记录。

福建莆田市政府对课题组的调查报告《福建省莆田市仙游县盖尾镇前连村文化遗产资源调查分析》很重视,载于《湄洲论坛》2012年第5期,并被列为首篇。2012年9月5日,台湾新竹县政府"原住民"委员会,专门组织尖石乡政府以及多位民俗展览馆馆长与课题组进行了交流座谈,对闽台两地历史民俗文化遗产保护中政府的行为效应听取了课题组意见和建议。

2012年春节期间,课题组在龙岩地区做田野调查时,长汀县童坊镇彭坊

村专门组织村委和村民代表与课题组座谈(照片),听取课题组专家对当地最具特色的宗祠信仰习俗的保护与开发建议,收到积极的社会反响。

七、成果存在的不足或欠缺,尚需深入研究的问题等

由于受时间和经费的限制,本子课题的田野调查范围尚不够宽广,台湾和福建两地都有一些该去但没去的地方,由此造成资料的遗漏,使得研究成果不够全面。此外,民间信仰习俗与传统文化元素归原问题,民间庙会组织的社会性与管理体制改革问题,外来宗教在农村发展信民的问题等,也值得课题组进一步调查研究,提出更合乎实际的建议与方案。

第二节 闽台民间信仰产生的自然与社会环境

远古时期,生活在闽台地区的人们对周围自然物严重依赖,久而久之便产生了崇拜心理,产生了"万物有灵"的观念,对周边的自然环境和事物都心怀感恩。闽台两地考古发现,从旧石器时代起,墓葬就埋有随葬品,说明当时已出现灵魂观念,对死去的先人要表达永久的怀念,对氏族领袖以及杰出人物要表达崇拜的心理,便有了为亡魂随葬和祭祀的种种做法,久而久之,产生了原始信仰和民间崇拜。信仰和崇拜的对象由亡灵逐渐演变成了各种神灵,随着历史的发展,神灵的数量和种类也不断增加。由于地域相近、移民频繁,闽台民间的崇拜和信仰带有非常强烈的区域性、同质性色彩,该特色与自然地理环境及社会文化因素有很强的关联。

一、闽台地区自然地理环境与民间信仰关系

(一)福建自然地理环境与民间信仰的关系

福建地区所处纬度较低,属亚热带气候,具有高温、多雨、强风之特点,虽然福建年平均雨量约2000毫米左右,为世界平均值的2~3倍,属于降雨量丰富地区之一。但降雨量在时间和空间分布极不平均,多集中在春夏。如热带风暴袭击年均4个左右,多集中在7—9月,风暴带来了破坏,也带来了充沛雨量。有时2~3天内可降数百至1000多毫米,相当内陆很多地方一年的雨量。台风暴雨时,山区山洪暴发,平原则一片汪洋。这种旱涝交替的

陆地环境,变幻莫测的航海条件,使民众亟需风调雨顺、航行平安的愿望,这是民间信仰兴盛的客观原因。此外,闽台沿海温热潮湿也是重要原因。福建地区春天阴雨绵绵,夏日常有副热带高压气候控制,或台风暴雨袭击,早期移民往往因无法适应瘴疠之气,造成了水土不服,在缺医少药的漫长岁月中,经常瘟疫流行。由于当时生产力的相对低下,自然条件的变化无常,广大民众只能崇鬼信巫,这也是导致福建神灵崇拜发达的重要原因。福建沿海自古为中国东南沿海人货交流的交通枢纽,是华东、华南沿海地区的重要连接点。海上贸易的丰厚利润,使很多人趋之若鹜。可是,商海和大海都在迅速变化,令人难以捉摸,发财难,守财更不易。信仰因需要产生,因此,闽台地区相比全国其他地区民间信仰更盛,庙宇更多。

例如,据文献记载,从东晋建武二年(318)至民国三十七年(1948),福建水灾703次,是洪水泛滥地区。① 如明万历三十七年(1609)五月二十四日,闽北、闽东、闽中等20多个县发大水,淹死10余万人;民国三十七年六至七月间,福建普降大雨,52个县市受灾,田园被淹近700万亩,灾民200多万人。② 福建本是个森林密布的地区,瘴气极重,北方移民水土不服,就是当地土著人也容易患病致死。唐宋以来,福建的医疗水平不高,特别是广大农村,缺医少药的现象普遍存在,使得民间产生"信巫不信医"的风气。北宋的蔡襄曾说过:"闽俗左医而右巫,疾家依巫索祟,而过医门十才二三,故医之传益少。"③说的是福建人崇尚巫术,求医的人少,所以民间医生的分布不广。

(二)台湾自然地理环境与民间信仰的关系

台湾是多山之岛。3000米以上山峰有60多座,第一高峰玉山海拔3952米,高于日本富士山,为中国东南最高地带。由于地形狭长,山高谷深,坡陡流急,雨水、河水很难聚集有效利用,往往直接入海。夏季副热带高压控制时,则干旱少雨;加上人口稠密,因此,台湾每人每年可分配的水量,在世界平均量之下,用水较为紧张。这种特殊的地理条件促使当地民众因对水的期望产生许多与水相关的民间图腾崇拜。

台湾属于高温高湿地区。"原住民"与汉族早期的开发者,面临最大的

---

① 彭景舜、陈坚主编:《福建省志·民政志》,方志出版社1997年版,第85~87页。
② 戴启天编:《福建历史上灾害饥荒瘟疫辑录》(内部资料),福建省民政厅、福建省民政学会编印,1988年5月,第317~322页。
③ 黄仲昭:《八闽通志》卷八五《拾遗》。

问题是瘟疫肆虐,连横的《台湾通史》也说到当地"草莽瘴毒,居民辄病死"①的情况。

移民渡海来台,首先要面对的是波涛险恶的台湾海峡,移民称澎湖一带的水域为"黑水沟"。强大的洋流经过使移民渡海不易,《台湾通史》称:"巨浸隔之,黑流所经,风涛喷薄,瞬息万状,实为无底之谷。"②

早期移民渡海来台大多设备简陋,加上明清的长期海禁,移民选择在月黑风高之际偷渡,驾一舢板出海,随时都有葬身鱼腹的危险。渡海途中还要时刻防备海盗劫财害命,能到达台湾者可谓历经劫难。因此,每一批移民出发的时候,通常都会迎奉一尊家乡某个寺庙里的神像,或是制作某神的小神像随行,以求庇佑。在海上航行时,把神像供在船上。有的因财力弱,或其他原因不方便带神像,就随身携带家乡某个寺庙的香炉灰。登陆之后,就在落脚的地方,先结一座草庵,把神像或香灰袋供奉在草庵中,或者供奉在某人的家中。这是福建民间信仰传播到台湾的最初形式。

台湾岛位于中国大陆海岸线的中央,处琉球岛弧与吕宋岛弧的交会点,也是东海与南海的分界,西侧是台湾海峡,东侧为太平洋。台湾海峡为南北往来海路的必经之处。台湾的地理条件,使汉族移民的民间神灵崇拜极为旺盛。

二、闽台地区的社会文化因素

福建的现有居民多为移民组成。先秦时期居住在福建的原为闽越族,汉武帝元封元年(前110),"闽粤悍,数反复,诏军吏皆将其民徙处江淮之间,东粤地遂虚"。③ 由于福建与粤东的土著常造反,所以,多数被迁至长江、淮河一带,因此,本地土著稀少。自晋终明清,一千多年有四次较大规模汉族移民迁往福建。其原籍遍布于中原各省,以及福建周边省份。不同时期的移民带来各自信奉的神灵,由于福建山脉纵横,各地往来与交流不多,这些不同文化背景的外来神灵与当地土著的原始神灵混杂共处,在相应的区域长期流传下来,导致福建民间的多神信仰。

台湾长期人口稀少,大规模移民从明天启年间漳州颜思齐募民赴台起至十九世纪中叶止(以后闽人多往南洋,大规模赴台中止)。台湾移民多为闽南人,次为福、汀二州和潮州人。明清时期汉人信仰的进入影响了部分"原住民"

---

① 连横:《台湾通史》,商务印书馆1996年版,第10页。
② 连横:《台湾通史·开辟纪》,广西人民出版社2005年版,第2页。
③ 班固:《汉书·西南夷两粤朝鲜传》,上海古籍出版社1986年版,第722页。

(平埔族），清末《安平县杂记》称，台湾人中"隶漳、泉籍者十分之七八，是曰闽籍；隶嘉应、潮州籍者十分之二，是曰粤籍；其余隶闽南各府及外省籍者，百分中仅一分焉"。1925年的调查显示，台湾总人口中，漳籍占35.2%，泉籍占44.8%。台湾移民人员的祖籍相对集中，而且漳泉移民也只是来自部分村落，导致民间神灵较多是福建移民带来的，少数为广东东部地区的民间神灵。而台湾的"原住民"的信仰，早年主要是祖灵崇拜和自然崇拜，20世纪50年代后较多的"原住民"接受了天主教或基督教，但固有的祖灵崇拜至今尚在流传。

（一）自然崇拜因素

早在原始社会时期，闽台先民对大自然的敬畏导致原始宗教自然崇拜产生。因此，如日月星辰、山川雷电等自然现象都成为膜拜对象。甚至地面上的一些自然物，如土地、五谷、山岳、河海、石、树、蛇、鸟、蛙、虎、猴等都逐渐被化为神灵而受崇拜。动植物崇拜是由原始部落的"图腾"演变而成的。还有各式日常生活百物的神化，诸如床、灶等物品的崇拜。

（二）祖宗崇拜因素

远古福建先民由图腾崇拜发展成生殖崇拜，再发展出氏族祖先崇拜和先王崇拜。秦汉以降，不断有中原人口向福建迁移，如西晋末年的"衣冠南渡"，唐代陈元光征"蛮獠"，王审知建闽国，两宋之交北方官民大量南迁，南宋末年皇室避难经粤东进入漳州等等，都在福建留下了众多的人口。因此受中原文化的影响，福建人比较注重宗族传统，重视家族荣誉。为了标榜本族血缘的高贵，一般宗族都向古代同姓名人靠拢，尊他们为祖。如福建陈姓，多往陈政、陈元光靠，通过修改族谱，达到攀龙附凤的目的，混宗现象时有发生。如李姓世祖长汀的李火德，上靠唐高祖李渊。福建各姓集中在一些较公认的古代名人上，使同姓的先祖出现合流的现象，加强了不同地区同姓之间的族群联系，使宗族组织出现超地域的状况。

宗族观念的浓郁，使祖宗崇拜兴盛。郑镛、涂志伟认为福建的区域祖先崇拜分为四个阶段。一为漫长的氏族始祖神崇拜；二是闽越先王崇拜；三是汉族移民的祖先崇拜；四是无后代的先人包括未成年的夭逝者崇拜。[①] 福建的许多神灵来自于先祖和贤人的崇拜。

---

① 郑镛、涂志伟：《漳州民间信仰》，海风出版社2005年版，第105~106页。

台湾"原住民"自古就有祖先崇拜的传统,对"祖灵"的祭祀在他们的信仰世界中占据十分重要的地位。明清时期汉人陆续自闽渡海入台,更将汉族的祖先崇拜带进,清统一后百年间,台湾人口发展到近百万,渐渐形成了一些宗族居住地。但是,台湾总体宗族力量较弱,由于明清的锁国海禁,其移民多以零散偷渡,较难组成家庭集团。为了加强与外界的抗争力,多以各自府县祖籍,以较大区域组成群体,或以方言区分。虽然如此,从大陆分香到台湾的祖宗与贤人神灵还是在村落民众中供奉,只是宗族色彩弱于福建。

(三) 儒、释、道神的世俗化

闽台的民众,在神灵的崇拜方面非常现实,表现出信仰的包容性和多元性。只要认为可以保佑平安、赐福赐财,无所谓儒、释、道,所有神灵一并膜拜,相信心诚则灵。民间信仰及其宫庙与佛教和道教互相交织、互相融合。一些宫庙里甚至佛、道、儒三教并祀,可谓三教合一。

例如莆田市仙游县盖尾镇前连村三一教堂,又称三教、夏教、夏午尼教。其创立者是明代兴化府莆田县(今属莆田市荔城区)林兆恩。① 他倡教授徒始于明世宗嘉靖三十年(1551),至十七世纪中叶,"三一教"逐渐发展完备。三一教最初流行于莆仙方言区,即莆田、仙游两县境内以及惠安县北部、福清县南部地方,全盛时曾流行福建、江西、浙江、湖北、安徽、南京、北京、河南、陕西、山东等地。近代随着海外移民的足迹,流行于东南亚及我国的台湾省,并辗转传入欧美。现海内外拥有信徒近30万人。现在,莆田市有三一教祠堂、书院1300多座,门人8万多人,约占全市民间信仰总数的三分之一,具有一定的社会影响。

林兆恩出生书香门第,家族文风鼎盛,他年幼即表现出不凡的才华,却屡屡名落孙山,不得功名。落第后迷惘,甚至绝望地返回莆田,转而潜心研究儒、道、释三教理论,并到处寻师访道,当时许多人都认为林兆恩狂颠。嘉靖三十年(1551),林兆恩自称"路遇明师,授以真诀",倡立三一教。他宣称:"明师"告以三教合一之大旨。林兆恩创立三一教后不久,其友黄州率先入教,随后黄大本、萧应麟、朱崐廷、郑泳、林兆居、林兆诰、林兆琼等相继受业,成为林兆恩的第一批追随者。三一教有儒、道、释三教合一的思想体系,有自己的经典著作和教义,有自己的祖师和崇拜圣像,有自己严格的教规及其组

---

① 林兆恩(1517—1598),字懋勋,号龙江,道号子谷子、心隐子、常明先生、混虚氏、无始氏等。

织,有传播经典义理和供奉圣像的场所——祠堂等,有信徒独特的修道方式,还有教主的诞辰和逝世纪念日等。三一教在莆田传播开来。据清末进士张琴说:"今莆仙二邑,先生专祠数百,香火薪传不绝。"林兆恩法号龙江,在民间多以此名显,林兆恩过世后,信徒将其神话,尊为"三一教主"、"夏午尼氏道统中三一教度世大宗师"等,在三一教的祠堂里供有塑像,其最早的门人传教士有很多也被塑像供奉,如卓上阳、董直庵、张洪都、张三峰、卢文辉等。

由于三一教的某些方面符合社会大众需求,信仰的人不少,莆田一带民间不管是婚嫁、动土、乔迁或是出行都要先问问"先生",此先生即为三一教先生林兆恩。

前连村有两座三一教的祠堂,分别是"会仙阁"和"捷元轩"。

会仙阁建于1913年,主祀三一教教主林龙江。另外还供奉着三一教护法圣、历代较有威望的教中人士:卓上阳、董直庵、张洪都、张三峰、卢文辉、朱慧虚、林贞明、陈聚华、连国荣等,其中100多年前,连国荣是前连村"会仙阁"的主持,在任期间颇有功德,过世后村里人也把他供奉起来一同祭拜。

会仙阁各神明诞辰

神明	诞辰日	备注
林龙江	诞辰七月十六日	
	成道日正月十四日	
护法圣	六月初二日	
卓上阳("有功于师门")	六月十二日	
董直庵(三传弟子)	十月廿七日	
张洪都(号翼林)	七月廿六日	三一教的四大门徒之一,与卢文辉、林贞明、朱逢时,合称为"四配"。
张三峰("有功于师门")	八月十八日	
卢文辉(字至敬)	十一月初三日	三一教的四大门徒之一,与张洪都、林贞明、朱逢时,合称为"四配"。
朱慧虚(字逢时)	十一月十六日	三一教的四大门徒之一,与卢文辉、林贞明、张洪都,合称为"四配"。
林贞明(字至敬)	十一月廿六日	三一教的四大门徒之一,与卢文辉、张洪都、朱逢时,合称为"四配"。
陈聚华(再传宗师)	十二月廿三日	
连国荣	二月十九日	

在这些诞辰和纪念日里,正月十五日、七月十五日、十月十五日这三天最为隆重。这三天村里人到会仙阁烧香祈愿,会仙阁置办斋食供品请道士做法场。

"捷元轩"主要为正月十五日(上元)天官诞辰、七月十五日(中元)地官诞辰、十月十五日(下元)水官诞辰要拜三一教主、释迦摩尼、天官、地官、水官活动场所。在捷元轩的大门口的供桌上有两个纸扎的"表礼","表礼"用彩色纸卷成,形状类似布匹,是本村人在祝寿时敬神用的。

此后各地三一教堂(祠)正殿中所供奉的三尊神像,正中是林兆恩,左即为卓晚春,右为张三丰。

田头公:农田旁有小庙供奉田头公,每年农历十月初九村民用三牲去祭拜。

功德主:功德主是对本宫殿修建有功之人,主要是捐资者,设有牌位。

三传弟子:董史,1624—康熙年间,字直庵,莆田尚阳人,秀才出身,中年放弃举子业,拜陈衷瑜为师,顺治十二年,承陈衷瑜遗命主持三一教门,时称"三教三传弟子"。

四配弟子:三一教的四大门徒之一,林贞明、卢文辉、张洪都、朱逢时,合称为"四配"。

很多乡村的庙宇里既供奉着佛教的神像,又供奉着道教的神像,而且还同时供奉着地方贤士的神像。这类庙宇,有的是正殿供着佛教的佛像,旁殿供着民间信仰的神像;有的则是正殿供着民间信仰神像,而旁殿供着佛教佛像或道教神像,在庙里的旁殿或后殿总是供着佛教的佛像。而且,这些儒教、佛教与道教的神明,被按照民间信仰的一套规矩行事,全无佛、道教的严格区分,杀鸡宰鸭,烧金许愿,都是世俗的功利做法。所以儒教的圣贤、佛教的菩萨、道教的神仙,地位较显著者,几乎全都成为民间崇拜的神明了。

(四)地方神的创造

前述的种种因素,使闽台神灵的数量、种类既多且杂。神灵数量的不限定性使得造神有了可能。在中国的传统中,生前品行超群、功德圆满之人,逝世后必受人们祭祀、崇拜。《礼记·祭法》:"法施于民则祀之,以死勤事则祀之,以劳定国则祀之,御灾捍患则祀之。"[①]这些观念,奠定了神灵崇拜的深

---

① 《十三经注疏·礼记正义》,中华书局1979年版,第1590页。

厚群众信仰基础,为福建在唐、宋及以后各代的造神运动起了推波助澜的作用。

唐的陈元光、唐宋之交的妈祖、宋的吴夲、明的郑成功、清的黄道周等等,都是贤人崇拜的产物。

(五)政治权力的推动作用

在神灵的创造过程中,权力机构起了推波助澜的作用。地方行政当局处于传统道德规范与巩固统治基础的考量,对一些闽台地区影响较大的道德楷模与杰出人物上报朝廷加以赐封。以妈祖为例,妈祖从一位民间的道德楷模被百姓奉为女神,南宋时期就受到朝廷的"封赐",元、明、清三朝又迭次加赐封号。朝廷和官府对列入"祀典"的神灵顶礼膜拜,民间的信仰热情自然高涨。又如漳州医药之神康长史被封5次;吴夲被封14次,最高级别为"保生大帝"。统治阶级的推波助澜加快了闽台民间神灵信仰的传播速度和影响,像保生大帝信仰在明代迅速传播,不能不说与明太祖、明成祖的两次封赐有关。当然明清福建对外贸易发达,向外移民的兴盛也有很大关系。

台湾官员对民间神庙传统的神明信仰活动,采取支持的立场,他们认为祭祀这些神灵,有助于政府维护统治秩序和社会安定。

(六)天灾人祸与鬼魂崇拜

福建自古战事频仍,加之无数次的灾害、疫病、匪盗、械斗,这都使得福建所属各邑产生了大量的无主骸骨。民间认为这是冤魂,为鬼魂崇拜的兴盛提供了必要的客观条件。以明清时期福建的一些兵灾为例:

首先是长期影响明朝的倭患,沿海居民数遭劫掠。明末,福建在明郑与清军之间反复易手,清顺治九年(1652)正月,由于漳州沿海潮水突涨5尺,郑成功军队得以攻入海澄。同年漳州城被郑军团团包围,粮尽弹绝,至清军解围之时,在城内收得骸骨数十万。①

早期移民历尽艰辛到达台湾后,面对的是一个陌生、恶劣的环境。明代阮旻锡《海上见闻录》云:"水土不服,疫疠大作,病者十之八九,死者甚多。"

清治初期,不许移民携眷、接眷;加之渡海艰难、九死一生,移民大多是年轻单身汉。据估计,从十八世纪中期到十九世纪间,单身游民占台湾总人

---

① 《福建通志》卷二七二《国朝祥异》,同治七年正谊书院刊本。

口比例高达20%～30%。他们形单影只,死后无人收埋,只能草草埋葬,风吹雨打,则尸骨暴露。

百姓怜悯这些不能善终的死者,认为他们的"冤魂"应该得到安顿,否则就会向社会索取补偿,为祟人间,这样的社会观念为闽台鬼魂崇拜提供了基础。

第三节　闽台民间信仰的历史沿革

闽台民间信仰与闽台地区的历史传统、自然条件、社会矛盾、移民以及宗教观等密切相关。闽越族的"好巫尚鬼"的传统,与陆续从中原传来的汉族的巫术相结合,相沿成习,为闽台地区民间信仰的滋生提供了肥沃的土壤。民间信仰在闽台地区得到迅速传播,而实用功利性的宗教观导致闽台人民按照自己的需要塑造神灵,使闽台拥有成百上千的神灵,从而大大强化了闽台民间信仰。

一、闽台原始宗教与民间神灵的起源

(一)福建原始宗教与民间神明的出现

1. 史前福建原始宗教的文物考察

20世纪80年代,在漳州的莲花池山,发现上层为4万～8万年前、下层约18万年前的人类遗址,出土了不少石器,属旧石器时代。可是,该遗址靠近漳州市区,没能找到墓葬,因而不了解当时对先人随葬的习俗和处理形式。

昙石山文化遗址位于福建省闽侯县甘蔗镇昙石村,是中国东南地区最典型的新石器文化遗存之一,距今4000～5500年,这里有18座墓葬。在125号墓葬出土时,陶灯放在墓主人头顶,类似北京十三陵定陵中的"长明灯",遗址殉狗坑内有一只被活埋的狗,旁边的夯土祭祀台上,出土了一件原始瓷罐和四件原始瓷器。这些原始瓷器距今3000多年,都施有青绿色釉,是中国最早的上釉技术之一。

死者的埋葬方向,头部朝西,随葬品多为日常生活器皿,说明死后如生前一样,需要生产和生活。这是当时人们灵魂观念的表现形态。

福建远古的祖先与生殖崇拜起源很早,考古资料表明在新石器前期出现女性祖先陶塑像,男性生殖器"祖"的制品(如福安市郊)与女性生殖器雕刻等(譬如在东山岣嵝山)。①

昙石山文化遗址

远古的祖先与生殖崇拜

① 徐晓望:《福建通史》(第一卷),福建人民出版社2006年版,第47、49~50页。

2001年,漳州发掘了距今3120年前的虎林山商代遗址,共清理了二十座墓葬。据《虎林山遗址》发掘报告所述,该遗址对不同阶层的死者埋葬有区别。在墓地中发现有腰坑的墓和无腰坑的墓两类。从随葬品的数量上看,腰坑墓普遍较多,在随葬品的种类和质量方面,腰坑墓一般种类齐全,器物组合较完整。另外如青铜器、玉器、礼器牙璋等也只有腰坑墓才具备。

虎林山所发现的璋,是世界范围迄今为止最大且最厚重的。古文献表明,璋是贵重的礼器,在朝聘、祭祀、丧葬、发兵中有权力的意义,为上层人物所拥有。璋原是北方的产物,东南沿海少见。这两件璋形态类似于中原的制造模式,与四川一带的区别较大。但石材却是本地的石料,表明是本地模仿中原的产品,显示出殷商时期,福建与中原已有某种联系。

虎林山出土的青铜器,是福建迄今为止出土的最早的青铜文物。铜戈的形态与同时代粤东浮滨出土的戈不同,为直内弧援风格。这种作风来自于中原殷商文化,但青铜成分的构成,与中原所见不同。可见这风格虽受中原文化的影响,但产地并不在中原,发掘报告推测为福建周边的产物。在福建包括粤东地区发现的同类遗存中,尚未出现比这一地点更高层次的内涵,这无疑表明漳州平原是福建和粤东这类遗存的一个核心地带。① 从璋与青铜器的情况看,漳州一带礼仪文化受到中原地区较深的影响。而殷商此时正是敬天崇祖的极盛阶段,虎林山的墓葬品也是祖先崇拜的产物,因此,距今3120年的虎林山墓葬群是目前漳州地区发现的最早具有民间信仰倾向的文化遗址。

从这些距今一万年至三千年间的考古遗址中发现的较丰富的随葬品,埋葬的礼器体现的礼仪,以及对各种相关器物的分析,我们可以推断,当时的福建存在原始信仰或原始宗教形态。

《周礼·春官·大宗伯下》记载:"以冬至日,致天神人鬼,以夏至日,致地示物魅,以禬国之凶荒,民之札丧。"②就是说当时的祭祀对象已有天神、地祇(示)、人鬼、物魅等四类。天神是日月星辰风雨雷电等天象,地祇(示)为土地、山川、河岳,人鬼是鬼灵与祖先,物魅指人以外的生物(甚至包括无生命之物)成为精魅者,说明夏商周时存在自然崇拜、鬼神崇拜与祖宗崇拜。虎林山已出土璋等礼器,说明受中原文化较深的影响,据此可以推断漳州当时除了鬼神崇拜外,还有天神、地祇(示)、物魅等崇拜,已具备民间信仰的一

---

① 陈兆善、杨丽华:《虎林山遗址》,海潮摄影艺术出版社2003年版,第141~149页。
② 《黄侃手批〈白文十三经·周礼·春官·大宗伯下〉》,上海古籍出版社1980年版,第74页。

漳州长泰岩溪镇商周古墓

些基本因素。虎林山未发现"人牲"的祭祀,是否可以说明这已脱离原始祭祀,是福建带有一定宗教含义的遗址。当然这是推断,确切的情况,只能有待于出土等相关资料的进一步证明。

2. 文字与传说中的福建民间神灵

神话传说最早在福建开辟疆土的是太姥(一说太武夫人),最早开发闽北的是武夷君。

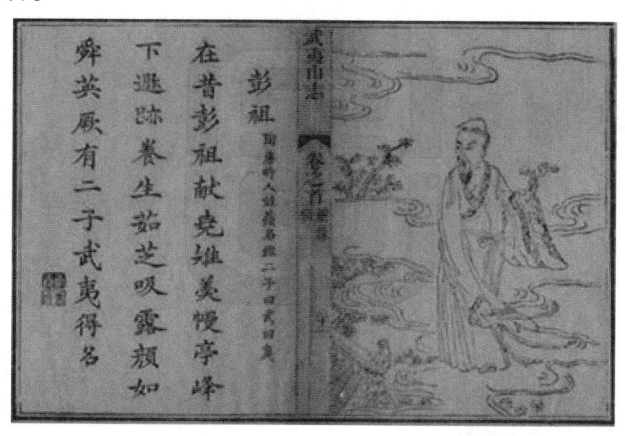

乾隆十六年《武夷山志》手绘图

漳州旧志载龙海的南太武山上有太武夫人坛。大中祥符《漳郡图经》引前志云："闽中未有生人时,有夫人拓土而居。"①太武夫人是漳州旧志记载传说中的最早人类,也是福建可知的最早崇拜对象。

龙海市港尾镇南太武山

泉州较早的民间庙宇,有祭祀闽越王无诸的武济庙,无诸为汉初的闽越王。南宋时泉州知府真德秀曾说："庙食闽中,垂二千祀。"②可见无诸的庙宇在古代的泉州有很大影响。东汉末的董奉为福建一带的医生,传说董奉出生地为今厦门杏林,常到临近的长泰县行医、采药,所以长泰的名山有董奉山。董奉也到漳浦梁山采过药,"《图经序》云:'梁山记董奉之游。'"③

厦门杏林董奉研究会

---

① 《漳州市志》,中国社会科学出版社1999年版,第1221页。
② 真德秀:《武济庙祝文》。
③ 乾隆《海澄县志》卷二十二,《庄夏·慈济宫碑》,第258页。

（二）先秦秦汉魏晋南北朝时期福建民间神明的状况

春秋战国时，福建归越国管辖，越王族的后裔为统治者。当时的传统大概是崇祖先、尊天地、事鬼神，所谓"国之大事在祀与戎"，当时的祭祀与崇拜仪式想必非常隆重。

闽侯永丰闽越王庙全景

闽越与中原的"敬鬼神而远之"的不同在于非常的"信鬼神，好淫祀"。《史记》载："是时，（汉武帝）既灭两越（闽越和南越），越人勇之乃言'越人俗鬼，而其祠皆见鬼，数有效……'乃令越巫立越祝祠，安台无坛，亦祠天神上帝百鬼，而以鸡卜。"①这里提到闽越被灭亡后，越人向武帝叙述了他们祭祀天神和百鬼的情况。《后汉书》亦云："会稽之俗多淫祀，好筮卜。"②《隋书》说，"江南之俗……信鬼神，好淫祀"。③

关于福建民间神明的状况，先秦阶段，有一些墓葬与陪葬品的出现，唐朝以前并没有多少文字记载，只能借助少量出土文物资料，给予一定的勾画。

---

① 《史记·封禅书》。
② 《后汉书》卷四一《第五伦传》。
③ 《隋书》卷三一《地理志》。

南安县丰州、莆田西岩寺等地均先后发现了西晋太康年间的墓葬,以及惠安锦田黄姓开基祖,三国吴大将等史料的发现,说明从汉代以来,中原人就陆续南下了,在两晋之间才开始出现迁徙的高潮。有学者认为,入闽的中原人未必是衣冠望族,可能仅仅是一些流离失所的平民百姓。①

2002年底,漳浦县博物馆在石榴镇清理发掘了5座东晋太元年间的墓葬,出土陶瓷、铜、铁、金银器共二十件。其中半圆方枚人物神兽镜,出土于M4(4号墓),镜直径15cm,厚0.6cm,沿宽1.5cm,半圆钮,圆钮座。主纹饰区环状分布为六个人物,分坐四方,其中一方有三人,人物两边均有神兽,可以看作青龙、白虎、朱雀及玄武的造型;人物类似为东王公和西王母等,边饰区为十二个半圆形的瓦当,十二个方枚,每个方枚中有四个字,共48字。

同类型的半圆方枚神兽镜,在浙江绍兴、江西南昌、湖北武汉等地区也有出土,时代为东汉晚期、三国,到两晋、南北朝。主纹饰区作传说中的神仙人物故事、神兽,内容复杂。②

南安县丰州、莆田西岩寺等地均先后发现了西晋太康年间的墓葬,两晋与南朝的墓葬亦多有发现,而且埋葬方式与器物风格"与江南地区六朝墓完全相同"③。

福建晋墓的发现可说明:晋代汉人已进入古福建地区,并带来中原的神灵信仰。人们重视先人后事的处置,当时人根据自己的生活状况和想象来处置尸骨,使灵魂得到安乐,已有鬼魂信仰和祖先崇拜的活动。有了东王公和西王母的造型,东王公被认为是玉皇大帝的原型。天帝(东王公)、神仙、鬼魂和祖宗崇拜和自然崇拜,这些构成了闽台民间信仰的初始形态。

据乾隆《泉州府志》记载,泉州在三国与西晋时有顺济侯庙、延福寺、白云庙(后称元妙观)等宫庙。其中顺济侯祭祀的是三国埋葬于此的黄将军,后成为本地人祭祀的神灵。据课题组调查,漳州可知最早民间信仰庙宇是东晋与南朝建造的。至少可以说明,魏晋南北朝时期福建民间神庙已有初步的发展。

---

① 陈支平:《近五百年来福建家族社会与文化》,中国人民大学出版社,2011年版,第3~4页。

② 王文径:《从石榴东晋墓的发掘看开漳前的闽南》,《闽台文化交流》,2006年第1期。

③ 黄展岳:《泉州以前的历史考古问题》,载福建博物馆《福建历史文化与博物馆学研究》,福建教育出版社1993年版,第187页。

（三）台湾"原住民"的原始宗教

1. 台湾"原住民"的原始宗教遗址

课题组在台湾做田野调查时了解到台东的巨石文化，并做了梳理。巨大的板岩单石、岩棺、石壁、石轮、石槽、石柱、石像等，都和生活实用有距离，应是与其祭仪和信仰有关。

以距今约5700年前的台东马武窟小马遗址、距今4000年前台北芝山岩遗址，以及之后陆续出现在台东卑南遗址、屏东裘拉遗址、宜兰丸山遗址等发掘的文物看，随葬品有生活器具、生产器具，还有当时为尊贵身份象征的双把罐、玉玦、玉珠、玉凿、矛头、石镞等等，这在生产力低下的当时，如此贵重的东西，其子孙们舍得随葬，说明灵魂不灭的信仰在当时是非常普遍和至高无上的。从随葬的器物分析，可以认为是上古台湾先民的祖先崇拜形式。

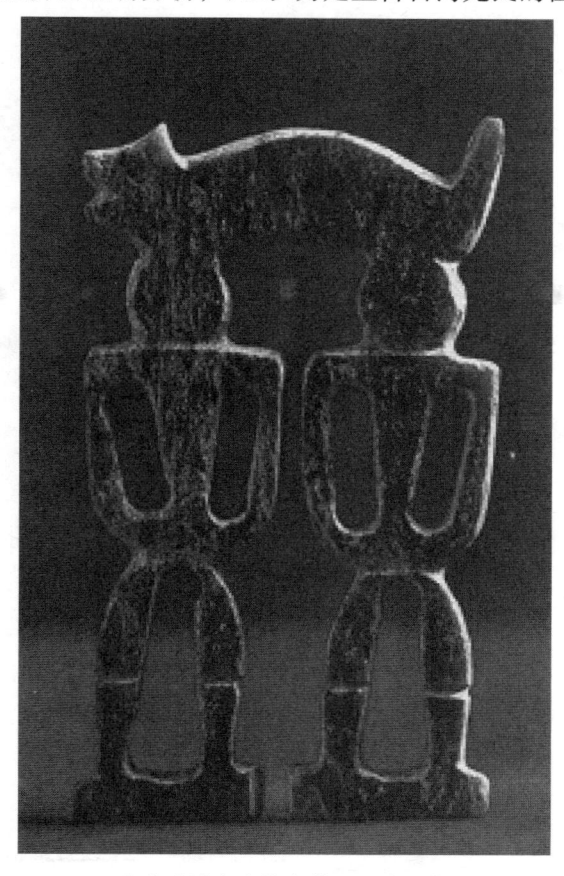

卑南遗址出土的人兽形玉玦耳饰

据今 3200～2300 年前的圆山文化发掘中发现,从埋葬的仰身直肢与屈身带有精美玉器陪葬的情况来看,当时应有相关信仰体系的礼仪。此外,出土的铜镞与大陆的殷墟小屯相同。此种铜镞与东南亚的并不相同,业内专家认为这与大陆文化为相同类型。① 而此时的殷商,正是敬天崇祖的全盛时期,灵魂观念及葬礼的隆重,是当时的重要特点。

台湾史前的墓葬行为的出现,最早从新石器时代早期的大坌坑文化,中期的垦丁文化,特别是晚期的卑南文化,其面积辽阔,超过三十万平方米,且排列整齐的石板棺墓葬群,更是社会组织复杂化、群居人口众多化的具体证据。所有的石板棺都头向南方,脚向当地人视为圣山的都兰山。可见当时的墓葬行为,应与宗教信仰有一定的结合。

大坌坑文化遗址发现原始信仰神灵崇拜的迹象

从考古资料看,台湾从史前起,墓葬就埋有随葬品,说明当时已有灵魂观念,有原始信仰神灵崇拜的迹象。台湾"原住民"与大陆闽越族的深厚关系,含有闽越因素的福建民间信仰,与台湾"原住民"的信仰崇拜必有一定的渊源联系。

2. 文献记载的台湾原始宗教

台湾"原住民"的习俗与崇拜,可见于《临海水土志》、《魏书》、《北史》、

---

① 刘益昌:《淡水河口的史前文化与族群》,台北县立十三行博物馆 2002 年版,第 88 页。

《隋书》、《宋史》、《岛夷志略》、《元史》、《明史》、《清史稿》的一些记载。人类学者与民族学者也有一定的实地调查,补充了史料的不足。

台湾"原住民"的崇拜内容大致有天、地、日、月、山、河、海、大地、石头、树、鸟、蛇等自然崇拜与祖宗等血缘崇拜。

《隋书·流求传》里记载,"以木槽中暴海水为盐,木汁为醋,酿米面为酒……先火烧而水灌之……宜稻、梁、床、黍、麻、豆、赤豆、胡豆、黑豆……"风土气候与岭南相类,俗事山海之神,祭以酒肴。

"原住民"重视祖灵信仰认为祖灵居住在山上,会保护族人收获丰盛。各族都有自己独特的祭典,例如:布农族的"射耳祭"(以箭射兽耳祷求猎获丰收)与小米祭;赛夏族每两年举办一次"矮灵祭";达悟族的"飞鱼祭";排湾族人的"五年祭"。此外,卑南族重要的祭仪有海祭、男性的"猴祭"及女性的"锄草祭"等。南邹族相信祖灵依附在收藏的贝珠中,因而有"子贝祭";邹族则有"战祭"、"收获祭"等。

矮灵祭

小米祭

二、闽台民间信仰的发展

(一)福建民间神灵的发展与繁荣

如果说魏晋南北朝以前是福建民间信仰的起源阶段,那么,唐宋明清时期的福建民间信仰开始进入了发展和繁荣阶段。

1. 唐代福建民间宫庙的兴起

唐代由于陈元光与王绪、王审知的入闽,人口大增。陈元光主要经营福建与粤东地区,而王审知对福建的开发也多有贡献。随着社会经济的逐步繁荣,福建的民间神灵与宫庙也进入了新的发展时期。

乾隆《泉州府志》记载了泉州地区的286间坛庙寺观,建于唐代的有119间,其中可知年代的有277间[①],唐代占43%,为各朝代中最多者。其中不少为民间庙宇,可以看出唐代福建民间信仰的繁荣。

---

① 乾隆《泉州府志》卷十六《坛庙寺观》。

忠懿王祠

《八闽通志》记载了漳州唐代一些宫庙的情况,①近年来我们调查了当今漳州 10 平方米以上民间信仰宫庙,其中影响力较大的有 2800 多座庙宇,在进行了相关的归类和鉴定后发现:漳州的民间信仰寺庙,绝大多数在唐代及唐代以后修建。其中可知年代的 1562 间庙宇中,唐代以前仅有两座,唐代建了 41 座,漳州于唐垂拱二年(686)建州。可见政权机构的建立对地方文化、信仰的影响。

由于福建的潮湿与疫病横行,使本地土著与北方移民认为,这是邪恶神灵在作恶。如汀州:"山都所居,其高者曰人都,中者为猪都,处其下者曰鸟都。人都即如人形而卑小……猪都皆身如猪,鸟都皆人首尽能人言。闻其声而不见其形,亦鬼之流也。"②

---

① 黄仲昭:弘治《八闽通志》卷七七《寺观志》,第 826 页。
② 《太平寰宇记》卷一○二,金陵书局光绪刊本,第 7 页。

除前文提及的陈元光、王审知,产生于唐代,被民间奉为神灵,影响较大者还有:

临水夫人,宁德古田村妇陈靖姑,《八闽通志》记载为唐大历年间人,可"祷雨旸,驱疫疠,求嗣续"。①

宁德古田临水宫

八仙之一的何仙姑,其籍贯有多种说法,福建的志书称之为龙岩武平人。

莘七娘在汀州明溪被奉为神灵,宋代文天祥曾为其题诗,因而名气大振,②为闽西客家最信奉的神灵之一。

郭圣王,南安人,其祖庙在安溪凤山。在福建和台湾拥有众多信徒。

乾隆《泉州府志》记载五代万氏女子,生前懂巫术,逝世后保一方平安,

---

① 黄仲昭:弘治《八闽通志》卷五十八《祠庙》修订本,第373~374页。
② 民国《清流县志》卷十七。

福建省明溪县县城北部莘七娘庙

民间称为"万氏妈",被朝廷封为"护国英烈仙妃"①。

惠安的西汉宣帝时的萧太傅刚正、清廉,逝后被奉为神。五代时王审知建闽国,萧太傅崇拜就在泉州传开了。

泉州鲤城区富美宫是泉州王爷信仰中心

---

① 乾隆《泉州府志》卷十六《坛庙寺观·万仙妃庙》。

隋唐五代是福建造神的第一次热潮。除了部分从中原传过来的神灵，原生于本地的还有：道士蔡如金、戏神雷海青、三平祖师、义中禅师、泉州别驾姜公辅（唐德宗时宰相，因谏阻当时的奢侈之风贬至泉州）、医神康仙祖、节度使傅实、金门的牧马侯、名士欧阳詹、九日山秦君亭、诗人韩偓等受后世崇拜的神灵。他们都是在这一时期产生的。

福建学者徐晓望认为：唐五代期间，福建已形成了祖先崇拜、英雄崇拜、乡贤崇拜、清官崇拜、仙灵崇拜、法师崇拜、医神崇拜、母亲崇拜、行业崇拜等神灵。① 可见当时造神的热络。

2. 宋元福建民间神灵的发展

北宋为了巩固统治，相当一段时间支持佛道，打击民间信仰。这种情况到南宋时期产生了变化，朝廷只剩半壁江山，对福建更有期待，为了获得民间的支持，转而支持民间信仰。总之，宋元时期福建经济大发展，泉州为天子的南库，经济文化较为繁荣，推动了民间信仰的盛行。宋元时期的民间信仰呈现了正统化的倾向。

（1）福建各地方志记载，地方诸神得到朝廷封号，多数见于宋代，约一百多位神灵得到数百次封号。

（2）福建的自然山川与社稷等神灵古已有之，中原地区传来的神灵，如东岳大帝、城隍爷、山川、雷电、风雨、龙王等神祇的庙宇，多数建于宋代。

（3）海神受推崇。对外贸易的兴旺，引发海上运输繁茂，使中国的海洋女神妈祖地位上升，元代封以"天妃"的称号。福建山高地狭，洪水时各处水患，但多数水直接入海；无雨时，平原大旱，所以海神倍受崇拜。

（4）药神影响力大。福建在晋时人口仅8600户，到隋朝时也只有12420户，人口长期停滞。但安史之乱后，北方移民南迁，至宋代人口大增。可是，福建的炎热潮湿，使疫病横行，落后的医疗条件，增强了人们对药神的需求。因此保生大帝等医疗神应运而生。

3. 明清与近代福建民间神明的兴旺

明清时期福建民间神灵虽依然受到崇敬，但受社会经济与政治各方面变化的影响，民间信仰也发生了一些变化。清代后期，西方宗教文化传入，天主教、基督教等西方宗教开始敲开福建的信仰大门，佛道二教与民间信仰均受到一定程度的削弱。此外，明清时期福建向台湾的移民大量增加，促进

---

① 徐晓望：《福建通史》（第二卷），福建人民出版社2006年版，第47、297~301页。

元代妈祖石像复拍

了台湾民间信仰的大发展。此时的福建民间信仰出现了新的特点：

（1）从过去的以神为中心转化为以人为中心。各种生活神灵与日常生活息息相关。灶神、床神等生活神灵被普遍崇拜。[1]

（2）大量向海外分灵。由于向海外移民，福建的许多神灵被携带分灵，主要集中在台湾与东南亚。如妈祖、保生大帝、开漳圣王、清水祖师等神灵，成为台湾汉族移民与其他地方海外华人广泛崇拜的神祇。[2]

（3）鬼魂神灵大量出现。由于天灾人祸及向外移民，导致众多不测因素，鬼魂崇拜与普渡等盛行。王爷、有应公、大众爷等孤魂野鬼受民间普遍膜拜。[3]

---

[1] 王煌彬：《漳州市云霄县列屿镇、东厦镇节日习俗调查报告》，未刊稿。
[2] 徐辉：《台湾民间信仰调查过程笔录》，未刊稿。
[3] 徐辉：《台湾民间信仰调查过程笔录》，未刊稿。

泉州晋江祭祀床神

（4）神的职能普遍扩大,向水神和医药职能转化。许多神灵成为上山可制厄,下水可伏蛟,平时可治疫的全能神。关帝、城隍本非海神,却被赋予保佑出海的功能;王爷、玄天上帝亦非药神,一些宫庙也拥有药签。①

（5）形成了以天公为首的神灵框架。福建民间最高神祇玉皇大帝,所有鬼神都归其号令指挥。玉皇大帝之下有三官大帝,分别管理天界、地界、水界(天仙、凡人、阴鬼);三界之下有分管职业的神明,如农务的神农大帝,工务的巧圣先师,商务的关圣帝君,医务的保生大帝等各行业神灵;而地方一级的神灵有县市级的城隍,各乡村基层有土地爷,②形成从天庭至凡间的神灵结构。

4. 现代福建民间神灵的新发展

（1）修建扩建宫庙的热潮。

1978年以后,政府将民间宫庙和神灵的供奉活动归属民俗文化类型。政府落实宗教政策,开始依法登记宗教活动场所,民间神灵宫庙由于分类界定困难,多以老人活动场所和文物保护单位等予以保留。

---

① 王煌彬:《泉州石狮市龙湖镇瑶林村民间信仰调查报告》,未刊稿。
② 林进源:《台湾民间信仰大图鉴》,进源书局2007年版,第53页。

根据1999年《福建年鉴》,新登记的宗教场所244座,且增建寺庙等500多座。① 其实这统计不太完整。2004年厦门民宗局调查了1500多座宫庙,多数在1978年以后都重新修建,部分还重新扩建。② 据泉州民宗局1995年调查,当地1966—1976年"文革"期间受损的宫庙普遍得到修复。仅鲤城区东海镇的97座宫庙,75座得到修缮;安溪"自行修建了200多座"。③ 漳州有关方面的数字,至2002年,民间宫庙至少修建了590多间。④

很多庙宇并不是简单的翻修,而是扩大规模,提高材料的档次。80年代后的宗教政策较为开明,福建的宫庙很多与台湾及海外华人有联系,不少还是他们的祖庙,一些宫庙还有台湾等海外资金参与修建。这期间,海外资金在民间宫庙的修建中起了一定的推动作用。

(2)整体组织的规范管理。

由于民间信仰的松散性和多神崇拜,在很长的时间里,并没有规范的管理方法。民间信仰的很多庙宇都是以文物保护单位的面貌出现。

进入90年代,各种管理逐步规范。1991年,国家宗教事务局和民政部发布了《宗教社会团体登记管理实施办法》,1994年,国家宗教事务局发布了《宗教活动场所登记办法》,1996年,国家宗教事务局发布了《宗教活动场所年度检查办法》,福建有关方面参照这些条例和办法,对民间信仰宫庙进行了一定的规范,不少地方先后成立了相关组织。

福建最早成立道教协会的地区是泉州,于1993年成立筹备组,1995年于鲤城区成立泉州道教协会。随后其他地方相继跟上:1996年福州市道教协会成立;1996年南平市道教协会成立;1997年福建省道教协会成立;2000年漳州市道教协会成立;2005年厦门道教协会成立。至本世纪初,许多县区市成立了道教协会。

由于前文所述福建民间宫庙的特点,福建地方上所说的道教宫庙,实际多是民间信仰的庙宇。以漳州芗城区为例,第一届道教协会成立时有20多座宫庙参加。领导班子有11人,会长1人,副会长2人,除了一个道士,其他

---

① 《福建年鉴·1999》,福建人民出版社1999年版,第253页。
② 厦门市民族宗教局:《厦门市民间信仰活动管理初探》,《福建宗教》2005年第2期,第33页。
③ 范正义:《泉州民间信仰现状考察》,《福建宗教》2006年第3期,第32页。
④ 段凌平、张晓松:《漳州地区民间信仰调查与研究》,《漳州师范学院学报》2004年第1期,第77页。

多为各民间信仰宫庙的负责人。

（3）闽台各类神灵协会与学术研究会的建立。

80年代以来，福建民间各地共同祭祀的神灵和各类神灵之间的往来，包括与台湾民间信仰的交流都非常活跃。同祀神灵间的有关来源、史迹、习俗、药签、礼仪、接待等等问题，都有些疑难问题需要集体的力量加以协调。

1989年4月17日"漳州吴真人学术研究会"成立。同时于4月17—20日广邀学者，在漳州召开纪念吴真人诞辰1010年的学术研讨会。随后的几年，相继举办多次学术会议，并出版多套论文集，在推动吴真人信仰的学术交流方面起了重要作用，受到各方面美誉。2008年成立的开漳圣王联谊会，官方也给予支持和推动，作为联络海内外乡情的一个途径。

1989年9月27日"厦门吴真人学术研究会"成立。泉州市区道教文化研究会于90年代初成立，1997年4月更名为泉州市区民间信仰研究会。晋江妈祖文化研究会于1999年4月30日成立。泉州保生大帝文化联谊会于2001年农历8月15日成立。温陵妈祖会于2009年成立。

1998年"纪念湄洲妈祖金身巡游台湾一周年"座谈会上，部分妈祖文化机构代表提出成立"世界妈祖信众联谊会"。2002年，在湄洲妈祖祖庙召开筹备工作座谈会，决定筹建"中华妈祖文化交流协会"。2004年6月，国家民政部批复同意成立"中华妈祖文化交流协会"。妈祖文化社团的成立，标志着妈祖现象被正式界定为妈祖文化，有利于团结海内外炎黄子孙，也有利于积极推进海峡两岸民间的交流和合作。

（二）台湾民间信仰的发展

1. 台湾"原住民"传统信仰的发展

台湾"原住民"分为平埔族与高山族两部分。平埔族汉化程度高，明清时期就接受了汉族移民带来的宗教信仰，但他们中有些部族或有些人群，在汉化的潮流中仍然坚守着本民族固有的信仰，如噶玛兰人原始宗教，以祖灵为崇拜中心，认为其具有超人之能力，能佑族人安康与作物之丰收，其播种祭、收割祭、入仓祭等活动目的，为祈求祖灵之保佑。但也有为人作祟之恶灵。巴则海人信仰最高神apu dadawan、创始祖先bana kaisi与sabun kaisi，以及火神apu kaiten、水神apumas、露水神apu maikadamul等自然神。这些残存的原有神祇仍被部分族人所祭拜，并被另外安排特定时节或地点祭祀及供奉。西拉雅人原居今之台南县境，西拉雅人之宗教信仰，除一部分改宗基督教及汉人民间信仰外,大部分仍崇拜其传统之宗教信仰:"阿立祖"祭祀。所谓阿立祖乃指西拉雅人之祖灵,无形无体,仅以一壶代表神体,又称阿日祖、阿立母、太祖、老君、太上老君、李老君、蕃仔佛、番太祖、番祖等。各社群所祀的壶各有不同,大部分是粗制的陶器,台湾有学者认为阿立祖信仰介于原始巫教奉祀与汉人祖先教信仰。以神格而论,相当于汉人之玉皇上帝,并非泛泛的祖灵信仰而已。阿立祖祭祀被称作"壶祀",壶被安置于原名为"公廨"的宫庙中。我们在台湾调查时了解到在台南市左镇区和七股区各有阿立祖宫庙一座。原住民信仰为神灵立宫庙,阿立祖恐为绝无仅有者。

高山族的宗教信仰是祖灵崇拜、图腾崇拜等。高山族一般相信人死后灵魂不灭、永世长存,并在默默中保佑其子孙后代,所以一般将灵魂尊为神,对神的信仰大部分就是对祖先的崇拜。从而将祖训看成是神的意志而不敢违犯。高山族在不同的地区有不同的祭祀活动,居住在平原地带的有播种祭①、驱虫祭、收获祭②,居住在山地和沿海地区的高山族有狩猎祭、鱼祭等。高山族内巫术比较盛行,其占卜方法有水占、瓢占、鸟占等等,并有多种形式的巫书。高山族人基本不接受汉族的民间信仰,我们在台湾做田野调查发现,凡高山族"原住民"聚集的地区,汉族民间信仰的宫庙数量极少,甚至为零。20世纪50年代起,高山族"原住民"比较普遍地接受了基督教、天主教。

2. 台湾汉族民间信仰的发展

台湾汉人的民间信仰神灵,或以为起始于元代,但较清晰的为荷兰和郑成功时期。大规模的神灵引入和造神,见于清乾隆至光绪期间。光复之后(1945),又出现新的高潮。

(1)祭拜习俗。

台湾从明末始,闽南籍人士大量移入,很多风俗与闽南同。从修于1685年(康熙年间)台湾最早的方志《台湾府志》的记载,可以了解明末清初的台湾民俗,以及当时民间神庙的影响。一年中主要的祭拜活动如下:

元日早起,少长咸集,礼神、祭先祖羹饭后,诣所亲友、朋友、故旧贺岁。

元夕放灯,庵、祠、庙、院及所居门首,各悬绳索竹竿,挂红纸灯笼一盏。有善歌吹者数辈为耦,制灯如飞盖状,或丝、或竹、或肉,以次杂奏,谓之闹伞。更有装束道、巫、仙、佛及昭君、龙马之属,向人家歌舞作庆,谓之闹元宵。

---

① 王煌彬:《屏南县棠口乡漈头村民间信仰与宗祠文化考察报告》,未刊稿。
② 刘芝凤:《台湾丰年祭与神灵巡境考察报告》,未刊稿。

二月二日,或十六日,各街社里逐户敛钱,宰牲演戏,赛当境土神,名曰合福。

三月清明,人家无论男妇老幼,谒拜坟墓,舆步壶浆,络绎郊原。祭毕,劝草衔杯,递为劝酬,薄暮乃还,俗谓之上坟。

四月八日,各院僧于阅月前,沿门索施作龙华会。

五月五日,家折松艾,悬之门首,以五色丝系儿童臂上,呼为长命缕;又以茧作虎子形,帖儿额上,到午时,脱而投之。所在竞渡。

六月一日,家以米粉抹红为丸,供神,俗呼为半年圆,盖颂祷团圆之意。

七月七日,是夕人家女儿罗瓜果庭中,谓之乞巧会。

中秋,祀当境土神,俗尚与二月同,盖春祈秋报之意。

冬至,以米粉作丸,遍祀神及家先;合长幼团圆而食之,谓之亚岁。

十二月二十四月,俗传百神将以是夕上天,各备蔬馔供养,以楮印、舆马、从卫、仪仗焚而送之;至来岁孟陬四日,具仪楮迎之。

岁除之日,亲友各以牲馐相饷,谓之馈岁。是夕,各门外爆竹声传,谓之辞岁。设酒肴,一家老少合坐而食,谓之围炉。盖终岁之劳,一夕之欢,皆系内地人民流寓到台,则与内地相仿佛云。①

我们注意到连横的《台湾通史》描写的民国年间的台湾民俗大部分与漳州没什么差别,只是在农历三月十九日,台湾增加了一个太阳诞辰,实为纪念明的亡国;二十三日全台纪念妈祖诞辰。虽然漳州的沿海地区也纪念妈祖诞辰,但是许多地方并没有这个习俗。说明郑成功以台湾为反清复明基地的活动,及以妈祖为首的海洋神,对台湾有更大影响。

(2)台湾民间宫庙的发展。

从前面叙述可见,明清时期两三百年间中国大陆汉族的民众移居台湾的时候,也就把这种崇祀多神和请巫师治病的风俗带进台湾。这种民间信仰的迁播,最初是采用"分灵"和"分香"的形式表现的。

"分灵"是每一波移民出发的时候,通常都会迎奉一尊家乡某个寺庙里的神像,或是制作某神的小神像随行。在海上航行时,把神像供在船上。"分香"则是因为财力弱,或其他原因不方便带神像,就随身携带家乡某个寺庙的香炉灰。登陆之后,就在落脚的地方,先结一座草庵,把神像或香灰袋供奉在草庵中,或者供奉在某人的家中。

---

① (清)蒋毓英撰,陈碧笙校注:《台湾府志》,厦门大学出版社1985版,第59~61页。

过了二三十年,当这拨移民的经济状况稳定之后,就捐资用砖瓦来兴建新的宫庙,雕塑大神像供奉。汉人迁台多自明清时期,由此带来相关的民间信仰。刘万枝认为,台湾宫庙的发展分为三期:一为拓垦初期,奉香火于屋寮中,未建庙宇;二为庄社建成,普设土地庙;三是庄社发展,街肆形成,富者鸠资建大庙,各种乡土神、职业神明兴盛。①李亦园亦认为早期以妈祖和玄天上帝一类的水神为主;定居后以区域神明为主,比如开漳圣王、保生大帝、清水祖师等。

游谦等台湾学者将台湾民间信仰宫庙修建的阶段特点描述如下:

第一阶段,拓垦初期的无庙时期。汉族移民来台拓殖之时,垦民把家乡的守护神随船带来台湾,以祈求渡海平安、开垦顺利。大多私人携带的香火或神像,因陋就简、就地取材奉祀,只能安置于他们居住的草寮或简易住所,甚至于田头田尾。

第二阶段,小祠、小庙时期。定居以后,庄社基础初奠,财力尚单薄,只能建成小祠、小庙供奉神明,以土地庙祠的普遍设立为特征。

第三阶段,中型宫庙时期。待村落定型并有所发展,社区渐渐成形,村落里开始有村民共建的庙祠,这些公厝成了社群的中心象征、活动集会的场所。逐渐产生较有能力、专业的工匠从事建庙的工作,各地渐渐落成中型宫庙。

第四阶段,宏大宫庙时期。二次大战以后,社会稳定,经济繁荣,民间财力雄厚。富人乐于鸠资兴建大宫庙。庙宇的翻新、重建处处可见,庙宇越建越大,越盖越壮观。②

明末至康熙年间,是闽南向台湾移民的最初时期,我们可从清代蒋毓英撰《台湾府志》找到一些当时民间宫庙分布情况:

"(台湾)府城隍庙在府署之右,伪时(郑成功时,著者注)所建,今因之。"

"东岳庙在府治之东,伪时建,以祀东岳之神。"

"上帝庙在府治东安坊,伪时建,祀北极大帝。内有明宁靖王楷书匾额'威灵赫奕'四字。"

"关帝庙三所:府治镇北坊二所,凤山县治土墼埕保一所。"

"天妃宫二所:一在府治镇北坊赤嵌城南。康熙二十三(1684)年,台湾

---

① 徐辉:《台湾民间信仰调查过程笔录》,未刊稿。
② 游谦、施芳珑:《宜兰县民间信仰》,宜兰县史编撰委员会2003年版,第6~8页。

底定，将军侯施同诸镇，以神有效顺功，各捐俸鼎建，庙址即宁靖王故宅也。内庭有御敕龙匾'辉煌海澨'。一在凤山县治安平镇渡口。"

"慈济宫四所，一在府治西定坊，一在镇北坊；一在凤山县怡安平镇，一在土墼埕保。"

"观音庙在镇北坊，前后座泥金色相，左右塑十八罗汉，俗呼为观音亭。"

"沙陶宫在西定坊，神之出处莫考，上人共称沙陶太子。"

"二王庙在东安坊，云神乃代天巡狩之神，威灵显赫，土人祀之，内有宁靖王行书匾'代天府'三字。"

"大人庙在台湾县保大里，其神聪明正直，亦是代天巡狩之神。"

"王公庙在台湾县长兴里。"

"昆沙宫在凤山县土墼埕保，神称三太子，有宁靖王手书'昆沙宫'三字匾额。"

"水仙宫在凤山县安平镇。"

"观音庙在诸罗县目加溜湾社，中堂祀观音，左塑天、地、水三官，右则关帝。庭宇高敞，案座修饬。"

"龙湖岩在诸罗县开化里，伪总制陈永华建。"

"靖海将军侯施生祠，在西定坊，万姓公建，甘棠遗意也。"

澎湖庙宇：

"天妃宫在东西卫澳。澳前有案山，其澳安澜，可泊百余艘，系郑芝龙建，伪藩更新之。今其灵犹加赫濯焉。"

"真人庙在奎壁港。"

"太子庙二所：一在鼎湾澳，一在赤嵌澳。"

"关帝庙二所：一在吉贝屿，一在瓦硐港。"

"将军庙在将军澳，不知何时所建，澳因此以为名。"[1]

连横的《台湾通史》也补充了一些宫庙情况：

"马王庙，在东安坊，郑氏时建，俗以为辅信将军。"

"总管宫，在西安坊，郑氏时建神姓，佚其名（民间以为是漳籍神明）。又一在西门外中楼仔街，康熙三十年（1691）巡道高拱乾建。"

"水仙宫，在西定坊，面海，康熙五十四（1715）年漳泉商郊合建。"

---

[1] （清）蒋毓英撰，陈碧笙校注：《台湾府志》，厦门大学出版社1985版，第64~66页。

"龙湖岩,郑氏时咨议参军陈永华建。祀延平郡王。"①

至康熙年间,台湾民间信仰神至少有18种,庙宇约32间。记载中庙宇数最多的是保生大帝和关帝,各有5间。天妃庙有3间。

官方记载的台湾最早、最有影响的宫庙是:威武有信的财神关帝和医神保生大帝。这是台湾早期移民社会的常见神灵。当时的移民多是商业拓展为主,加上明末海禁宽松,私人海上资本以大海为田园,过台湾海峡较有把握。妈祖崇拜在清代被施琅力推。清军与郑成功军队的长期军事抗争,加上清朝初年的海禁,民间偷渡的艰险,提升了航海神的地位,妈祖庙增多了。其他如城隍、东岳大帝、观音、沙陶太子、二王、大人(王爷)、龙湖、水仙、施琅、哪吒、将军,多是一些与镇邪或水神有关的,显示最初移民对安全的祈盼。

1895年日本占据台湾后,对台湾民间信仰有所干预。1916年左右,其台湾总督府大规模的调查台湾各地的寺庙,编成《台湾宗教调查报告书》,把当地的宗教活动统统规入"巫觋"、"迷信"一类,视为落伍思想的表现。

通过1915年,台湾民众结合宗教力量群起抗日的"西来庵事件",特别是1937年的卢沟桥事变,台湾总督府全力推行"皇民化运动"。设立"台湾神社",拜祭日本神明。寺庙或被占用,或被毁坏,不少历史悠久的寺庙就此一蹶不振。以下简叙几例:

该阶段新竹州中坜郡辖下被废的寺庙有209间,斋堂4间,神明会708个,祖公会8个;寺庙和各类神像大部分被摧毁、烧毁;部分保留寺庙,须拆去庙宇屋脊两角,使其日本化。在宜兰,部分神庙被拆毁或没收充作仓库,历经浩劫。②

台北的一些著名寺庙或作军营,或作补给站、医院、学校等等,著名的供奉保生大帝的台北保安宫,供奉观音的龙山寺等14座寺庙,归为日本佛教曹洞宗系统。即使如此,保安宫一样被占用,作为"总督府第三附属学校",多年缺乏保养,庙宇丹青剥落,无人修整。③

1945年日本战败,台湾回归祖国。1949年,"国民政府"退据台湾。为了便于管理寺庙,先后成立佛教会和道教会,要求所有的寺庙必须参加其中的一个。还认为,凡是寺庙必须有田产,有独立的屋宇,屋顶必须是中国式的"飞檐"。只要有一项不符合要求,就不准登记。

---

① 连横:《台湾通史》,商务印书馆1996年,第414~416页。
② 游谦、施芳珑:《宜兰县民间信仰》,宜兰县史编纂委员会2003年版,第16页。
③ 廖武治监修:《新修大龙峒保安宫志》,第44页。

1950年台湾还是农业社会，这种要求可以落实。可是随着台湾的工业化，人口大量流向城市，问题就出现了。由于习惯，乡下人移居都市的时候，往往也把家乡的神灵和祭拜习俗一起带到都市来。但都市拥挤，没有那么多的空地可供盖庙，只能在公寓、楼房中供奉神明。而有关方面基于规定，不许正式登记，于是就形成了部分未登记的神坛。以台北市1996年的记录为例，该年有合法登记的寺庙147所，未登记的神坛却有1208所。① 呈现1∶8.2的比例。1993年全台寺庙、神坛、教堂普查的结果显示，登记的寺庙、教堂有9834所，未登记的神坛有7775所。②

1993年的普查显示，全台湾有17366间寺庙、神坛和教堂，其中道教占71.5%，佛教占12.9%，基督教占11%，天主教占3.5%，其他宗教占1.1%。其中，道教的庙宇、神坛增长最快。③ 其实，这些归到佛教和道教的，多数是民间信仰的寺庙。

3. 20世纪80年代后台湾民间信仰的发展特点

(1) 各类同祀神灵联谊会的建立。

台湾官方通过佛、道协会管理宫庙。20世纪70年代以后，台湾经济得到很大的发展，民间财力雄厚。富人乐于鸠资兴建大庙宇。宫庙的翻新、重建处处可见，庙宇越建越大，越盖越壮观。村落里的庙祠成为社群的中心象征、活动集会的场所。各同祀神灵的活动影响越来越大，如"三月疯妈祖"、"上白礁"等活动，使同祀神灵有了相互联络的必要。举办各宫庙之间的联谊活动的要求摆上了议事日程。然而，台湾宫庙原来具有高度的自主性，也就是各个宫庙之间很少有联络或从属关系。传统上虽然有超聚落的宗教活动，以相同的主祀神灵为号召有困难，宫庙间有各种顾虑，生怕产生矛盾、相互影响等等想法。所以，虽然台湾道教协会作了种种努力，希望组建同祀神灵的协会，但均以失败告终。

80年代后，漳州籍入台聚集地的宜兰县承担了这个责任。

据统计，宜兰县漳籍占总人口的90%以上，开漳圣王受到热烈崇拜。据仇德哉《台湾之寺庙与神明（二）》的记载，全台奉祀开漳圣王为主神的宫庙共有56间，坐落于宜兰者高达20间，比例为全台第一。据游谦、施芳珑调

---

① 资料来源：台北市民政局1996年。
② 《"中华民国八十二年"台海地区宗教团体普查报告》，"内政部"统计处1995年7月编印。
③ 高致华：《探寻民间诸神与信仰文化》，黄山书社2006年版，第296~297页。

查,宜兰共有开漳圣王宫庙28间,占全台一半。①

有了这个良好基础,壮围乡永镇村振安宫(开漳圣王庙)主委游礼焰热心奔走,拜访全台开漳圣王庙,耐心地说明办会的宗旨,诚恳地邀请参与,终于在1985年成立了"台湾开漳圣王庙团联谊会"。此后,每年举办一次联谊大会。作为台湾历史第一个以同祀神灵、同信仰圈的联谊会,现拥有80多间宫庙的会员单位,开创了台湾民间信仰的崭新一页。之后,各民间神灵同祀联谊会陆续建立。

(2)同祀神灵联谊会的作用。

神灵联谊会对台湾民间信仰的发展的推动,可以从保生大帝联谊会方面凸显出来。自1989年成立后,保生大帝联谊会就在海峡两岸积极活动,展示出一种团结协作的群体力量,不仅会员宫庙在庙会庆典、修建经费等事项上相互支援,而且在对外也往往采取一致的立场。台湾民间流传"闹热看妈祖,团结看大道公祖"的说法,即是对这一点的充分肯定。可以说,联谊会的成立及其积极活动,是当代保生大帝信仰的庙际网络较传统庙际关系更为活跃、交往形式更加多样的主要促进因素。有几个事情让世人印象深刻:

80年代末,台湾学甲慈济周大围董事长数度返回福建,目睹白礁慈济祖宫的凋敝残破景象,发愿要号召全台保生大帝的同祀宫庙一起捐资,为重修祖宫奉献力量。保生大帝联谊会在团结全台保全大帝同祀宫庙的力量,为重修白礁慈济祖宫提供了组织基础,随之顺利筹集了120多万元人民币与35万张金箔,使白礁慈济宫得以重新修缮一新。

联谊会还连年组织盛大规模的台湾宫庙团队,回福建祖宫谒祖进香。

1990年10月,台湾电视公司将播出连续剧《妈祖后传》剧情为"妈祖斗法大道公(保生大帝)",这一剧情主要是根据民间流传的保生大帝与妈祖相联姻不成而交恶斗法的故事改编的。联谊会获悉此事后,表示严正抗议,认为"有辱神威"。联谊会全体委员联名函请各地庙宫所属"立法委员"、"省议员"等,反映"新闻局"、有关单位及台视公司。同年11月,台湾电视公司在联谊会掀起的浩大抗议声势下,表示尊重联谊会的要求,将《妈祖后传》剧中的主要角色更换。联谊会还于1994和2000年两次请神学家作专题讲座,澄清导致妈祖和保生大帝寺庙间心结的所谓"大道公、妈祖斗法"的误传。

联谊会还在保生大帝画册编印、电视剧方面起了重大作用。

---

① 游谦、施芳珑:《宜兰县民间信仰》,宜兰县政府2003年版,第19页。

除此以外,联谊会还在台湾同祀宫庙修建经费的相互支援上发挥着媒介的功能,例如,1998 年积极赞助内门紫云宫、北势家保安宫;1999 年支持金门烈屿保生大帝庙重建;2000 年捐款南投玉衡宫。此外还有嘉义保生宫、保安宫等等。①

(3)诵经会和礼仪的规范。

台湾部分宫庙有诵经的传统,如台南天坛,约 1900 年前后有附属诵经团。当时为日据期间,宫庙经营较为困难,诵经团以女性诵经的形式保留下来。②

台湾影响较大的诵经团体为李炳南先生主持的草湖玉尊宫诵经会。李氏系台湾宗教大师杜尔瞻、林六善、朱云鹤、王秋潮的高徒。诵经内容包括列圣宝经经义及诵法、"易经神学"、阴阳五行入门、酬神消灾日法、八字命宫的算法等种种术数讲解。

1962 年李炳南先生受邀在玉尊宫筹组诵经会,同年正式成立诵经会。李氏主导的玉尊宫祭仪庄严肃穆,周全的科仪、嘹亮的经韵,受到各宫庙和相关人士欣赏。于是县内外友庙纷纷请求李氏协助成立诵经会,李炳南还担任义务教授。诸如台南学甲慈济宫、花莲加里保安宫、协天宫,台东玉清宫、香港宝泉庵等,李氏都鼎力支持建立。为此,草湖玉尊宫还特地组成教导团,赶赴各地辅导。

李炳南还应邀为妈祖、王爷、玄天上帝庙团分别在台南鹿耳门圣母庙、麻豆代天府、新竹龙台宫办理示范祭仪,对于改善各地庙宇祭仪、端正礼俗有相当的影响

李炳南先生

力。草湖玉尊的做法,在宜兰县影响很大,其次对花莲县、台东县,台南县、台北县,以及香港都有一定的影响。

---

① 范正义:《保生大帝信仰与闽台社会》,福建人民出版社 2006 年版,第 351~372 页。
② 《台湾寺庙志·第二辑》,清流出版社 1986 年版,第 61~62 页。

第四节　福建民间信仰的宗族性与台湾民间信仰的地缘性

一、福建宗族传统势力对民间神庙的影响

1. 福建民间神庙注重家族传统

从记载看，福建移民多为北方大族的移民，有些还是作为征服者出现，如开漳圣王陈元光、开闽王王审知等。所以，福建民间神庙往往较注重家族传统，民间神庙呈现出与宗族势力结合的态势。

2. 寺庙兼奉祖宗

每个宗族在村庄里基本上都拥有自己的寺庙，有些甚至多达十几座、几十座。寺庙里除了供奉主要神灵外，还奉祀祖先的牌位。

3. 宗族本家神灵最受崇拜

福建历代名人均分别为各自本家宗族尊为神，如萧衍（西汉太傅）、谢安、谢石、陈霸先、郭子仪、李泌（唐中期宰相）、陈元光、王审知（闽王）、林希元（明代名臣）……甚至被跨府县的本家宗族所接受，表现了宗族观念的扩大，加强了不同地域的宗族联系。

4. 乡村寺庙的宗族"家有"性

寺庙的管理、祭祀，均由宗族安排。有些宗族甚至把奉祀规则写进族谱，如泉州《何氏族谱》记载，每年在东岳庙祀玄天上帝、中岳大帝、天齐帝，在夏游殿祀协天大帝。还有"正顺王庙"、"三宝殿"、"仙姑庙"等等的祀礼。其他地方《赖氏族谱》、《邹氏族谱》也有详细的记载。

闽台地方的庙宇旧时多由宗族主持，或大家族主持。如台湾云林县玄天上帝庙"于嘉庆年间，街长卢光顺、何春梅出首捐缘公建。至道光年间，街长刘深池、江腾仁、何房先等，出首捐缘再建后进一大间"。开漳圣王庙，"道光甲子年，富户薛大有倡首捐金，绅民公建"。元天上帝庙"同治四年，头人余永顺捐缘重修"。① 台湾神灵多由大陆分香，开始供于个人私宅，然后再兴建成庙寺，这过程往往由富户牵头（他们出资最多、最有发言权），富户也希望通过这些活动增强在地方的号召力，通过神明来控制地方。台湾富户本

---

① 《台湾寺庙志·第二辑》，清流出版社1986年版，第16页。

来就是开垦落脚地与聚落经济活动的组织者,因此他们必然要在宗教信仰等文化、政治活动方面独树一帜。于是庙宇就染上宗族的"家有"性。

福建民间庙宇至今还是多由宗族主持,台湾现今庙宇多以庙为单位,周边居民自发地团结在最近的庙堂,听从安排,参加庙会活动和社会交流活动。

二、台湾民间信仰呈现较强的地域倾向

1. 台湾民间神庙的地域与方言区现象

由于明清的海禁,迁入台湾的多为零散的偷渡者,较难组成家族集团。故以各自的府县祖籍,以较大区域组成群体。反映在民间神庙上,崇拜神灵以地域方言区为主。如漳州的开漳圣王、三平祖师,泉州的清水祖师、广泽尊王,嘉应州的三山国王,汀州的定光古佛,福州的五福大帝,等等。台湾民间神庙呈现出明显的地域与方言区倾向。

2. 各地域神的相互排斥性

福建本土地域统一神明观念较淡。本村本地神明如祈求不应,可到外乡外村祈求。然而台湾的地域神明则不可融合在一起,相互排斥,如泉州籍人绝不奉开漳圣王,漳州籍人不奉定光古佛。南管与北管的田都元帅与西奉王爷,双方各争高低,不可能互祀。如此例子不胜枚举。[①]

第五节 闽台民间信仰的价值与民俗文化特征

一、闽台民间信仰的社会历史价值

(一)历史文化价值

闽台民间信仰的发展,从一个特定的方面记录着闽台开发与移民的过程。比如开漳圣王(陈元光),在漳州有200多座庙宇,主要是沿着漳州西溪的最大支流龙山溪的河谷分布,进入漳州平原后,又朝着广东方向散开。而这一线正是古代从赣南到汀州进入南靖、漳州,进而连接广东的最主要通

---

① 陈小冲:《台湾民间信仰》,鹭江出版社1993年版,第14页。

道。可是,在这线上的两个畲族乡漳浦赤岭和湖西,却一座庙宇也没有。漳浦的畲族人说,陈元光与他们的祖先交过战,这与陈元光开发漳州的历史相吻合。

　　台湾的开基祖庙大致都分布在台南、鹿港(彰化)和台北。这与台湾开发最早的"一府二鹿三艋舺"的说法一脉相承。保生大帝、妈祖、水仙尊王、王爷等等神灵的被供奉的背景,是闽台先民筚路蓝缕以启山林的苦难艰辛的开发史。福建与台湾有极深的缘分,由于两岸隔离了一定的时间,台湾的很多宫庙,其祖庙认为在福建,但确切地点没落实;并且,在民间信仰的史实、典故、礼仪等等方面,还有不少问题有待历史学者、民俗学者进一步探讨发掘。

　　此外,不少民间传统艺术形式,如歌仔戏、木偶戏、南拳武术、剪瓷雕文体艺术形式等,往往也依托各种宫庙及庙会活动得以发扬光大。由此可见,民间信仰的兴盛,使得许多传统文化、民间艺术得以延续。某种意义说,闽台的民间信仰为保存民族文化、传统文化提供了土壤。民间信仰文化是绚丽多彩的民间文化的重要组成部分。

歌仔戏

(二)旅游经济价值

目前,福建有许多神灵的旅游文化节,这些文化节通常是"神灵搭台,经济唱戏"的典范;台湾的神灵庆典活动更是突出,"三月疯妈祖,四月迎王爷",特别每年从春节至农历3月23日妈祖诞辰期间,是台湾妈祖祀典的高峰期,这里以动员10余万人、途经4县市、历时8天7夜、跋涉约300余公里的大甲镇澜宫妈祖绕境进香活动为例,近年来绕境的群众都达十多万,而前后参与的群众达百万,参加徒步的还有外国人。表演的阵头里有来自大陆、香港、澳门、新加坡、马来西亚、泰国、韩国等国家与地区的队伍。台湾"经济部"认为"妈祖绕境"蕴藏的巨大商机。单单数十万人的饮食,每天约消耗1亿新台币。企业推出的妈祖衫、妈祖铃、妈祖平安卡(银行)、妈祖邮票等十分热销。还有艺人担任观光大使,在民俗与社会经济方面有大的推动力。

台南县盐水镇的"盐水烽炮"、台东的"水炮炸寒单"、东港的"送王船"等民间信仰活动,参与的人员总是数十万或上百万。新加坡和马来西亚等地的文化踩街和艺阵,同样别具特色,人气极旺,在所在地都被视为重要的商机。

(三)社会调控功能

从长期效果看,民间信仰文化的影响无疑是积极的,给百姓极大的心理慰藉。发展到今天,民间信仰依然在百姓生活中占据着重要的位置。每年相关的社庙活动都会有数次,已然成为当地重要的节庆活动,在外求学经商的乡人返乡相聚过节,对乡村人际关系有着重要的凝聚作用。各地的庙宇董事会,经常进行扶困助学、救助青年学子的活动,起到良好的社会效应。民间宫庙在修桥筑路、救济穷困等公益事业上发挥了较大的作用。

民间宫庙总是引导百姓行善,民间信仰的扬善惩恶、轮回报应等观念,造成强大的舆论和社会时尚,使许多歹徒不敢在宫庙周边作恶。民间信仰和村社、宗族、社区的结合,对社会的稳定和发展有一定的积极作用,特别在社会整合与控制功能、社会心理调节功能、社会化与交往等功能,都有极大的效应。因此,即使当今科技发达,民间信仰也没有衰微的趋势,其中含有深刻的心理和社会根源。民间信仰满足了人们对世俗种种现象的希冀,体现了对社会现象的多方关怀。其内容注意人与自然的和谐,也反映了人与人之间的关系。民间信仰鼓励人们"做功德,积阴德"的一些做法,表现了对人生的终极关怀。

（四）推进海外交流的作用

1978 年以后，大陆学界和行政部门对群众性的活动给予了较多的关注，而且对两岸往来有极大的热情。民间信仰的团体或组织，只要申请注册了单位和活动，包括各类民间神灵的研讨会，就可能聚集到多方面的资源。如莆田的"中国·湄洲妈祖文化旅游节"，已举办了十四届，汇集了海内外 5000 多家妈祖宫庙、信众的代表人物，以及妈祖文化研究的专家学者。开漳圣王信仰文化的发源地漳州，更是把这种联谊活动推广至海外。2006 年，漳州成立"漳州开漳圣王联谊会"，并与台湾、东南亚等庙团商定：每两年召开一次国际性的开漳圣王联谊大会。现已先后在新加坡、台湾、漳州、马来西亚举办了四届。2014 年拟于泰国举办。该联谊活动波及全球与开漳圣王信仰文化有关的部分人士，影响面较大。

同样的情况还见于福州和古田县的临水夫人文化节、泉州通淮与漳州东山的关帝文化节、龙岩的定光古佛文化节等。

神灵联谊会往往推动了台湾民间信仰的发展。如保生大帝联谊会自 1989 年成立后，就在海峡两岸间积极活动，展示出一种团结协作的群体力量，不仅会员宫庙在庙会庆典、修建经费等事项上相互支援，而且对外也往往采取一致的立场。

保生大帝联谊会在厦门鼓浪屿

从 20 世纪 80 年代开始,闽台各神灵联谊会的先后成立及其积极活动,是当代闽台民间信仰的庙际网络与海内外庙际交流的重要纽带。大型民间信仰文化节的参与人员总是数以万计,显示了民间信仰在海内外交流的巨大影响力。

(五) 负面的社会影响

闽台民间信仰活动也存在着一定的负面社会影响,这是毋庸讳言的。有些地方有"乱建滥建"宫庙的问题,主要是由于早年宫庙被毁,现在要重建或扩建,引发的地产纠纷,因为年代久远,且牵涉许多法律问题,解决起来殊为不易。有些民间信仰活动,由于没有经典教义和统一的教规仪轨,其活动随意性大,故易为坏人所利用。由于群众的参与面广,故活动极易升温,局部地方可能导致狂热。个别宫庙管理人员借祭祀神灵活动,摊派敛财,有些人企盼媚鬼暴发,夺取不义之财等行径。在过去很长的社会时期,由于神灵的区域性,常常因为游神超过某个边界,引起村落和族群的械斗。类似的事件至今仍偶有发生。

要依靠政府相关部门教育广大信众,依法管理民间信仰事务,以减少或消除上述种种负面的社会影响,积极引导宗教与精神文明相适应,发挥民间信仰的正面效用。

二、闽台民间信仰的民俗文化特征

闽台民间信仰牵涉面广,其深刻的文化内涵与内在特点有待多方考察和推敲,从我们的田野调查资料分析,至少有如下外部特征:

(一) 泛神性与包容性

闽台民间认为"万物有灵",这是远古先民对自然现象疑惑不解而产生的敬畏和崇拜观念,民间信仰的自然崇拜具有泛神性。民间普遍认为万物都为人类所用,因而对各类事物都带有感恩的心理,不仅日月星辰、山川雷电等自然现象都被人们塑造成人格化的神灵,就是一些植物、动物、石头等一般事物,也被有选择地神化为崇拜对象。

所谓包容性,是指闽台民间信仰不似某些宗教具有强烈的排他性。闽台的民众,在神灵的崇拜方面非常现实,无所谓儒、释、道的什么贤人菩萨,只要认为灵验,任何神灵都可参拜。宫庙里有佛、道、儒的各路神灵,本地外地神灵一概接纳。① 特别在福建,民众在本村本地庙宇如祈求不应,可到外乡外村祈求。台湾民众在反抗外来侵略者的斗争中,英勇牺牲的保卫者,甚至毙命的侵略者,都可能成为祭祀的对象。如宜兰的万善祠就葬有日本人的遗骸,这些无疑都体现了广泛的包容性。

(二)传承性与世俗性

闽台民间信仰,既包含远古百越的自然崇拜遗存,又包含随汉族南迁入闽入台的中原信仰,还包含大量唐宋以降福建本土(明清时期传入台湾)高僧名道及民间道德楷模被官府造神运动塑造的神灵崇拜。这表明闽台民间信仰的历史积淀性和传承性。这种传承性是顽强的,民间信仰历史上受到过无数次被贬为"淫祀"的打击,更经常性地受到制度化宗教(尤其是外来宗教)的挤兑,特别是几十年前无论在福建还是在台湾,又都受到过不同程度的政治打压,但是闽台民间信仰还是顽强地传承了下来,而且眼下在闽台两地都呈现持续发展之势。

从传承的内容来看,民间信仰传承了儒教的修身、孝道,佛教的生死轮回,道教的养生无为等宗教理论。其信奉的神灵,也是集合了儒、释、道三教,以及民间传说等等。宫庙中也是佛道儒各种偶像杂陈,迎合了民众日常生活中对信仰的功利需求和祭拜形式的便利化要求,表现出很强的世俗性。

闽台民间信仰并不是简单地传承了各教派及民间的种种精神成果,而是根据本地的需要,加以世俗的改造。即使神灵系统,大致按道教系统的民间理解,组成以玉皇、三官到城隍、土地的神仙框架(将在后文论及),而且多数的神灵都本土化,离开闽台,其他地区并不了解这些神灵。即使儒、释、道三教的神,如前文提及的将神灵菩萨世俗化,宰鸭烹鹅,烧金许愿,让孩子给观音当"契子"等世俗做法,已无三教的原有形式,已被按世俗的一般神明的做法供奉,成为闽台民间信仰活动的一部分。

(三)恋母性与海洋性

在闽台民间信仰的神灵系统里,女性神比较多,诸如妈祖、临水夫人、柔懿夫人、土地婆、张英祖姑、案妈、有应婆等等,不胜枚举,这在我国各宗教神灵中显得非常突出。在中华文化圈里,以男性为中心、男性神明众多的情形

---

① 徐辉:《台湾民间信仰调查过程笔录(鹿港赐福宫)》,未刊稿。

下,闽台信奉众多灿烂的女神这特殊的现象,就特定的方面说,体现了对女性依恋的"恋母性"。

女神以特有的魅力,吸引着众人的关注。譬如,妈祖这么一位海边的普通女子,成为了举世闻名的世界性的神明,妈祖祖庙所在地福建湄洲国家度假区已被评为AAAA级景区;临水夫人的祖宫临水宫也被福建省人民政府列为省级文物保护单位;台湾的"三月疯妈祖"和台北龙山寺(供观音,民间认为观音是女神)等,都已成为海内外旅游和宗教朝圣的重要地方;以女神名誉打造的各类文化节(比如莆田的妈祖文化节,中央电视台都予转播,影响很大)也成为旅游观光的热点。

海洋多女神是一个世界性的现象,让人觉得"海"总是"女儿"的,这在闽台就更为突出。一般认为妈祖是海洋神,在陆地以水神形象出现;陆上的妈祖是跟着溪流走,很多山区也有妈祖。[①] 临水夫人重要功能是"祈雨",和水也很有关系。观世音在南海,和海联系紧密。所以,闽台的女神表现了海洋性。

据福建省民宗局2006年统计民间信仰,沿海的宫庙数福州4009处,厦门2206处,神灵200多种,泉州6088处,漳州4000处,神灵500多种,莆田4771处;而山区的三明10平方米以上庙宇有1044处,龙岩900多处,南平全市神灵100多种。[②] 台湾的民间宫庙有一万多处,神灵近300种。因此,宫庙的分布总体是沿海多,山区少,闽台民间神灵显示了"亲海"的海洋性。福建的神灵向外传播也是沿着"海线"走,如作为水神的妈祖,成了世界级的神灵。其他许多神灵的分灵外传,都从水路出去的,与海洋紧密联系。如保生大帝,在海外华人中影响非常广,而在大陆的其他省,一般都不被人们了解。福建的主祀神灵估计有一千来种,台湾大约有300来种,东南亚估计有100来种。但中国大陆的其他省,除妈祖外,少有福建神灵的传播。所以,福建的神灵有极浓的海洋情缘。

---

① 黄辉海:《龙岩市永定县坎市天后宫妈祖诞辰庆典调查报告》,未刊稿。
② 福建省民族与宗教事务厅:《福建民间信仰活动场所集萃》,2010年版(内书第18号),第8、37、114、141、134、177、167页。

海神妈祖

(四)教化性与功利性

闽台民间信仰和中国其他地区的民间信仰一样,具有一定的教化功能。民间信仰不特别追究鬼神世界的具体情况和个人灵魂如何得救,它最看重的是祭祀发生在个人、家庭、家族和社会伦理方面的教化作用。所谓"神道设教",就是通过崇建宫庙、祭祀神灵来设立教化,是把对神灵的祭祀作为基本的教育手段来实施的,所以有"祭者教之本也"(《礼记·祭统》)的说法,这种信仰观点是伦理型的,很有代表性。民间信仰活动要求人们敬祭神灵时要有诚心,要严肃认真,其目的固然是为了获得神灵的好感,使之保佑自己,也同样是为了培养人们恭敬孝顺之心,改善人性,净化心灵。

在民间,"抬头三尺有神明"、"人在做,天在看"的俗语,实际上都是民间信仰千百年来造就的教化性信条。有人无视民间信仰的教化性,只强调民众信仰的功利色彩,在学术界表现在"中国人缺乏宗教信仰"的说法中,这种说法在当下中国社会道德滑坡的情势下更容易为人们接受。我们认为这种观点是片面的,但限于篇幅这里不宜展开讨论。

当然,毋庸讳言,中国的民族(尤其是汉民族)性格中自古以来确实形成了非常明显的功利性观念。这也许是任何一种制度化宗教在中国历史上都不曾成为"国教",也无法使大多数国人信仰某一宗教的原因之一。因为遍布城乡的民间信仰迎合了绝大多数国人的信仰功利性心理。

在闽台地区,民间信仰的功利性表现出地域性特点。闽台地理上依山面海,为了适应环境,民间神灵往往被赋予显著的山海特点。其民间神灵的职能均被扩大,进山能扶伤治病,入海能搏浪救生,即使北方传来的神灵亦如此。如关帝本为军神,传入福建后已被变作无所不能、无所不管的保护神;城隍,本非海神,而在平潭,人们出海前均向城隍祈求平安,扩展了破狂涛、保平安的功能。一般群众相信"心诚则灵",无论什么神,认为"有拜有保庇"。不少人平时并不烧香,遇事带上些祭品到庙宇里,"临时抱佛脚",他们认为,神灵受了祭拜,就会替人办事,表现出明显的功利性。

第二章
闽台民间自然与地理神灵崇拜调查

据了解,福建主祀神明有 1000 种以上,①台湾民间的主祀神约 300 种,民间神明信众达千万人,②闽台民间信仰庙宇遍布城乡。该地域神灵大部分为土生土长,离开闽台地区就鲜为人知。

课题组曾在 1998—2002 年调查了漳州地区 2960 座庙宇,其中可知主神的庙宇 2468 座。共供奉 510 多位主神,约三个村庄就拥有一位不同的神灵,可见神灵多而分散。但这分散中又有集中与同一,从 2468 座可知主神的庙宇中,数量排列前 20 位的主神共拥有 1552 座庙宇。占已知神灵庙宇的 62%。说明其供奉的神灵相对集中在前 20 名。排列前 10 位神庙数为:保生大帝 240 座,开漳圣王 224 座,玄天上帝 218 座,观音 154 座,妈祖 133 座,佛祖 106 座,关帝 91 座,土地公 73 座,王公 50 座,王爷 44 座。

相应年份的台湾方面统计总共 268 种神明,其中 20 位占寺庙总数 83%。具体神明是:王爷、观音、妈祖、释迦牟尼、玄天上帝、福德正神、关帝爷、保生大帝、三山国王、太子爷、神农大帝、清水祖师、玉皇大帝、三界公、开台圣王、开漳圣王、城隍爷、孚佑帝君、王母娘娘、广泽尊王。③

台湾共 10790 座庙宇,供奉 268 种主神明。就台湾来说,供奉的神明种类虽然比漳州略少,但却比漳州集中。④

由此可见,被台湾民间普遍崇祀的神明,数量并不是很多,但多数民众集中敬奉少数的神明。从漳州的数字可以知道,福建的神明种类多于台湾,人均庙宇的数量亦不少于台湾,主祀神明的类型也比台湾广泛。

---

① 课题组调查,仅漳州就有 500 多种,厦门大学连心豪教授提供厦门有 200 多种神明(泉州数字不明)其中有部分重复,福建省社科院徐晓望、福建师范大学林国平教授,鉴于福建神明鲜明的地域性,认为总数不会少于 1000 种。
② 张兴斌:《中国旅游客源国、地区概况》,旅游教育出版社 2003 年版,第 267 页。
③ 陈小冲:《台湾民间信仰》,鹭江出版社 1993 年版,第 3 页。
④ 陈小冲:《台湾民间信仰》,鹭江出版社 1993 年版,第 3 页。

民间信仰的核心就是信众对神灵的崇拜活动，而崇拜活动的场所主要是宫庙。因此，神灵和宫庙乃是民间信仰的两大要素。闽台地区依山面海，民间信仰神灵众多，宫庙林立，具有明显的山海特点。我们从文献和田野调查资料中选取一些比较有代表性的逐一说明，以陈述闽台民间自然与地理神灵崇拜的特点。

第一节　闽台自然神灵崇拜

人类最早对大自然中与人类同生息的动植物的信仰，属泛灵崇拜范畴，为原始社会最早的采集和狩猎生活中形成的信仰崇拜。闽台处于中国的边陲，土著的影响浓厚，动植物崇拜盛行。

一、蛇神崇拜

（一）蛇崇拜①的由来

蛇，因其形象奇特，人们畏惧，称为"蛇精"。另外，蛇也称作"地龙"，被视作水神化身，备受人们敬畏。

闽台两地具有许多同形质的文化习俗，蛇崇拜即其一。据文献和考古资料，古代百越的一个分支——闽越族主要居住在闽江流域，在福建其他地区也有分布。蛇崇拜是闽越重要的文化特质。闽越以蛇为图腾，认为蛇是其祖先，"被发文身，以象鳞虫"。东汉高诱注："被，剪也；文身，刻画体内，鲸其中。"故东汉许慎《说文解字》说："闽，东南越，蛇种。"可见蛇崇拜是福建古越族自然崇拜的一个特色。唐宋以降中原文化和信仰入闽后，自然崇拜逐渐淡化，至今只有个别地方还保留蛇崇拜的习俗。

在台湾，蛇崇拜的遗存现今仅见于少数民族，这可能与台湾部分少数民族的先祖，系远古时期自福建迁徙入台的古越族有关。

---

① 王商书：《南平市延平区樟湖七月七巡蛇调查报告》，未刊稿。

台湾苗栗县后龙镇庙中清代令牌上的蛇图腾

(二)福建的蛇王庙

1. 南平市延平区樟湖镇蛇王庙

南平市延平区樟湖镇崇蛇习俗历史悠久。现有文字记载可考的历史可追溯到明代,但这一习俗的源头可追溯到远古时期福建的闽越文化。

樟湖崇蛇的习俗早在明代就已盛行。明代文学家谢肇淛《长溪琐语》一书记载:"水口以上朱船坂(福州方言即今樟湖坂)有蛇王庙,庙内有蛇数百,夏秋之间赛神一次,蛇之大者或缠人腰,或缠人头,出赛。"这一记载验证了樟湖蛇王庙最迟在明代前期就已存在,甚至可追溯到更早。该庙独特的崇蛇习俗为谢肇淛所记述,也是越人崇蛇习俗的代表性文物。

清乾隆十八年(1753)《万寿无疆》碑,记载当地民众七夕赛蛇神演戏酬神情况。清同治六年(1867)《水陆平安》碑,残碑记载清代樟湖坂运盐船工捐资修缮蛇王庙以保平安之事。

明代以来到新中国成立初期,以蛇王庙为轴心,每年由邓、陈、杨、施等家族牵头并由庙祝用庙产来组织民众春秋二祭游蛇灯、赛蛇神崇蛇活动。二十世纪六十年代后期至八十年代末,蛇王信仰曾几度沉浮,2005年5月蛇王庙被福建省人民政府列入第六批省级文物保护单位并公布保护范围。同年10月闽蛇崇拜民俗被福建省人民政府列入第一批非物质文化遗产代表作名录。12月蛇王庙被福建省列为涉台文物古建筑房屋。

蛇王庙

关于"连公师父"及"连公庙"的来历,蛇王庙理事长陈学铭介绍说:相传蛇神姓连,是一只蟒蛇精,来自古田风都"纸钱岭"。"永乐十三年十月十四日夜晚,赵天师收复白马精经过樟湖,连公现出原形一条大蟒在地上翻滚,赵天师欲斩之,民众大声叫喊:连公青龙,善!善!遂不加害。"从此以后,人们称蛇神为"连公"或"连公师父",而该庙也被称为"连公庙"。

樟湖蛇王庙原位于樟湖镇东边,濒临闽江,当地民众称蛇王庙为"连公庙"或"福庆堂"。解放后至1989年蛇王庙被政府收做粮食储备仓库,直到1990年闽江水口水电站建设截流蓄水,庙内仓库物品全部搬迁,拆原建在新镇316国道右侧。庙内塑有连公蛇神及配神菩萨七尊。正殿三尊为主事蛇王,是三兄弟,他们的区别是眼睛朝向,一位朝上看天,一位朝下看地,一位朝前看人间,传说三位蛇神分别管天、管地、管人间。配神四尊分别是:总管、少爷、师爷、千龙将军。

正殿前立有石柱一对,上阴刻楷书对联:"登斯台莫潦草拜几拜,履此地试仔细思一思"。文句通俗,意味深长。石柱背面刻数行小字,左为"光绪二十五年巧月,公捐拜台石板、石柱,芳名列后",右为 29 位信众名字。石刻文字说明,这是光绪二十五年(1899)当地民众为七月七夕迎蛇神庙会活动而集资捐建的拜台、石板和石柱。

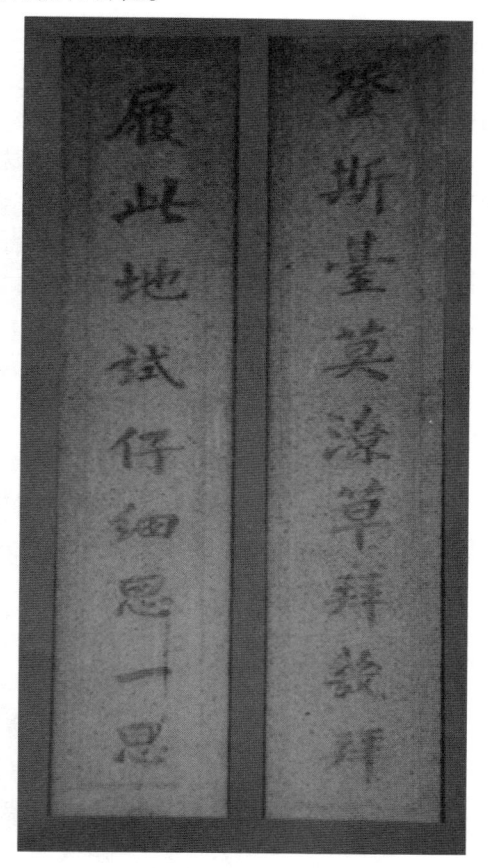

蛇王庙正殿石柱对联

左右两侧为钟楼、鼓楼,分上下两层,上层分别悬挂大鼓和大铸钟,下层分别为"郑、符、汪将军"和"张、马、李将军"神像宝座。据说这些将军均为连公的守护神,但其来源已无考证。最后是戏楼,为砖木结构,当游蛇活动结束,辅上台板当晚演戏酬神。

樟湖赛蛇神活动组织情况:

(1)捉蛇:古时候,蛇较多,在七夕前先民们就自行把捉来的蛇送往蛇王庙参加巡游。现在由于生态环境变化,野外蛇逐年减少,因此,在每年农历六月间都要组织发动村民到河边、田间地头捕蛇,小的几两、几斤到大的几十百把斤不等,这些都是无毒的蛇,如南蛇、锦蛇、花蛇、蟒蛇等。将抓到的蛇交蛇王庙统一装在蓄蛇瓮中饲养,待蛇节那天巡游用。

(2)筹措活动经费:新中国成立前,赛蛇神活动费用全部由蛇王庙的庙产、香火钱的收入开支,由邓、陈、杨三个姓氏轮流组织开展活动。现在庙产没有了,理事会成员每年在赛蛇神前半个月登门到企业、商店、农户募捐蛇节活动经费。

(3)请神:在赛蛇神前一天早晨,由组织者备上一担三牲贡品(猪头、鸡鸭、饭团、五果等)在大殿连公神像前进行祭祀,由道士施法,念祭语,向蛇神连公师父敬奉香火。善男信女徒跪拜连公菩萨,向蛇神三叩首,并敬上三注香火,祈求连公师父除妖镇邪,保佑合境平安。然后由信徒把连公菩萨从神龛抬到大殿并安坐在巡游车上,准备第二天出赛。

(4)赛蛇神:七月初七清早,大约在游蛇活动前1小时,选派一个信徒身着明清服装,头戴斗笠,肩扛一面过山旗,旗上写着"九天行雷法主连公",在旗杆的一头挂一面大铜锣,一边敲打,一边大声喊道:各位乡亲,今天迎连公师父,欢迎善男信女参加。一直沿着巡蛇路线绕行一圈,告示民众。另外在蛇王庙前点燃三支高2米多、重50多斤的玫瑰色大香,朝拜天地。人们陆续聚集蛇王庙,有的持旗,有的持乐器,有的抬轿,有的抬菩萨,紧锣密鼓,各自准备巡游事宜。

赛蛇神

带龙牌的蛇王

赛蛇神队伍次序：

（1）过山旗：长一丈许，旗上书"九天行雷法主连公"。在队伍出游之前一小时先按出游路线走一遍。

（2）神铳：三眼神铳，边行走边放。

（3）清道锣。

清道锣

（4）肃静、回避牌。

（5）拖板：毛竹破半拖在地上走。

（6）带枷人：枷是以一块薄木板中间挖个圆洞，漆上红色套在肩上。左边贴一红纸条，书"犯人一名"，右边贴一红纸条，书"弟子×××叩"。据云以前带枷锁的多至300多人。

带枷人

（7）千兵：押罪人的兵。

（8）挑开枷工具的人：挑斧头、凳子等。

（9）号兵：头戴满清帽，身着兵上衣。以前有十六把，现余六把。铜号长125cm，喇叭口直径23cm。

号　兵

(10)兵器:木棍长160cm,兵器长35～40cm。有36件十八般武艺的兵器。

(11)长旗、龙旗。

(12)珠亭(放香炉)。

(13)彩亭(放蛇王印)。

(14)空轿:樟湖内有一陈氏宗祠,据云清朝陈氏二十三世祖陈世盛曾出任顺天知府,游蛇时派空轿去接他。

(15)千龙亭:装活蛇王用。

(16)活蛇队伍:游行者将活蛇绕至手臂、脖颈或手持。

(17)千龙大将(镇殿将军)。

(18)总管爷。

(19)师爷。

(20)少爷。

(21)连公蛇王(管天)。

(22)连公蛇王(管地)。

(23)连公蛇王(管人间)。

游蛇队伍从蛇王庙出发,一路上旗幡招展,号声阵阵,锣鼓喧天,鞭炮声响彻云霄。游蛇队伍中有的把蛇握在手中,有的缠绕在手臂上,有的盘旋在脖子上或胸前,有的把蛇放进水中浸泡,给蛇降温,同时还不断地向民众表演蛇艺,千姿百态,情景十分壮观。而后蛇王菩萨舆驾前驱,将蛇王的恩惠布施每个角落,当蛇王菩萨经过老百姓家门口时,各家各户敞开大门,燃炮点香,顶礼膜拜,恭候蛇王,并互相交换三支香火,寓意分香取火,保佑平安。最后将队伍游回蛇王庙,举行蛇王菩萨归位仪式。下午将游完的蛇运往蛇王庙前的闽江北岸放生,晚上在庙里搭台演戏三天,酬神娱人,待戏演完在庙前放铳三响,喧告蛇节结束。[①]

2. 闽侯青竹庙

青竹庙坐落于闽侯荆溪镇永丰村横路自然村的小龟山北麓,坐南朝北,建筑面积489平方米。

青竹庙建于明末,当时洪水冲来一个石香炉搁于龟山,炉中盘着青竹蛇塑像,人们将它供奉于旁边的小庙。之后扩建命名为青竹庙,尊蛇王为境

---

① 王商书:《南平樟湖蛇神信仰调查报告》,未刊稿。

主。

嘉庆丙子年（1816），清官员因毁该庙的风水林而生病，为赎罪出资将青竹庙扩为四扇三间。1914年再次扩建。

庙宇神像为青竹蛇，昂首吐信，十分威严。青竹庙每年两次神事活动，于元宵和三月初一。奇怪的是，每年的这两个时间，都有青竹蛇出现在庙埕和周边，引来福州各地人们慕名前来。①

（三）台湾的蛇崇拜

台湾的排湾族是现今还能对蛇崇拜寻踪觅迹的少数民族。《隋书·东夷传》载"流求（台湾古称）人""以墨鲸手，为虫蛇之文"。已故著名人类学家林惠祥20世纪20—30年代亲赴台湾调查，他在《台湾番族之原始文化》一书中写道："番人因拜蛇之故常雕蛇形，以表敬意，其后此种蛇形渐成为艺术上之模样，而应用于装饰，如派宛（排湾）族酋长家屋橡下横板及搏上竖板，以及较珍贵之器物如刀鞘、枪杆、匙、怀等皆雕蛇形。"林先生引用排湾人的神话说："我族之祖先死后变为灵蛇，故今见此蛇必加以'巴里西'（Parisi）（即崇拜），以表示敬意，决不敢加以杀害。"②现代排湾族人还有蛇形纹身者，所用器物也多雕以蛇形装饰。

课题组在屏东排湾族部落考察时，正遇到排湾族人重修祖屋。木雕师带着徒弟在忙着雕刻图腾柱上的蛇像。据排湾族师傅介绍，排湾族自古以来就崇拜蛇，蛇是灵性动物，是族人的图腾，地位是非常神圣而崇高的。族人对蛇非常恭敬，不能在蛇图腾前讲不吉利的话，做不雅之事，不能做对蛇不恭的事，更不能捕杀蛇和吃蛇，否则会遭到灾难。

据课题组实地调查，在台东阿美人部落，也崇拜蛇，不捕杀蛇。

二、蛙神崇拜

1. 蛙崇拜的由来

远古百越人对自己居住环境中的狂风暴雨、洪水泛滥，以及天旱酷热，禾苗枯槁，这些危及自己生存和生产的旱、涝现象无法解释，自然就把自己接触到的动物、植物拿来作为与自然抗争的武器。

---

① 福建省民族与宗教事务厅：《福建民间信仰活动场所集萃》，2010年内书第18号，第33页。

② 林惠祥：《林惠祥人类学论著》，福建人民出版社1981年版，第169页。

在古人的眼里，青蛙是他们的保护神，[①]是能够呼风唤雨、抵御洪水、保护农田的精灵，因此人们便敬奉和祈祷神力无比的蛙神。福建对青蛙的崇拜可以追溯到先秦时期的百越族，百越族是较早种植水稻的民族，在长期的生产实践中，他们发现青蛙的某种声音预示着雷雨即将来临，但他们又不明其中的奥秘，以为青蛙能呼风唤雨，兆示着农业收成的丰歉，所以对青蛙加以崇拜。

武夷山汉城遗址出土的一件陶盘，外部塑有蛙形耳，十分形象。反映了先秦及秦汉时期闽人对青蛙的友善或崇仰意识。唐宋以后，蛙神崇拜在闽北、闽中等地开始流传，这种民间信仰在明清时期达到高峰。蛙崇拜的形式有图画、塑像及立庙祭祀等。蛙神祭祀形式无不与农业生产密切相关，主要目的在于祈求国泰民安、五谷丰登。

2. 闽台蛙神宫庙与崇蛙游神活动

张公庙建于南平市延平区樟湖镇溪口村，位于闽江北岸，与樟湖镇隔江遥遥相对。溪口村崇蛙习俗始于何时已无文字记载可考。该村土地肥沃，其经济作物主要是水稻。因为溪口符合青蛙集聚的自然条件，张公庙充当了崇拜蛙神的场所，于是民间信仰蛙崇拜现象就必然产生并延续了。

为何张公庙能成为崇拜蛙神的场所，原来每逢农历七月中上旬，都有一种背绿腹白、脑后有七个绿豆般黑圆疤点的、数量三到二十多只不等的青蛙，聚集到樟湖镇溪口村张公庙附近，还会有几只附着于张公神像身上。因此，人们将张公视为蛙神。传说，有一年溪口村闹虫灾，虫子多得把稻子都吃光了，颗粒无收。张公当时是一名地主家的长工，平日里就乐于助人，看到农民们没有收成很着急，想了个主意，抓了几只青蛙，在它们的背上用香烫上七个点作为记号放回田里，并交代农民如果抓到这些被香点过的青蛙不要杀，要及时放生。第二年稻田里的虫子很快都被青蛙消灭了，农民们获得了好收成。于是每年七月二十一张公诞辰日，村民们就举行盛大的迎神活动，这时总有青蛙蹲伏在神的肩膀上，因此，人们便叫这几尊菩萨为蛙神。

溪口民间崇拜"蛙神"信俗已近八百年历史，成为当地民众祈求"岁岁五谷丰登，年年合境平安"的精神寄托。每年农历七月二十一，这里举行"蛙神"张圣公祭祀巡游活动。蛙神巡游的内容、方式都与一般的迎神活动大同小异，其他地方祭祀张公及迎神赛社活动都没有青蛙陪祀，唯溪口村有此一

---

① 王煌彬：《南平市顺昌县大干镇民间信仰调查报告》，未刊稿。

举。这是古越族对蛙崇拜原始状态的地方性遗风的文化现象,实属罕见。

青蛙蹲伏在神的肩膀上

在台湾管辖的马祖岛也传承着古老的蛙崇拜。该岛北竿乡芹壁村的天后宫里供奉着一尊蛙神号"铁甲将军",据《北竿乡志》记载,每年正月十五芹壁村民都把"蛙神"请上"乩轿",绕境巡游。

据课题组实地调查,2012年8月20日,溪口村与马祖北竿芹壁村共同举办"樟湖镇溪口崇蛙文化节十周年暨海峡两岸民俗文化交流活动",十余位台湾信士代表前来参加活动。祭祀巡游活动中,还在新落成的溪口文化活动中心举行盛大的"庆典"。① 活动现场,溪口村村民和台湾崇蛙乡亲排成长队,敲锣打鼓,十多个壮汉分别抬着"蛙神"神像,绕村游行。所到之处,家家户户敞开大门迎接"蛙神",祈求风调雨顺,五谷丰登,国泰民安。

---

① "诱舞坊",http://www.qqywf.com/view/b_6275807.html。

三、猴神崇拜

1. 猴崇拜的由来

闽人对齐天大圣的信仰始于何时，无从考证。但对孙大圣崇拜的雏形，早在五代、两宋时期就已有了。泉州开元寺东西塔有类似孙大圣的雕刻。平和、永泰有许多猴王庙；福安一带也有猴神宫，供奉齐天大圣。①

齐天大圣影响较大的地区是福州。清代褚人获在《坚瓠余集》卷二"齐天大圣庙"条引《艮斋杂说》："福州人皆祀孙行者为家堂，又立齐天大圣庙，甚壮丽。四、五月间，迎旱龙舟，装饰宝玩，鼓乐喧闹，市人奔走若狂，视其中坐一弥猴耳。"②庙宇主神是按《西游记》故事来雕塑的齐天大圣像。初一、十五来庙烧香礼拜的人较多。七月十五（有的地方是七月初一、如闽侯天水村）为齐天大圣生辰，十月十二日为成佛日，届时要举行祭典，供奉素食祭品，往往还要演戏、讲评话等酬神。有的家庭中也供奉齐天大圣像，逢初一、十五烧香礼拜。③

"顺昌县峰岭村大圣崇拜习俗"被列在由南平市政府、顺昌县政府分别命名的市、县级非物质文化遗产代表名录中。

大干镇位于顺昌西北部，是三县交界的边陲重镇。后唐时期就已经有人在这里居住生活，至今已有一千多年历史。课题组赴顺昌大干镇采访时，干山村的李苏宁先生介绍说，大干镇原来各村都有把水口的小庙，里面有两块石碑，一块刻有"通天大圣"，一块刻有"齐天大圣"。

顺昌大干镇有两座山，一座叫宝山，一座叫峨山。清代的大圣墓及大圣信仰地，就在宝山山顶。双圣墓处于一个悬崖边上，坐东南，朝西北，极目可以望见山下绵延的山峰，视野广阔。

双圣墓是石作的一座小庙，占地面积约18平方米。从外形上看，墓形呈"八"字外撇，宽2.9米，深1.3米，墓顶有个屋脊状的墓首，两块墓碑高约0.8米，宽约0.3米。进门看，内壁四周是信众挂满的酬神用的锦旗。一尊塑像摆在中间，塑像的后面是两块墓碑，两块石碑正立在高出地面0.43米的墓台上。两块墓碑间距0.18米。左碑宽0.3米，高0.8米，厚0.12米，半圆弧碑顶，碑额浮雕一绶带法螺法器图案，法螺呈牛角状。左边的墓碑上方横

---

① 王煌彬：《南平市顺昌县大干镇民间信仰调查报告》，未刊稿。
② 王煌彬：《屏南县棠口乡漈头村民间信仰与宗祠文化考察报告》，未刊稿。
③ 新华网，http://news.163.com，访问时间：2005-06-07,17:50:09。

行阴刻"宝峰"二个楷书小字,中间竖行阴刻"齐天大圣"四个楷书大字,大字下端横行阴刻"神位"二个小字,碑文外框以浮雕如意卷草装饰;右碑宽 0.33 米,高 0.8 米,碑厚 0.11 米,桃尖形碑顶,碑额浮雕花卉图案,碑文竖行阴刻"通天大圣"四个楷书大字,大字下端横行阴刻"神位"两个小字,碑文外框以浮雕如意卷草花纹。

据大干镇宣传部门提供的资料,通天大圣是现今齐天大圣的原型。唐宋以来,顺昌就一直存在大圣崇拜,是这种信仰的发祥地,一直传承到今天。

元坑镇大明山有宋元时期的通天大圣露天祭坛。顺昌岚下乡郭城村有明初"洪武甲子"年款通天大圣露天祭坛群。建西镇际会村有"明代齐天大圣府遗址"和后期重建的"齐天大圣府"及齐天大圣五兄弟神像。顺昌县各乡镇村居传承至今的农历七月十七"齐天大圣圣诞庆典"民俗活动。

这一民俗祭祀活动在每年农历七月十七都会在顺昌的郑坊乡峰岭村、元坑镇赖源村、岚下乡郭城村等地举行,游神是在农历七月十六开始,这些村庄的家家户户晚上就如同过年一样忙着打糍粑、祭供果;"化身"们(挑选出将担任孙大圣化身的人)则通过梦童、跳童、回童等一系列祭祀程序,伴随着道士们的请神仪式由村民们抬着巡回乡间化灾保平安;次日晚,"化身"们表演过火焰山、下油锅、化替身等一系列独特的孙大圣动作,最后将象征着人间所有妖邪和不幸的稻草人化为灰烬后,祭祀孙大圣圣诞活动结束。

2. 猴王庙

(1)福州台江宝兴庙

台江宝兴庙始建于清末,主祀齐天大圣孙悟空,配祀临水夫人等。

现有建筑为 2000 年于原址复建。占地面积 133 平方米,建筑面积 70 平方米。坐西朝东,砖木结构。大殿、厢房、廊亭、半边亭依次排开。门楣的青石石匾书有"玉封齐天大圣"金字。半边亭为木结构、亭盖为歇山、飞檐翘角式,很有特点。[①]

(2)南靖汤坑齐天大圣庙

汤坑村下时自然村"齐天大圣庙",始建于乾隆年间。据称,原是洪水时流来樟树,齐天大圣托梦说要在此处建庙,是当地张氏族人的社庙。庙为平房、三间砖木结构,单进一庭院,庙前戏台面向庙宇连接埕地,庙宇右侧埕地边矗立一根"齐天大圣"旗杆,占地面积上千平方米。屋架斗拱,双龙戏珠、

---

① 福建省民族与宗教事务厅:《福建民间信仰活动场所集萃》,2010 年内书第 18 号,第 11 页。

八仙等雕梁画栋结构严谨,工艺精湛。庙内神坛上供着孙悟空、猪八戒、沙僧等樟木塑像,但没有师傅唐僧塑像。当地村民认为,庙宇供奉唐僧三徒弟而没有唐僧,因祖先认为师父高一级,不能与徒弟平起平坐。

南靖汤坑齐天大圣庙

1966年后的"文革"期间,村民将神像保存起来,建庙碑记被毁。齐天大圣庙几经修葺,现在的规模是2010年当地群众重建的。每年正月初五和三月初三,当地张氏族人都举行庙会,吃平安饭和长寿面。①

---

① 南靖徐东升先生提供部分资料。

正月初五,要进行竞标旗灯、举旗(令旗)。以祈求的事项作为旗帜名称,称为"标旗灯"。标款总有十多万元。另还有借钱母,筊杯得到允许借钱和还钱数目,一般周年后还。

三月三为齐天大圣生日,本村不能演猴戏,有耍猴的或电视与猴子有关的都演不了。猴属相的就称"属神"。

四、其他动物崇拜

1. 狐狸

狐狸机灵可爱,福建民间称作"狐仙"、"狐狸精"。在山区,狩猎狐狸,若连打三枪不中,猎人就不再追捕,认为此狐不是"凡狐"。民间流传着许多"狐狸精"变成美女与人成亲的故事。

2. 喜鹊

课题组在福建屏南双溪、祭头村调研,发现村民旧宅壁画有喜鹊。喜鹊又名"麻野雀",其鸣声悦耳动听,在闽台民间视为吉祥喜庆之鸟。俗语"喜鹊叫,喜事到",听到喜鹊叫,预示家中将有喜事。课题组在泉州市南安码头镇金钟村调研发现,村民家如遇女儿出嫁时要将"千金出阁"贴于门外而房内贴"喜梅登枝";闽南许多农村民居还喜欢用喜鹊做窗棂和门楣木雕或泥塑的题材,以增加喜庆气氛。包括服饰,常常看到"喜相逢"、"喜上眉梢"等主题。

3. 燕子

课题组在翔安霞梧村和漳州云霄县东坑村调研,民间认为燕子进家是吉兆,"燕往旺户住",给人带来好运。乡村每家每户喜欢让燕子入宅筑巢,禁打燕子。在福建屏南双溪、祭头村的村民旧宅壁画有燕子等。①

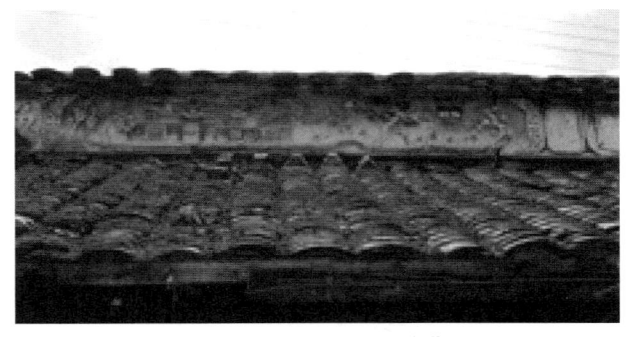

屏南双溪、祭头旧宅屋脊上的燕图(1)

---

① 黄辉海:《宁德市屏南县棠口乡漈头村节庆习俗调查报告》,未刊稿。

屏南双溪、祭头旧宅屋脊上的燕图(2)

4. 鸡

鸡,闽台民间以其读音谐"吉",且认为鬼怕鸡血,所以常用鸡做为牲献祭,以禳解灾祸。在泉州安溪县民间视鸡的不正常行为为禁忌:"公鸡不啼母鸡啼,主人不死待何时"、"牝鸡司晨家必败",因而一定要将这母鸡痛打或卖掉、杀掉;鸡飞上屋,亦以为家中将有火灾。①

福建与台湾有些地方在村口(公设)和屋顶(私设)竖立泥塑的公鸡,身漆白色,村民们叫它"白鸡"或"风鸡"。因为白色属阳,是白昼、阳光与热力的象征。据说,它们能镇风煞、克蚁害,保护住宅平安。这应该是汉代以来杀鸡或在门上贴鸡画及养白鸡可以辟邪的遗俗。课题组调研发现在烈屿九宫码头旁,建造了一座以"恋"为主题的大型雕塑,顶部矗立"风鸡"作为图腾构想,成为烈屿独特的人文地标景观。

5. 鱼

鱼谐音"余",民间视其为吉祥、富余象征,出现在各种图案上,如"连年有余"、"金玉满堂"等吉祥纹样。宁德市周宁县和屏南棠口漈头村有"鲤鱼溪",溪中鲤鱼众多,优哉游哉,盖当地百姓视此溪中之鱼为神鱼,不予捕捞,

---

① 黄辉海:《泉州市安溪县湖头镇湖二村节庆习俗调查报告》,未刊稿。

认为谁抓娃娃鱼,谁家就会有灾。

6. 牛、马、羊

牛、马都是闽台民间农户最重要的牲畜,它们在人们生产、生活中作用巨大,所以对牛、马的崇拜①很早就有。商周时青铜器、玉器中就常出现以牛做纹饰的器物。在栾川正月二十三日为金牛节,人们要用黄箔纸剪牛贴于门上,并题诗"正月二十三,老君来散丹,门上贴金牛,四季保平安"以求吉利。在福建平潭县澳前镇一带有敬牛王、马王的习俗,庙祠广建,祭祀普遍。课题组在东光村的村庙泰山寺发现牛王和马王位居正殿左右两侧中间。在闽南乡村每至春节,都要在牛栏马圈贴上"牛如南山虎、马赛北海龙",②"牛强马壮、槽头兴旺"之类红帖,以求牛马肥壮兴旺。在福建民间每年正月十五给牛过"生日"。生日当天,要让牛休息,并备佳肴喂牛,所谓"打一千,骂一万,正月十五吃顿饭",还以酒肉祭牛栏神。

羊,是一种温驯的家畜,人类养羊历史悠久,羊与人类生活关系密切。民间信仰以为羊是吉祥物,常用来献祭敬神。课题组在泉州南安诗山镇调研,凤山祖寺(广泽尊王庙),每逢大祭信众们必会准备当地体壮的黑山羊,沐浴后,羊角扎上红色绶带,食足新鲜的青草后,信众才带上主殿敬祀尊王,神色庄严和神圣。

商周青铜器中常见用羊做装饰,如传世著名的"四羊方尊"等。云霄县陈元光墓前雕塑一羊,喻逢凶化吉。

第二节　闽台植物神灵崇拜

一、植物崇拜概述

闽台民间自古对那些形态怪异、枝繁叶茂、年岁长久的树木非常崇拜,如俗言"百年老柏能成仙"等,认为它们是神树,不可冒犯。乡村百姓常在大榕树、大皂角树下烧香叩拜。③ 上杭、诏安、平和、漳浦等地,小孩五行中有缺木的,往往要拜古树为义父;因此有的古树的"义子"多达数十人,每逢过年,

---

① 徐辉、蔡清毅:《福州白马王庙与南天照天君宫调查报告》,未刊稿。
② 黄辉海:《泉州市安溪县湖头镇民间信仰调查报告》,未刊稿。
③ 王煌彬:《泉州市永春县岵山镇民间信仰调查报告》,未刊稿。

祭拜者不少。不少地方人们相信桃树有避邪驱鬼的功能,故常攀折桃枝插在自家门口,乡村人家在门后常年都放一桃木棍以防鬼怪。对于松柏、杉树等也特别青睐,以为它们能给人类带来好运,所以往往在村子或坟墓前后种上几棵,俗称"风水树",不许砍伐。有些地方喜欢把凤尾蕉种在庭院中,俗云能避火灾。

闽台民间还认为夹竹桃、菖蒲、艾叶有避邪功能,所以家中多种夹竹桃。端午节时亦有在门上插菖蒲、艾叶以禳邪招福。

泉州市永春县岵山镇盛产荔枝,且当地荔枝因其味香个大核小、含糖量全国最高等品质闻名遐迩。村民们在荔枝开采的时候,会事先采摘一篮子荔枝,带上香烛金纸到树下拜。一是酬谢荔枝树的丰产,二是祈求来年有好收成。

福建、台湾等许多地方,都将千年以上的树木称为神木,在台湾还有著名的神木园,共有神木22棵,园内的工作人员还根据每棵树的特点为它们取了非常有趣的名字。

闽台民间的植物崇拜,最具特色的是对树木的崇拜。闽台是多山的省份,连绵不断的山峦和温带多雨的气候,为森林生长提供了得天独厚的条件。自古以来闽台就是中国重要的林区,至今森林覆盖率居全国一二位。由于森林与人们的生活生产的关系极为密切,百姓为一些古老或怪异的树木进行各种崇拜。俗信树有树神,会降灾赐福于人,民间流传着"千年古树会成精"的说法,故经常有人在古树下烧香祭拜。

福州盛产榕树,故称榕城,不少榕树盘根曲干,须髯垂地,苍老粗大,给人以神秘感。有些人认为榕树历千年会成精,或者相信榕树是神仙落脚的好去处,故往往在榕树上设一小神龛或在树下盖一小庙,按时祭拜。至今在一些较古老的榕树下仍可见到烧香祭拜的人。茶亭邦边村的三棵古榕树上,挂满100多幅黄幔,每日到此烧香祭拜者不下千人。许多福州人相信居住在榕洞里修炼的"仙爷"慈善而有威灵,会为民众赐福消灾。有人遇有疑难之事或逢年过节,都到那里祭拜。虔诚者还告诫人们不敢用手指榕树或爬上树,不敢在榕树下说不敬神灵的话,甚至不敢一个人在榕树下休息。小孩在榕树下小便,大人会教小孩念道:"小孩小便,仙人让开。"以免冒犯神仙。尽管在福州,榕树受到了崇拜,但在闽西客家人心目中,榕树是不祥之树,一般不在村子附近种榕树。

福建盛产樟树，一些地方认为樟树有樟树神，①也对它顶礼膜拜。德化县美湖乡小湖村有一棵千年古樟，树高28米，树围16米多，冠幅东西33米，南北近40米，被称为"樟树王"，当地群众视之为"神树"，连枯枝烂桠也没敢碰它一下，经常有人在树下烧香祭拜。

霞浦县崇儒乡溪坝头边有棵老樟树，也被当地群众奉为"神树"，有人逢病灾之事，便到树下点香祈祷，并刮下一些樟树皮熬汤给病人喝。此树于十多年前被洪水冲倒，当地百姓又在树头盖庙祭祀。

同安县新圩镇后坡黄氏宗祠旁有两棵古樟，当地人称之为"樟公"，②农历九月十一日为"樟公"生日，乡人设宴请客，热闹非凡。当地人一年中有三次"普渡"，此占其一。

在福建的畲族人也崇拜古樟，树前往往设有小庙供奉香火。③ 若有在树前大小便的，就是触犯了树神，要用肉、酒、豆腐等给树神上供烧香以赔礼。

在台湾的民间信仰中，百姓相信神明鬼怪常常会徘徊飘荡于草树林木之间，草树林木因此而有灵异。另一方面，百姓认为古树有特别旺盛的生命力，是因为有某种灵异，特别是对千百年以上的树木，称之"神木"，奉之为"大树公"、"树王公"、"树仔公"，甚至称之为"万古圣公"。按树种分类，有"榕树公"、"松树公"、"桂柏"、"乌树公"、"茄冬公"、"刺桐公"、"龙树王"等。

榕树神是台湾最常见的树神。台南市安南区城子路有一棵大榕树，善男信女在树下建造"榕王公庙"。嘉义东石乡港乾厝也有一棵百年榕树，百姓称之"神榕公"，传说攀折它的树枝、树叶、长须，或砍伤其树干，轻者腹痛如绞，重者当场毙命。乾隆年间，这棵神榕公突然死去，百姓担心它精灵不散，变本加厉，就用枯死的主干雕刻一座神像，并且立庙祭祀。台南西港乡"姑妈宫"宫旁有棵大榕树，百姓称之"神榕"，据说榕叶与纸钱合燃成灰，泡成"神液"，泼洒信徒的屋宅卧室，可治百病。台南市安南区城子路有一棵大榕树，下建"榕王公庙"；嘉义东石乡港前厝有一株百年老榕，人称"神榕公"；台南西港乡"姑妈宫"旁亦有一老榕，百姓称之"神榕"。

台南新化镇的盘古庙有"樟木王"陪祀主神盘古；台中后里的大樟木，亦被视为神树。台湾还有福建所无的"楼仔王"和"茄冬公"崇拜。嘉义民雄乡

---

① 王煌彬、朱秀梅：《龙岩市长汀县童坊镇彭坊村综合考察报告》，未刊稿。
② 陈春香：《厦门市翔安区新圩镇东寮村民间信仰调查报告》，未刊稿。
③ 王煌彬：《宁德福安市综合考察报告》，未刊稿。

有座樣仔王庙;屏东里港和台中县大理乡的树王村均有茄冬树被神化。①

台湾的樟树信仰也较常见,如台南新化镇的盘古庙,在主神盘古的旁边,陪祀的被百姓称为"樟木王"的樟木块,传说这是盘古开天辟地用的斧头木柄,很有神性。台中后里的大樟木,被百姓称为"樟公"。相传在日据时期,有四个日本官员来砍此樟树,以抽取樟脑油。当他们挥斧砍树时,樟树安然无恙,斧头反而莫名其妙地砍在日本人脚上,第二天日本人就死去了。日本殖民政府以为此樟树是神树,再也不敢砍伐。

二、闽台树神择要

1. 光泽县署樟树庙

《闽杂记》载,光泽县署大堂左右两侧有两棵古樟树,平常树上并没有半只鸟雀,但只要光泽县做官的施政清廉,则古樟树上就会有两只白鹤来筑巢生子,如果光泽县做官的将要卸任,则古樟树上的这两白鹤就先数日携带它们的雏鸟飞走。因此这两棵古樟树被奉为"神树",称之为"樟公"。在清代,该樟树下建有一小庙,中置神像,香火相当旺盛。时至今日,此风不减。②

2. 高雄凤山榕将军

在高雄旧县城内,据咸丰三年的"凤山县榕将军记"称:榕神之所以称将军,是因为林恭造反时,知县王廷干全家殉职,林恭自任县令。后来官兵来剿,榕树折下大树枝压死林恭部分党羽,护官兵作战而被称神。③

3. 武圣庙神榕园

台南市安南区公学路旁有一个"榕园",园内种许多榕树,须根蔓延,园中有座武圣庙,主祀关圣(一月十三日诞),配祀"榕王公"(正月十五日诞)、和田都元帅(六月十一日诞)。每逢这三位神灵圣诞日,该庙都十分热闹,祭祀者甚多。

原来此处只有三棵榕树,后由须根衍生出众多榕树。一般村庄有对榕树直接祭拜的,此庙是目前查到的唯一为榕王公塑像的庙宇,雕塑在1978年;因榕树神神格不够高,故只能配祀武圣关公。④

---

① 徐辉:《台湾民间信仰调查过程笔录》,未刊稿。
② 林国平:《闽台民间信仰源流》,福建人民出版社2003年版,第55~61页。
③ 仇德哉:《台湾之寺庙与神明(四)》,台湾省文献委员会1983年版,第304页。
④ 徐辉:《台湾民间信仰调查过程笔录》,未刊稿。

第三节　闽台石神崇拜

一、石崇拜的来由与衍变

石头崇拜早在原始社会时期就已存在。石器时代，人们把天然的石块磨制，作为主要工具。原始人对石器怀有特殊的感情，死去时往往把石器作为随葬品。原始人燧石摩擦起火，以为石块具有某种灵性，就把它作为神石崇拜。

闽台多山，有山必有石，先民们把石头分为"死石"和"活石"，认为多数石头是死石，供人们作为生产和生活的基本材料，少数有"灵性"的石头是活石，冲犯活石就要遭殃，因此对一些活石进行崇拜。

闽台的石崇拜在形式上主要有两种：一是崇拜原生态的石头；二是崇拜石制品。

原生态的石头，多是一些形状怪异、功能特殊的石头。福建连江县有座名叫灵津侯庙的宫庙，俗称浮石王庙，因乡人看见一块石头漂浮在水面，以为有神灵依附在上面，遂建庙祭拜这块石头，香火颇盛。建阳辰山的牛心洞内，"中悬一石如牛心"，遇到干旱，当地百姓来洞中求雨，用纸向石擦一下，不一会儿，石头就会像流汗一样流出水来，求雨的人用干净的盆子将水盛起来，敲锣打鼓地回去，称作是迎仙，甘雨马上就会到。类似这样的例子在方志中随处可见。

台湾省以石头为主神的庙宇多达11座，如花莲凤林镇凤义里的石头公庙、台南的赤山岩庙、嘉义县的三台宫、宜兰县冬山乡的神石庙和石圣公庙、南投镇茄冬脚的石头公庙、台中县神冈乡的振兴祠等都供奉石头为主神，每一块灵石都有一段神话传说。苗栗县苗栗镇义民巷义民庙旁有一个石母祠，里面供奉石母娘娘香位。据村民说，年轻父母常常领着幼儿到此庙礼拜，祈求石母娘娘保佑孩子健康和幸福，也有将孩子许给石母娘娘做干儿子、干女儿的。俗信石头具有使幼儿脑袋坚固的神力，生儿三天和满月时，台湾有送油饭给亲朋的习俗，亲朋收到油饭后，要在送来油饭的盘子上回送一块石头，祝愿幼儿脑袋如石头坚固，健康成长。南投镇茄冬脚的石头公庙，供奉的是嘉庆年间一群孩子游戏时用的石头，据说，这群孩子游戏时，其中一个孩子突然神灵附体，做出童乩状，百姓就把这块石头奉祀在庙内。宜兰县冬山乡的石圣公庙供奉的石头,据说是一块搬到别处后又会自动回到原处的通灵怪石。

民间认为镇妖去邪的石制品不少,如石狮、石虎、石人、石敢当等。对石制品的崇拜中石敢当崇拜最普遍。

在厦门市中华街道纵横交错的间巷丁字路口,常可看见墙上安放着一尊尊石制偶像:有的状如石狮,民间称之为"石狮爷"、"石狮王";有的则仅置一块长方形石条于墙根,上面镌刻"石敢当"三字,或干脆素面无纹;有的则取一方石,四面刻上佛像,称为"四仙石"。人们将之统称为"石敢当"。在街区的石顶巷、石壁街、草埔巷、外清巷、四仙街等地随处可见,被视为小巷的镇巷神。而在距厦门仅一水之隔的金门也有许多类似的石制偶像,名唤"风狮爷"。

二、石神崇拜

1. 石敢当

汉民族的石头崇拜,主要反映在建筑民俗中,这就是风水巫术之一的"灵石镇宅法"。

"灵石镇宅"民俗在我国由来已久。北周庾信的《小园赋》有:"镇宅神以蕴石,厌山精而照镜。"意思是要镇定宅神,使其常护左右,就必须于造屋时埋石为祭。另外,宗懔的《荆楚岁时记》也写道:"十二月暮日,掘宅四角,各埋一大石为镇宅。"正是基于古人对石的崇拜,派生出埋石镇宅的风俗,也衍生出"石敢当"。

"石敢当"最早见于西汉史游的《急就章》:"师猛虎,石敢当。所不惧,龙未央。"唐代训诂学家严师古注:"敢当,言所向无敌也。"据称,石敢当最早见于唐代,"(宋)庆历中,张纬宰莆田,再新县治,得一石铭。其文曰:石敢当,镇百鬼,压灾殃;官吏福,百姓康;风教盛,礼乐张。唐大历五年(770),县令郑押字记"。[①] 可见至迟至盛唐时,中原石敢当压邪的习俗已流传到闽南。金井镇围头街有一方道光二十五年(1845)公立的"围江石敢当",并有碑记:"本乡之中有大路,其直如矢,由来久矣。是年也,叨蒙主帅爷降乩,命立石碑,则人众和睦,闾里有磐石之固焉。"[②] 金门的振威第屋后墙角立有三座"石

[①] (宋)王象之:《舆地纪胜》,中华书局1992年版。
[②] 参见郑振满、丁荷生编纂:《福建宗教碑铭汇编·泉州府分册》,福建人民出版社2003年版,第370页。

敢当"石碑,其中二座仅于花岗岩上书刻"石敢当"三字并嵌入墙面,另一座则以石座立于屋角,造型尤其罕见。

石敢当的来历,历史上的说法很多,大体可以分为"神灵说"与"真人说"。

神灵说:传说石敢当是古代的大力神,专司抓鬼镇邪,破邪驱魔,在门前立"石敢当",能辟邪。又传石敢当是当年女娲挫败蚩尤的利器。黄帝时代,蚩尤残暴,头角所向无敌,再坚硬的岩石也能击碎,黄帝屡遭其害。一次,蚩尤登泰山狂呼:"天下有谁敢当?"女娲投下一枚刻有"泰山石敢当"的炼石,蚩尤溃败而逃。黄帝乃遍立"泰山石敢当",震慑嚣张一时的蚩尤,使其不敢再作祟。还有一种传说是,姜太公封神,封来封去,到最后却忘记了自己的名姓,便自封为泰山石敢当。

石敢当

关于石敢当的"真人"传说皆可上溯到上古时期,其中流行比较广的有:

泰山脚下有一位猛士,姓石名敢当,好打抱不平,降妖除魔所向无敌,豪名远播。一日,泰安南边大汶口镇张家,其年方二八的女儿因妖气缠身,终日疯疯癫癫,多方医治未见起色,特求石敢当退妖,当晚石敢当就吓跑了妖怪。妖怪逃到福建,一些农民被它缠上了,请来石敢当,妖怪一看又跑到东北,那里又有一位姑娘得病了又来请他。石敢当想:这妖怪我拿它一回就跑得老远,可天南地北这么大地方,我也跑不过来。干脆,泰山石头多,我找个石匠打上我的家乡和名字:"泰山石敢当",谁家闹妖气就把它放在谁家的墙上,那妖怪就跑了。从此传开,大家知道妖怪怕泰山石敢当,就找了块石头或砖头刻上"泰山石敢当"来吓退妖怪。

在"真人说"的版本里,除了上述的"猛士石敢当",还有"晋朝将军石敢当""神医石敢当""李世民卫士石敢当"等等。虽然关于"石敢当"的传说很多种,但有一个共同的特点就是中心情节和中心主人公的命运始终不变——石敢当虽然有很多"职业",但都是匡扶正义,除暴安良的楷模,以此得到了世人的尊重,遂镌石以纪念。"石敢当"文化伴随着中原人六次迁闽,来到了福建。由于年代久远,山东人后裔逐渐闽化,不再拘泥于细节,所以只留下"石敢当"。

"石敢当"入闽之后,人们将"石敢当"与石狮子或非龙、非虎、非狮的龙九子之四狴犴同刻,以石敢当的勇敢忠诚和石狮子或狴犴的雄伟威力互相合作,增强镇妖驱邪能力,以增强人们的安全感。

石敢当命名"泰山石敢当",因为东岳泰山的山神是最了不起的,妖魔鬼怪看到泰山的山神,都动弹不得。而有一些比较小的地方不写泰山石敢当,只写石敢当,这是因为石敢当越大则法力越大,而师傅做泰山石敢当越大型的,越容易受伤,因为法力大的关系,所以不可以随便做。

2. 风狮爷崇拜

狮型石敢当,在厦门,人们称之为"石狮爷",课题组在石顶巷见到的风狮爷小庙宇,是岛内唯一的一座石狮爷庙宇。它并非高堂大殿,而是嵌在一座多层砖构楼房后壁的一隅,由墙底嵌入一个一米见方的凹洞构成。蓝色琉璃筒呈扇形作顶,紧贴于楼墙之上。"石狮爷"前小平台上,放有花瓶、烛火与青石雕香炉;其前木桌上系着红桌帏,前面巷道一侧依着墙壁建半爿金炉。"石狮爷"的庙宇奇特,其相貌也很奇特。造像不但不会面目狰狞、阴森可怖,反而显得形态夸张、面貌可亲。蓝脸膛,白眉毛,白眼圈,黑瞳仁,开裂的嘴唇,露出两排齐而长的白牙齿,颇似喜庆的吉祥物。以前,尚未有庙宇的时候,常有孩童上前抚摩,举止只要不过分,大人也不加责骂。

金门风沙多,当地居民常受其害。为抵风灾,特别将石狮爷与风伯结合,叫做"风狮爷"。他的形状同厦门的"石狮爷"类似,[①]但比之更豪放,最

---

① 林春红:《厦门地区民间信仰调查报告》,未刊稿。

大的不同点是,厦门的"石狮爷"常嵌于房屋墙内,而金门的"风狮爷"则高踞于房顶之上。据统计,现金门有大小不一、形态各异的风狮爷68尊,分布在52个村庄里,凡是迎风的地方就有一尊。村民常常为它披红挂彩,供奉各种吃食,煞是好看。

闽南与台湾许多地方有风狮,如石狮市莲厝村的"风狮爷"①,宝盖镇玉浦村彩色的"风狮爷"②,在九日山延福寺遗址出土的大型花岗岩风狮爷和两枚灰陶质风狮爷瓦当③。澎湖的风狮爷也是在屋脊墙头的"瓦将军"。民间尊称风神为"风伯"、"风师"、"风狮"、"风王公"。宋元祐二年(1087)设福建路市舶司于泉州,古代帆船航海全靠季风(又称"信风"),市舶司与地方长官每年夏冬两季都要到九日山延福寺举行祈风仪式,祈求出航一帆风顺。泉州威远楼前的单只石狮就是挡风、镇风的风狮。

风狮的数量以金门和厦门为多。靠近台湾海峡的金门倍受风沙的侵扰,福建地处丘陵地带,尤以闽南盛产花岗岩、辉绿岩,为灵石信仰崇拜提供了条件。狮子是辟邪招福的瑞兽,按狮型不同,或称石狮公,或称石狮王。道光《厦门志·风俗记》特地提到"石狮无言而称爷"。④

(1)厦门石狮王

厦门石狮王高约二尺,位于住宅之墙下。双莲池也有二只,在屋墙下。这三只石狮,身上都有色彩,听说是谢石狮神恩的人替它们漆的。旁边金纸香烛很多,可见拜奉者的热烈。⑤ 据梅江田正孝调查,抗战前厦门市内(鼓浪屿除外)共有65座石敢当(含石狮王),他在南大沟墘巷还发现了一块与石敢当同样意义的"石制冲"。⑥ 石顶巷丁字路口有"石狮王",典宝路头街25号丁字路口有"石狮公"。

---

① 参见《石狮日报》2004年8月17日。
② 参见《泉州晚报》2004年11月16日。
③ 参见《海峡导报》2004年10月27日。
④ 道光《厦门志》卷十五《风俗记》。
⑤ 叶国庆:《漳厦人对于物的崇拜》,见中山大学语言历史学研究所主办:《民俗》第41、42期合刊(1929年1月)。
⑥ 梅江田正孝:《厦门的石头与驱邪》,见林川夫主编:《民族台湾》第4辑,武陵出版有限公司1990年版,第186~188页。

厦门石壁街的"石敢当"或"石狮公"

(2) 金门风狮爷

金门风狮爷是"镇风止煞,祈祥求福"的村落守护神,已成为金门的象征,也是金门特有的人文景观。目前,金门"风狮爷"共有80尊,分布在56个村落里。风狮爷在金门分为两种:一种是安置于村落外缘地面,称为"村落风狮爷",其防护范围以整个村落为主,属于公设性质;另一种在屋顶上或墙壁上,称为"瓦将军"。"风狮爷"民间也称"石狮公"或"石将军"。金门的金宁乡湖下村和金城镇东门里等地有风制石,俗称"皇帝石",① 应当是闽南语"风制"与"皇帝"谐音,企图附会皇帝的权威来镇煞风灾。金宁乡安岐村路口至今遗留金门唯一一座镇煞风灾的"风鸡咬令箭"石碑。② 金门烈屿乡(小金门)有"北风爷"。③

---

① 参见杨天厚、林丽宽:《金门寺庙巡礼》,稻田出版有限公司1998年版,第126页。
② 参见杨天厚、林丽宽:《金门寺庙巡礼》,稻田出版有限公司1998年版,第136页。
③ 参见金门县政府:《走访金门古厝》,2002年版,第95页。

武风狮爷

风狮爷最重要功能是除妖镇邪,通常是在村外东北或北方的风口上,阻挡长年的东北风。但风狮爷的功能有扩大的趋势。比如,金门风狮爷的形态和功能主要有四种:

文风狮爷,手执朱笔、帅印,狮唇微启,喻文人能言善辩。

武风狮爷,手执刀剑,张牙怒目,或抿嘴不苟言笑。

财狮爷,手拎铜钱,意味福星高照、招财进宝。

雄风狮爷,雄性特征为葫芦状,带有助人子丁兴旺的功能。

金门金城镇官路边村村后草地的榕树下,有座1米高的风狮爷,雕工精美。面部表情似舞狮状,右手持令牌,左手握文笔,胸前浮雕铃铛。下身的雄性特征雕成鲜明的葫芦形,很引人注目。

第四节 闽台农林民俗信仰

自古以来,闽台地区因依山面海这一特殊的地理环境,形成稻作、渔业、林业或独立或兼营生产方式,成为这一区域的生产特点。在漫长的生产、生活实践中,约定俗成了与农、林、渔业相关的生活习俗。比如生活在丘陵和平原地区的稻作民族,为乞求风调雨顺、五谷丰登而信仰土地神、五谷神灵;祖祖辈辈生活在海河岸边,靠捕捞渔业生产生存的渔民,则因出海的高风险和求生本能的需要,信仰海上保护神妈祖、玄天大帝等;生活在崇山峻岭森林之中的山民,则崇拜树神和山神。民间百姓出门经商求发财,在家生活求健康,于是因需要又约定俗成了财神、药神、医神崇拜,以及为保家禽平安而产生的兽神崇拜。福建多处农村有谷神崇拜,文献中未见台湾的记载,课题组在台湾调查发现:龙神(祈雨),台北市大龙峒祈雨仪式,请出当地寺庙的主神关公、保生大帝、神农、土地公等。庙左边设主雨坛,在四方桌上安放一口水缸,用一张写有"五湖四海龙王前来行云作雨龙神到此显"的两寸宽纸符,此处求雨仪式与漳州同。天神(玉帝),台北市木栅指南宫右后方的凌霄殿是台湾最具规模的玉皇庙。彰化市天清观次之。民间以正月初九(有的是五月十六)为"天公生",玉帝庙很少有立玉帝神像的,只立牌位。地神(土地公),台湾土地公庙很多,台湾人对土地婆不甚尊敬,庙里很少供奉其神像。玄天上帝(星辰、海神)又称上帝公、真武大帝、北极大帝、玄武大帝等,信仰源于对星辰的崇拜,宋徽宗、明成祖、郑成功等曾加以大力推崇。闽台民间又有谓其前身乃一屠夫之世俗化传说。清统领台湾后曾大力提倡妈祖信仰取代玄天大帝的海神地位。

一、土地神崇拜

福建和台湾都是依山面海之地,虽然都是"八山一水一分田"的地理状况,但福建只是丘陵多,相比西南地区海拔要低许多,平原的农耕早在新石器时代晚期就非常普遍,且具有技术性。台湾虽然只是个岛屿,但也有宜兰平原、嘉南平原、屏东平原和台东纵谷平原,还有台北盆地、台中盆地和埔里盆地。农耕环境比较优良。土地对人们的生产以及生活起着至关重要的作用,人们所赖以生存的一切,都取之于大地。因此,农耕民族土地有灵的观念就是在这种环境和影响下产生的。

福德正神,古称"社神",俗称"土地"、"土神"、"土地神"、"土地公"、"土地爷"、"土财神"、"福德爷"等,而其配偶则称为"土地婆"、"土地嬷"。因土地能保一方平安,使五谷丰登;平安又丰收日子自然好过,所以民间把土地也列入财神,称"福德正神"。

《礼记·祭法》载:"王为群姓立社曰大社,王自为立社曰王社,诸侯为百姓立社曰国社,诸侯自为立社曰侯社,大夫以下成群立社曰置社。"① 汉武帝

---

① 《十三经注疏·礼记正义》,中华书局1979年版,第1589页。

时将"后土皇地祇"奉为总司土地的最高神,各地仍祀本处土地神。可见,随着统治秩序的建立,土地也有级别,帝王祭祀的社稷神,这"社"即为全国的土地,全国最大的土地神。各级的土地神地位各不同。土地公的主要职能是保护辖区百姓衣食无缺,福泽无恙,还须行使将辖区百姓言行向玉皇大帝汇报的权力。闽台民间有"得罪土地公,不能养鸡鸭"的说法。

闽台土地公崇拜很普遍,福建民间土地庙非常多,仅云霄一县就有269个。① "台湾寺庙网"上记载的"福德正神"宫庙就有近1200座。可见民间土地庙非常多,故俗话说"田头田尾土地公",在穷乡僻壤,随便垒几个石头便成祭坛。可以说,土地公是福建与台湾民间信仰中最大众化的神灵。

1. 土地庙的分布

土地神又称土地爷、土地公公等。土地神在人们的心目中是善良、慈祥、胆小但热心助人的一个很重要的神仙。闽台受中原文化影响,将土地神归为"社神",是管理一小块地面的神。土地神在闽台地区的乡村,是普遍受敬仰的平凡神。

闽台地区民间对土地的崇拜主要体现在对土地庙的祭拜上。因为不论是水稻,还是旱稻、麦种、杂粮,都离不开土地的支撑,所以土地崇拜在闽台农业地区是一项非常重要的祭拜活动。土地庙的分布几乎是有村就有土地庙,县城有的街道也有土地庙,以保一方平安。

课题组行走闽台60余个县乡,所采访到的乡村中,土地庙几乎都有固定的建筑面积。有的地方只是用几块石头垒起祭拜,有的地方则修了一座三五平方米的小屋或气势如宫殿般的庙宇进行祭祀。各地的土地(福德正神)庙或简陋或豪华多是根据该地的经济情况而进行建堂祭拜。

如漳州云霄县列屿各村都有土地神庙,南山村的福德正神庙置于村头小树林中,有一个置于路边,有祭坛专门祭祀。在浦城县富岭镇圳边村、双同村等各村,后村与田垅交接的路边,土地神有自己的1~3平方米的庙宇,香火不断;在闽西长汀,上杭、永定等县乡村,每年的社祭都要抬着菩萨拜土地庙。一些边远乡村的土地庙用三块石块垒成路边祭坛,石上贴着鸡毛以示祭祀。也有修成不到2米高的小庙供村寨人祭祀。

2. 祭祀仪式

土地公神像多是一笑呵呵的老人,右手执如意,左手持元宝,一副福态。

---

① 数字由云霄县政协提供。

民间传说二月初二是土地公的生日,也有的说是六月初六。人们在土地公生日这一天杀鸡宰羊,祈求土地公保佑人间五谷丰登,称"春祈秋报"。福建民间在春秋二季都要祭拜土地公,并且还经常演戏酬谢土地公。后来,春秋祭社逐渐形成一种节日般的集会,叫"社会"。

另有些地方的土地庙里配祀了土地婆,闽台民间传说土地婆为人不好,不像土地公希望人人富有,土地婆喜贫富分化、爱享受,人们多不敬她。[①] 有些土地庙还有文武判官与虎爷爷,文判官拿毛笔,站在土地公的左边,武判官拿令牌,站在土地婆的右边。文武判官与虎爷爷负责调查辖区居民的善恶。虎爷被供奉在神案底下,受土地公的驱使。民间相传土地公的坐骑虎爷能治小孩腮腺炎,只要用金纸抚摸虎爷爷的下颚,之后贴在患部即可。[②]

3. 闽台土地庙择要

农村村落地头的土地庙向来很小。然而,在闽台地区却也有一些很大的土地庙。

(1)晋江祥芝伍堡土地庙

祥芝伍堡土地庙依山临海,坐北朝南,位于长任山麓,现属石狮市鸿山镇伍堡村。相传始建于明初,供奉福德正神,俗称"土地"。清代多次重修,香火逐渐兴旺,被来往海商、船民视为伍堡澳航海保护神。现存建筑面积130平方米,单间重檐歇山顶,进深二间,另有护厝,附葬"世合春"戏神墓。伍堡土地庙所奉土地神被称为"福建第一土地神",配祀文、武判官,气势威严。与其他土地庙的简陋相比,伍堡土地庙建筑规模完备,结构精巧。

英国伦敦大英图书馆印度和东方写本部阅览室保存着一套清代福建海澄、漳浦的民间道教科仪书,记载沿途所经各海口、岛屿必须祭拜的宫庙及海神。其中介绍从海澄北行至浙江、江苏、天津的"上北"航线,到晋江沿海必须祭拜"围头妈祖、永宁天妃、松系土地、大队(坠)妈祖"。"松系土地"就是"祥芝土地公"。乾嘉年间,伍堡海商积极参与海外交通贸易活动,伍堡"福建第一土地神"香火也随着移民传入新加坡,成为旅居新加坡的伍堡籍侨民倍加崇敬的家乡保护神。

(2)漳州浦头港土地公婆庙

庙在现在漳州市区丹霞路浦头港,当地人称"探花码土地庙",该庙同时

---

① 王煌彬:《泉州市安溪县剑斗镇红星村综合考察报告》,未刊稿。
② 王文径:《闲话土地公》,载《闽南》2008年第4期。

供奉土地公和土地婆。① 这座独特的土地公婆庙始建于明代宣德六年,最初是由明代宣德二年的探花谢琏专资承建,前后已有500多年的历史,后几经毁建更迭。2004年再次选址重建。新建后的庙宇位于浦头大庙右侧,浦头港(原浦头溪)边,坐西北向东南,庙门正对着古河道。

庙左侧墙上嵌着一块青石碑,碑文为里人颜知森根据民间传说撰述,厦门大学教授叶国庆先生"鉴阅",据碑文所述:"探花码,昔名米坞,系古芗江即九龙江运粮来漳东门出枭停泊处,其上有米市街,地处漳邑东门城郊浦头溪中段(亦市内东北角各河港排水出口处),其处有一小庙,坐东向西,始建于明代宣德六年。其庙系由明代谢琏专资承建。内奉祀福德正神一对老夫妇为正尊。"当中所述的谢琏,系漳州人,家境贫寒,明宣德二年高中探花。经地舆师勘测,谢家祖墓所在地水流太直,基本没有回旋,不能聚财。谢琏听信此说,因此在水沟入河处建码头,以土地庙镇之。后人为纪念谢琏,将码头唤作"探花码",这座土地庙便被称为"探花码土地公婆庙"了。

(3)台南小南天福德祠

小南天草创于南明永历二十年(康熙五年,1666),据传"小南天"的匾额,为明宁靖王的手书(已佚),是台南府城最早的土地庙之一。小南天经多次修建,又因曾元福总兵在境内的太平街兴建公馆,小南天的土地公因此升格,加冠晋爵。

小南天福德祠是由三川殿和正殿组合而成,中门绘以加官晋禄,龙虎门则绘以金童玉女,手持芭蕉叶和元宝。侍神童子爷的塑像很可爱,笑靥常开,童稚纯真。该祠主祀福德正神,同祀关圣帝君,并配祀有招财童子及进宝童郎,正殿神龛仍采用传统木雕制作,供奉"黑面"福德正神,因境内住有总兵级人物,故福德正神得以穿龙袍戴宰相帽,合目闭唇,一副闲定的模样。另有一尊出巡土地公神像是1956年所雕,为软身神像。此土地爷也是身穿龙袍,戴宰相帽,手扶袍腰束带,消瘦的脸颊,散发一股孤傲的气质。

小南天福德祠创建距今已有300多年,古物不少。有制作于嘉庆年间(1819)的"小南天"庙匾;1818年的"德厚丰隆"匾。还存有1820年的"签诗匾",全签共有二十八首,具有历史价值。据称求签不用10秒钟,只要掷三筊杯马上就求得灵签。庙中有蒋元枢于乾隆四十年(1775)所书的对联,道

---

① 王煌彬:《漳州市云霄县列屿镇、东厦镇节日习俗调查报告》,未刊稿。

光甲辰年的对联"福曜常临名冠诸侯之宝,德星长聚爵同五岳之尊",都是很有价值的文物。

(4)新竹东门堡福德祠

"东门堡福德祠"于1691年所建,是新竹城最古老的寺庙之一。因为庙门上有"东瀛福地"的匾额,而东门堡福德祠又是新竹最古的土地庙,故冠名"开台福地"。后来新竹市很多土地庙也都以"福地"自称,福地变成了新竹地区土地庙之代名词。

正殿神龛上供奉着福德正神和夫人,也配祀着文武判官。该祠的土地公和土地婆,造型和服饰非常特殊,其肤色是金色的,其头冠和一般土地公所戴的帽冠不同,有些西域的味道。此神像有300多年之久,可见其历史价值。供桌神案1917年所制,雕工非常纤细讲究,加上保养得当,90多年历史的供桌,仍显得非常整洁。

台湾如今寺庙重建的风气,是拆除旧祠,改建大庙宇,但东门堡福德祠管理人员的理念,却是保护文物,虔诚敬神,坚持保存旧建筑的原味,其精神值得敬佩。

(5)台北县九份福山宫

九份福山宫,被认为是全台湾数一数二的大土地公庙。因九份地区的金矿事业发达鼎盛,受封为王爷级的土地公,为九份地区位置最高的庙宇。九份隶属台北县瑞芳镇,约在1890年左右,居民在福山宫土地祠距小金瓜不远处掘到金矿,这使得原本只有九户人家的贫穷村落,顿时聚集了数千户的淘金人口,九份开始繁华。

福山宫相传兴建于光绪年间,原本规模只是一座4平方米的小庙,金矿工人经常到庙中许愿,希望土地公庇佑能顺利挖着金矿,挖金矿的台阳公司也一起筹资扩建小庙,并尊称为"瑞芳山神庙",每年还有"山祭"活动。后福山宫一再被捐修整建。由于原来小庙灵验,后人再整建不敢将其拆除,采取在原址上加盖的方式而形成了"庙中庙"的特殊景象。

正殿神龛为传统的木雕,图案有瓶花、人物、兵马、枝叶花鸟,非常精致。其中最特别的是在神龛上斗拱下的人物:正中间由二位仙女扛着"福山宫"的庙匾,两侧有四个长着翅膀的裸女婆娑起舞,婀娜多姿。在台湾其他庙中非常少见。

小庙内供奉二对土地公和土地婆的石雕神像,年代已非常久远,据庙方表示皆有百年历史,尤其是后面(较大)的二尊土地公和土地婆,造型非常简朴,再加上风化的结果,刻痕已渐模糊,土地公用笔墨画上五官,而土地婆的身上,则仍留有漆痕。①

二、山神崇拜

(一) 东岳大帝崇拜

闽台地区山神崇拜分两种形式:一是林业劳动者将山林视为灵气之地,山神崇拜和祭祀的载体借土地庙体现,如进山狩猎、伐木、砍柴等劳动祭山神都到路边的土地庙祭拜;二是广义的山神崇拜,带有佛教性的地方全民崇拜,如东岳大帝崇拜。

1. 东岳大帝崇拜的源流

山岳崇拜属于原始宗教的自然崇拜。五岳是指东岳泰山、西岳华山、南岳衡山、北岳恒山、中岳嵩山。东岳泰山被认为五岳之首。东岳大帝是指泰山之神,泰山神为五岳神首尊。泰山君"主治死生,百鬼之主帅也,血祀庙食所宗者也。世俗所奉鬼祠邪精之神而死者,皆归泰山受罪考焉"。② 东岳庙奉祀东岳大帝,传说东岳大帝是天帝的孙子,主管人间贵贱尊卑的气数;掌十八地狱,有决定人寿命长短的权力。

泰山位于今山东省,又名岱山,历代帝王多以祭五岳为国家重典,古代帝王登基之初,或国家有重大庆典时,都要来泰山举行祭拜大典,祭告天地,因此名声很大。"岳者,地祇,祭坛而弗庙。"所以,一开始五岳崇拜并没有庙宇,只设祭坛。

"五岳总立庙,自拓跋氏始。唐乃各立庙于五岳之麓。东岳(庙)之遍天下,则肇于宋之中叶。"③唐和宋的统治者喜欢以宗教介入朝政,经常到泰山封禅祭天,泰山神也因此常受封赠。宋辽"澶渊之盟"后,宋真宗屡屡假借托梦制造天降天书的祥瑞神话,宣示赵宋受命于天、国祚延永,并改元大中祥符,加封东岳曰天齐仁圣帝。"敕下,从民所欲,任建祠祀。"④于是"土木祷祠之事兴,天下靡然向风。而东岳之庙,遍寰宇矣"。⑤

---

① 徐辉:《台湾民间信仰调查过程笔录》,未刊稿。
② 《古今图书集成·神异典》卷二十二。
③ 《集说诠真》。
④ 王鼎:《东岳庙碑》,胡聘之《山右石刻丛编》卷十二。
⑤ (清)胡聘之:《山右石刻丛编》卷十二,《东岳庙碑》按语。

明清以来，东岳大帝和阎罗王两种信仰逐渐合流，两位神往往并祀于东岳庙，而民间则以东岳大帝为阎罗王的上司，主司地府阴曹。信众认为东岳大帝对作奸犯科、做恶多端的人都能够明察秋毫、赏罚分明，所以民间对东岳大帝极为敬畏。①

2. 闽台东岳大帝宫庙择要

（1）泉州东岳行宫

东岳行宫俗称东岳庙，在泉州城东仁风门外凤山南麓，"为一邦神祠之冠"。东岳行宫始建于宋绍兴二十二年（1152），共有七殿十三坛。民国后屡遭破坏，现仅存正殿，其余都为新建。

韩元吉《东岳庙碑》记，绍兴年间创建东岳庙，糜缗钱十有四万，历时五六年而后成。②《第一山重修地祇忠义庙记》说"大兴三清五帝、岱岳诸宝殿"，东岳行宫"前为天坛，坛之下东为地祇"。地祇忠义庙正所谓"六庙外辟"之一。东岳庙于绍兴始创，已经达到相当的规模，不仅是一进一殿的小庙。

《第一山青帝记》说东岳行宫"一郡之精神命脉系焉"，说明东岳庙为泉州民间信仰的大本营。韩元吉《东岳庙碑》还记述了宋代泉州人"利贾而业儒"的风俗，从中透露了宋代泉州海外交通贸易之发达及其与民间信仰之密切关系等珍贵消息。"民之幸神赐者，不惮益虔"，"倚千万岁兮神施亡穷"。③ 泉州人民虔诚祈求东岳大帝及其麾下众神保佑，期望"海无飓风"，海外交通贸易兴旺发达，"蛮委路"，"卉衣蒙茸"，大食等东西洋各国商人前来兴贩贸易。④《东岳庙碑》为海外交通贸易促进泉州民间信仰提供了一个鲜明的例证。

（2）龙海凤山岳庙

凤山岳庙位于福建龙海市榜山、海澄二镇交界的凤山。凤山风景优美，原名黄田岳，又名凤山岳，俗称岳岭。相传凤山岳庙建于南宋淳熙年间，历代修葺不一，现存古碑 20 通。凤山岳庙主祀五岳大帝，俗称"岳帝祖"。庙坐西朝东，并列三座，各二进，面阔 51 米，其中主殿面阔五间三门 22 米，进深三间 26 米，殿中有坍塌，总占地面积 4000 余平方米。

---

① 连心豪：《福建民间信仰》，福建人民出版社 2008 年版，第 14 页。
② （宋）韩元吉：《南涧甲乙稿》卷十九《东岳庙碑》。
③ （宋）韩元吉：《南涧甲乙稿》卷十九《东岳庙碑》。
④ （宋）韩元吉：《南涧甲乙稿》卷十九《东岳庙碑》。

龙海凤山岳庙

每年三月廿四日庙会,海内外香客络绎不绝。过去当地人有事不平相争者,不找官府,先到岳庙求神灵判决。①

凤山岳庙的重大庆典在东岳大帝的诞辰日。该庙由5个村共管,每年的农历三月廿八日是东岳大帝的生日,都要举行"过炉"仪式。民间认为守护岳庙的香炉可保平安,事业兴旺。各村间的"送炉"和"接炉"的交接仪式很隆重,一般要请道士,举行"扮仙"仪式。送迎的队伍除了请出本村的相关神明,还要舞龙、狮,踩高跷,演戏,达到娱乐神明活跃气氛的效果。村民都认为,香炉在的那一年,村庄平安且发财。

(3)福清圣迹庙

圣迹庙位于福建福清市新厝镇双屿村东,坐北朝南,二进一厅两房,占地面积1800平方米。主祀泰山神仁圣大帝,配祀田公元帅、天后圣母、妙道

---

① 连心豪:《福建民间信仰》,福建人民出版社2008版,第17页。

真君、齐天大圣等神灵。

庙宇始建于明洪武三年（1370），1981年由印尼华侨发起重修，2005年又增加戏台和办公场所等诸多项目。

据称明代时福清圣迹庙的泰山神曾率神兵打败倭寇，也曾为莆田百姓除妖斩怪，在福清与莆田一带影响巨大，香火很旺。①

（4）台南东岳殿

台南东岳殿

创建于明永历二十七年癸丑（1673），位于当时的府城东安坊附近，庙内保有的文物很多，石质的香炉、精雕细刻的木质神桌、彩绘壁画及石柱楹联都是年代久远的民间艺术杰作，而数帧匾额都有上百年的历史。

目前只剩下正殿及后殿还维持旧貌，门前抱鼓石及柱础为古物，门柱上有清乾隆时期的对联。殿内现存文物很多，如石刻、木雕、壁画、梁枋画等，整个正殿气氛阴森、凝重、肃杀。

拜殿被拆除，庙门也被迫移到骑楼边，正殿紧临着喧嚣的道路，与原来有宽广的庙埕相比不可同日而语，好在拆除的旧材料都尽量使用到目前的庙门上，外部观感还具有古典朴实的面貌。

---

① 福建省民族宗教事务厅：《福建民间信仰活动场所集萃》，2010年内书第18号，第25页。

（二）南岳大帝崇拜

闽台地区，除了东岳大帝崇拜之外，许多地方还有南岳大帝崇拜。在厦门集美区后溪镇英村的马路边，有一座遗存600多年的南岳大帝庙，据庙祝老人汪国贞介绍，南岳庙一直是英村人的主庙，有600多年历史，每年的大祭、社祭都在此举行。现在虽然只剩主殿一进，但还是年年有台湾信众回来认祖归宗祭拜南岳大帝，每年回乡的台胞不下百人。主殿墙壁上所挂的相片就是对岸同胞带过来的。南岳庙于2012年移地重建。据介绍，南岳庙分炉到台湾的历史可以追溯到清乾隆年间。当年，英村汪氏三兄弟到台湾谋生，该庙南岳大帝香火随之分炉台湾。后来汪氏宗亲在台湾繁衍有三万多人，他们一直在寻找自己的祖籍地，但是因为时代变迁，沧海桑田，找了五六年也没找到祖籍地。也是因缘巧合，一个偶然的机会，英村一位经营石板材的村民与一位台湾石板材商人做生意。两人聊天聊到了英村供奉的南岳大帝。凑巧的是，这位台湾商人正好是南岳大帝的信徒，台湾的宗亲曾交代过他，来大陆有机会就找寻祖庙所在。当时，台商听到这个消息后，立马就赶到英村南岳庙，经过了解后确认这正是寻找多年的祖庙。那位台商激动不已。英村老人汪国鲍说，因为共同的信仰，两岸汪氏才得以相认。

1994年第一批台湾信民180余位回村认祖归宗。之后连续几年，都有台湾信徒陆陆续续回乡认祖进香。目前台湾南岳大帝信仰已经由汪氏家族信仰，逐渐扩展为大众信仰。汪国贞说，2010年农历九月廿六，有130多位台胞回来进香。厦门英村的山神南岳崇拜转化为联系海峡两岸骨肉亲情的纽带和平台。

三、五谷神信仰

五谷神是闽台地区稻作民族的保佑神灵。闽台两地自古以来就十分信仰。

在漳州云霄县农村，每年最热闹的是菩萨的生日。五谷神不是大神，没有专门的祀庙，但许多大庙中都供奉着五谷神。如油车村圣王庙除供奉陈元光及夫人外，还供奉五谷神；后安村的妈夫人庙除祀奉陈元光之女陈怀玉外，也祀奉五谷神像。每年四月二十六日是五谷神的诞辰日，全村人都到圣王庙去拜祭五谷神，种植稻作的人家，将整棵稻禾连根带土贴在门上。

云霄县东厦的东坑村，但凡有菩萨过生日，就会抬着全村所有菩萨出来同享受,与人同乐。这一天东坑村热闹非凡,家家户户焚香礼佛,格外虔诚。在村中央的空旷地上,正对着戏台前方摆满了方的、圆的供桌,村民们将村中五谷神及观音三娘、开漳圣王和圣母、保生大帝、文武关公、林太师公等等神像都请到现场。鞭炮声持续不断,家家户户用扁担挑着一担担的供品,陆陆续续地前来祭拜,汤圆、米龟、水果、粑粑等供品摆满了供桌。

在所有的祭祀贡品中,有一种用糯米做成的特色的"米龟"显得格外引人注目。据我们在现场点数,所有供桌上大小"米龟"共有48只。据了解,村里要是有人在前一年向佛祖许了愿,第二年就要做一只"米龟"来还愿,或者如果想要家庭平安吉祥,也可以到祭祀现场向人讨要一只"米龟",来年就要做一只更大的"米龟"来还愿。以至于有一年,经过几家人"养大"的"米龟"大到一张八仙桌都放不下。因此,五谷神格外受人敬重,村民们认为五谷神能保佑全村每年都五谷丰收。①

三明市将乐县万良乡良地村在正月初二要打开粮仓,在粮仓前面摆上鸡鸭鱼肉茶酒等供品拜五谷神。五月廿五抬五谷神绕村子一圈,经过每家每户和田头,人们家里要准备一些供品(蒸糕、油饼、水果、茶酒等),每五户人家轮流做头组织抬五谷神事宜。供品里不能有蜂蜜,因为稻花要经过花粉传播之后才能结籽,花粉传播要通过蜜蜂,蜜蜂采集花粉酿成蜂蜜。据说摆了蜂蜜的供品,五谷神吃过了到田里后,蜜蜂就不来了,稻花就不能结稻子了。三明市沙县凤岗街道漈硦村三月初一也拜五谷神。

在台湾,几乎每座大庙里都供奉有五谷神。如桃园的天后宫偏殿中供奉着炎帝和五谷神像;彰化县鹿港镇开台天后宫上层祭祀玉帝,配祀左一为女娲娘娘,左二为水仙尊王,右一为五谷神,右二为观音。人们进庙后,见神就拜,五谷神也在被祭拜之中,以求温饱和发财。②

第五节　闽台海洋水神信仰

闽台地区海洋水神崇拜非常普遍,这与所在的地理环境有很大关系。福建与台湾滨海,同位于北回归线周边。福建与台湾所处纬度较低,属亚热

---

① 林江珠:《从云霄田野调查管窥闽南传统节日习俗》,《厦门理工学院学报》2012年第1期,第4页。

② 徐辉:《台湾民间信仰调查过程笔录》,未刊稿。

带气候,具有高温、多雨、强风之特点。两地都多山多水,江河湖泊众多,频临大海大洋。这样的地理和气候环境造成水患常发、海难频仍。

天气变幻的不确定性与河海水患的不可预测性,使人们心怀恐惧。旱涝交替的陆地环境,变幻莫测的航海条件,使民众亟盼风调雨顺,航行平安,这都是闽台民众产生水神崇拜的客观原因。

闽台同祀的水仙尊王是一群水神的总称,除此之外,妈祖、玄天上帝、临水夫人、海龙王等等都是强有力的江海神明。所以,闽台地区有众多的水神。

一、闽台妈祖崇拜

闽台地区位于东南沿海地区,以海河捕捞为生的渔业生产早在新石器时期就产生了。海洋江河捕捞危险性太大,因此,当宋朝出了救海难牺牲的林默娘后,人们便把海上求生的愿望寄托在善良姑娘的灵魂上,希望这位牺牲于海难的姑娘羽化升天后成神变仙,再来救助海上落难的人们。各朝政府为了弘扬社会助人为乐、见义勇为、不怕牺牲的精神,也都纷纷封奖林默娘。闽台地区,乃至东南亚各地,有闽人的地方就有天后宫、妈祖庙,妈祖庙成为福建人的标志。

1. 妈祖崇拜的传播、称呼与形象

在中国大陆,西至四川、陕西,北至东北,南到广东诸省,到处都有妈祖庙;妈祖在台湾为影响最大的神灵。在国外随着华人的踪迹,妈祖的香火传遍世界各大城市。美国的纽约、法国的巴黎,都有妈祖庙宇,妈祖已是世界性的神明。目前,妈祖信俗已从湄洲妈祖祖庙传播到世界二十多个国家和地区,在全球拥有妈祖宫庙五千多座、信众二亿多人。2009年10月,妈祖信俗已被联合国教科文组织列入世界人类非物质文化遗产名录。

闽台方言对女长者、望重者尊称为"妈",有祖母之意。"妈祖"又称天上圣母、天妃、天后、马祖、妈祖婆等。妈祖的面部形象有红面妈祖、金面妈祖、乌面妈祖和粉面妈祖之分。[①] 这是因为妈祖显灵时,不同的场合有不同的形象。配祀罗府元帅和千里眼、顺风耳等神明。

2. 妈祖崇拜的兴起

妈祖,也称湄洲妈祖,原名林默娘,宋建隆元年(960)农历三月二十三日

---

① 王煌彬:《厦门市同安区信仰习俗调查报告》,未刊稿。

出生于福建莆田湄洲。她生前经常为渔民预测出海时的天气情况、义务采药治病、拯救遇险渔船,还曾点燃自家的房子,用火光当做航标引导迷航的商船脱离险境。宋雍熙四年(987)农历九月初九,在她28岁时因在海上救人而献出年轻的生命。岛上渔民为了纪念这位美丽、善良和乐于助人的好姑娘,特地在岛上建庙并奉为海神,希望世世代代学习妈祖精神多做好事,也希冀妈祖继续保佑百姓航海平安。1123年,因为保护路允迪出使高丽,当时的朝廷首次将"顺济"庙额赐给妈祖庙。此后,妈祖因护佑南粮北调、郑和下西洋等而被历代朝廷褒封为天妃、天后、天上圣母共36次。在台湾著名的妈祖庙有澎湖天后宫,鹿港天后宫,台南大天后宫,北港朝天宫,台北关渡宫、大甲镇澜宫,新港奉天宫。①

3. 妈祖信仰在闽台地区的发展

课题调查组曾在漳州调查统计:境内有131座妈祖庙,大多始建于明清时期。妈祖庙在漳州沿海的龙海、漳浦、云霄、诏安、东山各有十多至数十座;而在内陆的长泰、南靖、华安,最多就是2~3座;山区的平和没发现有妈祖庙。妈祖崇拜与海洋结合较为紧密,陆地则与溪流有关。②

妈祖宫庙在福建,最早为宋代建立的,明清则遍地开花。这情况和海外贸易有关,前文已述。

妈祖庙在台湾最早出现于澎湖马公镇。约明万历年间(1573—1620),或可能于元代。清复台以前有明末郑成功所建的3间庙宇。据台湾蔡相煇先生研究,由于郑成功信奉玄天上帝,施琅以信奉妈祖为号召。清统一台湾后,妈祖信仰大兴。至乾隆中叶(1765)台湾妈祖庙总数近30间。日本占据台湾前的1895年,数量增至150间。③ 所以,台湾地理的海洋性是妈祖信仰的坚实基础,施琅和清统治者为了统一台湾和维持统治,利用妈祖信仰为工具,客观上推动了妈祖信仰在台湾的迅速传播。

4. 闽台妈祖宫庙择要

(1) 湄洲妈祖祖庙

湄洲妈祖祖庙是建设年代最久远的妈祖庙。据《莆田县志》记载,雍熙

---

① 徐辉:《台湾民间信仰调查过程笔录》,未刊稿。
② 段凌平、张晓松:《漳州地区民间信仰调查与研究》,《漳州师范学院学报》2004年第1期,第76页。
③ 蔡相煇:《台湾民间信仰专题——妈祖》,《妈祖文化对城市形成和发展的影响学术研讨会论文集》,台湾"国立空中大学"2006年版,第220~247页。

四年（987），林默"羽化升天"，邑人立通贤灵女庙于湄洲岛。这座通贤灵女庙即今天的湄洲妈祖祖庙，是世界上第一座祭祀妈祖林默的庙宇。

湄洲妈祖祖庙

建造年代较久远的妈祖宫庙还有建于1086年的莆田圣墩天后宫、北宋元符初（1098—1100）的仙游枫亭天后宫，以及蓬莱阁天后宫（1122）、长岛庙岛显应宫（1122）、莆田白湖天后宫（1157）、泉州天后宫（1196）等。

始建于987年的湄洲妈祖祖庙历经多次重修和扩建，已成为规模宏大的庙宇建筑群，特别是南中轴线庙宇群，全长323米，宽99米，其中天后正殿高19米，宽50米，进深30米，面积987米，可同时容纳千人朝拜。正殿正中供奉8米高的妈祖座像，配祀的有妇幼保护女神陈靖姑、兴建宋代著名水利工程木兰陂的女杰钱四娘、航海家郑和、收复台湾的施琅将军等八大神像。殿前的天后广场面积达10000多平方米，还有一座高26.5米的大戏台，是祖庙举行盛大活动的场所，两旁的观礼台及回廊能容万名观众。而高19米，宽33米，五开间的山门大牌坊则是我国少见的雄伟牌坊之一。妈祖祖庙和祖庙的"妈祖祭典"分别被国务院列为第六批全国重点文物保护单位和第一批全国非物质文化遗产。

（2）泉州天后宫

泉州天后宫位于泉州城南，南门天后路1号，建于宋庆元二年（1196），有温陵天后祖庙之称，台湾和东南亚的许多妈祖庙都从这里分灵。

宋元时代，泉州为世界著名的贸易港。据《泉州府志》载："泉州浯浦海

泉州天后宫

潮庵僧觉全梦神命作宫,仍推里人徐世昌倡建。"初名顺济宫,因宣和五年(1123)敕封妈祖为"顺济夫人"而得名。元政府于至元十五年(1278),下诏"制封泉州神女护国明著灵惠协正善庆显济天妃"。明永乐五年(1405)出使西洋太监郑和,奏令福建镇守官重新其庙。朝廷节遣内宦(太监)及给事中行人(对外使节)等官,出使琉球、爪哇、满剌加等国,率以到庙祭告祈祷为常,永乐十三年(1415),少监张谦出使渤泥(今加里曼丹岛文莱一带),从泉州浯江(顺济桥一带称浯江)启航,归奏于朝廷,改宫号为"天妃宫"。清康熙十九年(1680)施琅征海,师次于此,"神涌潮济师"、"有助顺功"。敕封"护国庇民妙灵昭应宏仁普济天后",后易宫名为"天后宫"。康熙二十四年,钦差礼部郎中雅虎来宫致祭。雍正元年(1723)御书匾额"神昭海表"悬挂于殿中,乾隆后历代有重修。①

泉州天后宫现有建筑主要为清靖海侯施琅重修的格局。占地7200平方米,包括山门、戏台、东西阙、正殿、东西廊、寝殿、东西轩、四凉亭、西斋馆及梳妆楼。此建筑群还保存宋代构件和明清时代木构建筑,是海内外同类建筑中规模较大、规格较高、年代较早的古迹,著称于世。殿前檐柱保存一对十六面青石雕的元代印度教寺石柱,约为明代翻修的作品。木柱刻有楹联

---

① 泉州天后宫网:http://www.qzthg.com/。

"神功护海国,水德配乾坤"。正面原有悬挂明代大书法家张瑞图书"后德配天"的横匾,属国家木构建筑之瑰宝,为全国重点文物保护单位。[①]

(3)同安南门天后宫

同安南门天后宫亦称银同妈祖宫,位于大同镇南门街土窟墘,始建年代不详,清康熙年间重建,奉祀"黑脸三妈"。同安东市《林氏家谱》记载,北宋皇祐年间(1049—1054),同安掾吏林怿从湄洲祖庙分灵本家姑婆林默神像,恭迎至城隍庙西侧本族厅堂供奉。南宋绍兴年间(1131—1162),黑脸妈祖被迎请至朱紫门楼(南门)内供奉。同安妈祖宫黑脸三妈香火兴旺,"神灵赫翟",特别是明嘉靖三十八年(1558)御倭入寇,清顺治五年(1648)解清兵之围,屡立功绩,"赐福于民"。后因城楼毁损,黑脸三妈遂被请至外双溪之南奉祀。

同安南门天后宫

同安是福建最早、最普遍信仰妈祖的地区之一,银同黑脸妈祖是台湾妈祖宫庙三大支派的祖庙之一:从湄洲祖庙分香的妈祖塑像脸部为肉色或粉红色,称"湄洲妈";从泉州分香的脸部为红色,称"温陵妈";从银同妈祖宫分香的脸部为黑色,称"银同妈"。银同妈祖宫座北朝南临溪,二进三开间带右护土木建筑,并有释仔宅寝宫前城垣麒麟墙,占地达419.5平方米,邑教谕蔡骥良书联作记。

---

① 百度百科:泉州天后宫 http://baike.baidu.com/。

银同妈祖宫黑脸三妈直接分灵于湄洲祖庙,据说灵验异常,先后分炉台湾、新加坡等地,为各地"银同妈祖"的传炉宫庙发祥地。台湾鹿耳门天后宫与银同天后宫有着至亲关系,当年建庙时演绎了一场千古佳话。清康熙二十九年(1690),同安教谕蔡骥良带头发起,当地士绅民众纷纷响应,在同安南门大街桥头左侧兴建银同妈祖宫。该宫整体建筑为二进三开间,主殿外,还有配殿。

郑成功收复台湾,部将林圮特恭请银同妈祖上战船供奉护佑。鉴于银同妈祖护佑克敌,功勋显著,郑成功下令将鹿耳门荷兰教堂改建为妈祖庙,供奉银同妈祖。清康熙二十二年(1683),施琅将军奉命东征台湾,又迎请银同妈祖随军护佑。战后,施琅奏请朝廷晋封妈祖为天后,并在鹿港重建天后宫,专奉银同妈祖。课题组在台南开台天后宫的前殿主祀妈祖(大、二、三妈),配祀(殿两侧)二十四司妈祖辅助神。大殿被烟熏黑,还有"注生娘娘"(左)和"境主公"。前后殿之间的侧面置放许多妈祖像,"恭请妈祖分灵"。大多为黑面,仅一二尊红面妈祖,右侧廊有间"月下老人厅"。后殿上下二层,一进原墙有湄洲祖庙全景,上悬"吾家圣女"匾额。后殿下层祭祀太岁。殿堂宽亮,主祀当年太岁神像,其上置金身妈祖像,配祀各年太岁,装束神色各异。①

(4)漳浦乌石妈祖庙

乌石妈祖庙建成的时间并不早,大约在20世纪90年代初;然而,乌石妈祖庙却在两岸有极高的知名度,因为这里供奉的妈祖神像,据称是明代林士章从湄洲带回来的北宋雍熙年(984—987)所雕的一尊妈祖像,为目前可知最早的妈祖雕像。

据当地传说,嘉靖三十八年(1559)漳浦乌石的林士章赴京赶考,途中遇到一位女子给了个对联,后来与皇帝殿试的对子正好相符,于是高中探花。回福建在湄洲发现那女子正与妈祖形象一样,认为是受妈祖保佑,因而迎请回漳浦奉祀。

遍观如今各妈祖庙宇的造型,基本和佛教的观音形象没什么差别,即为丰腴的中年妇女模样,表情若有所思。可是乌石妈祖却是一个和凡人无异、瓜子脸造型的苗条少女形象,面部表情非常平静。有关资料记载,妈祖20多岁去世,并且未婚,显然乌石的雕塑形象与妈祖的记载更一致。

---

① 徐辉:《台湾民间信仰调查过程笔录》,未刊稿。

漳浦乌石妈祖庙

1989年，移居台湾的乡亲林瑶棋、林瑞国等先后回家乡拜祖，经漳州文物工作者介绍，得知乌石妈祖为古雕像，至今未建成行宫，便慷慨捐献巨资。工程于1992年始动工，1994年落成，规模宏大，命名为"乌石天后宫"。

(5) 福州仓山螺洲天后宫

螺洲天后宫始建于明代中期，清同治元年(1862)由云南布政司陈若霖之子陈景亮重修，占地约1300平方米，建筑面积681平方米，具有典型的明代建筑风格。

天后宫还供奉有临水夫人、顺懿元君、珠疹夫人、三十六夫人、顺风耳、千里眼等神祇。庙前有两块石碑，一块为陈景亮重修天后宫记，另一块是乡人集资的碑记。该宫为福州市文物保护单位，被福建民族宗教厅列入20多间民间信仰联系场所之一。

(6) 东山宫前天后宫

原称天妃宫，位于东山县陈城镇宫前村，因古时村在宫之前，故名宫前村。宫前村位于东山岛的西南部，自古以来为天然良港。东山人民与荷兰殖民者的战斗、郑成功收复台湾、施琅出兵台湾，都与这里有关。宫前妈祖因所在的地域及数次保家卫国关联的事例，显得非常引人注目。

宫前天后宫始建于明末，相传为郑成功永历年间驻兵铜山时所倡建，历代有修葺。总占地面积3000多平方米。

东山宫前天后宫

　　康熙二十二年（1683）六月十三日，施琅于东山湾祭江，誓师铜陵；十四日，先锋蓝理率军启征直取澎湖。施琅平台后，奏请康熙帝敕封妈祖显灵助战一事，康熙帝准奏，敕封妈祖为"天后"，妈祖遂从"护国庇民妙灵照应弘仁普济天妃"升为"护国庇民妙灵照应仁慈天后"，成为"天上圣母"。所有天妃宫从此起更名为"天后宫"。

　　康熙二十四年，康熙帝御赐额匾并派钦差大臣雅虎赴天后宫祭祀，宣读祭文。康熙帝还特赐每年农历三月二十三日妈祖诞辰在天后宫演戏十天。现宫前天后宫亦悬挂一方御赐额匾，木质绿底金字，外框1.93米，高0.79米，内刻施琅的奏本和钦差礼部郎中雅虎的祭文。[①]

　　相传乾隆年间，台湾鹿港一渔船在海峡遇飓风遭险，幸妈祖显灵遣宫前村渔民出海相救。台湾渔民同胞脱险后，于宫前天后宫乞请妈祖香火回鹿港奉祀，并立石碑铭记此事。

（7）永定县坎市天后宫

　　龙岩市永定县坎市镇天后宫，始建于1756年，此后多次修缮，十年一小修，二十年一大修。天后宫供奉着云川乡神、天上圣母、金花小子、银花小子、观天望海、蛇岳圣王、花公花母、福德土地众神明。

---

① 连心豪、郑志明：《福建民间信仰》，福建人民出版社2008年版，第165页。

天后踩街又称扛天后,是清代传承下来的习俗。课题组在永定县坎市参与考察了2012年农历三月二十三妈祖诞辰1052年祭的踩街活动,下面介绍一下活动情况。

扛天后主要活动议程:

三月廿一日,诵经,地点天后宫。

三月廿二日,启坛进表,地点天后宫。

三月廿三日8点,天后娘娘出宫踩街,地点坎市。

三月廿三日10点,众祭,地点坎市。

三月廿三日12点,聚餐午宴,地点坎市广场。

三月廿三日18点,龙岩汉剧团演出。

三月廿四日8点,各拱(jiong)恭迎天后娘娘,地点坎市。

三月廿四日18点,龙岩汉剧团演出,地点坎市广场。

三月廿五日8点,各拱恭迎天后娘娘,地点坎市。

三月廿五日18点,龙岩汉剧团演出,地点坎市广场。

祭品:最前面放着五只酒樽,接着摆有鱼、鸭、猪肉、鸡,再者是五杯茶(有时是三茶五酒),后面摆着135(9*15)小碟各式的供品,水果、饼干、糕点、斋丝、瓜类蔬菜、青菜、五谷等十五类。每排9碟寓意长长久久,尊贵之意。

在祭案的两边挂有许多神明的画像(传统的画像是纸质的,因为容易损坏后来改成了布质),在祭案上方(一般在屋檐下)挂着"精通三界福降人间"的横幅,两边是"一片诚心通上界,千载瑞气降人间"的对联。

启坛进表法事的时辰是依照黄历挑选出的吉时,共有三个小环节——诵经、窜花烛、启坛进表。

第一个环节——诵经。大约晚上7点开始做法事,同时天后宫宫门对面开始演木偶戏(这是坎市佛事的传统剧目)。诵经由两个道士主持,另有一个打鼓手和一个敲(锣、钹)手。道士用的神器只有笏板、堂木、钵、木剑(比闽南的道士的神器少很多,而且没有唢呐手)。诵经过程中杀一只活鸡将鸡血抹在神明的画像上,两位道士经常起身相向,走三步转身,右腿弯曲,左脚前倾,脚跟着地,脚尖向上,然后相互做鞠躬状,也多次绕着祭案念经。

第二个环节——窜花烛。两位道士先在祭案前念经做法,然后卷起衣袖点着事先准备好由一沓纸钱弄成扇子状的纸钱,每人各两把。手中挥舞着纸钱扇口中念着经文,有时跳起,有时绕着祭案,有时对着妈祖挥舞,有时对着宫门挥舞。待到纸钱快要燃尽时将之放到一旁的烧纸钱炉里烧。接下来又点着四根花烛(由五张纸钱卷一卷再拧成一根,要有 7 个结并用红绳绑住,烛根套进四张红纸剪成的莲花,在花烛上淋上灯油),每位道士两根,同舞纸钱扇一样,有时跳起,有时绕着祭案,有时对着妈祖挥舞,有时对着宫门挥舞。两位道士口中念着经文,相向走三步转身,右腿弯曲,左脚前倾,脚跟着地脚尖向上,然后相互做鞠躬状,将要结束时轮流从一旁跑出表演舞花烛,动作劲道灵活。待到花烛将要燃尽时,将之交给在一旁等候的四位德高望重的长者(他们是被信众选出来的,分别是天后宫理事会会长卢先德,天后宫理事会副会长、坎市街居委会干部卢沂茂,天后宫理事会理事、公安退休老干部卢连龙,天后宫理事会理事卢万钟),让他们将花烛插到香炉上。花烛火势旺寓意丁旺、平安。

第三个环节——启坛进表。开始前另外再准备一张祭案,在上面摆上三杯生姜倒上醋(寓意消灾保平安),三杯酒,三杯茶(无水);一把木剑外围写着"太罗三清三境三宝天尊"(原来的祭案移过来的)的黄纸;三碗米,从左往右分别在上面放着符水、堂木、符令(也是原来祭案移过来的);一个水盆,上面横着三根香,再放上扇开成圆形的一沓纸钱,在纸钱上放上装着祭文的小黄纸盒。鼓移到前祭案右边(宫门为前)。

晚上 22:25 放鞭炮,点香,仪式开始。一位道士走到两个祭案中间向前祭案一拜,转向后祭案一拜,一小会再三拜,走到正堂对着妈祖三拜,走到前祭案(对宫门,前祭案都是对着宫门)三拜,香炉插香,到前祭案一拜,再三跪拜,手中拿着笏板翻开经书,一拜,开始念经文,此时鼓手敲打鼓的边缘并念经文,道士一拜,鼓响,一拜,念经,再拜,念经,鼓响,一拜,鼓停,鼓手念经,鼓响,鼓停,一拜,鼓响,鼓停,鼓响,鼓停,一拜,鼓响,一拜,鼓响,鼓停,一拜,拍堂木,鼓响,一拜,再拜,鼓停,一拜,再拜,跪,(同时鼓手敲鼓边缘)烧纸钱(22:38),烧符,将之放于符水中,鼓手敲木鱼念经,锣手敲小锣(放于桌上),鼓手打二下鼓,继而敲木鱼,锣手敲锣,小锣不停,道士与鼓手轮流念经,一拜,再拜(整个过程中念经未中断过,鼓响钹响,鼓停钹停)。然后打开小本子,上面记录着坎市各寺庙、桥、坑口、社树下、大道、茶亭、塔、水口、坝、庵等所供奉的神明。如:天后宫的云川乡神、天上圣母、金花小子、银花小子、观天望海、蛇岳圣王、花公花母、福德土地,吴公庵的保生大帝,五显庙的五显大帝、花公花婆、观音等。道士逐一念完后将小册子放在钵中,继续念经,起身,钹、鼓响,一拜,德高望重的长者(李先德,以下称为德人)跪在前祭案,道士给他茶杯(无水)同时鼓手道士念经,道士换酒杯给德人,德人一拜,道士念经,德人一拜,道士念经,道士与德人一拜,道士换另一杯酒给德人,德人一拜,道士念经,德人一拜,道士再换另一杯酒给德人,德人一拜,鼓停,德人起身一拜,三跪拜,德人起身。道士念经,道士一拜,跪,鼓手敲木鱼锣手敲小锣,再击鼓,道士念"具牒文中上"的祭文(祭文里包括了给此次活动捐资的人物的名字),把"太罗三清三境三宝天尊"剑拿到后祭案。(同时鼓停)念完祭文,钹、鼓响。另一位道士烧"具牒文中上"先在水盆上烧,然后用两根大香夹住置于空中烧,同时有人在宫门外放鞭炮,有人烧纸钱。道士将茶酒倒入水盆,拔木剑沾符水洒在水盆中,木剑放回,将后祭案的三斋丝倒到水盆中。道士跪念经,三拜,旁人收前祭案物放回后祭案,道士转向后祭案念经,一拜,再转向前祭案一拜。(23:18)

道士将祭案的三斋丝倒到水盆中

一德人(卢先德)将水盆中的赃物拿到河边倒掉(消灾),另有一人拿着香、鞭炮、蜡烛陪同。来到天后宫旁边的小河后,德人先点蜡烛,手拿蜡烛对河三拜后将蜡烛插在河岸上,而后手持点着的香对河一拜,念道"请天后娘娘保佑坎市人民风调雨顺,国泰民安"。香也插在河岸上,再将脏水倒入河中喊道"坏事送走,好事送来",然后将水盆洗净,另一人放鞭炮。仪式结束(23:30)。

将水盆中的赃物拿到河边倒掉(消灾)

三月廿三,天后娘娘踩街。

廿三凌晨四点,在天后宫天井宰杀一头猪祭妈祖,全猪将在众祭时使用。早上7点多把妈祖像请到轿子内,轿子由八人抬,还有一些备用人员(抬轿子的人是从各拱踊跃报名的年轻人中选拔出来的)。在踩街之前有很多香客来天后宫祭拜妈祖。

踩街的队伍从前面到最后依次是:一位老者开道(骑着电动车,车上插一面锦旗),车前挂"恭迎圣驾"的16发礼炮,两边各有一人横举上书黑体"清道"的黄旗,一面"敕封天上圣母无极太后元君"的横幅(两人举着),分别写有"国泰民安""风调雨顺""天上圣君"(两面)的四面黄色竖幅,左面"回避"右面"肃静"、左面"恭迎"右面"圣母"的牌子,六把类似法杖的杖,观天望海的两台轿子(分别两人抬),妈祖牌位(两人抬),四位少女打扮成仙女模样,手提灯笼,行走在天后娘娘的轿子前、有一人手捧印玺,拿着大蒲扇的两位仙女,传统乐队,现代乐队,花篮队(妇女组成),腰鼓队(妇女组成),嘉宾,彩旗队(自发组成),各12人的舞龙队(文龙和武龙),锣鼓钹,大鼓队(年轻小伙组成)。

四位少女打扮成仙子模样,手提灯笼

踩街8点半开始,沿途各家门口摆放着供品的香案(供品不一,依自己挑选而定,有人只有简单的糕点水果,有人多了鸡鸭鱼。香案都有一根大香两根蜡烛插在用红纸裹住的圆形插桶上)。天后娘娘的轿子快要经过时,每家每户都会放鞭炮恭迎天后娘娘。礼炮在途中会不时点响。

9点半到达众祭点,安放好天后娘娘的轿子,将"敕封天上圣母无极太后元君"的横幅挂在轿子后面。众祭点的供品要求与天后宫的供品规格差不多,在祭台两边分别摆放着全猪(右边)、全羊(左边)。到达众祭点后有很多附近的当地人前来祭拜,每位来祭拜的香客都会带上沾上猪血的纸钱。众祭时先由两位道士念经,之后道士指导主祭生祭拜,最后指导主祭生和陪祭生一起祭拜(主祭生由此次活动出资最多的乡绅担任,陪祭生由其他出资较多的乡绅担任)。

踩街当天当地人会办宴席邀请宾朋(主要是外地人)。宴席桌数由主人的

天后娘娘

亲朋数和经济情况而定,从几桌到几十桌不等。叶兴楼主人宴请了26桌。①

(8)新港奉天宫

新港奉天宫位于台湾嘉义县新港乡新民路与中山路交口上,是一座三开间四进带左右护龙及钟、鼓楼的庙宇建筑,主祀为圣母妈祖,原先庙址位于外九庄笨港市街,后来北港溪泛滥,庙内文物遭洪水冲毁,在嘉庆十七年(1812)迁建于现址,并改名为"奉天宫"沿用至今。

奉天宫是嘉南地区知名的古庙之一,列为台湾三级古迹。奉天宫的创建年代有多种说法,如嘉庆二十三年(1818),嘉庆四年(1799),乾隆年间,明天启二年(1622)等。②

相传刘定国于明朝天启二年(1622)随颜思齐来台,为了能平安地渡过

---

① 黄辉海:《龙岩市永定县坎市镇扛天后活动调查报告》,未刊稿。
② 蔡相煇:《台湾民间信仰专题——妈祖》,《妈祖文化对城市形成和发展的影响学术研讨会论文集》,空中大学2006年版,第321页。

澎湖的黑水沟,至湄洲天后宫恭请五尊妈祖圣像奉祀,船途经笨港时,圣母示意停驻于此地,因此新港妈祖又称"船仔妈""开台妈祖",与北港朝天宫齐名。

康熙三十九年(1700)当地居民集资兴建天妃庙,后改名"天后宫"。嘉庆初年,笨港洪水泛滥。据景端碑文"溯自我天后圣母,在笨之宫,因乌水泛滥横遭冲毁……敬迁我神诸圣像于笨东麻园寮(今新港)肇庆堂"。

早年由王得禄将军捐款发起十八庄民众合建,奉天宫正殿主祀圣母妈祖,后殿奉祀观音菩萨,配祀文殊、普贤,左奉福德正神,右奉注生娘娘及八位娘娘;左、右翼殿配祀文昌帝君及关圣帝君;左、右护龙厅则供奉笨港城隍及功德主王得禄、檀越主林溪和等长生禄位;第四进则为新建的凌霄宝殿。

在奉天宫内设有历史文物资料室,可供游客参观。每年农历三月廿三日为妈祖诞辰,并与大甲妈祖绕境活动结合,为南下的最终站,同时也是新港乡的年度重要节庆活动。①

(9)云林北港朝天宫

北港朝天宫又称为天后宫,为云林县最著名的庙宇,也是台湾著名的妈祖庙宇,列为台湾二级古迹。庙中武城阁为朝天宫南管乐社所在。

北港朝天宫

---

① 大台湾旅游网:http://travel.tw.tranews.com/。

康熙三十三年(1694)，僧人树壁奉湄洲天后宫神像，在笨港登陆。当时台湾很多地方荒野偏僻，开始租民居简陋茅屋供奉。康熙三十九年，当地富户，在今庙前捐献庙地，建成一小庙祠。

雍正八年(1730)，建瓦房替代原来的茅屋。乾隆十六年(1751)再次修葺。乾隆三十九年(1774)笨港县丞薛肇熿、贡生陈瑞玉、监生王希明、蔡大成等人，率先捐奉，吏民纷纷解囊鼎力协助。筑成二座神殿，正殿奉祀妈祖，后殿奉祀观音佛祖。当年雕刻之石雕龙柱二对，至今还保留在圣父母殿前埕和正殿。观音佛祖殿内现存的龙柱雕刻雄浑生动，如今研究台湾地区艺术史学者，都视为珍宝。

至嘉庆五年(1800)，朝天宫又重修。还派员前往漳州龙溪县天柱岩学佛法，以后成为传统，数次派有关人员前往漳州天柱岩。嘉庆九年(1804)、道光十七年(1837)，募款重修。福建水师提督王得禄捐款义助外，泉郊新德泰号敬捐双龙献珠石陛，形状栩栩如生，为台湾现存清代石雕中之极品。

咸丰初年增筑后殿。光绪三十一年(1905)四月，嘉义地方发生大地震，朝天宫受损，四垂亭倒坏，区长与地方绅士倡议募捐重建。此次重建，劝募捐款，遍及全台，捐款人数达3万余人，其中部分芳名刻在朝天宫四围栏杆上。1923年住持顿超圆寂，传承二百余年之僧统停止。1959年，朝天宫因风雨剥蚀，金粉脱落，栋梁亦有腐朽，再次重修，至1964年完工。此次重修，延聘彰化县永靖乡人江清露，制作屋上各种剪粘妆饰，益加华丽美观，琳琅满目，叹为观止。

朝天宫数经扩建，宫宇观瞻富丽，规模宏大，但仍未冠绝全岛。然因信徒众多，感宫庭狭隘，不堪容纳，于1956年在宫前中央市场，兴建一座"宗圣"楼台。中西合璧，堪称伟构，台高七丈，全镇胜景，尽收眼底。楼分三层，备供香客休息，并作种种展览会场，并供不时演戏酬神之用。①

二、闽台的玄天上帝崇拜

1. 玄天上帝简介

玄天大帝全称为"佑圣真武玄天上帝终劫济苦天尊"，又有玄武帝、北极大帝、真武上帝、真武大将军、元天上帝、真武帝、开天真帝、水长上帝、真如大帝、元武神、北极佑圣真君、北极圣神君等诸尊号，民间简称元帝、上帝公、上帝爷、帝爷公，因北方在五色中属于黑色，又称黑帝等。玄天上帝也统领

---

① 黄辉海：《朝天宫文献资料完整搜集报告》，课题组学生搜集整理相关资料未刊稿。

所有水族,故兼水神。

真武上帝威风凛凛,八面生风,其形象为披发黑衣、手持宝剑、足踏龟蛇,卫将执黑旗,两旁为金童玉女,水火二将。中国传统相信天人感应,认为星宿的运转和人类的命运相关。众星运转中,唯有北极星永恒不动。古人不仅认为北辰是天文上辨别方位的指标,而且把北极星神格化为德行、正义、光明的象征。因此敬奉为"北斗星君",是星辰神里为最尊贵的神祇。

唐以后,历朝相继敕封佑圣玄武灵应真君、镇天佑圣真君、佑圣助顺真武灵应真人、仁威玄天上帝、北极镇天真武玄天上帝等称号。明代燕王朱棣发动"靖难之役",附会玄天上帝显灵相助,即位为永乐皇帝后,大力推崇,加封玄天上帝为"北极镇天真武玄天上帝",玄天上帝①成为世俗信仰信众最广的神明之一。

泉州一带还有玄天上帝是张姓屠户,有孝道,后感悟不杀生而成神等传说。福建与台湾玄天上帝信仰非常普遍,玄天上帝被视为海神、水神、地方守护神,传说它能治病、救灭火灾、旱能降雨、保佑舟楫平安等。

2. 闽台玄天上帝崇拜的传播

福建地区航海发达,福建沿海普遍崇祀玄天上帝。② 宋代泉州玄天上帝被作为海神膜拜,法石真武庙"为郡守望祭海神之所"。随着福建人移居海外,玄天上帝信仰也传播到台湾和南洋等地。

为祈求船舶顺风平安,既到九日山通远王庙祈求顺风,又到法石真武庙望祭海神。福建城镇码头多建有玄天上帝庙,天旱不雨时,地方官要请玄天上帝出郊祈雨。

许多地方把玄天上帝作为地方守护神的境主礼奉。如万历二十一年(1593)重修金鸡桥,"桥南北各有庵,塑观音、玄武像于中,答神赐也",把玄天上帝作为桥梁守护神。

我们调查了漳州地区供奉玄天上帝的宫观212间,而沿海地区五县市中有172间,占总数的81%。其中已知年代的134间,建于明清时期的达113(明52间、清61间)。沿海玄天上帝庙宇较多,这一特点是漳州地理位置与历史发展影响的反映。漳州靠沿海一带,"顾海滨一带,田尽斥卤,耕者无所望岁;只有视渊若陵,久成习惯。富家征货,固得禾困载归来;贫者为佣,亦

---

① 王煌彬:《漳州市云霄县列屿镇、东厦镇节日习俗调查报告》,未刊稿。
② 王煌彬:《泉州市安溪县剑斗镇红星村综合考察报告》,未刊稿。

博升米自给",①所以历来航海业发达,到海外谋生、移民者亦多。特别是明末清初,漳州海澄月港鼎盛,成为中国最繁荣的商港,因此,那些具有海上守护职能的神灵受到了欢迎和崇拜。

泉州滨江带海,奉祀水神真武大帝的庙宇香火鼎盛。泉州旧城内管理海外交通贸易机构——泉州市舶提举司的附近在宋至明时期就建有真武行宫,其地后名上帝宫巷。后城有境庙上帝宫,为民众解决纠纷、处理问题所在,习称"约所上帝宫",其地故名上帝村。其他有新门街上帝宫、西街裴巷上帝宫等。泉属各地较著名的真武大帝宫庙有南安市区荣溪宫、溪美镇连塘村顺济宫、石狮永宁虎岫寺、永宁镇沙美村金沙古地、石狮市宝盖镇朝天寺、石狮永宁镇紫树林、安溪长坑乡衡阳庵、蓬莱镇上智村九峰岩、永春桃源殿、晋江深沪崇真殿、晋江安海霁云殿、德化浔中隆泰村龙图宫等等。

随着人们对台湾的开发,玄天上帝也在此生根播衍。台湾关于玄天上帝的传说多与福建一带相似。据载,郑成功复台,供奉玄天上帝于船上,奉为保护神。入台后,郑成功"多建真武庙,以为此邦之镇庙",即在台南东安坊建北极殿,大力推行玄天上帝信仰。诸如彰化县田中顺天宫、云林县虎尾永兴宫、嘉义县北社尾玄隍庙、嘉义湖内里保元殿和玄天上帝庙、台南灵佑宫、高雄市阿莲乡北极殿、屏东九如乡北极玄天上帝庙,及澎湖马公上帝庙和北极殿,都建于此时。台湾地区的玄天上帝信仰由福建移民传入,其中又分为两种类型:一种是大规模的集体移民,如明末清初郑成功父子及部属这一移民群;另一种是民间自发的个人行为。这两种移民群是台湾玄天上帝信仰的主要传播载体。据传,郑成功收复台湾时,玄天上帝被供奉在船上,被奉为航海保护神,渡过波涛汹涌的台湾海峡时,为驱除恐惧心理,家乡的神灵成了他们最好的寄托。在漆黑夜里行驶的船只,唯有依靠天上的北极星来辨别方向,所以北极星君,被奉为水神、航海保护之神的玄天上帝地位就非常重要。通常是随身带到船上,到达台湾后,先是供奉在家中。当移民开发活动进入一定阶段,聚居规模达到一定程度,经济相对稳定的时候,便会修建庙宇,成为聚居地民众共同信奉的神灵。郑成功收复台湾后,又大力推崇玄天上帝,修建了许多宫庙。课题组在台湾苗栗县后龙镇外埔渔村考察时,据82岁的洪义老人介绍,他们的祖上就是捧着玄天大帝的神像,九死一生,从闽南逃难到澎湖,再渡海到苗栗后龙生活至今,到他这代是第17代。日据时期,日本人强制当地的老百姓烧掉所

---

① 张燮:《东西洋考》卷七。

有的神像,要求他们信日本的天照大神,是他大伯冒着生命危险,把玄天大帝神像藏起来,玄天大帝神像才得以保存至今。课题组在庙里看到的玄天大帝神像确实非常古老,有岁月蹉跎的历史痕迹。

苗栗县后龙镇数百年的玄天大帝宫庙——合兴宫

合兴宫中的王船

台湾真武大帝香火,皆从福建分香而去。清乾隆元年(1736)石狮塘后黄氏族人在台南堍坑港建集福宫,祀玄天上帝。泉州沿海三邑人从晋江、南安分炉奉祀玄天上帝的集福宫、崇福宫等庙宇在台湾就有266座之多。受天宫位于南投县名间乡,是台湾最有名气的玄天上帝庙,系明末清初从福建分香而来。每年农历三月初三日,除准天宫外,台湾各真武大帝庙宇都要到宫谒拜,盛况不逊于北港朝天宫圣诞。

3. 闽台玄天上帝宫庙择要①

(1) 泉州法石真武庙

真武庙在泉州府城东南的石头山上,宋时建,为郡守祭祀海神之所。现存真武庙为明清建筑,由山门、扶阶、龟蛇石、凉亭、大殿等组成,占地8000余平方米。牌坊式山门,重檐歇山顶,高十余米,三开间,上悬"武当山"与"北极玄天上帝"匾。山门高耸,拾级而上,行至山巅台地,有石蛰伏,状如龟蛇,石蛇逶迤盘亘在山崖边,形成天然屏障;右侧石龟背驮明嘉靖晋江县令韩岳所立楷书阴刻"吞海"石碑。碑西侧建有重檐四角凉亭一座,外环四柱,内环四柱,上檐八角攒尖,下檐四坡水,亭之构筑以四角形平面求八角形变化,殊为可观。相传四角凉亭是真武大帝的"印玺",八角形重檐及顶部葫芦为印钮。亭西侧石庭边榕树下有一柄近二米高的石剑,剑印合璧象征真武大帝的威权。

泉州法石真武庙

凉亭后即为真武庙,两进,占地400平方米。第一进为三开间硬山顶带

---

① 田野调查中,承漳浦王文径先生惠赠他个人田野调查成果,以下福建部分多系引用,特此致谢。

双护厝。大门石刻对联:"罗紫双峰齐拱峙,溜浯一派尽朝宗",台北弟子重刻庄俊元名联:"脱紫帽于殿前,不整冠而正南面;抛罗裳于海角,亦跣足以莅北朝。"大门两侧墙上有彩色陶瓷拼贴"云龙吐珠"、"猛虎下岗"和花岗岩石雕麒麟。大门后为卷棚式拜亭,连接正殿。正殿五开间、四进、歇山顶,两边回廊与双边护厝后的廊屋通过天井相通,拜亭两边亦有天井二,形成堪舆家所说的"四水归堂"格局。龟蛇奇石的自然景观,四水归堂的人为构筑,把北方水神真武降伏龟蛇的人文、自然景观结合得巧夺天工。

大殿正中奉祀真武大帝,两旁分立赵、康、高、马四大将,右龛奉祀境主章平侯。两侧廊中奉祀南斗星君、观音、北斗星君、护国苏夫人妈等。真武大帝披发长须紫金冠,身披紫金甲,左手按于大腿,右手仗剑于身前,双足跣,左踏龟蛇,右屈膝凭座。神龛上悬清乾隆年间福建陆路提督马负书所题"掌握玄机"匾,壁上还有郑经所题"神光普照"匾。主体建筑保持清道光重修式样。清咸丰年间(1851—1861),台湾淡水商号集资重修真武庙四角凉亭。

真武庙建后,屡著灵异。南宋的泉州知州、名儒真德秀,曾亲至真武庙祈福及祈祷避免水边疫疾。《祝文》云:"江湖之间,沴气易作,尚惟慈悯,弭于未然",要求真武垂怜,"需甘霖于久旷之余,全嘉谷于将枯之际"。可见与水有关的江、湖、海、农作、疫病均属真武管辖范围。

泉州法石真武殿被许多台湾玄天上帝信众奉为祖庭。中国道教界向有"南武当"的说法,即是福建道教胜地法石真武庙。《台湾新闻报》载称:"法石庙是祖庭"。20世纪90年代以来,法石真武庙多次接待台湾各地的玄天大帝宫庙代表和信众的朝拜团。

(2) 甘霖玄天上帝庙

甘霖玄天上帝庙在漳浦县旧镇甘林村东端,《漳浦县志》载:"柑林玄天庙,宋太祖时建,岁久几废,道士李盛等修葺。"[①]宋代崇奉道教,该庙也是漳浦最早的玄天上帝庙宇,香火旺盛,为福建的主要道观。门悬"武当行宫"匾,三进,丁字形结构:首进五开间,次进、后进两侧壁内缩,次进为三开间,后进为假五开间。庙内共有石柱36支,整座宫庙结构奇特,规制宏伟,整体布局保持宋式,梁楹彩画保存完好,是漳浦县最大最古老的宫庙。

甘霖庙共祀帝爷公五尊,分别称大帝、二帝、三帝、四帝、五帝,神像大小

---

① 《漳浦县志·方域下》,1998年版。

依次递减。次进祀广惠尊王谢安及其侄谢玄元帅等;前门内祀三官大帝,俗称三界公。

庙中尚保存有清雍正十一年的双耳青石炉,清咸丰四年(1854)桂月郭其英刊刻的《甘霖宫上帝签》木刻版五十篇。

甘霖庙为漳浦乃至福建地区玄天上帝庙的祖庙之一,漳浦很多上帝庙均自甘霖庙分香火,并多处采用甘霖庙的签诗。

每年正月十四日做醮。正月初五日,帝爷公下殿,巡行各社,至十三日回庙上殿。十四日,道士四五人诵经做醮。据说做醮祈禳是为帝爷公"补运"。社众安排牲醴供物,从早到晚。三月初三日"帝爷公生",甘林村各社举行迎奉活动,外地信徒也纷纷前来朝拜。

甘霖庙传香附近玉厝清德宫。清同治四年(1865),以"挑尫公"维生的玉厝村民王大松带着从清德宫分香的玄天上帝神像到台湾,在嘉义番仔沟地方建庙,即今嘉义市龙安宫。

(3)福州台江真武行宫

台江真武行宫始建于明洪武五年(1372),原址在茶亭河沿,靠近洋头口的地方。行宫原拥有大殿、后殿、论经轩、净斋堂、钟鼓楼、丹房、天井等建筑。21世纪初,因城建迁至今址。目前占地120平方米。

台江真武行宫主祀真武上帝和明真大帝、善胜太后(真武上帝的父母),配左护驾袁天罡,右护驾桃花女,北极驱邪院总管曹大人,筏坛施总管,以及金真人、赤花女、赤灵黑等神圣。①

(4)南投松柏岭受天宫

受天宫建在台湾南投县名间乡松山村名松路219号,位于八卦山脉南端、海拔400米的丘陵高台上。缘于明末清初随郑成功来台开垦种植的先民们,其中有福建李、谢、刘姓诸人,携真武香火来台,以佑旅途平安,定居松柏坑大坑底(今受天宫右边坑底)。据称因真武灵验,于清道光二十六年(1846)创一小祠奉祀真武,名称"受天宫",后屡经修葺与扩建。

受天宫坐北朝南,庙基占地400平方米,主体建筑三层:一楼奉祀真武大帝及其部将红、黑面将军,二楼奉祀蒋求仁先生禄位,三楼奉祀玉皇大帝,此外还奉祀中坛元帅、将军爷、福德正神、蛇圣公、龟圣公等。左殿前一排设有五门,正门额上书"受天宫"三字。

---

① 福建省民族与宗教事务厅:《福建民间信仰活动场所集萃》,闽2010年内书第18号,第15页。

受天宫在1999年的大地震后修建中遭火灾,许多百年神像及珍贵文物付之一炬,所幸主神像及时抢救得以保存。重建后的受天宫包括山川殿、留天井、正殿、拜殿,均为仿古建筑。一楼挑高的设计风格,寺庙屋瓦为黑灰色。室内有石雕、彩绘,雕刻精细的龙柱是山西黑石雕成,地板采用一寸半厚黑胆石。此外,五对大门均以台湾桧木打造,门神分别请来名师彩绘,古色古香,珍贵且具有文化价值。

受天宫的元宵庆典米糕桃祈福活动已开展10多年,为台湾知名的民俗活动之一。同时举办"挑米糕",米糕桃的重量可达一万台斤,供信众吃平安。据称寺内的签很灵,还有提供护身符,供善男信女保平安用。①

(5)南投准天宫

南投准天宫,最初为福建省漳州府海澄县移民来台,随身携带玄天上帝牌位,建于清乾隆初年。据传海澄林氏于明朝中期由河南西河郡迁出,途经湖北至武当山恭迎玄天上帝,南迁至福建省漳州府海澄县。因而准天宫的香火来自武当山。

准天宫玄天上帝原于南投牛运堀(良德公墓左侧)民居中,后于现址盖三合院,取宫名"受和宫"。日本统治时,多数神像被毁。受和宫玄天上帝金尊藏于后山弟子吴伴家中,避过皇民化一劫。

受和宫玄天上帝原供奉于林氏厅堂,1977年决定建成宫庙,并将受和宫更名为准天宫。重建后的准天宫为三厅建筑,分别供奉玄天上帝、观音佛祖、保生大帝、三差官(值岁星君)及土地公,建筑分成三川殿及正殿。

与其他宫庙不同的是,准天宫山门两旁不是狮子,而是如佛寺的原色双象,仪表纯真,象鼻朝上,意向各信众打招呼,双象于是成为准天宫的象征。

台湾一般的玄天上帝宫庙均往松柏岭受天宫进香,然而,由于准天宫香火来自武当山,在未开放前往大陆探亲时,均就地迭架三层桌,遥向大陆武当山进香。在开放大陆探亲后,于1992年始,常往武当山谒祖进香。

准天宫的中元普渡,订于农历七月十三日,一般于七月十二日晚上十一时开始举行仪式。普渡仪式庆典,现每年有100多桌的规模,形成准天宫每年一项重要庆典活动。②

(6)嘉义受镇宫

受镇宫在台湾省嘉义县阿里山乡香林村68号。宫址海拔2200米,位于

---

① 南投松柏岭受天宫:http://www.ttvs.cy.edu.tw/。
② 南投市准天宫:http://www.tw-woodworking.com.tw/tct/。

名闻遐迩的阿里山森林游乐区内,是全台海拔最高的庙宇。

民国初年,真武大帝原在民家奉祀。据《台湾寺观大观》记载:民国35年(1946)建庙,命名受森宫,1955年改名受镇宫,1959、1985、1993等年份屡有修缮增建。前殿为三檐五门歇山式建筑,雄浑壮丽。正面三龛,分别祀真武大帝、注生娘娘、福德正神。三龛壁雕镂图案,气宇轩昂脱俗;后壁镌刻"双龙抢珠"、"麒麟献瑞"及"飞鹤呈祥",明晰光润,独树一格。受镇宫是园区内规模最大的寺庙,亦是当地人的信仰中心。当初日本为了掠夺阿里山的资源而修铁路,恶劣的环境使修路工生死由天。后有人随身带有大陆祖地玄天上帝护身符,工人们把神符奉于工寮,竟得平安且化险为夷。1936年当地村民参与塑了神像,之后宫庙在此基础建成。

受镇宫位于北回归线侧数十公里的山区内,加上终年云雾笼罩,伴有光武桧、千岁桧,树龄2000多年,为阿里山神木之接班者。二树枝叶扶疏,高大雄伟。所在地区生产的茶叶丰润浑厚,茶韵甘美,香气十足。受镇宫四季风景秀美,八节风光迷人,全年香客游人纷至沓来,香火旺盛。①

(7)台南真武殿

真武殿在台湾省台南县新营市延平路112号,位于新营市延平路与台糖五分车铁轨交叉路口。据《台湾寺庙大观》记载,真武殿创建于清代咸丰五年(1855),据称那时在庙址前有一水潭,周围满是碧草。有个牧童塑了玄天上帝的泥像膜拜,而后泥像却也具有广大法力,因而受到民众敬奉。于是地方望族捐资建庙,祀奉北极玄天上帝,并请名匠塑神像供民众祈福祷祥,尔后又多次维修,香火盛极一时。

真武殿占地面积六百多平方米,采大陆南方传统宫殿建筑风格;大殿左右各有三层六角型宝塔式钟鼓楼一座,庙庭左侧建玄光亭一座。大殿供奉玄天上帝,并奉祀南斗星君、北斗星君、福德正神、注生娘娘与康赵二元帅。殿内高挂"天柱飞光"古匾一面。

日治时期官方严禁,信众将神像移放民宅祀奉。光复后香火更盛,蒸蒸日上。本地又称真武殿为上帝爷庙,是市民的精神寄托和信仰中心。农历三月三日为玄天上帝圣诞,庆典十分热闹。②

---

① 嘉义受镇宫编:《嘉义受镇宫简介》。
② 台南县本土教学资源网:http://www.tnc.edu.tw。

三、闽台龙王崇拜

1. 龙王崇拜的由来

龙的出现,在中华民族是很早的事情了。考古人员在河南濮阳发现最早的龙造型距今已有6000多年,之后在中华大地,各种龙的形象多处发现。说明我国远古时的中原,已有较成熟的天文知识,这时的龙已具有天神的性质①。

龙的形象是农业民族的发明,反映了中华民族祖先对生物、天文以及气象等自然现象及其对社会影响的认识。《史记·五帝本纪》引《集解》说:炎帝"神龙牛首",古代的许多资料称龙是牛头,身段则来自蛇。福建古籍《闽杂记》记载,道光丙申年,厦门人于五通渡口旁创建龙神庙。落成之日,忽然下大雷雨,天昏地黑,听到如牛喘气的声音,腥秽气味非常浓。人们看见一大牛头塞满门,两目炯炯,好一会儿霹雳一震,牛头不见了。但见云气如黑烟滚滚,自渡口到庙前雾气翻腾。龙显出真像,这按所见形象雕塑,自此后祷雨很灵验。②

朝廷对龙的祭祀,最早见于唐玄宗开元二年的"诏祠龙池"。唐朝流行五龙之祭。宋代沿续了唐代的做法。徽宗还给五龙封了王爵,从此有了"龙王"的称号。元朝也封龙为公侯。明代同样对龙王加官晋爵。万历时还特派张天师赴黑龙潭祈雨,封金山黑龙潭龙神为"护国济民神应龙王"。清代黑龙潭龙神地位更为尊贵,庙宇赐御制碑文,整座建筑呈帝王高贵气质。玉泉"实为天下第一",所以玉泉山龙神很受荣宠。运河蛟龙山龙神封为"涵元昭泰镇海龙王之神"。③

福建的龙王崇拜应是唐宋以后从中原传入的,到明清时期又由福建移民传入台湾。《闽书抄》记载泉州在唐代的乾符年间,城东的东湖有白龙出没湖中,就建成了福远庙拜龙神。道光《晋江县志》记录了晋江市东南部狭长的龙湖,造型似龙,于元代至顺二年(1331)建成了龙王庙和龙湖亭,祈求

---

① 张岂之:《中国传统文化》,高等教育出版社1994年版,第40页。
② 施鸿保:《闽杂记》卷十二,龙示真像。来新夏校点:《闽小纪 闽杂记》,福建人民出版社1985年版,第180页。
③ 《皇朝文献通考》卷一〇五,《影印文渊阁四库全书》第634册,台北商务印书馆1986年版,第351~351页。

旱涝平安。①

晋江围头龙宫位于围头村东南海滨,始建于明初,崇祀龙王,尊为围头村挡境。每年开春出海之前,必先聚集龙宫,设宴祭祀,祈求风调雨顺,海运亨通。②

晋江市龙湖镇玉湖村龙宫,有立于同治元年(1862)的《重修龙王庙记》碑,记载重修龙王庙捐资的台湾鹿港、笨港行郊11家,深沪、龙湖、东石商号、船号百余家。其中有晋江杭柄乡鳌泉号和台郡鳌泉号,这就是晋台两地对口商号。

南普陀寺的清乾隆二十九年(1764)《南普陀西偏建龙王神庙碑记》记载,因连年旱灾,官吏于海边祭龙神,灵验异常。因此在南普陀西侧,建龙王神庙内外三座。福建及台湾含凤山县、诸罗县、彰化县和台湾、厦门的商民捐了银款。

台湾的地理风水学,继承了大陆以阴阳五行说为基本,在地址的选定上以虎穴、狮穴、象穴、卧牛穴、龙穴等类似动物的形象为地点。其中龙穴为最佳选择。在建筑和各种兴作中,禁止伤及龙穴或龙脉。所以,风水上的龙脉是非常被尊崇的。不仅如此,龙神也直接做为主神祭祀,有专祀龙神的庙。大年初六是东海龙王的祭期,东海龙王是台湾航海者主要的守护神之一,淡水、大甲、彰化、台南、凤山、恒春、澎湖等地过去都有四海龙王的寺庙。

2. 闽台龙王庙择要

(1)晋江龙湖龙王庙

龙湖位于晋江市东南部龙湖镇境内。龙湖湖面狭长,南端湖面露出两座圆形礁石,形似龙目,中部湖面稍弯,如龙身屈曲,北部湖面港汊纵横似龙尾,状若游龙而名龙湖。龙湖水面面积1.62平方公里,集雨面积约6平方公里,蓄水量405万立方米,湖底高程一般为13米,岸高16米至16.5米。湖畔有建于元至顺二年(1331)的龙王庙、龙湖亭。《龙湖祷雨颂德碑记》载:"桐城之南六十里,有泽曰'龙湖',古致雨处是也。旁建庙祀神,遇旱潦,里中人祷此辄应。"③同治元年(1862)立的碑文,记载重修龙王庙捐资的台湾商号。康熙四十五年(1706)《重修龙王庙记》碑在晋江市龙湖镇玉湖村龙宫前,嵌于右壁。

---

① 道光《晋江县志》卷六十九《寺观志》。
② 吴秋滨主编:《围头村志》,围头村志编纂委员会2005年印行,第78页。
③ 施世骠:《龙湖祷雨颂德碑记》,载道光《晋江县志》卷八。

晋江龙湖龙王庙

（2）泉州龙宫庙

龙宫庙位于泉州城内三教铺，今九一路东段南侧龙宫巷，始建年代无考。原供奉龙王，于清末改祀城隍。由于"求雨屡验，为民御灾疗病，普沾其泽，功德在民"，于清光绪十八年（1892）敕加"昭威"封号。20世纪60年代扩建九一路，被拆毁殆尽，1992年在原址一角落搭盖一小间延续香火。

（3）台南龙神庙

台南的龙神庙在宁南坊。康熙五十五年巡道梁文科建。乾隆三十年知府蒋允君修，有碑记。这座庙是台湾最古老的龙神庙。庙中康熙五十五年的《始建龙神庙记》记载：梁科文因"雨泽偶愆"，在东安坊的一处旧建筑改建为龙王庙。大殿深三丈八尺，广三丈二尺，主祀龙王，配祀风伯雨师。殿外还建了一丈八尺宽的亭子。庙建成后，"风调雨顺，民人安乐"。

（4）台南安济宫

台南的员林郡员林街员林二四七有安济宫，建于嘉庆六年。主神是青龙爷，配祀青龙爷夫人、城隍爷、伽蓝爷、水仙王、文武判官等。

庙中记载建庙原因是员林一带大旱，居民全体沐浴三日迎接龙神，天降大雨，因而建庙。神像由福建漳州人迎接来，建庙费用也是漳州人献出。建庙后，人们觉得粮食增收了，于是信众增多。

第六节　闽台水仙尊王崇拜

一、水仙尊王崇拜的由来

闽台水神众多,除了妈祖、玄天上帝、二郎神、注生娘娘之外,水仙尊王也有广泛的信众。水仙尊王又称"水仙王",不是专指某一神明,而是一群水神的总称。被认为水仙神的很多,不过福建与台湾较多的是信仰大禹、伍员(伍子胥)、屈原、王勃、李白这五位;或认为主祀夏禹,配祀伍子胥、屈原、王勃、李白等4位。所谓"水仙",均为死于水害的历代名臣文士。人们把他们的亡灵神化为航海者或海滨河畔居民的守护神。水仙尊王还被赋予了防避水旱灾害的职能,素为闽台水边民众、渔民、贸易商人等虔诚信奉。我们课题组在田野调查中发现,在漳州有20多座水仙尊王庙,全部集中在沿海和平原,山区一座也没有,这应当是与漳州山区水旱影响不大有关,因漳州山区的年降雨都在1600毫米以上,并不缺水。而且原来漳州的植被很好,村子都选择在地理不错、地势较高的地方,洪水侵害较平原小,客观上水仙尊王保旱涝的功能,在山区用场不大。

端午节时,人们一定要拜水仙尊王的。一般以为水仙尊王是屈原,实际上并不一定。然而民间不在乎村子里的水仙是否是屈原,村民照样包粽子,照样划龙舟。民众认为,端午划龙舟,水仙尊王会镇邪,保佑旱涝保收。

漳州龙文九龙江边的水仙庙端午划水仙

航海业的水仙崇拜很有市场。船舶在航行中遇到不测,通常是求水仙或妈祖保佑。祈求水仙的俗称"划水仙"。船舶在航行中遇到风险,船员和乘客都要众口一齐作锣鼓之声,各人手里拿着一支筷子,好像比赛龙舟般,虚作划船的样子,就得脱险平安靠岸。所谓"划水仙",就是求救于水仙王。

因此,过去的船员或郊商(进出口商)都很信奉水仙王,并在港口建立庙宇,奉祀水仙王。泉州市有平水庙、水门巷水仙宫。厦门鹭江道水仙宫,虽已不存,但水仙码头即因水仙宫而得名。台湾约有20来座水仙尊王庙,基本分布在台南、屏东、台中、嘉义、澎湖一带。台北本有水仙王庙,在日本殖民统治时被拆掉了。从分布看,台湾的水仙王庙都在靠近台湾海峡、台湾最早的开发地区。开发早期,环境恶劣,水仙尊王的崇拜就非常必要。每年农历十月十日水仙王诞辰,都要举行盛大的祭典,五月初五都要划龙舟,祈求平安。

二、闽台水仙尊王宫庙择要

1. 漳州芗城顶田霞禹王庙

福建专祀大禹的庙宇现已不多见。漳州芗城顶田霞禹王庙坐东朝西,硬山顶,分前后殿,前殿30平方米,后殿19平方米,殿前有拜亭,殿后有小院。庙宇前面筑有宽长的屋檐,出檐配有4.5米宽的石水槽,呈现明末清初建筑风格。庙前石柱上镌楹联:"广土奏平成功同覆载,霞山神保佑泽遍苍黎。"

禹王庙前殿供奉大禹。禹王庙前拜亭是古时通广桥遗址,与九龙江西溪相连,通广桥因此而得名。星移斗转,沧桑巨变,城内水道多已淤塞。禹王庙始建无考,嵌在后殿南墙内的清嘉庆二十三年(1818)《重修禹王庙碑记》,说明禹王庙古已有之。据并排镶嵌的清乾隆十七年(1752)《重修田霞通广巷桥路碑记》和庙前的明嘉靖三十年(1551)《重修桥路碑记》推测,通广桥始建年代当在明代之前。

通广桥的桥亭成为禹王庙的拜亭,通广桥的五条大石板被埋在拜亭之下。古时顶田霞、通广桥、州主庙(在新华东路西段)一带有许多药材行,据禹王庙南侧百米处的顶田霞正顺庙的碑记,当时捐资修庙的药材行有40多家。药材行所需的南药、其他商号所需的洋货多由广东转运,广东转运来的洋货再通过九龙江西溪连接漳州城内的水道运到通广桥下。

大禹的诞辰是农历十月十日,届时信众都要进行隆重的纪念活动。[①]

[①] 连心豪、郑志明:《福建民间信仰》,福建人民出版社2008年版,第140页。

2. 马洲水仙尊王庙

马洲水仙尊王庙位于漳州龙海颜厝马洲村的九龙江畔,始建于明代。该庙于 1960 年修建九龙江防洪大堤时拆毁,1989 年重建,主殿面积 71 平方米,主祀水仙尊王与龙树王。

该庙本主祀民间佛教神灵龙树王,水仙尊王金身原于村民各家轮流供奉,端午节划龙舟时才供在江边的龙树王庙中,划完龙舟依旧供于民宅。重建龙树王庙时,人们就把水仙尊王金身常年供奉庙里,将此庙视为水仙尊王庙。

由于马洲村地处九龙江的南岸,漳州九龙江中下游平原的腹地,河堤修建前水网密布,村落为河港环绕,出门以舟楫为主要交通工具,饱受水患侵扰。外部环境使水神崇拜在村民中有深厚的基础。马洲村的水仙尊王在九龙江下游一带有广泛的影响。民间传说当地的明朝尚书潘荣,儿时溺水江中,被水仙尊王救出,皇帝因此赐予该村黑地白月旗。每年下游划龙舟时,马洲村的黑地白月旗必先巡游江面,驱逐邪气,然后龙舟竞赛才能开始。马洲村的龙舟队也常被各村请去,增加端午节人气。

端午节是马洲村祭拜水仙尊王的日子,周边的几个乡镇许多村民都前来上香,并且参加龙舟竞赛。如:颜厝镇、步文镇、蓝田镇、角美镇、榜山镇、紫泥镇等数十个村庄的龙舟队。马洲村地近九龙江出海口,浩瀚的江面,龙舟竞渡,旌旗飞舞。锣鼓声、鞭炮声、划舟声溢成沸腾的海洋。当地带有一定习俗传承的水仙尊王崇拜,已成日常文化生活的一部分。随着人们生活水平的提高,这乡土气息的盛会越来越引人注目。①

3. 台南水仙宫

台南水仙宫创建于康熙四十二年(1703),连横《台湾通史》载:"水仙宫,在西定坊,面海。康熙五十四年漳泉商郊合建,祀五神,莫详姓氏。或以为大禹、伍员、屈平,而二人为项籍、鲁班,或易以王勃、李白……为郊商集议之所,历年积款甚多,置产生息,故其壮丽冠于他庙。"②由于庙址位于当时府治的西定坊港口,为南势港口尾端,是府城水陆交通必经之地。康熙五十七年(1718)、乾隆二十七年(1762),北郊绅商集资重修,并在此设郊商办事处,水仙宫成为当时府城的商业中心,香火非常旺盛。

民国三十年(1941),日本人将庙宇中、后二殿拆除。光复后,信众重建成如今规模。目前,水仙宫是一座单殿单进的建筑形式,坐东朝西,开三门。

---

① 此田野调查结果取得,受漳州市电业局庄水泉的帮助。
② 连横:《台湾通史》,商务印书馆 1996 年版,第 414 页。

由于大禹为开国君王,所以大门上不绘门神而改用门钉,桥下还留存着早年建筑的石料,古意悠然。

台南老庙

庙内壁间的石碑有三块:乾隆三十年(1765)台湾府知府蒋允焄立石的水仙宫清界勒石记;嘉庆元年四月发水仙宫张挂晓谕的碑记;民国六年庙董立石的重修水仙宫碑记。门前一对抱鼓石、基座及石础的技艺出众,木刻神像雕工精美,被列为台湾三级古迹。[①]

---

① 台湾寺庙志编撰委员会:《台湾寺庙志》,清流出版社1986年版,第313~315页。

第三章
闽台开基始祖崇拜调查

历史上闽台地区经历过无数次移民,在筚路蓝缕、以启山林地开拓生存空间,和刀光剑影、血雨腥风的族群拼杀斗争过程中,产生过许多杰出的领袖人物,受到民众的崇敬和爱戴。他们死后往往被尊奉为家族或地方的保护神,被称作"开基始祖"。闽台地区的开基始祖有的是一个家族的,有的是一个乡镇或县治的,还有的是在广大区域的。他们一般在历史上产生过显著影响的领袖人物。其中直至今天还受到闽台民众崇拜和祭祀的开基始祖有开闽始祖、开漳圣王、开闽圣王和开台圣王。

第一节 开闽始祖(闽越王无诸)崇拜

一、闽越王无诸简介

福建本属"七闽"之地,这里祖先的土著民族是"闽族"。无诸是越王勾践的后裔。战国中期,在楚国的进攻下,越国解体,其中有一支进入福建,同土著的"闽族"人结合形成"闽越族",也称"闽越人"。入闽第七代为无诸。无诸带领闽越兵跟随诸侯攻秦,并在楚汉战争爆发时,帮助刘邦击败项羽。《史记·东越列传》载:汉高祖五年(公元前202),刘邦称帝,定都洛阳后,"复立无诸为闽越王,王闽中故地,都东冶(今福州)"。

无诸在今福州市区北部冶山一带建造都城,名"冶城"。冶城是福州历史上第一座城池。元《文献通考》、清《读史方舆纪要》都称:"闽越王无诸开闽都冶,依山置垒,据将军山、欧冶池以为胜。"无诸为开创闽越国做出了贡献,受到闽人的景仰。福州屏山因无诸在此建城而称"越王山"。相传福州王墓山(在今鼓屏路城隍庙西)也因闽越王墓葬于此而得名。南台山茶亭祖庙,原名闽越王祖庙,相传庙祀无诸王。宋林世程《闽中记》载:"昔汉遣使封闽越王,授册命于此。其后即此立庙。"因山上建闽越王庙,后人将此山改名为大庙山,相沿至今。①

二、福建闽越王无诸宫庙调查

1. 闽侯县荆溪永丰闽越王庙

永丰闽越王庙,始建于南宋理宗年间(1225—1264),总占地面积2500多平方米。历经修建,现有结构基本保留着清代建筑风格,有戏台、钟楼、拜亭、正殿等。正殿面阔三间,主祀闽越王,左、右两侧分别奉祀临水陈太后、南宋理学家朱熹。青石神龛上浮雕有云龙喷水等图案,雕刻精致。钟鼓楼飞檐翘角,古朴典雅。戏台藻井全木结构,工艺精湛。闽越王庙中一大一小两个木构藻井,最小的一个也有三米多宽,年代久远。庙中的壁画也很有价值,特别是悬钟镂雕人物故事组刻,造型生动,栩栩如生。

2. 闽侯仙洋闽越王庙

仙洋闽越王庙位于闽侯县洋里乡仙洋村南。庙为清代建筑,坐北朝南,中轴线自南至北排列有戏台、酒楼、正殿和阁楼等建筑。戏台单檐歇山顶,抬梁木构架,外为土筑风火墙;酒楼外向建有出挑悬式木走廊;正殿面阔三间,进深二间,抬梁穿斗式木构架,单檐歇山顶;阁楼两层木结构,重檐歇山顶。酒楼、正殿、阁楼外向下半部为土筑墙壁,上部为木板壁,正殿上方悬有"闽越王庙"匾额。戏台两厢灰壁上墨书有自清同治十三年(1874)至民国31年(1942)约70年间在庙内演戏的时间、班名、剧目等文字记录19条。庙保存较好。②

祭祀闽越王的宫庙数量很少,据我们的调研,目前仅见上述两座,而且都在闽侯县。台湾有没有,尚未找到。

---

① 黄启权:《无诸·冶城·闽越王庙》,http://mag.fznews.com.cn/html/hwb/20091213/hwb154941.html。

② 百度百科:http://baike.baidu.com/view/。

第二节　闽台开漳圣王崇拜

一、开漳圣王简介

陈元光,字廷炬,号龙湖,生于唐显庆二年(657),河南固始人(或称粤东人、福建人)。陈元光文武双全,14岁时随祖母魏氏和伯父陈敏、陈敷率58姓军校入闽,与先前到福建平定"蛮獠啸乱"的父亲陈政会合。唐仪凤二年(677)陈政逝世,陈元光袭父职,于垂拱二年(686)获准设立漳州,为首任漳州刺史,为漳州与福建的开发立下不朽功勋。

开漳圣王陈元光神像

景云二年（711），陈元光战殁，"百姓闻之，如丧考妣，相与制服哭之，画像祀之。追思之甚，将遗体捏塑（一说埋葬）于绥安溪之大峙原"。是为民间奉祀陈元光之始。入宋，陈元光逐渐被神化，奉为安邦护境州主之神。陈圣王崇拜不只在漳州，在厦、泉、闽西、粤东等地都有分布。随着福建人的迁居海外，圣王崇拜为海外华人的重要神明。

云霄县陈元光墓

历代对陈元光屡有敕封：唐代封"颍川侯"，宋代赠"辅国将军"、"灵著顺应昭烈广济王"，明初封"威惠开漳圣王"，俗称"王公"。宋宣和二年（1120），各州县将军庙均赐额"威惠"。明代，随着人口的繁衍，村社扩增，社会治安不好，匪寇时发，百姓希望安邦护土神灵保佑，于是各村社相继建起了祠庙。

二、开漳圣王庙宇的数量与分布

开漳圣王庙宇的分布，反映了陈元光在福建与粤东经营的足迹，一定程度表明了漳籍移民的步履所至。陈圣王庙宇多而杂，历来没有一个准确数字。近年来通过多方面的努力，漳州统计有224座，泉州、厦门、龙岩、粤东、浙江、海南也有所分布，约数十座庙宇；台湾有300多座，东南亚及海外有30多座。①

20世纪80年代以来，福建历史悠久的威惠庙香火依旧兴旺，尤其是一

---

① 林少敏：《关于"开漳圣王"文化品牌建设的思路》，《开漳圣王文化国际学术研讨会论文汇编》，2010年，第5页。

些经济发达地区的威惠庙发展势头非常迅猛。如漳州的檀林威惠庙、官园威惠庙和厦门的圆海宫,在民间与两岸交流方面异常活跃,这与它们地处经济较为发达地区有关。

1. 云霄威惠庙

清嘉庆《云霄厅志》载:"威惠庙,祀将军陈元光,唐嗣圣间建。现庙在镇城西门外,明成化间里人吴永绥建。"崇祯、道光、光绪年间曾修建。官方按节俗在此庙祭祀开漳圣王。云霄云陵镇(西门)的威惠庙是保存至今的年代最早、结构最完整的开漳圣王宫庙,被奉为"开漳祖庙"。

云霄威惠庙

开漳祖庙占地2000平方米,建筑面积800平方米,坐北向南,抬梁穿斗式悬山顶木石结构,二进一院。庙里正中前排祀奉陈政,后排祀奉开漳圣王夫妇,塑像栩栩如生。两侧分别祀奉着开漳圣王祖母魏妈、子陈珦、女陈怀金、副将许天正、李伯瑶、马仁等。其中大厅石柱上有一对引人注目的烫金石刻对联:"漳水云山开万世衣冠文物,馨香俎豆报千秋伟业丰功。"概括了开漳圣王当年在云霄开疆辟土建置漳州府的伟绩。大门的两侧凿刻着"辟草披荆历尽关津劳剑履,建邦启土肇基文物在云霄"。

云霄民众与漳州所属的其他县区纪念开漳圣王有所不同,即在每年农历九月十五、二月十六,陈政、陈元光父子生日时,人们准备祭品,用糯米粉做的大龟(有的重达数百斤)到庙里祭祀,并在开漳圣王塑像前抽签许愿,祀求合家平安、生意兴隆。如抽到吉签得到大龟,来年将准备一只更大的糯米龟还愿,同时出资在庙前搭台演戏。每逢农历正月十五,该庙就隆重抬着王爷、圣王出巡到本县县城各条街巷,每到一处,民众即备祭品顶礼膜拜,瞻仰其容。云霄民众俗称为走王,至今有1000多年的历史。①

2. 漳浦绥安威惠庙

唐开元四年(716),漳州州治从漳江北岸移设于李澳川(今漳浦县城),朝廷追封陈元光为颍川侯,诏立庙,这是漳州府首座官建的陈元光将军庙。庙前立"盛德世祀"牌坊,便是延续至今的漳浦威惠庙。

漳浦绥安威惠庙

漳浦威惠庙位于县城西郊,俗称西庙。庙主祀开漳圣王陈元光(俗称王公),配祀部将许天正、马仁、卢如金、李伯瑶、沈世纪等;后宫祀陈元光夫人种氏(俗称王妈);右宫祀陈元光次女陈怀玉(怀玉从征有功,未嫁而卒,宋绍兴年间追赠"柔懿夫人",俗称"柔懿妈")。后来后宫及右宫坍圮,王妈、柔懿妈移祀在王公座右和座前。

西庙经过历代多次修建,据康熙《漳浦县志》记载,当时县官于每年春秋仲月各一次备办牛、羊、猪各一及笾豆之类,到西庙致祭,祭文"惟公开创漳邦,功在有唐。州民允赖,庙食无疆"。民众则随时前往上香朝拜。②

---

① 郑镛、涂志伟:《漳州民间信仰》,海风出版社2005年版,第112页。
② 《漳州文史资料》第27辑,第158~162页。

3. 漳州官园威惠庙

官园大庙据称建于宋建炎四年(1130),清嘉庆六年(1801)、光绪十五年(1889)及1992年多次重修。现留有嘉庆六年(1801)、光绪十五年(1889)重修碑记各一方;石门墩、镂空雕花石门窗各一对;石香炉一具。该庙为省文物保护单位,是漳州地区奉祀陈圣王公一家最齐全的寺庙。

漳州官园威惠庙

官园威惠庙位于漳州芗城区东大门。过去此地多开金铺,素有"东门金"的说法,人文荟萃,内涵深厚。近年来,官园威惠庙先后接待过新加坡保赤宫,马来西亚陈氏总会、陈氏书院,印尼棉兰颖川堂宗亲会,台湾草湖玉尊宫管委会以及台湾的高雄、台北、宜兰、桃园等处的陈氏宗亲进香团队。

2006年4月应台湾净明道教会邀请,官园威惠庙两尊魏太妈金身离漳,一尊定居于高雄慈安宫(资金费用由官园威惠庙提供),另一尊巡境台湾、金门56天。

2006年6月25日,值漳州开漳圣王文化联谊会成立之际,近百名海外侨胞、台湾同胞到官园威惠庙,祭拜陈圣王家族神像。

4. 厦门美仁后社"圆海宫"

据传说,厦门美仁后社"圆海宫"建于明朝末年(1600),因洪水漂来开漳圣王金身而建成的。据说400多年前农历四月初八,漳州连下了三天三夜大雨,九龙江水暴涨淹没了新桥威惠庙,漂走了圣王雕像。当时雕像位于海岸边的圆海港,其他非陈姓的民众一直打捞不起,美仁宫后社陈姓族人一抬就上岸了,因而建起"圆海宫"来供奉。圆海宫落成后,村落兴旺,村民出海打渔有好的收获;在两岸对峙时,讨海都可保平安。许多要去台湾的人,都到宫里祈求平安。陈圣王本为福建陆地神明,由此而成为渔民和两岸的保护神。

后来得知神像来自漳州,因此每年漳州的陈元光庆典,圆海宫都会隆重组团到漳州进香。圆海宫重视文化积淀,现为厦门市陈元光学术研究会所在地。

现在圆海宫一带已经成为陆地,周边街道繁华,高楼林立。圆海宫跟海岸无缘了,但它却见证了这一带的沧桑变化。

5. 桃园县大溪仁和宫

仁和宫位于台湾桃园县大溪镇。据史料载,清康熙四十八年(1709)间,有福建漳州籍兄弟二人带着开漳圣王神像从福建渡海来到台湾北部,择地于此开基建庙,系桃园地区最早的开漳圣王庙。此庙初为茅屋,后来开垦者增加,参拜者增多,庙宇不断修建,便称成"开基祖漳圣王庙"。庙内供奉一尊长达330余年历史的开漳圣王神像,该神像是台湾北部最早供公众参拜之神明。该庙不仅是大溪镇民众信仰的中心,台湾各地所供奉的开漳圣王庙宇,也大多是由仁和宫所分香建庙的,如闻名全台的桃园市大庙——景福宫,其开漳圣王神像便是从仁和宫分香出来的。

6. 台北碧山岩开漳圣王庙

碧山岩开漳圣王庙位于台北内湖碧山岩之尖峰,又称为尖顶碧山岩,奉祀开漳圣王陈元光及其部下李伯瑶、马仁两位将军,香火鼎盛,源自漳州威惠庙,是台湾最大的圣王公祖庙。据传明末清初,某黄姓漳人随郑成功入台

台北碧山岩开漳圣王庙

后,将随身佩带的开漳圣王及辅胜公李伯瑶、辅顺公马仁香火悬挂于碧山尖顶石洞中膜拜。乾隆年间,又由附近黄、郭、林、简、郑等五姓漳人共同发起建石屋小庙而祀,至今已有250余年。清嘉庆六年(1801),因香客日增,故在原址小庙前另建起现在规模的台北碧山岩。据称有求皆验,福庇万民,泽被四方,故各地信众纷纷前来祈求分灵,至今计有数百尊,甚至远渡海外。

7. 宜兰县永镇庙

永镇庙位于宜兰县壮围乡滨海公路旁永镇村永镇路56号。相传始建于清乾隆九年(1744),是宜兰县年代最为久远并且最具代表性的开漳圣王庙。当初漳州府的陈元光后裔陈镇民、陈福老等人渡台拓土,垦耕立业后,为求不忘源流,随迎祖籍地松州堡高陂山威惠庙的开漳圣王分灵金身,以作护安之祖神,祈请圣王护镇乡梓,永保平安,故定庙名为"永镇庙",地亦称为"永镇村"。该庙正殿祀主神开漳圣王,从祀辅顺将军、辅信将军、别驾将军和护驾将军;左殿供奉五谷先帝、黄帝、三官大帝;右殿供奉福德正神;前案为玉皇大帝、文昌帝君和开漳太子等神明。在全台设有数达30多处的分堂庙,均香火鼎盛,浴恩之信徒遍布全台。

8. 高雄县凤山市开漳圣王庙

凤山市开漳圣王庙位于高雄县凤山市忠义街132号,与凤山县城内的龙山寺、双慈亭、城隍庙并列为市区四大古庙。相传清嘉庆六年(1801)由漳州

高雄县凤山市开漳圣王庙

籍移民张元音募建。据传,最先大陆漳籍移民来台,集居于凤山县城西郊龙仔地段,俗名竹巷口。陈姓漳籍移民带来先祖开漳圣王香火,于此立庙供奉朝拜。据说,庙圣王威灵显赫,故四方来朝,香火鼎盛,逐渐成为当地最重要的信仰中心。庙除主祀开漳圣王外,还奉祀福德正神、注生娘娘、太岁星君、马仁将军、李伯瑶将军等神明金身。

9. 台北市芝山岩惠济宫

惠济宫位于台北市士林区芝山岩,相传始建于乾隆十七年(1752)。清初,福建漳州移民来此定居,见此山小丘屹立,葱茏独秀,状若祖地漳州的芝山,故名之。据传,平和县人黄澄清渡海迁台至此,将从祖地云霄威惠庙带来的圣王公香火挂于此山树上,后人屡求皆灵验,为感念开漳圣王护国庇民的恩泽,乃由地主黄某献地建庙。现该庙同时供奉三教主神,前殿主祀开漳圣王,后殿为阁楼式,楼下祀观音佛祖,楼上祀文昌帝君,彰显儒释道三教合一。"儒释道同垂教化",乃该庙一大特色,令世人称道。①

台北市芝山岩惠济宫

---

① 胡迟:《台湾的开漳圣王庙》,《台声》2008(4~5):第63~73页。

第三节　闽台开闽圣王崇拜

一、开闽圣王王审知简介

唐末五代时期,中原战乱频仍,寿州(在今安徽)崛起一支以王绪为首的农民起义军。起义军占领寿、光二州,家住光州固始县的王家三兄弟(即潮、审邽、审知)前往投军。唐光启二年(886),王潮率二州兵民5000多人随王绪入闽,先后攻陷汀州、漳州。王绪因兵变被部属推翻,众推王潮为义军领袖。乾宁二年(895),王审知攻陷福州,闽疆尽归王氏兄弟。王潮被唐昭宗封为"行王",卒后,由王审知继任。五代后梁开平四年(910),王审知被封为"闽王"。

开闽圣王王审知像

王潮、王审知执政治闽,采取选用良吏、省刑惜费、轻徭薄敛、辟港通商、劝农耕息等政策和措施,福建出现"时和年丰,家给人足",民生安康的升平景象,这就是王审知治闽的政绩,被誉为"开闽第一"。宋太祖赵匡胤御赐"八闽人祖"匾额褒其文治武功。闽王裔孙也以"开闽第一"为堂号,并以黄、红、黑3种颜色,书写灯上作为区分审潮、审邽、审知支派的标志。

泉州、福州、漳州、同安、莆田等地至今仍保存了许多"开闽三王"珍贵的历史遗产。特别是泉州留存的史迹更多,如保留了福建省最为古老和完整的唐王陵王潮、王审邽墓,泉州的开元寺、承天寺、三王祠、古钱币制造遗址、聚宝街等都有"三王"当年留下史迹的地方。

二、闽台开闽圣王宫庙择要

1. 福州闽王祠

福州闽王祠,即忠懿闽王祠、闽王庙,是位于中国福建省福州市庆城路的一座祠堂,主祀五代闽国国王王审知。闽王祠址本是王审知故居,后晋开运三年(946)改为庙,宋开宝七年(974)吴越刺史钱昱奉钱俶命重修府第为忠懿闽王庙,祀王审知。宋开宝九年(976)重修,元代庙毁。明万历二十九年(1601)奉旨重建,改称闽王祠。现建筑为明代所建,清末及民国初重修,

福州闽王祠

1981年修复后对外开放,为福州市级文物保护单位。祠堂内有晚唐至明代的碑刻,为福建省级文物保护单位。闽王祠内有从唐代到明代的历代碑刻,这些碑刻具有非常重要的历史价值,1961年被列入福建省第一批省级文物保护单位。闽王祠前庭的"恩赐琅琊郡王德政碑"为唐天祐三年(906)唐哀帝李柷所敕刻。碑高4.9米,宽1.87米,厚0.29米,材料为黑色页岩,底为花岗岩覆莲基座,是闽王祠内最古老的一座石碑,郭柏苍称之为"天下四大碑之一"。碑文意在记录王审知家世及其治闽功绩。祠前东西侧曾有牌楼式跨街宫墙(俗称东西辕门),祠为红墙青瓦,坐北朝南,辟三门,中门前一对石狮,旁有抱鼓石。大门上一碑:"奉旨祀典",碑下一额:"忠懿闽王祠",左右二仪门。大殿木构,面阔三间,进深二间,前面为长廊,后面为殿堂,额"功垂闽峤",中供闽王塑像。祠内保存唐碑一、宋碑一、明碑二。殿西尚存董太后享堂一处,面阔三间,进深五柱。

2. 同安广利庙

王公庙位于北山,北山又叫北辰山,位于同安之东北,距县城约12.5公里。北山王公庙也叫广利庙,或"忠惠尊王庙",是五代时闽王王审知兄弟兵变开闽的肇始地。

为纪念王审知的德政,在兵变起事的竹林间也立专祠,修衣冠冢,也就是广利庙。庙门上挂有"开闽第一"的横匾,指的就是兵变、夺权、开闽三件事。庙宇代有兴废,但香火一直旺盛,宋太祖赵匡胤特赐御匾"八闽人祖"。南宋朱熹在同安任主簿时,也曾到此祭奠。清雍正元年,重建忠惠尊王庙前殿和中殿,清咸丰己未年(1859)再次重建。广利庙在1966年后的"文革"中受到破坏,1982年复建,1994年修建北辰山雄伟山门。

每年农历二月十二日是"王公"圣诞,来自同安(包括现在的金门、厦门本岛和岛外集美、翔安以及龙海市角美等地)、安溪、南安、晋江等地的香客数以万计,同时还伴有宋江阵、车鼓弄、南音队、歌仔阵、布袋戏等文艺阵头,形成一种"游北山,拜王公"的民俗庙会活动,诚敬朝拜开闽王。[①]

3. 泉州开闽三王祠

开闽三王祠地处泉州承天寺西畔(今泉州南俊路71号),始建于五代末。因泉州刺史王延彬献地千顷于承天寺,僧人建祠祀奉,又称"檀樾王公祠"。开始建于寺法堂之东,后毁于兵灾,明万历间重建于此。岁月沧桑,风

---

① 百度百科:http://baike.baidu.com/view/1444359.htm。

侵雨蚀,历朝均有修缮。

1999年春,王氏宗亲捐资逾百万元重建"开闽三王祠"。重建时按原式样,原坐宇,古朴素雅,保留明、清福建建筑风貌。祠坐北朝南,占地面积900余平方米,建筑面积700余平方米,是一座悬山式、燕尾脊、穿斗架构的砖木建筑。主祠为上下落三开间,中有天井及两庑。附属建筑有垂花埕围大门、画廊、上下护厝、面向花厅等。

主祠正门额以青石横刻篆书"开闽三王祠",祠厅前梁悬挂前新加坡总理王鼎昌题赠"开闽第一"匾额,后梁悬挂宋米芾手迹之一"一本三宗"匾额,整体设置庄重肃穆。主祠外石埕西侧画廊,嵌有青石影雕"五代闽国三王史画"12幅,以生动形象的画面,简洁明快的文字,再现三王历史功绩。石埕东侧有门通承天寺法堂,门额横刻"檀樾王公祠",为重修承天寺所发现之原构件。

千百年来,海内外王氏裔孙奉为寻根谒祖之宗祠。①

4. 金门闽王祠庙

闽王祠庙为金门王氏的大宗祠。金门浦边王氏始祖学法是王审知23世孙,明代由同安迁浯江,至五世王世杰开发台湾竹堑。王氏在宅后、山后、营山、吕厝、东沙、尚义、田浦都有聚落,宣统元年(1909),王廷恭等人倡建,亲赴南洋募款,由建筑师王挺之设计成二落大厝格局的祠庙。祠庙曾受冲击,如1949年后,闽王祠曾被征用为宪兵司令部,正殿地面挖成地下室。

金城镇东门里闽王祠每年二月十二日都要举办春祭忠懿王王审知大典。2005年农历二月十二日,金门闽王祠主办闽王圣诞祭奠典礼,台北、新竹、彰化、高雄、台中大甲等地宗亲代表组团赴金门参加祭祖活动。

第四节　闽台开台圣王崇拜

一、郑成功与闽台

郑成功通常被称为"延平郡王"或"国姓爷",台湾又称为"开台圣王"。郑成功祖籍泉州南安,赴台前,以漳州和厦门为基地,进行抗清复明活动。郑成功曾出征延平,取得显赫战功,受封为"延平郡王"。1661年出兵台湾,

---

① 中国台湾网:http://www.chinataiwan.org/zppd/GDZS/DL/201008/t20100816_1491921.htm。

并于次年收复宝岛。郑成功在福建和台湾都留下较大影响。两岸的祭祀形式略有不同,台湾多以"开台圣王"庙宇的方式祭拜,福建则多是以宗祠的形式保留,这与清朝初期严禁祭祀郑成功有关。大陆由于控制得紧,有关郑成功的庙宇全被废除,只有郑氏后人以宗祠为保留,而台湾民间却改换名称,偷偷祭拜。现在,台湾地区的开台圣王庙有70余座,庙宇数进入前20名,表明台湾人民对郑成功开台的敬仰。

二、闽台开台圣王宫庙择要

1. 厦门延平郡王祠

厦门的延平郡王祠的修建有特殊的意味。清末的台湾屡遭外敌侵扰,光绪皇帝于是下旨,命令沈葆桢在台南、台北和厦门修建延平郡王祠,鼓舞御敌斗志。

然而由于岁月沧桑,厦门的郡王祠年久失修,已难修复。2010年6月,厦门在郑成功驻兵的鸿山嘉兴寨边重建延平郡王祠。其建筑为典型的福建风格,一进,三开正殿,两旁护厝,雕梁画栋。殿内供奉一尊近4米高的延平郡王塑像。落成时还举办了"郑成功文化节",举办郑成功海洋文化的探讨,民众排出阵头进行了踩街民俗活动,成为两岸交流的又一新平台。①

厦门思明区延平郡王祠

---

① 《台海》第50期(2010年8月12日),第74页。

2. 泉州南安郑成功庙建筑群

南安的延平王祠原是郑成功故乡石井郑氏家庙，人们为缅怀郑成功的威风雄烈，将其改为延平王祠。厅中供奉郑成功塑像，有"三世王爵"、"威风雄烈"等匾额和官阶总录。1996年列为省级文物保护单位。

泉州南安金井延平郡王祠

开台圣王堂的建筑，由海峡两岸共同发起，由台北延平宫王庆文先生牵头，台湾100多个延平宫分庙共同参与捐资，为奉祀开台圣王郑成功的庙宇，主殿宇面宽五间，硬山顶三重檐仿古建筑。建筑面积1200多平方米，附设郑成功史料展览室等场所。

西侧有郑成功纪念馆，为三进宫殿式的建筑。总建筑面积3000平方米。展示了郑成功从"文韬武略、少年英俊"，到"北伐抗清，威震东南"，再到"收复台湾、建设宝岛"的一生。馆内陈列郑成功的玉带、头发、龙袍碎片等真品。侧边为郑成功碑林，极具观赏价值。

3. 漳州诗浦郑氏祠堂

漳州芗城诗浦村郑氏大宗祠堂，为二进三开间。前厅拜神，祀国姓爷郑成功。由于国姓爷曾于顺治十年驻兵漳州，诗浦为郑军军火库所在，郑成功本人亲往该祠堂拜谒。诗浦郑氏怀念其功德,因在祠堂内供奉。

诗浦村为赵、郑、陈三姓杂居。农历七月十四日,国姓爷生日,诗浦郑氏专门祭拜。十月十四、正月十四拜三界公,正月初九拜天公的时候,国姓爷也一起祭拜。三月初一到青礁保生大帝祖庙,回村时也顺便祭拜。

原来祠堂前厅是拜三界公(本村认为是观音、土地和灶君),但后来三界公为文物被盗,成为专门祭拜国姓爷之处。

4. 台南郑成功祖庙

郑成功祖庙为奉祀郑成功的郑氏家庙,为明永历十七年(1663)郑经所建之专祠,奉祀其父郑成功与其母董氏。清统一后,宗庙历经沧桑,曾被他姓占有,后由郑氏族人赎回,称"昭格堂"。然而,大门被店面所挡,家庙进出从侧门巷道,至1984年道路拓宽,才拆除了大门前店面,恢复原貌。2002年"郑成功文化节"时改称"郑成功祖庙"。①

此庙为三开间三进的格局,座东朝西,由前殿、正殿与后殿组成,整体外观简朴不华。门前古井为创建时期遗迹,前庭则栽有七弦竹及置有幼年郑成功及母亲田川松之雕像。前殿之入口内凹,为"凹寿式"的形式,而两旁则有开了圆孔窗的耳房。正殿奉祀郑成功神像,与历代郑氏祖先、圣贤等神位,并悬有清乾隆三十六年(1771)的"三圭世锡"匾额,为郑成功第四代孙郑汝成至台湾祭拜祖先所立。堂内石柱联刻"昭毅无双开疆复土承天续,格思靡既迪后光前擘海祠",彰显郑氏开拓之功劳。

5. 台南延平郡王祠

延平郡王祠,又名开山王庙或郑成功庙,位于台湾台南市中西区,为最早的官祀郑成功纪念祠,其前身为民间所建的开山王庙,台湾日治时期曾改名为开山神社。但现今样貌实为1963年动工改建的结果,祠庙的本体是三进合院类型,坐西朝东,由山门、正殿、后殿与两侧厢房组成。山门之左有过廊接到"甘辉将军祠",祠前有一门通往北边的庭园,而自祠前往东则为东庑,供有明郑殉难文武诸臣牌位,而山门之右为"张万礼将军祠";从祠前往西为西庑,除供有诸臣牌位外,仪仗所也设于此处。

正殿是供奉郑成功之处,最外围有回廊,里头正中央为洗石子神龛,上有雕塑家杨英风所做之郑成功塑像。此外在塑像之前所立为昔日庙里的神像金身,该神像一度在民间轮祀,直至近年才迎回安座。后殿中央则为依祀

---

① 郑万进、郑惠聪:《延平郡王郑成功》,大众文艺出版社2008年版,第252~253页。

典庙宇的惯例所设的太妃祠,供奉郑成功之母翁太妃田川氏。而在太妃祠之左,则为供奉明宁靖王与其五妃的宁靖王祠,右边则为供奉郑成功长孙郑克𡒉及其夫人陈氏的监国祠。此外在太妃祠前的庭院内有古梅一株,据说乃郑成功亲自种植。

台湾官方确定每年4月29日郑成功登台日为春祭之日,而秋祭之日则是在8月27日。春秋二祭由台湾的"内政部长"主祭,公祭后由各地郑氏宗亲家祭,有时还会有日本代表以神道教仪式祭祀。民间则以农历正月十六日为郑成功寿诞,每年正月十五日开始便由沿袭自清朝的"心同敬"、"诚心敬"两个郑成功信仰团体举行祭礼直至十六日下午。

6. 宜兰进兴宫

进兴宫位于宜兰冬山乡珍珠村,原名进兴庙,创建于清光绪十六年(1890),1933年始在庙内恭奉国姓爷郑成功。1967年与1987年,均曾扩建。现貌则是1997年,重建落成启用。庙高三层,一楼为古公三王殿,二楼为开台圣王殿,三楼为观音佛祖殿。庙中对联很多,如"开台逐外夷光复宝岛勋业彪炳,国圣崇号泽被台澎万德流芳"是与国姓爷郑成功相关的楹联。

第四章
闽台民众俗信崇拜调查

第一节 闽台关帝崇拜

一、闽台关帝崇拜概述

据郑镛、涂志伟先生研究,关帝信仰从中原传入福建当在北宋。漳州县前街古武庙据传建于北宋,距今有千余年历史。① 光绪《漳州府志》只载录漳州地方武庙8座,但从私家谱牒和私人修纂的文献史籍看,武庙之数当不止于此。如石码镇人连城珍所撰《石码镇志》所载"武庙",单石码就有九座。康熙《漳浦县志》对民间所建众多关帝的事实有所记载。该志曰"汉寿亭侯庙,在射圃即观德亭改为之。侯庙浦地随处皆有,县治惟此为月朔行香之所"。② 据漳浦沙西的《黄氏族谱》提供的线索,沙西的关帝庙也应始建于明中叶。

明代以来与关帝信仰相关的资料较为丰富。由于明初海疆不靖,这一地区相对安宁平静的社会生活秩序受到威胁和破坏,据文献资料和田野调查,就关帝庙(武庙)的情况而言,明清福建地区的关帝崇拜大概可分为三个时期:明初至明中期为肇始阶段;明中叶至明末为发展阶段;明末到清中叶为鼎盛阶段。

福建关帝崇拜勃兴阶段与明初的卫所建置有密切关系。明制沿海一县设所,一府设卫。泉州建永宁卫,漳州为镇海卫。洪武二十年始建,至二十二年全部完工的镇海卫城(在今龙海市港尾镇)、六鳌所城(在今漳浦县)、铜山所城(在今东山县城关),悬钟所城(在今诏安县)都建有武庙。守城的官兵希冀中国最有名望的"战神"能保佑他们。《漳州府志》云:"镇海、六鳌、铜

---

① 郑镛、涂志伟:《漳州民间信仰》,海风出版社2005年版,第111页。
② 康熙《漳浦县志·庙宇》,漳浦政协文史委编,2004年版,第47页。

山各有庙。旧志称,铜山庙于正统隆庆间助兵败贼,屡显灵异。"据此,可知明初,漳州的一卫三所均有关帝庙。

东山关帝庙

泉州自明嘉靖以后屡遭倭寇侵扰,战乱不断。于是,在封建帝王们的大力推崇下,泉州对"具有司命禄,佑科举,治病除灾,驱邪辟恶,诛罚叛逆,巡察冥司,乃至招财进宝,庇护商贾等'全能'法力"的关羽之崇拜,就从明朝嘉靖年间开始盛行起来,至万历年间掀起了热潮,之后一直久盛不衰。

漳州的许多武庙乃建于倭寇最盛的嘉靖年间,如较有名的石码上码、下码武庙等。又如铜山关帝庙的大规模鼎建也是在倭寇为患时期:正德三年(1508)正月,"云霄吴公子避寇于铜,同铜善士黄公宗继等九人,募众资财崇建之"。①

据课题组调查,现今仅漳州境内供奉关帝的宫庙就有91座。庙宇只能说明关帝信仰的大致情况,其实作为财神,福建与台湾的商家多数供有关帝神龛,许多家族都供奉关帝神像或画像,关帝信仰在福建与台湾有广泛的基础。

泉州市几乎上百户人家的大村都有关帝庙或关帝神座。安溪县湖头镇湖头关帝庙,坐落于湖头溪西岸,旧称忠义庙,明天启元年(1621)由李懋桧建。后李光地的祖父李先春献田作为庙产。清嘉庆二十四年(1819),李维坤、李维凝重修。两者都勒石于壁以纪其事。

---

① 东山铜陵关王庙《鼎建铜城关王庙记》。

安溪湖头关帝庙

关帝庙在"文革"期间曾被毁坏,1996 年重建,占地面积 700 多平方米,焕然一新。1999 年元月 6 日,安溪县文物管理委员会在此竖立文物保护标志。

进入关帝庙大厅,供桌后端坐着关帝的塑像,手执玉笏,头戴冕旒,左右侍立着关平和周仓,神像庄严。"山西夫子"的横幅和"皇明嘉敕"金字大匾,表明关云长受过皇帝的敕封。在大厅两侧,各有一间栅房,供着两尊神像,左是赏善司官,右是惩恶司官,上头各有一块小匾:一为"气壮山河";一为"灵贶比臻"。神龛左右两边各有一个几尺见方的小神龛:一龛供奉的是南宋的岳王(岳飞),左立岳云,右立张保,谅因湖头未建武庙,附祀于此;另一龛供奉骑蓝爷。后殿正中神龛供着如来佛祖、观音的全身塑像,龛里坐着玄天上帝和岳武穆。

台湾的关帝崇拜是从福建传入,如宜兰县头城镇大坑里的协天宫,据载是由漳浦县佛昙镇大坑村"贰当什祠"分灵而来。而宜兰市西门里的西关庙,据其寺庙沿革所载,早期关帝像是清咸丰年间漂流而来。云林县斗六市南圣宫有两座,其中,新南圣宫于 1977 年建,其正殿所供奉的关帝君木雕神像,有一丈二尺之高,具五百年的历史。台南县仁德乡忠义宫,史志有记载最早是台湾明郑时期所建。据《重修台湾县志》:"关帝庙……一在长兴里,郑伪时建,康熙五十九年重修。"

彰化县鹿港镇南靖宫是漳州人所建的庙,《彰化县志》载:"关帝庙……

一在鹿港王宫边(乾隆壬辰年南靖商民捐建)。"①据1971年碑记:"本宫建于清高宗乾隆四十八年,岁次癸卯,至今198年。福建省漳州府南靖居民,奉请关圣帝君神像来台,谨佑平安渡海,以求其商业兴隆。昔时,南靖之商人,称之厦郊商,而建本宫。"

台湾本岛关帝信仰,南部以高雄文衡殿、中部以台中圣寿宫、北部以宜兰礁溪协天庙、全岛以台南祀典武庙影响较大。全台上千座关帝宫庙斗座拱连、灿若繁星。台南祀典武庙俗称"大关帝庙"、台南关帝庙,高雄文衡殿、宜兰礁溪协天庙、嘉义关帝庙等老关帝庙都分灵自漳州东山铜陵关帝庙。

铜陵关帝庙有黄道周撰写的楹联真迹,"数定三分扶炎汉,平吴削魏辛苦倍常,未了一生事业;志存一统佐熙明,降魔伏虏威灵丕振,只完当日精忠",台湾诸多关帝庙都悬挂此楹联,由此可证台湾关帝信仰文化正源于此,东山铜陵关帝庙是台湾关帝信仰的发祥地。②

二、闽台关帝庙择要

1. 漳州东山关帝庙

东山关帝庙,位于福建省东山县铜陵镇东门内。该庙始建于明洪武二十年(1387),至今已有600多年的历史,历经数次修缮扩建,终成现在规模,同山西解州关帝庙、湖北当阳关帝庙、河南洛阳关帝庙并称中国四大关庙之一。1996年11月被国务院列为全国重点文物保护单位。

岵嵝山上的东山关帝庙倚山临海,坐西朝东,能望见台湾海峡万顷鲸波。庙宇建筑面积680平方米,有门楼、前殿(龙庭)、大院回廊、大殿及花园等。主座面阔三间,进深六间,悬山顶。总建筑面积2000多平方米,占地面积达20余亩。庙殿之前,计有历代雕制的六对形态各异的威猛石狮守卫。

端门为华表式楼亭,楼亭顶端饰彩瓷剪贴"八仙过海"、"八兽图"及唐宋帝王将相造型塑像120尊。华表石柱刻"大明正德吴子约敬送"。横梁正面刻"嘉靖壬寅五月吉日前都劝缘子孙重修";飞檐下前额竖一方镂花鎏金匾,上镌"武圣殿";后额也竖一方镂花鎏金匾,上镌明万历年间铜山进士文三俊敬题的《关圣帝君赞》。"太子亭"建筑艺术高超,巍峨壮观,精美绝伦,历数百年台风、地震而安然无恙。

---

① 《彰化县志》卷五,第153页。
② 陈名实:《台湾关帝信仰的渊源与内涵》(2007 - 8 - 2 9:31:48)中国东山政府网站。http://www.dongshansland.gov.cn.

登石级而上到前殿龙庭(拜庭),门额嵌"山西神圣"石匾;门联石刻:"山岛雾收舒正气,海门日出照精忠"。中门两旁立有雕花石鼓,安放雕龙镂凤的鎏金档。龙庭正上方悬挂清乾隆五十三年(1788)陕甘总督、嘉勇侯福康安因"奉命提兵平台,屯师铜山",仰"关帝圣明"示吉佑兵,终于得胜班师,回京途中特到铜山叩谢关帝的颂文匾。两侧嵌墙柱联为:"入圣门总要请祈休咎,登帝殿便知明断是非。"大殿内挂有历年东山籍台胞返乡朝圣奉送的"忠义千秋"、"圣德流芳"等多方匾额。①

自清代以来,东山百姓世代共奉关帝为祖,称关帝为"帝祖",家家户户大厅均设有关帝的神坛。特别是嘉庆十一年,朝廷制定关庙祭祀之礼,宣敕天下,规定正月十三为春祭,五月十三为诞祭,九月十三为秋祭,由官吏主祭,四方百姓助祭之后,东山祭拜关帝的仪式更加隆重,更加规范,乃至由祭拜习俗演变成今日颇具规模的关帝文化旅游节。

2. 泉州通淮关岳庙

泉州关岳庙

通淮关岳庙坐落在泉州市鲤城区涂门街(古称"通淮街")东段北沿,邻近古城的通淮门(亦称"涂门"),原先主祀关羽,曾称"关王庙"、"关帝庙",民国三年(1914)增祀南宋抗金元帅岳飞后称为"关岳庙",但民间一直俗称"涂门关帝庙"。该庙一直是泉州地区规格最高、规模最大、建筑最为堂皇壮

---

① 刘小龙:《铜陵关帝庙》,《漳州文史资料》第27辑,2002年12月。

观的关帝庙,也是泉州地区香火最旺盛、在海内外影响最大的寺庙。

通淮关岳庙始建无考,相传为全国最早兴建的三座关帝庙之一,有说始建于五代南唐,也有说始建于宋代。从目前所掌握的文献资料看,真正有史可考,始于明嘉靖年间(1522—1566)。清乾隆《泉州府志》载:"明嘉靖间,长史李一德重修。"

现存的建筑为清同治六年重建和民国十六年重修,1986—1990年又加以全面整修的模样。通淮关岳庙规模之大在泉州地区的关帝庙中是无可比拟的,甚至在全省的关帝庙中也是居于前茅。

现通淮关岳庙,三座殿堂并排一体,均为三进、三开间、硬山顶、燕尾脊,穿斗式木构架,其山墙略外移,作马鞍式;后进为三层楼,东西两侧又各建一座角亭。整座建筑还装饰有精美的木雕、石雕、泥塑,而且屋脊上剪黏有双龙戏火珠或双龙对葫芦的瓷塑。在悬挂的十多方大木匾中,有两方特别引人注目:一是南宋大理学家晦翁(朱熹)题写的"正气"匾,一是明代大书法家张瑞图题写的"充塞天地"匾。然而,前者是清末该庙董事杨家栋仿后城关帝庙所悬之匾,且现存的是近年一位香港同胞捐资重新复制的,弥足珍贵。

通淮关岳庙在明嘉靖前仅是座一般的民间信仰庙宇,但自嘉靖年间重修后开始衍化为儒教庙宇(仍属于民间信仰的范畴)。据李光缙《关帝庙记》,通淮关岳庙(时称"关帝庙")是位于"儒林里",即"孔氏宫之左"(府文庙东南)。它对泉州士子(缙绅学士和地方文武官员)最有吸引力,由一般性民间信仰庙宇衍化为儒教庙宇,成为泉州规格最高的关帝庙。

据统计,现在台湾、新加坡、菲律宾等地关帝庙中,属于泉州通淮庙分灵的达70余座。

3. 南平峡阳关岳庙

南平峡阳关岳庙位于南平千年古镇峡阳,距南平市区48公里,316国道贯穿全境。据《南平县志》载:清康熙十一年、乾隆十三年都重修过。1927年也重修建过,改名"关岳庙"。

每年正月十六,当地群众都会在关岳庙"摆大碗":把珍品古迹、还愿的猪、羊、鸡鸭摆在庙中,祈求五谷丰登、六畜兴旺,平安健康。是夜关岳庙灯火辉煌,长长的供桌上,不仅有各色食品、供品,还有峡阳普通人家珍藏的古文物,比如古画、古瓷器、古玉器、古雕塑,还有清朝诰命等。"摆大碗"活动中有的古文物还是无价之宝,活动一结束,便难得一见,这更增加了"摆大碗"活动的吸引力。

峡阳亦是民俗文化名镇,它的民俗风情与其他地区既有相似之处,又有许多不同的地方。其中最有名的"庄武摆驾出巡"已被定为"峡阳民俗文化节"的一项主要内容。

4. 台南祀典武庙

祀典武庙位于台南市永福路2段229号,赤嵌楼之前,又称大关帝庙。雍正年间被列入祀典,故名祀典武庙,唯一列入官方春秋大典祭祀的武庙,为台湾省最大的武庙,地位居全台武庙之首。

台南祀典武庙

台南祀典武庙是南明政权在台湾建祀的"皇家武庙"。明永历十六年(清康熙元年,1662),郑成功收复台湾后,在台湾建立"东都明京"。宁靖王朱术桂入台前于东山分灵奉请关帝,迎入台南王府中供祀。为明郑在台湾祀典武庙。台湾入清后,康熙二十九年(1690),台厦道王效宗重修此庙;雍正三年(1725),清廷敕封关帝三代公爵,赐每年春秋及五月三次大祭,这就是"祀典武庙"的由来。

现存建筑系清康熙间重修,气氛幽深庄严。庙宇的正殿及后殿,乃是利用明宁靖王府关帝厅改建而成,后殿尚存一株宁靖王亲手种植的梅树。在庙门内并无门神,而以等级较高的"门钉"取代;墙壁上也没有一般庙宇常见的武场人物彩绘,据说是因为不能在"关公面前耍大刀"的缘故。祀典武庙保留仿自铜山祖庭式样,神像亦为当年从铜山分灵的关老祖爷。

武庙的东侧,横过永福路,即可看到小门面的马使爷厅,供奉关公的座骑赤兔马及照顾座骑的马使爷。武庙的古匾有"文经武纬"、"至大至刚"、"至圣至神"等。古联"桃园继首阳或异姓或同胞千古难为兄弟,将军与丞相一托孤一寄命万世知有君臣"。宁靖王亲书"古今一人"匾额和仿自铜山祖庭的庙门"武庙"圣旨牌、黄道周的关帝颂联,以及入清后续仿的咸丰皇帝御匾等宝贵文物。

武庙在全盛时期与附近六条街的境庙组成"六和境"。日治后,武庙不再列入官方祀典,也丧失了原有的优势地位,但在人民心中仍维持其崇高地位。1983年列为台湾一级古迹,并重新整修。①

5. 高雄文衡殿

高雄文衡殿,是台湾南部最早的关帝庙,俗称"赤山庙"。明永历年间,东山与台湾航道畅通,商贸往来频繁,泉州商船陈姓船主在东山铜山港停泊时,到东山关帝庙进香,分灵到船中奉祀,从此这艘商船生意日上。此后,陈氏后人到台湾凤山,于赤山里赤山乡建庙,取名"文衡殿",成为台湾南部最早的关帝庙之一。附近市乡纷纷从文衡殿分香建庙立坛,共拥为香火主庙。

现在台湾北部以宜兰礁溪的协天庙,南部以高雄市文衡殿影响较大。所以有"北协南文"之说。根据《凤山县志》记载,赤山文衡殿建于乾隆六十年(1795),至今已超过200年,被列为凤山历史最久远的三大庙宇之一。

赤山文衡殿坐落在风景优美的澄清湖和小贝湖之间,这两湖原为文衡殿的庙产。除此之外,文衡殿还拥有大片山林,在高雄名气极大,素有"金关帝、银圣王"之称(圣王指凤山开漳圣王庙)。

由于庙产富足,文衡殿从早期是泥墙、竹梁、草顶的简陋庙宇,经历代多次改建,于1995年落成巍峨雄伟、金碧辉煌的殿宇,为南台湾信奉关圣帝君的重心。历史久,腹地大,香火鼎盛,所以赤山文衡殿名声显赫。

6. 宜兰礁溪协天庙

在台湾关帝的民间祠祀中,以宜兰县礁溪乡协天庙与漳州的关帝庙关联最密切。并且礁溪乡协天庙在台湾关帝庙的庙际网络中占有十分重要的地位。台湾北部与东部各地的关帝庙,几乎都是协天庙的分灵庙。

---

① 《人民日报(海外版)》,2005年02月16日,第八版;世界关公文化网:www.guangong.hk。

宜兰礁溪协天庙

清嘉庆年间，漳州平和县人林枫因为要进京诉讼，搭船经过铜山，听说关帝神威灵验，就进庙祈求关帝庇佑，结果进京后果然获得胜诉。林枫归来的途中，从东山关帝庙分香回乡并雕塑关帝神像。后来，林枫的后裔林应狮等人又亲自赴铜陵关帝庙分灵，渡海到台湾噶玛兰（也就是现在的宜兰）建庙，名为协天庙，成为台湾北部最早庙宇，并传播台湾各地建关帝庙。

自嘉庆九年（1804）在礁溪建庙奉祀，从此当地的瘟疫不再流行。据说协天大帝还护佑过官兵：同治六年，清朝钦差镇台使刘明灯巡视宜兰时，曾驻扎在此，由于随行的士兵不知当地人奉枫树为龙麟，误砍了庙后的枫树作柴薪，冒渎了神灵，于是吃过饭后，士兵们个个都病倒了。直到刘明灯跪在关帝君神像面前求救，士兵们才不药而愈。经过这件事后，刘明灯回朝奏请皇帝敕赐改建协天庙，颁诏"敕建协天庙"匾额。

"协天庙"1804年初建只有三间茅屋，经1857、1867、1914、1967年的修建，已很具规模。皇帝的赐匾给予协天庙正统的地位，更加促进其在台湾的分灵传播。礁溪协天庙关圣之灵应，佑及新竹、桃园、台北、士林、基隆、瑞芳、罗东、花莲，各地遂纷纷立宫设堂，从礁溪分香奉祀。协天庙几经扩建重修，规模扩大，更加富丽堂皇，香火鼎盛。至今，庙中神龛内亦存有当年从东山祖庭分灵入台的神像"老二帝"。①

---

① 游谦、施芳珑：《宜兰县民间信仰》，宜兰县史编撰委员会2003年版，第250~252页

第二节　闽台药神崇拜

我国自有医药就有对医药之神的崇拜。朝廷的医药之神是三皇,三皇为伏羲、神农、黄帝。在三皇后,历朝历代又出了不少名医。这些名医多被后来的医家和百姓奉为医药之神,但通常情况下都被称为"药王",因为医生主要是用药来治病的。

民间信奉的药王很多,主要有三个:其一为春秋时期的扁鹊,唐宋时,扁鹊被医家奉为老师;其二为唐代孙思邈;其三为唐代韦慈藏。普通的药王庙内塑的药王神像,其形象多为赤面慈颜,五绺长髯,方巾红袍,仪态厚朴。有的药王身边塑二童,一捧药钵,一托药包;有的身边还卧一只老虎,是孙思邈的形象。三皇(伏羲、神农、黄帝)、扁鹊、华佗、邳彤、三韦氏(韦慈藏、韦善俊、韦古道)、李时珍等,有时也被称为药王。"药王"之侧安排的是不同历史时期有代表性的十大名医:三皇时的歧伯、雷公,秦之扁鹊,汉之淳于意、张仲景,魏之华佗,晋之王叔和、皇甫谧、葛洪,唐之李景和等。闽台地区崇拜的药王神是宋代同安的民间医生吴夲,俗称保生大帝。

一、闽台民间医药神崇拜源流

闽台地区的医药神部分从中原传入,如神农大帝、黄帝、伏羲、扁鹊、华佗、葛洪、孙思邈、吕祖等医神;也有土生土长的医药神,多由医生、巫觋演变而来,有些僧尼道士因精通巫术治病也被百姓奉为医神,如保生大帝[①]吴夲、圆山仙祖康长史、华安南山宫的道士、平和的惭愧祖师潘氏兄弟等。福建与台湾民间宫庙供奉的神灵,大都具有治病救死扶伤的功能,又有驱除危害病人的"妖祟",同时施之以医药的能力,相当多的庙宇都有药签,如芗城西街王爷庙、天宝玉尊宫(天公)、新桥正德宫(元天上帝)等等,据称本不是医神宫庙,也有很灵验的药签。

福建的医药神灵以本地产生的为主,从中原和外地传来的如许逊、孙思邈、药师佛等,较少有专祀庙宇。并且,福建很多不是医神的宫庙都有药签,或配祀本地的医神诸如保生大帝、三平祖师等,说明了民间对医药神的虔诚。

---

① 谢楠:《厦门市鼓浪屿民间信仰民俗调查报告》,未刊稿。

鼓浪屿保生大帝庙

台湾的医药神的种类很多,门类也齐全。通常称药王神的为中原传来的,如伏羲、神农、黄帝、扁鹊、孙思邈、药师佛、韦慈藏等等。本地除了保生大帝等专门的医神,还赋予很多神明以医神职能,如注生娘娘、七娘妈等等。

二、闽台医药神宫庙择要

1. 漳州圆山仙祖与岱仙岩

圆山仙祖康长史为漳州本土医神,淳祐《漳州府志》记载,相传为东汉民间名医,神迹大显于唐代,遂为一方医神。唐乾符年间,京城疫病流行。闽县(今福州)人、御史中丞黄碣每天在长安街头经常遇到一个卖药老人,童颜鹤发,神采焕发,举止不凡。黄碣叩问老人籍贯姓氏,老人自称康长史,家住漳州圆山琵琶坂,两人交谈甚愉。

后来,黄碣为东南运粮使,发舶安南,路过漳州,派人查询康长史,杳无踪迹。登临琵琶坂,惊奇地发现祠中供奉的神像就是在长安街头所见卖药老人。黄碣这才恍然大悟,原来是康仙到长安卖药救人。经黄蝎上表,朝廷敕封康祠"西岳康阜王之庙"。宋熙宁七年(1074),敕封康仙为"通应侯";宣和四年(1122),敕改祠为"昭仁庙";绍兴十二年(1142),增封"康济侯",庆元六年(1200),增封"昭仁侯。"

岱仙岩俗称大仙岩,位于龙海市九湖镇田中央,始建于唐乾符间,又名康长史祠、康仙祠、仙祖庙、昭仁庙,主祀道士、医生康长史。

岱仙岩背枕圆山(康长史因此被后人尊为"圆山仙祖"),面向西溪,坐西朝东,二进,单檐歇山顶,面阔三间,中有天井,左右厢房。建筑面积700多平方米,保留唐以来的面柱础、庙基结构和历代石雕、木雕。前殿为康长史祠,正中神龛供奉康长史神像和神牌。神牌正面题刻:"宣封护国圆山康济侯之神",背面题刻:"崇祯八年杨宗寿喜舍龙牌一座",上悬"放大公明"匾;龛联:"唐代降芳踪,圆峤山前寻出相;盛朝宗礼宇,琵琶坂上荐馨香。"乾隆丙子蔡廷圭敬题祠联:"耽酒到人间,四时同此佳兴;悬壶来世上,千载留者真身。"后殿供奉三宝佛、南海观音、弥勒佛、地藏王和韦陀、护法、十八罗汉、伽蓝、注生娘娘等。

2. 邹文与福州台江医官尊王庙

邹文,曾被闽越王封为"忠义医官大王",据称忠义医官大王原为浙江金华人,其父遭奸人陷害,入闽避难;遂让子学习岐黄,在福州施医济世。时闽越王妃子身患包袱痱,被邹文治愈,因而闽越王封为"忠义医官大王"。邹文曾征恶虎、除厉蟒,受群众爱戴。①

台江医官尊王庙始建于元朝大德七年(1303),历代有不同程度修建。庙宇坐北朝南,由大殿、附楼及中间大院构成,占地面积700平方米。该庙主祀忠义医官邹文,配祀孙、柳两位真人、华光大帝、田都元帅、慈航道人、陈太后等。传庙前原有一棵药树,树液可治皮肤疮毒。现庙宇东侧有株800多年的榕树,西侧有棵500多年樟树,古意悠然。

3. 漳州湘桥仙华元祖庙

仙祖庙在漳州市龙文区蓝田镇湘桥村,始建于明末清初,奉祀"华元仙祖"华佗。主神边上有二仙童,一持葫芦,另一持剑。据村民说,该庙原为王爷庙。某年大洪水,漂走王爷,漂来石榴木,村子在京城当官的黄翰林正回乡探亲,因本地低湿,常有疫病,提议用漂来的石榴木雕塑华佗神像供奉。

仙祖庙占地近一亩,坐东北朝西南,悬山顶。二进,一天井,面阔三间,进深三间。陪祀水仙尊王、关帝和蔡妈夫人、夫人妈。前殿供奉伽蓝爷和土地神。正殿悬挂"声灵赫濯"、"仙方妙著"二匾。"仙方妙著"匾为台湾水师名将王得禄敬赠。传说王得禄早年父母双亡,由兄嫂带大,视嫂如母。嘉庆年间,兄嫂得腹胀怪病,百般治疗均未见效。王得禄十分焦急,部下告知龙

---

① 福建省民族宗教事务厅:《福建民间信仰活动场所集萃》,2010年内书第18号。

漳州湘桥仙华元祖庙

溪湘桥仙祖庙药签灵验，便派亲信到仙祖庙求神问药，果然药到病除。王得禄亲题"仙方妙著"，并亲自从厦门乘船到湘桥仙祖庙赠匾答谢。可见湘桥仙祖庙在当时影响很大。

湘桥仙祖庙本有药方、药签，在1966年后的"文化大革命"中丢失了。没有药签，人们也不问病患了。前来祈求的多是与生意和实业有关，据称也很灵验。

4. 台南药王庙

台南药王庙在西定坊，现称神农街（旧名北势街），奉祀药王神农。药王庙建于清代古运河南势港北岸，耸立于台湾第一条贸易老街"北势街"街首，被称为"全台开基药王庙"，整条街道都是古色古香的老店屋。清康熙二十四年（1685）建，或称康熙五十七年（1718）道标千总姚广建，为台南的七寺八庙之一，配祀仓公、华佗、抱朴子葛洪、孙思邈等人。

药王庙主要祭祀药王神农氏，据道光十八年（1838）"重修药王庙碑记"载，自北势街初建以来，即奉祀药王大帝，初建时为简陋草寮，后因信众极多，于乾隆甲申年（1764）重建新庙，庙深三进，规模宏大、壮丽精致。庙内仍留有乾隆五十三年"福寿我民"木匾、道光十一年香炉及同治八年签桶等古物。每届药王生日，全省各地分香庙及信徒涌至，极为热闹。

台南药王庙

由于神农为中华民族之祖，药王庙类似皇宫，以"门钉"做为门神，门上整齐地排列了91个门钉。虽然庙屡经修建，但基本面貌还是保留着。

5. 桃园仁寿宫

仁寿宫在桃园县大园乡，主祀感天大帝，又称许真君、慈济真君。据传由大陆漳州恭迎来台已有100多年的历史，仁寿宫是大园乡的信仰中心。由于感天大帝精通医术，庙内备用药签，如有患病者前往求签，常有意想不到的疗效，此也导致本庙远近驰名。

许真人神像采坐姿，红脸长须，身穿帝王冠服，双手于胸前，手持奏板。据《魏书》记载："许逊为晋汝南人，家南昌，字敬之，弱冠从仙人吴猛学'三清法要'，后举孝廉，官旌阳令，因感晋室纷乱，弃官归，周游江湖，以道术为民除害，太康初拔宅飞。"俗语"一人得道，鸡犬升天"源于此。

相传仁寿宫的"求药签"从漳州传到台湾，是仁寿宫100多年来的一大特色，后来逐渐式微，但其传奇性仍为人乐道，至今还是有人专程到庙宇内

"求药签"。①

三、闽台保生大帝崇拜②

（一）保生大帝事迹及被神化

1. 白礁与青礁两座慈济宫

保生大帝为北宋福建名医吴夲（音 tāo），字华基，号云衷。现存最早记载吴夲生平事迹的是南宋嘉定十二年（1219）前后漳州龙溪进士杨志撰《慈济宫碑》（立于青礁慈济宫，以下称《杨碑》）和泉州庄夏《慈济宫碑》（立于白礁慈济宫，以下称《庄碑》）。青礁慈济宫俗称东宫，原属漳州府龙溪县，今属厦门市海沧区。白礁慈济宫俗称西宫，原属泉州府同安县，今属漳州龙海市。

吴夲的出生地，自《杨碑》与《庄碑》开始就有争论。黄化机的《吴真人谱系纪略》③肯定了吴夲先世曾定居于安溪石门，只是后来因"粮累"而迁居临漳，后其父又携妻辗转移居于同安白礁，说明保生大帝的出生地应为白礁，而他平生行医之地主要在青礁。

白礁与青礁在吴夲去世后，都建立了奉祀的庙宇。在宋朝绍兴年间发生于漳泉交界的一场寇乱后，青礁与白礁两地双双于辛未年（1151）兴建了慈济宫——东宫与西宫。

白礁是保生大帝的出生地，青礁是保生大帝行医的主要所在，两座都被认为是祖庙，都被众多分香子孙庙奉为祖庙，为海峡两岸众多信众的圣地，1996年两宫同时被国务院列为全国重点文物保护单位。

2. 大陆保生大帝崇拜的传播

吴夲一生"不茹荤，不受室，业医济人无贵贱，按病受药，如矢破的，或吸气嘘水以饮，虽奇疾沉疴立愈"。景祐三年（1036）五月初二，上山采药救人，不慎跌入险崖，不幸归仙，享年58岁。吴夲殁后，"乡人祠祀之"，"偶其像于龙湫庵"，成为福建地区最有影响的医神。这实际上是北宋时期，正逢"造神运动"，吴夲从人开始转化到神。

到了南宋时期，绍兴二十一年（1151），同安积善里（今漳州市龙海市角

---

① 台中大甲国小训导处资料。
② 徐辉：《台湾民间信仰调查过程笔录》，未刊稿。
③ （清）黄化机：《吴真人谱系纪略》，《延陵吴氏通谱》卷一。

美镇)和龙溪的青礁都兴建了奉祀吴真人的慈济宫。《庄碑》记载:"岁在辛未(1151),肇创祠宇","时梁郑公(梁克家)当国,知其事,为详达部使者,以庙额为请,于是有'慈济'之命"。嘉定十二年(1219)前后,白礁慈济庙扩建,富丽堂皇,所谓"门敞皇皇,堂崇,修廊广庑,是赫是称"。

宋淳祐元年(1241),诏改庙为宫。青礁称"东宫",供漳州府七县百姓进香礼拜;白礁称"西宫",供泉州府五县百姓进香礼拜。后又在后山尾建南宫,在温厝长园建北宫,形成慈济祖宫群。

奉祀吴夲的庙宇在许多地方被建造起来,不仅限于福建。吴夲的影响迅速扩大,"不但是邦(漳州府)家有其像,而北逮莆阳、长乐、建、剑,南被汀、潮以至二广"。① 黄家鼎《马巷集》考证宋代慈济宫:"一时庙食遍于郡邑,泉郡善济铺之有花桥庙,漳郡上街之有渔头庙,同安白礁乡、龙溪新岱社、诏安北门外各有慈济宫,海澄青礁乡有吴真君祠,皆建于宋。长泰治东龙津桥畔之慈济宫,南安治南武荣铺之慈济真人祠,皆建于元。"

明清以来,吴真人信仰达到鼎盛,神格进一步提高。在福建人心目中,吴真人与关帝、妈祖一样高尚。诸神出游时,多数神灵乘坐四抬轿子,而吴真人和关帝、妈祖等少数神灵一样乘坐八抬大轿。吴真人和关帝的信徒一样最多。明末大学士泉州人黄景昉《温陵旧事》记载正月游神时:"吴真人灯牌以数千计,钟鼓架、香架以数百计,火炬亦千百计。"随着福建人迁台,保生大帝信仰传入台湾,逐渐成为台湾最有影响力的神灵之一。

3. 保生大帝宫观在台湾的传播

台湾开拓初期,移民遭遇瘴疠为毒、缺医少药的险恶环境,较之漳泉故里有过之而无不及,移民迫切希望从精神上获得保生大帝的救助,这种状况对保生大帝信仰在台湾的传播,起到推波助澜的作用。

奉祀保生大帝的新港大兴宫,据说是在明末颜思齐开发台湾时分炉供奉的。② 据台湾学者卢嘉兴的考证,见诸文献记载的台湾最早建立的保生大帝祠祀,应是兴建于荷兰据台时期的台南县广储东里的大道公庙。③ 据王必

---

① 《海澄县志》卷二十二,《中国方志丛书》第92号,第258页。
② 方文图:《东宫史料》,海沧华侨三都联络分局重修青礁慈济宫蓝事会、理事会编印,1998年2月,第21页。
③ 卢嘉兴:《有关台湾最早兴建的庙宇》,台湾"全国"保生大帝庙宇联谊会编《真人》第8期,第33页。

昌《重修台湾县志》载："荷兰据台，与漳泉人贸易时，已建庙广储东里矣！"①该庙现位于台南县新化镇丰荣里洋子五六号，俗称"开台大道公"。郑成功复台后，保生大帝信仰在台湾有较大的发展。王必昌提到："嗣是郑氏及诸将士皆漳泉人，故庙祀真人甚盛。"表明台湾初期的保生大帝祠祀，主要是以祖籍神崇拜的面目出现的。

刘良璧《重修福建台湾府志》即指出："台多泉、漳人，以其神医，建庙独盛。"②此后，保生大帝信仰在台湾迅速传播，特别是在入清后闽人移台的几个高潮中，据台湾保生大帝联谊会数字，台湾各地保生大帝的宫观数，从荷兰人时代至清末共130座。传播至今，台湾主祀保生大帝的庙宇有500多座。

(二)闽台保生大帝宫庙择要

1. 漳州白礁慈济宫

白礁慈济宫属保生大帝庙宇的祖宫，也是台湾保生大帝宫庙的开基祖宫，位于福建省漳州龙海市角美镇白礁村，简称"白礁宫"。白礁慈济祖宫建于白礁村内的小山麓，占地总面积5000多平方米，建筑面积1915平方米。整座建筑金碧辉煌，依山递高，层楼迭展，雄伟壮观。中轴线上自西南而东北依次为前殿、天井、月台(祭台)、正殿、后殿。

正中门两侧有紫铜色石狮1对。天井两侧为双层钟、鼓楼。钟、鼓楼均为重檐歇山顶楼阁式，楼顶木架藻井结构。

前殿为二层楼阁式，单檐歇山顶，上覆红色板瓦和琉璃瓦。五门式，一层面阔十一间，进深三间。二层面阔五间，进深三间。上层用木柱，下层用花岗岩石柱支承，梁架抬梁式，门廊有竖6根青褐色花岗岩雕蟠龙石柱。这两根方形石柱及六根蟠龙石柱，连同正殿四根规格相同的圆形石柱，是清嘉庆二十一年(1816)白礁慈济宫大修时，台南县乡亲捐赠的。门廊两壁竖立历代重修碑记，其中有不少台湾乡亲捐资修建的记载。左右两侧方形石柱4根。上有竹叶形状构成的石刻对联，这特别以"保生慈济"冠头竹叶联令人称妙。左边刻题"慈心施妙法，济众益良方"，右边刻题："保我德无量，生民泽利畏"。

---

① 王必昌：《重修台湾县志》卷六《祠宇志》，《台湾文献史料丛刊》第2辑，台湾大通书局1984年版，第179页。
② 刘良璧：《重修福建台湾府志》卷九《典礼祠祀附》，《台湾文献史料丛刊》第2辑，第307页。

天井中有由上下双重须弥座构成的石砌月台，上刻"飞天乐伎"、"双狮戏球"等浮雕纹饰。台上雕制蹲踞状石狮一只，称"国母狮"（据传为皇太后赠），狮的右前肢举握一方印，印上有"亚"字纹饰符号，均为宋代雕刻。据著名文物专家单士元、郑孝燮、杨伯达先生鉴定，这些雕刻均出于南宋绍兴年间民间巧匠之手。月台前有一水井，称"龙泉井"。宫外左右两侧有宋代水井各一口。这些宋代文物，堪称白礁慈济宫的镇宫之宝。

正殿台基高于前殿台基2米，单层宫殿式，重檐歇山顶，面阔五间、进深三间。正中间殿顶木架结构为如意藻井，斗拱出五跳。次间用抬梁式梁架，斗拱均不出跳，有昂傲象鼻状。走廊竖4根青褐色花岗石雕蟠龙石柱。

正殿之中为吴真人神龛，供桌上摆着一个古老的炼丹炉，重13斤4两，据说是当年吴真人采药炼丹的铜炉，已有千余年历史。

后殿更高于正殿，结构较简单，单檐歇山顶，面阔五间，进深三间，前有长方形天井。后殿正中神龛配祀吴真人父母神像。在圣父圣母神龛左边陪祀有观音、千手观音、善才龙女、韦陀护法、王公、大妈婆、大使哥。在右边陪祀有注生娘娘等各种神像。

整座白礁祖宫建筑结构，集宋以来历代福建建筑艺术之大成，有"福建故宫"之称。

海沧青礁慈济宫

2. 厦门海沧青礁慈济宫

青礁慈济宫位于厦门海沧青礁村,背靠岐山东鸣岭,主祀北宋名医吴真人。北宋景祐三年(1036),吴真人逝世后,群众在他炼丹成神之地青礁龙湫坑建造"龙湫庵"。白礁慈济庙主要为泉州府百姓谒祖进香,青礁慈济庙主要由漳州府百姓谒祖进香。

青礁青礁宫面积1600多平方公尺,大门对着广场和大戏台,场面宽阔可容纳近万人。祖宫分前中后三殿,前殿骑楼成一长廊,后殿升高,布局整齐。前殿两侧,延伸为文武朝房,突出主体成辅佐之势,整体结构宏伟壮观。大门两侧一对踞立的镇殿石狮,宋朝文物。层楼前为长廊,后为宽敞厅堂,长廊门额悬"真人所居"巨匾;厅堂后为天井,两侧为钟鼓楼,光线充足,舒展大方。

该宫建筑庄严雄伟、飞檐交错,金碧辉煌,宫中有四绝:一是彩绘中有一幅凤头、龙尾、乌龟身、四脚兽的神物;二是宫中保存着康熙、嘉庆、咸丰、光绪等朝代重修碑记;三是东宫两侧后山,有一块"心"字石,此石形似人心,"心"字中间一点却方在底下;四是宫殿椽子上的黑白画,据说来自唐伯虎的颜料配方和画法,不受虫蚀。

宫后有岐山,山坡处原有号称"丹灶、药臼、药泉"三圣迹,据说是吴夲当年使用过的原物。岐山左坡有龙湫,山明水秀,景色清幽,吴真人住过的草庐龙湫庵于此。龙湫庵下的左边山谷,即龙湫坑,流水不息,石上镌"龙湫"二字。其上有平顶石,击之如擂鼓,称"仙鼓石"。还有"仙扁担"等石景。青礁慈济宫有四亭:一是心字亭,为双层六角亭;二是丹井亭,建于"丹井药泉"之后山坡,为双檐攒尖顶,有石砌台阶可登临;三是药臼亭,为四方形石亭,游人憩息,静生亭中,正好鉴古遐思,倾听泉声,仿佛飘然世外;四是丹灶亭,在龙湫庵右台阶上,为双檐圆亭,亭旁安置出土的丹灶石构件上刻"丹灶"二字。四亭造型各一,各展风姿。①

3. 泉州花桥慈济宫

花桥慈济宫又名真人庙,俗称花桥坛、花桥宫。位于泉州市鲤城区中山南路涂山街头南口西侧。据清陈步蟾《重修花桥庙记》,此地古为花市,八卦沟上架有石桥,"桥上有坛,夏暑雨、冬祈寒,贸易者赖之",故名。花桥宫始建于南宋绍兴年间(1131—1162),祀北宋名医吴夲,即保生大帝,俗称"花桥公"。

---

① 中国旅游网:http://www.51yala.com/html/200611120750-1.html。

花桥慈济宫

宋明道二年(1033),泉州瘟疫流行,吴夲至泉州行医救人,全数成活。花桥宫为泉州同安县人许衍所建,庙址即为吴夲当年行医寓所。

吴夲出生地白礁乡、卒逝地青礁乡,均由颜师鲁奏请于绍兴二十一年(1151)立庙,泉州花桥庙始建年代应在青礁慈济宫、白礁慈济宫的左近。花桥宫坐西朝东,三进,由门厅、大殿和赠药义诊楼组成,建筑面积800多平方米。门厅为牌楼式,墙主体由花岗岩筑砌而成,上有浮雕,大门两侧各有六角形石窗一个。大门上嵌明代大书法家张瑞图题写"真人所居"石匾额。大殿面阔三间,进深五间,硬山顶,抬梁式木构架。殿前上方悬有元代大书法家赵孟頫所书"慈济宫"匾。殿内上方悬挂有"花桥宋庙"绣帐,正殿中祀保生大帝。殿内设有药签供信众卜求。第三进为赠药义诊楼。花桥慈济宫赠药义诊所始设于清光绪四年(1878)。明代泉郡一带疾疫流行,本着保生大帝济世救人的宗旨,泉州乡绅商贾联合在宫中成立"泉郡施药局",进行制药、赠药善举,以救一方之难。清光绪六年(1880)改名"泉州府施药局"。

1985年3月,花桥宫恢复义诊,遂名泉州花桥赠药义诊所,所需资金、药材均由南洋华侨及"三胞"捐赠。

4. 台南学甲慈济宫

慈济宫位于台南学甲镇济生路170号,庙内保存800余年历史的宋代雕制的古祖庙神像,是台湾保生大帝的开基祖庙,名列台湾三级古迹。

学甲慈济宫

慈济宫的建立，源自明永历十五年（1661），福建省同安县白礁乡（今属龙海市）的军民追随郑成功渡台垦居，为求渡海平安，便由家乡迎请慈济宫神明：保生二大帝、谢府元帅、中坛元帅三座神像，一同渡海庇护众生。三月十一日在将军溪畔的头前寮平安上岸，并在学甲搭建草寮奉祀三尊家乡神，这便是慈济宫的前身。

康熙四十年（1701），集资重建华南宫殿式庙宇，名为慈济宫。后来多次修缮、增建，形成今日宏伟的规模。建筑包括前殿、后殿、钟鼓楼等，古色古香，巍峨华丽，300余年来屡经整修扩建，形成今日规模。慈济宫占地千余平方米，庙体规模并不大，但庙前广场广达650平方米，两侧竖立着一对台湾著名的大旗竿，地下深9尺、地上高达63尺，为慈济宫救人济世的精神象征。

学甲慈济宫最具特点的是，每年农历三月十一日的上白礁谒祖活动，已历300余年从不间断。最初先民为赶上家乡福建三月十五日大帝生日祭拜，于三月十一日便提早返乡。日据以后，便改在当年登陆地头前寮，举行遥祭的"上白礁"仪式。每年此日，台湾各地神舆、艺阁、信徒会集学甲，举行三天绕境及"请水"仪式。此不只是热闹的宗教活动，更具有饮水思源的寻根意义。学甲慈济宫门前，有这样一副对联："气壮平天，万众同参学甲地；血浓于水，千秋不忘白礁乡。"

祭典队伍长达数公里。"蜈蚣阵"领头，百米"蜈蚣阵"共有36节，每一节坐着一位古装打扮的"扮仙"儿童。民众相信"扮仙"的儿童会变得聪明健康。沿途的善男信女匍匐跪地,让蜈蚣从头上越过。人们相信蜈蚣阵从头上过可以消灾避邪,以祈求平安。来自全省各地的信徒、寺庙神轿、艺阁阵头都会来到慈济宫前的广场,展开热闹的绕境游行,前往当年保生大帝来台登陆的将军溪畔,郑王军民登陆暨上白礁谒祖纪念碑。游行队伍宛如民间艺阵的大集合,包括雄壮威武的宋江阵、八家将、高跷阵,逗趣的斗牛阵、男生装扮的"素兰出嫁",有歌有舞的花鼓阵、牛犁阵、车鼓阵,震耳喧天的八音队、大鼓队、舞龙舞狮队,及形形色色的艺阁等。①

5. 台北保安宫

台北大龙峒保安宫位于台北市西北临淡水河与基隆河的交汇处,占地面积为3000平方米,是难得一见的大庙,也是台北市最大的民间信仰宫观,俗称"浪泵宫"或"大道公庙",为台湾二级古迹。主奉保生大帝老祖、二祖、三祖至六祖,以及平安祖、白礁祖。

台北保安宫

清乾隆七年(1742)同安移民在大龙峒垦荒,由于气候不稳,水土不服,疫病流行,有人回祖籍白礁慈济宫(当时白礁属同安县管辖,现在属龙海市),分灵香火至大龙峒奉祀。开始为木构简易小庙,后来信众以为灵验,故

---

① 慈济宫台南县学甲镇网站:http://www.tcgs.org.tw/index.asp。

于乾隆二十年(1755)集资建正式宫庙。

保安宫为三殿三进建筑。石雕的墙面为19世纪初作品,而中门的一对1804年所建的蟠龙八角檐柱,是保安宫现存最早的石雕作品。后殿主奉神农氏,因此又称"神农殿"。

该庙的最大庆典在农历的三月二十三日,这天要举行盛大的游行表演和13个祭祀团体的"大道法会",并演出极具特色的台湾"家姓戏"。每年农历三月十四日还例行绕境活动,同时有许多传统活动,上午民俗竞技,下午各寺庙轩社、力士会、艺阵等展开拜寿表演,最后的放火狮活动更将绕境推到高潮。

大龙峒保安宫附近有座龙峒山,大龙峒处于龙尾位置,地理优良。加上四十四坎街肆,人潮汇集,香火极旺。保安宫与艋舺龙山寺、清水岩祖师庙并称台北三大寺庙。[①]

6. 台中元保宫

元保宫在台湾省台中市北区赖厝里大雅路。据《台湾寺庙大观》记载:创建于清代乾隆五十六年(1791),由赖厝等十七庄的村民共同捐资建成。道光二十六年(1846)、咸丰七年(1857)、民国13年(1924)都有修缮,规模渐大,香火更加鼎盛。如今设有图书馆,更有中医诊所,为台中市规模较大的庙宇之一。

台中元保宫

---

① 廖武治监修:《大龙峒保安宫》,第4~5页。

元保宫前左右各有古榕树一棵,翠荫门庭两侧。二树之间建有牌楼,门上书"元保宫"三字。楼边为广场,石铺地面,平坦宽广;前殿左右开门,正殿内供奉保生大帝,岳飞元帅、赵康元帅同祀左右。

后殿可入庭园,石山水池,令人耳目一新。后殿两层楼式建筑,二楼殿内供奉玉皇大帝、观音、孔子、关圣帝君等神像。宫内众多文物,以清代为主,列为台湾三级古迹。

据族谱记载,漳州平和心田赖氏后裔第十世祖起(明嘉靖万历年间)就开始有人到台湾谋生,至乾隆五十五年(1790)到台谋生的心田后裔繁衍甚众,在台中市就有赖厝部、墘沟仔、田心等17个村庄。他们合力建立元保宫,取其追念元始,安居乐业,饮水思源之意。

200多年来,祖地漳州平和心田宫,一直被台中市元保宫尊称为母宫,台湾宗亲经常组团回母宫进香谒祖。台湾元保宫内现有石碑记载着有关史实。元保宫的建立不仅使周围17庄的村民有地方膜拜烧香供奉,而且17庄联合起来,以元保宫保生大帝崇拜为信仰中心,形成其宗族组织。按惯例,每年农历三月初一起,从墘沟仔开始,依次由各庄恭迎保生大帝绕境,以保庇合境平安,直至三月十五日回銮元保宫,举行保生大帝圣诞大礼拜庆典仪式。①

第三节　闽台财神崇拜

一、闽台财神及被崇拜缘由

福建与台湾地介东南数省之际,自古为人货交流的交通枢纽,水陆商贸集散中心,华东、华南沿海地区的重要连接点。台湾岛位于中国大陆海岸线的中央,处琉球岛弧与吕宋岛弧的交会点,台湾海峡为南北往来海路的必经之处。海上贸易的丰厚利润,使很多人趋之若鹜。可是,商海和大海都令人难以捉摸。发财难,守财更不易。各行各业都有各自崇拜的行业神,财神又是各行各业共奉的神祇,所以福建与台湾民间广为崇拜。

财神分为文财神和武财神。文财神,据说是商朝忠臣比干、文昌帝君

---

① 台中元保宫编:《台中元保宫》。

等,都可保佑科举高中取仕,可有功禄。武财神为道教的玄坛元帅赵公明、关帝等。福建民间称赵元帅①是五路财神之一,认为他是玉皇御封的财神,纳福降祥,神通广大。台湾有五路神是"东西南北中"之说,除了赵公明、关帝,还有各类财神,如沈万山、土地爷。沈万山是元末明初的巨贾,被奉为财神似乎理所应当;土地爷可保平安和好收成,广开财源。财神的形态,除赵公元帅发威怒目外,其他较为慈祥,或捧大元宝乐呵呵的。

二、闽台比干、赵公元帅、文昌帝君崇拜

闽台民间奉赵公明、比干、文昌帝君为财神较多。

赵公明开始并不算财神。晋干宝《搜神记》说是上帝手下三将军之一,到明代的《封神演义》有了财神的雏形,去世后被封为龙虎玄坛真君之神,率四使者招宝天尊、纳珍天尊、招财使者、利市仙官。《三教源流搜神大全》称赵公明是终南山人,精炼成道,为玉帝手下将军,护张天师被授玄坛元帅,统领多位将领。自跨猛虎,执铁鞭黑面长须。能驱瘟消灾,"买卖求财,公能使之宜利和合"②,福建与台湾的赵元帅信者众多。

作为文财神的是比干和文昌帝君。其中比干是商纣王的叔父,被姜子牙封为"文曲星",科举、功名都由文曲星管。文昌帝一说是天神,《史记·天官书》说,"斗魁戴匡六星曰文昌宫,一曰上将,二曰次将,三曰贵相,四曰司命,五曰司中,六曰司禄"③,所以文昌帝君当时是六星之一。闽台认为文昌帝君是人神,称为梓潼,原名张恶,或张恶子。所谓"文昌星暗,科场当有事",所以文昌帝君也管科举仕途,因而被列入财神。古代"学而优则仕",升官自然有名、利、禄。即使是清官也一样发财。司马迁在《史记·货殖列传》中说:"廉吏久,久更富"④。意思是,清廉的官员任期长,不会因不法而丢官,任期长了,领的俸禄就更多。因此,比干与文昌帝君做为财神是符合传统的。

三、闽台比干、赵公元帅、文昌帝君宫庙择要

1. 漳州比干庙

比干庙在漳州城区振成巷,原为三进,现仅存第二进四方殿,主祀文财

---

① 徐辉:《台湾民间信仰调查过程笔录》,未刊稿。
② 《三教源流搜神大全》卷三,赵元帅条。
③ 司马迁:《史记》,上海古籍出版社、上海书店1985年版,第166页。
④ 司马迁:《史记》,上海古籍出版社、上海书店1985年版,第356页。

神比干,为国家文物保护单位,系漳州七县林姓氏族合建供奉林氏始祖比干。此庙也是漳州林氏祭祖之所,古时林氏家族还以此庙作接待本宗族赴考往来生员用。

宗祠前后进已废,现存中进四方正殿,面积430平方米,坐北向南,面阔三间、进深五间,重檐歇山顶,红色筒瓦,下檐不围合,并留有回廊的痕迹,可见原规模甚大。宗祠确切建筑年代已无考,经专家据主殿实物与结构分析、鉴定,始建于宋代,因清末曾修葺,故亦带有清式建筑的痕迹。

据专家考证漳州比干庙应始建于宋代晚期,是目前福建省为数不多的一座具有较高的历史、科学、艺术研究价值的古建文物。

比干是我国有名的忠臣,深受国人敬仰。古代漳州各朝文武官员,每逢清明时节都得亲临比干庙,感知其做人理念,追忆其丰功伟绩。"文革"前比干庙内仍高挂多块明清状元、探花的牌匾,林震、林釬、林士章均高挂其上。正殿两边厢房各有十几间书屋,供林氏考生住宿读书之用。

漳州比干庙不仅有丰厚的历史文化底蕴,其建筑本身即是一座难得的有较高考古研究价值的古建文物。中国古建筑专家组组长罗哲文、北京故宫博物院院长单士元、南开大学历史建筑断代专家朱光亚教授等多位考古界泰斗、历史学家都曾考察过漳州比干庙。①

2. 泉州龙济宫

龙济宫又名玄坛公宫,俗称引公宫,位于泉州市鲤城区浮桥街官路尾114号。建于明正德年间(1506—1521),奉祀文财神"上清正一玄坛飞虎金轮执法元帅"赵公明,兼祀武财神关帝君。龙济宫是泉州府城仅存的财神庙,专祀财神是龙济宫独具一格的特点。龙济宫经历明清和民国数次落架大修,殿宇基本保持原状。明隆庆(1567—1572)进士、四川按察使张治具撰联"天君如虎奋雷霆,地宅号龙兴云雨"石柱,依然品相完好,是不可多得的镇宫之宝。

3. 漳州平和侯山宫

侯山宫位于漳州平和县小溪镇西林村,始建于明正德三年(1508),主祀玄坛元帅赵公明,民国初年增祀关圣帝君,左侧附建碧云室供奉观世音菩萨。侯山宫正殿前有天井门楼,对面戏台,建筑面积858平方米。

《西山李氏族谱》记载,明宣德七年(1432)举子李峤、张(宽)林等入京

---

① 百度百科:http://baike.baidu.com/view/2872367.htm.

赴考,夜宿贡院,遇火灾,退至供奉各路神明的神房,忽见玄坛元帅金身,正是梦中所见之人,忙将金身拥入怀中,纵身从楼上跳下,安然无恙。张举人身抱二郎神金身随之跳下,结果也只是腿脚受伤。为感神明救命之恩,各奉金身回归故里,择地建庙奉祀。李峤在红厝仑(原名西山岭)建庙设坛供奉玄坛元帅,取名"敦和宫",因其神威显赫,倍受四方信士崇拜,遂成一方名庙。

明正德年间,贼寇四起,为图生存,"西山李"先贤李世浩、李延淳率领全族围筑西山城。正德三年(1508),敦和宫迁建现址。正德九年,著名书法家范允临题西山城"侯山玉壁";正德十二年,敦和宫改名"侯山宫";正德十四年,御史张宽为侯山宫题"握符佑世"匾。

清乾隆二十八年(1763),"西山李"渡台。李创父子专程回故里,奉玄坛元帅金身到南投县草墩建庙供祀,仍名"敦和宫"。后分灵南投、台中、彰化、桃园等地,建玄坛庙20余座。林姓乡民奉香火至台中乌日乡,建"朝仁宫"奉祀。

4. 南投草屯敦和宫

南投县草屯镇敦和宫,被认为是赵元帅的开台祖庙。奠基于永历十五年(1662)春,主祀赵天君财神爷,骑黑虎身背天师金印,手持金鞭,率领四部财神,合以称五路财神爷。2000年建成的铜铸财神爷雕像据称是世界最大的。神像本身高162台尺、放置在7层楼高的敦和宫顶楼,由38片铸铜组成自重达60吨。

敦和宫的财神崇拜有非常鲜明的特点。比方求"发财金",只要带上身份证,抛出"圣杯",就可借600元(台币)"钱母",一年后至少归还本金。

每年春节,当地搭建的五路财神爷桥,吸引无数信众过桥祈求好财运,庙方出借发财金,祈福求平安,祝事业发达。每年正月初十至十五日,届期延请道士举行上元祈安清醮,并有游龙演戏等民俗文艺活动。

农历三月十六日主神玄坛元帅圣诞,由宫中道士诵经,举行祝寿清醮,各方信士敲锣打鼓,抬着猪公、"大寿龟"(粿)来宫朝拜祝寿。一早涌进大批信众,各阵头轮番在庙埕上演出,向财神爷祝寿,祈求财运亨通,街头艺阁祈福,连续数小时绕境,锣鼓喧天,热闹非凡。为财神爷祝寿中,摸财神、金元宝,吃黄金发财粿,还有参加南投县民俗活动,踢毽、跳绳、扯铃、弹腿、放风筝、舞狮、舞龙、独轮车、跳阵、鼓艺等,晚间还有高空烟火秀。①

---

① 台湾南投"敦和宫"网站:http://www.dht.org.tw/profile.html。

5. 台中文昌庙

嘉庆年间（1799—1801）创设的文蔚社与文炳社是台中文昌庙的前身。后来二社合并为一，于同治二年（1863）在现址兴建本庙，俗称四张犁文昌庙，列为台湾三级古迹。文昌庙里供奉着"文昌帝君"、"文衡帝君"、"孚佑帝君"、"朱衣星君"与"魁星星君"共五位文昌。

闽台地区的文昌庙多为官厅或学子集资所建，据说在清道光年间，当地儒者曾玉音，觉得地方学术文风式微，所以结合许多志同道合的朋友，定期聚会研读诗书，推广读书活动。同时又有一批文人，开设私塾，教授礼乐诗书。后来两社合资兴建文昌庙，以提升地方的文教气息，这就是台中文昌庙的由来。

台中文昌庙气氛庄严宁静，大门两旁桂花香扑鼻，宽广的前院，红砖、绿树，不同于其他寺庙的热闹喧嚣。虽然寺庙的规模不大，墙面斑白剥落，但简单的装饰图形，朴实且层次分明的建筑，凸显了古香古色的气氛。

每逢各校考试期间，文昌庙总是香火鼎盛。考生准备好祭祀食品，把自己的准考证放置于此，祈求文昌帝君的庇佑。

庙方一年举办两次考生金榜题名祈福法会，元月以大学考试为主，五月则以高中考试为主。此外，五位文昌与孔子诞辰，初一和十五日均有祭典。

第四节　闽台城隍崇拜

一、闽台城隍崇拜[①]概况

"城隍"祭祀，起于汉代，兴于唐宋。所谓"城"就是城墙，而"隍"即是城墙之外的护城壕沟。古代将城墙与外环的护城河合称为"城池"。"隍"则是没水的护壕沟，后世便将"城池"指城市建筑聚落，"城隍"一词则逐渐成为城市守护神的代称，但民间相信，阴官城隍爷乃是管从现世到来世人的吉凶祸福，比如贫穷、厄难、疾病，甚至丧命。所以，民间对城隍爷的敬畏，远超过地方官。[②]

---

① 徐辉：《台湾民间信仰调查过程笔录》（台北霞海城隍庙），未刊稿。
② 谢宗荣：《台湾的庙会文化与信仰变迁》，博扬文化事业有限公司2006年版，第127~131页。

闽台城隍庙从根源上为一体。台湾现有的城隍庙中,大部分是以福建的城隍庙为祖庙,福建的城隍对台湾有很大的影响。

每逢正月十五日的元宵,五月二十五日的城隍寿诞,十一月初七日夫人妈的生辰以及清明节、七月十五日、十月十五日的祭孤,城隍庙都要举行庙会活动。这些庙会规模大、范围广、人数多。

城隍庙里,每年都有钱、米、衣服、棉被、医药等的施舍,府城隍庙每年农历十二月廿五日为最大的一次施舍活动,每月初一和十五亦有小规模的施舍。还有为人主持公道,排解纠纷的活动。

台湾最早的城隍庙为台南的"府城隍庙",创建于明永历二十三年(1669),其前身为参军漳州籍的陈永华在天兴州承天府东安坊创建的"东宁府城隍庙"。康熙二十三年(1683)清领台湾以后,亦根据祀典在各级省、府、州、县、厅等设置城隍庙。

城隍庙不像文庙只有县以上才能设置,只要有城就可设置城隍庙。泉州和漳州都是府治、县治同城,同时拥有府、县两座城隍庙。

城隍神多为历史上的英烈,许多福建人(俞大猷、施琅、吴英)或与福建有关的杰出人物(如戚继光)被尊奉为城隍神。①

二、闽台城隍庙择要

1. 平潭五福庙

平潭五福庙,又名威灵公庙,原称驻镇都城隍庙,明代始建,清雍正、乾隆年间续建,道光、光绪时重修。庙宇占地面积不大,但却有其特别之处——不仅供奉着都城隍,而且还有一座台湾城隍,因此又有"一庙两城隍"美誉。

五福庙坐南朝北,面积940平方米,从北到南依次有戏台、庙场、城隍殿、后天井,太岁殿等。城隍大殿,是二进深三开门格局,大门面宽14.2米,进深24.8米,属于硬山顶结构,屋脊为双层,保留着凤凰飞吻屋脊的刻画,后殿则是燕子尾巴翘起来的屋脊。

平潭五福庙的大殿顶上,悬挂一把硕大的木制算盘。据说,这是供阴阳判官清算善恶功过的工具,百姓在钱财上起了纠纷,这个算盘一响,将算得一清二楚。在台南、新竹、彰化等地城隍庙门楣上端的背面都安置了大算

---

① 参见郑镛、涂志伟编著:《漳州民间信仰》,海风出版社2005年版,第30页。

盘。平潭五福庙庙宇结构、香火排位设置以及大殿门楣背后悬挂的木制算盘又与台湾台南、新竹等地的城隍庙相似,平潭城隍庙与澎湖的"海坛馆"有深厚的历史渊源,是闽台两地交往史上的重要佐证。①

2. 石狮永宁城隍庙

历史文化古镇永宁现属石狮市管辖,明洪武二十年(1387)设置永宁卫,开始有永宁卫城隍之祀。永宁卫城隍庙建筑面积1407平方米,规制完备。

明嘉靖四十一年(1562),倭寇入侵,永宁卫城失守,逃亡百姓背负卫城隍神像来到石狮。"安之土地祠庙中,盖暂寄居。"②至万历二十年(1592),信众在券内(今宽仁)兴建石狮城隍庙。石狮城隍庙建筑规模奠定于清康熙六年(1667),1990年重修,坐北朝南,占地面积560平方米。二进,正殿奉祀城隍,配祀广泽尊王、观音等,边殿附祀开山殿七大巡。

随着永宁、石狮移民大量前往鹿港谋生,石狮城隍信仰陆续传播到台南、台中、嘉义等地。鹿港城隍庙管理人员及四方善信依然不定期到大陆城隍祖庙朝拜。1936年,鹿港城隍庙信众冒风险组团前来石狮城隍庙进香谒祖。20世纪90年代以来,台南、高雄、彰化、台中等地城隍信徒先后20余次组团来石狮祖庙进香谒祖。菲律宾马尼拉、宿务都有石狮城隍公庙。

3. 台南城隍庙

台南城隍庙位于台湾省台南市中区清水里青年路131号,台湾原为福建省隶属之府,因此名为府城隍庙,是台湾最早兴建的城隍庙,始建于明永历二十三年,清朝几经修复。庙内供奉城隍老爷,配祀二十四司,庙虽小而香火旺。每逢农历五月十一城隍圣诞祈福还愿更是络绎不绝。清朝乾隆年间为台湾主要的七寺八庙之一,现被列为台湾二级古迹。③

4. 新竹都城隍庙

新竹都城隍庙位于台湾新竹市北区中山路上,列属台湾二级古迹,其庙宇规模在当时是全台湾之最。

新竹都城隍庙创建于清乾隆十三年,由淡水同知曾日瑛倡议兴建,1875年设台北府,但府治仍在新竹,因此,为全台唯一的都城隍庙,也是唯一的省级城隍庙;又因显灵御匪有功,光绪皇帝颁赐"金门保障"匾额,更是新竹都城隍庙重要文物之一,其后陆续获皇帝封赠,成为全台官位最高的城隍爷。

---

① 中国平潭网站:http://www.pingtan.gov.cn/2013.1.14。
② 《民国温陵商氏家谱》附记,《佛缘》。
③ 李养正:《当代道教》,载《中国道教协会网》。

新竹都城隍庙历经多次翻修,庙门前的石狮及其他雕饰都有艺术价值。龙柱是台北名师辛阿救的作品,雕工细腻生动,进入大门上方的八卦藻井,为泉州惠安大木匠师王益顺之作。

新竹都城隍庙香火很旺。农历七月的迎城隍活动是当地的盛事,每年从七月初一开始至八月初一东门市场的"东门普"收尾,几乎夜夜都有八家将巡街;七月十五中元节是活动的最高潮,由城隍爷本尊出巡,赈济孤魂野鬼,出巡队伍达数公里;农历十一月二十九日城隍爷生日,城隍庙涌入大量信徒,也热闹非凡。①

新竹都城隍庙

---

① 百度百科:2008 年 11 月 22 日;新竹都城隍庙官方网站(www. weiling. org. tw)。

第五章
闽台客家与少数民族神灵崇拜调查

第一节 闽台客家民间信仰

一、闽台客家渊源

客家民系是在中国长期历史中形成的汉民族的一个支系。客家人原在中原,由于中原天灾战祸等原因,引起中原汉人南迁。客家人约在自隋唐至明清的漫长年代,进入赣南、闽西、粤东北山区,与当地居民以及古越族后裔与畲、瑶等土著居民杂处,互相交流,取长补短,创造出一支与中原文化相通、又具南方特色的文化,称为"客家文化"。这些南迁汉人操一种带中原口音还杂夹江淮官话的语言,称为"客家话"。

明末清初开始,客家人也移民台湾,由于各种因素,入台的客家人在民俗信仰方面,形成了自己的特点,不少做法与福建的河洛移民有差别。田金昌先生认为,台湾移民的过程中,在土地等方面资源的争夺中,客家人数较少,相对处于弱势,所以在民间信仰方面有一定的选择,形成了对农业开垦有较大辅助的神祇,如神农大帝、三官大帝为主祀,而以三山国王[1]、开漳圣王[2]等区域神灵为配祀的民间信仰系统。因为较高神格的神明,各个方面都能接受,具有调和与和谐功能[3],因此客家不但能信奉三山国王、定光古佛,也能信奉闽台多数人都接受的神祇,表达了客家人希望社会和谐的强烈愿望。另外,如惭愧祖师这一客家地区的医神在福建非客家人中也有相当的信众。

---

[1] 徐辉:《台湾民间信仰调查过程笔录》,未刊稿。
[2] 王煌彬:《漳州市云霄县列屿镇、东厦镇节日习俗调查报告》,未刊稿。
[3] 田金昌:《台湾三官大帝信仰》,"国立中央大学"硕士学位论文,2005 年,第 157 页。

客家人与福建非客家汉人在民间信仰上也有一些小的差异。如对三官大帝、土地神等神明的祭祀，客家人本来是不雕塑神像的，只设以"神座"或"香座"的石碑或木牌供奉，而河洛人的习惯是建祠或宫来替福德正神安身。在屏东及高雄很多客家庄，可见这种设神位而没雕像形式的土地公坛，特别是在高雄美浓镇南部开发较早的客家地区，但这在河洛人的村庄中较少见到。又如在天公灯或天公炉的设置上双方有一定区别，客家一般没有天公灯，多以撮土焚香，或对天公炉祭拜。① 还有天公炉的摆设位置也有差异。客家人不同于福建人将天公炉设于正厅的灯梁上，客家的天公炉必须见天，因此一定设在户外，只是有的设在正厅门外、有的设在围墙上、有的设在禾埕中。

二、闽台三山国王崇拜

1. 三山国王崇拜概述

三山国王属于山岳神自然崇拜，后被人格化。三山，是广东潮州府揭阳县霖田都河婆墟（今揭阳市揭西县河婆镇）西面的三座高山，即明山、巾山和独山，三山国王即是镇山之神。据嘉庆二十三年《广东通志》所记载，在广东潮州三山国王传说的发生地只有两座供三山国王的庙宇，其他如嘉应州、惠州府等地都不见三山国王庙的存在。然而，根据我们课题组的田野调查，在漳州发现了近20座三山国王宫庙，台湾更有100多座。由此推论，三山国王应是自潮州往东传入漳州和台湾以后发展起来的。

一般认为"三山国王"肇迹于隋、显灵于唐、受封于宋。隋初隋文帝时期，潮州之三山（明山、巾山、独山）出现神迹。当地人便在巾山之麓建庙奉祀此三山之神，至今已具1400多年历史。唐朝开始，三山神成为当地山神，潮人对三山神普遍顶礼膜拜，每年都要定期祭祀三山神，韩愈被贬为潮州刺史，时逢淫雨伤害庄稼，百姓祝祷求三山神，雨乃止，韩愈便写了《祭界石文》，派人到祖庙祭拜。

到了北宋，"潮州三山神"助宋太宗征北汉刘继元有功，宋太宗诏封明山为"清化盛德报国王"、巾山为"助政明肃宁国王"、独山为"惠威宏应丰国王"，并赐庙额曰：明贶，并敕增广庙宇，岁时合祭。从此，三山神便被统称为三山国王，三山国王庙又称明贶庙。至宋仁宗明道年间，"复加封广灵二字"。至此，"三山国王"经皇封，提升为国家神，成为为国家皇权服务的神灵象征。

---

① 汪毅夫：《客家民间信仰》，福建教育出版社1995年版，第36页。

福建三山国王信仰主要流行于与粤东邻近的漳州诏安、云霄、漳浦、东山等的客家人和福佬人居住地区。漳浦霞美镇山前村和石榴镇梅北村白石头社有三山国王庙。东山西埔镇顶西石庙寺前殿供奉三山国王。三山国王庙在泉州府属较为少见,但厦门岛内的梧村雷仙宫后殿也奉祀三山国王。①

2. 闽台三山国王宫庙择要

(1) 诏安梅岭龙湫庙

龙湫庙位于福建漳州诏安县梅岭镇田厝村西侧,坐北朝南,东邻公路,西接腊洲山,面向诏安湾。明末清初,移居诏安田厝村的田氏始祖见龙行水聚,是块风水宝地,遂择地建庙。当时庙址已有始建于明初的"傍江书院",书院前有二个活泉大水塘,俗称"龙喉出水"。建庙时,"傍江书院"仍按旧址原貌拓建为右厢房,与新建主殿合为一整体,取名"龙湫庙"。庙具明朝建筑特色,重檐悬山顶,占地面积3290平方米,建筑面积276平方米。

据《田氏族谱》记载,"龙湫庙为三山国王庙",五进三开间,主祀王公、王妈与三山国王,上悬"唐宋奇勋"匾。两旁有石柱支撑木梁斗拱,内嵌二对雕有翅膀的木飞鱼,逼真传神,保存完好。当地流传着木飞鱼的传说:清代,有一养鱼者在庙前西侧内屿养鱼,所养之鱼经常在夜间被庙中木飞鱼精吃掉。养鱼者为此特向庙中王公、王妈祈梦,并许愿如木飞鱼不再到屿中偷吃鱼,愿捐置一金香炉,王公、王妈于是显灵,木飞鱼从此被镇住殿内。养鱼人事后爽愿,只打造了一只高约0.8米,长约1米,重数百斤的石香炉,至今完好置于庙前古榕树下。②

(2) 云霄的三山国王庙

福建省漳州市云霄县三山国王崇拜较盛。马铺乡枧河村的水尾庵规模不大,但却十分古老,颇具特色。庵中三尊石雕神像,巾山国王居中,骑虎,执印符、宝剑;明山国王居左,骑豹,执方天画戟;独山国王居右,骑彪,执九节双鞭。三尊石雕神像每尊通高约60厘米,年代久远,雄壮神奇,令人不威而畏。而陈岱镇礁美村的三山国王庙规模较大,主祀巾山国王暨夫人木雕像,偏殿配祀三神,民间称为李明佑、畲人公、南爷公。莆美镇莆东村的三山王爷庙仅祀巾山国王暨夫人木雕像两尊。

上述三庙所在村社,明清以来多有族人迁居台湾,带去家乡神灵香火。

---

① 《梧村社雷仙宫》,厦门市湖里区政协:《湖里区文史资料》第5辑(2000年10月),第191页。

② 《漳州文史资料》第27辑,2002年,第332~334页。

宜兰、彰化、基隆、嘉义、台北、台南等县市是云霄人移居最多的地方,先辈渡台时,凡祖居马铺、陈岱、莆美者,必不忘奉去三山国王香火。彰化县溪湖、员林、埔心、永靖、田尾等乡镇也多有漳、潮籍移民,三山国王庙分布较为普遍。今台湾基隆、宜兰、新竹、彰化、嘉义、台南、台北等地有三山国王庙宇140余座。其中彰化县员林镇"广安宫"最为古老。①

(3)彰化县溪湖镇霖肇宫

霖肇宫为台湾三山国王庙影响较大的庙宇。溪湖位处彰化县的中心点,在浊水溪旧河道及附近沙丘环绕带形成的聚区,清朝时叫做溪湖厝。彰化,居于台湾西部的中心,是先民渡海来台登陆的重要地点,也是开发较早的地方。早期有许多广东潮州人即居住在彰化平原,现称之为福佬客,而霖肇宫即是400年前由客家人所建。

霖肇宫管理委员会编写的《荷婆仑霖肇宫三山国王沿革志》(1996),记载了400多年前三山国王最初传入台湾的情形。明万历十四年(1586),广东揭阳马义雄、周榆森二人带着霖田祖庙三山国王香火跨海到台湾,登陆后东行抵达现庙址的小仑(山丘)附近。当时因思念故乡"河婆",加上附近有湖泊产莲"荷",于是命名当地为"荷婆仑",并将三山国王的平安符香包安放在沼泽的大树下。第二天一大早,有人目击三匹白马徘徊,被当地人认为是三山国王神威显灵,人们即将香火袋供奉起来。

从此,荷婆仑附近人口平安,风调雨顺,田阜年丰。第二年(1587)以竹架、茅草搭建小庙奉祀膜拜,并将该庙命名为霖肇宫,即霖田祖庙三山国王在台肇基建宫的意思。

当时粤籍移民来溪湖地区的三山国王信徒越来越多,12年后信众集资首次大翻修霖肇宫,相传当时信众特地从揭阳县河婆镇聘请木雕师傅,雕塑巾山、明山、独山三座神像,还从河婆镇霖田宫请来一把"驱邪押煞七星宝剑"送给霖肇宫当镇宫宝物。

溪湖霖肇宫随着移民垦地的扩散,分灵兴建三山国王庙的数目也越来越多,遍布在彰化县包括埔心、田尾、永靖等乡72个庄落,全县18座三山国王庙多数是霖肇宫的分支。

霖肇宫正殿神龛上悬道光二十八年(1848)"鼎峙英灵"匾额,宫后凉亭内还有道光十五年知县杨桂森所题"霞杯胜地谶文"篆文石碑,都见证了霖

---

① 吴跃红主编:《漳州与台湾同根神祇》,广角镜出版有限公司2004年版,第218页。

肇宫当年胜景。

为纪念三山国王莅台开基,台湾信众们在1986年举行了三山国王入台开基400年的庆典活动。①

(4)屏东县九如乡九块厝三山国王庙

九块厝三山国王庙位于台湾屏东县九如乡九明村,建于明永历五年(1651),又称"明贶庙",至今300多年历史,是台湾历史最悠久的三山国王庙之一,也是保存最完整的客家庙宇,目前已经核定为台湾三级古迹。

庙宇的建筑为三殿二厢房,正殿奉祀三山国王。庙内所藏的神龛、桌案、香炉、签筒等,年代久远,实属珍贵。后殿墙壁的龙堵是交趾烧的艺术品,庙内的彩绘门神、乾隆年间"威震海东"的古匾,以及后殿上方嘉庆年间"慧光南海"的匾额等文物皆相当珍贵,曾获选文建会历史建筑百景征选第31名。

"三山国王庙王爷奶奶回娘家"是屏东县麟洛乡和九如乡的年度地方盛事,屏东县政府亦为此举办过文化祭活动。活动开场由麟洛乡的信众,前往九如乡三山国王庙,迎接王爷奶奶回"娘家",至福圣宫、开明堂安座;数日后,再由九如乡三山国王庙信众,前往麟洛乡恭请王爷奶奶回驾。整个活动重头戏是出男丁活动,所有神轿、阵头伴随王爷奶奶金銮,绕境祈福地方平安。②

第二节　闽台少数民族收获祭祀信仰

在台湾,少数民族被称之为"原住民",是台湾早期迁徙入岛的族群。台湾少数民族信仰万物有灵,如山有山神,水有龙王,树有树神,万物有灵。台湾少数民族一年中最隆重的民间信仰活动是每年秋收后的当月,或月圆之时,或月初之日举行祭祀祖先神灵的仪式,当地人称之为收获祭。

2011年9月至2012年12月,《闽台历史民俗文化遗产资源调查》课题组先后四次赴台进行田野调查。巧遇新北市三枝乡阿美人原居民"丰年祭",并采访台东卑南人的小米祭、苗栗赛夏人的短人祭等,现概括如下:

一、台湾排湾人、阿美人和泰雅人收获祭的主要内容

台湾收获祭(丰年祭)是台湾少数民族旧时因生产需要而产生的农业信

---

① 江健男:《在地新闻》tw.myblog.yahoo.com/。
② 百度百科:http://baike.baidu.com/view/。

仰民俗。具体而言，是农作物栽种或收割前后各民族为预祝或庆祝丰收，感谢祖先神灵，祈愿和禳祓除病而举行的祭祀。

台湾新北三芝乡"原住民"2012年丰年祭

据台湾总督府临时台湾习惯调查会资料说："祭祀分为在特定时期举行（定期祭）和临时举行（临时祭）二种。前者如五年祭、粟、稗、芋等农耕有关之祭祀及猎神祭；后者如土地祭、社神祭和疫疠祭等，在不吉之事发生时举行。……凡定期祭均依古例，必到定期方可举行，如有违背必受神灵谴怒。在大祭时番祝招呼祖灵说'汝所家之时已到'（djemaljuanga suvinqacan）在五年祭时说'年来，月来'即表明此意。这说明排湾族并无日历之观念。因而虽说定期举行，并非像邦人所订某月某日，而只是以粟、稗等之播种、收获等为准，依月亮之盈虚订定日期而已。"①

课题组所到采访之地的排湾人、泰雅人和阿美人，收获祭有三道隆重的程序：

一是确定祭祀场所。收获祭为社祭大祭，仅次于五年祭，一律于祖先居

---

① 台湾总督府临时台湾习惯调查会：《番族习惯调查报告书［第五卷］排湾族·第三册》，"中央研究院"民族研究所2004年初版，第45页。

住过的房屋内举行,不另建祭屋;大头目家往往把祖先居住过的房屋做为禁地,平常不净之物不可接近,祭祀时在此地供祀,行祈祷之仪,自己则另建家屋居住。

二是祭祀时日确选。收获祭为社祭,在族内是定期祭。阿美人的社祭非粟收当月的月圆日不祭。排湾人的大祭有五年祭、粟收获后祭、地神祭、社神祭和首级收藏祭等。祭日确定也不尽相同,在确定祭日时还有一个预告祭,即在大祭之前要预先奉告祖先之灵。五年祭一般在本祭之前五、六个月进行,粟之播种祭及收获后祭则在本祭之前夜,对大头目家前庭的立石(番称 djungalj)祝呼太祖之灵后,奉告祭期已到,即将举行某祭之意旨。不同的社所行的方式虽然有所不同,但都有预告仪式。① 可一日祭也可连续数日祭。

三是祭祀程序不变。泰雅人旧时的粟祭,大多社组织把传统的狩猎祭与收割祭结合举办,一般放在农历八月下旬农闲时举行。据乌来乡高江孝怀的母亲介绍,泰雅收获祭之前,男人进山打猎,女人在家织布、备制小米酒以备节日的到来。收获祭当天,全族人歌舞狂欢,以猎获的兽肉聚餐,由大头目念祭词,感谢上天神灵和祖先的保佑,期盼明年有更大的丰收。与其他文献资料中对其他少数民族的农耕祭祀习俗记载是一致的。

在阿美人部落,传统的粟祭中,族人们穿着传统服装,载歌载舞祈祷来年五谷丰登。在卑南人中,人们则聚集在各社的会所,接受长老训勉,祭师将新割小米送进仓房,随后进行筛米、捣米、制糕等程序,最后全族人共同享受美食,祈求一年衣食无缺。"收获祭"还有一项职能,就是长老通过每个人的表现,考察下一个部落的首领人选。

新北市三枝乡的阿美人传统粟祭在秋季丰收后的月圆日举行。过去是为了欢庆小米丰收祭祀神灵、祖先,祭典在小米收获时举行。日据时期,日本政府强制原居民学习耕种水稻,使得稻作技术作业展开,并形成规模。② 后来的丰年祭便改在稻米收割时节进行。台东地区的阿美人在农历七月,花莲地区的阿美人在农历八月举行粟祭,又称收获祭。各社举办的收获祭又各有特色,有的办一天,有的长到七天。

---

① 台湾总督府临时台湾习惯调查会:《番族习惯调查报告书[第五卷]排湾族·第三册》,"中央研究院"民族研究所 2004 年初版,第 53 页。

② 松岗格:《日本稻作文化对台湾的影响——论日治时代台湾殖民地政府的相关稻米政策 Influences of Japanese Rice - Cropping Culture in Taiwan》,2009 国际人类学民族学第 16 届世界联合大会论文。

二、台湾排湾人、阿美人和泰雅人收获祭的历史背景

台湾少数民族收获祭之所以有如此隆重和严格的程序有其一定的历史背景。

北斗位于彰化县平原的东南隅,台湾古商城鹿港溪南岸,旧浊水溪北岸。清朝以前,原居民以原始的渔猎粗耕为主要经济形态。据《番社采风图》之"刈禾图"载:"漳邑各番社男妇耕种收获小米禾稻,至七月间定期男妇以手摘取不用镰、铚,淡防各社亦如此。"① 在北斗镇志中记载,荷兰据台之前和之时的原居民,经济产业是渔、猎、稻、粟的原始农耕渔猎生产方式。生活上,居住"填土为基,编竹为壁,茅草为屋罩,为防潮及雨水,土基架高,须架梯才能进屋。粟和稻谷置放在屋外数米远的粮仓,可防潮防腐。屋舍外围是圈围,四周种植果木,茂密的刺竹层层环绕"。吃的是糯米和粘米,出工时糯米捏成饭团带在腰间,或把米浸在竹筒内,以薪柴煮成竹筒饭。社民亦懂酿酒。一般而言不吃狗肉。其他肉类连毛带皮烧烤,肝生吃,肠熟食,小鱼腌食。服饰上,男子冬以鹿皮为衣,夏以缕缕麻片围绕下身,后受汉人影响,渐改为布衣。妇女盘发用青布包起,上衣短至脐上,下身以布围起,膝下到足裸用青布打绑腿。幼童剃发,到十余岁才留发,婚后四周又剃去。东螺社男女都喜欢穿大耳洞,有人甚至因此而断耳。每年九、十月收获以后,社民赛戏过年。男女老幼穿上最漂亮的服饰,青壮年头上插着五彩鸟羽,一起欢度节庆。社民把最丰盛的酒菜摆出来,大家开怀畅饮,唱歌跳舞。②《续修台湾府志》曾收录一首"东西螺社度年歌":"吧园吧达叙每邻无那(耕田园),马流平耶珍那麻留呵搭(爱年岁收成),夫甲吗溜文兰(捕鹿),甘换麻文欣麻力(易银完饷),密林吗流耶嚎畔含(可去酿酒过年)。"③

以上历史文献和台湾当地史志文献资料足以说明,台中平原一带的少数民族的原始生产方式以及节庆祭祀形式和时间选择与大陆西南、中南地区的苗族、侗族、壮族、水族等古代稻作民族基本一致。壮侗苗瑶水等民族最早耕种的都是以糯稻为主,吃团粑饭,从江县岜沙苗族男人头发至今仍然

---

① 周玺:《漳化县志》,转引自张哲郎总编《北斗镇志》第一章《北斗的先居民》,北斗镇公所1997年版,第112~113页。
② 转引自张哲郎总编:《北斗镇志》第一章《北斗的先居民》,北斗镇公所1997年版,第113~115页。
③ 余文仪:乾隆《续修台湾府志》,南投市台湾省文献会1994年重刊,第566页。

是四周剪去,留头顶的一撮长发,男女穿耳吊大环,节庆日身穿五彩鸟羽,每年最热闹的时候不是汉人的春节,而是半年祭或收获祭,即尝新节或收获祭。云南的佤族、基诺族、彝族俫支、景颇族等,远古时候,为了收获祭和男性成人礼,要用头发或胡子茂密的人头做祭奠,在台湾泰雅人中称"锄草"。

明代前后至清朝初期,大量的泉州人和漳州人涌进台湾岛内,想方设法甚至不惜流血械斗开拓家园田产;荷兰人占领台湾后,汉人为"社商",和平埔人交易鹿皮。从此,平埔人打破原有的自给自余、丰衣足食的生活模式,与外界接触频繁起来。这些少数民族为之丢失田产家园,主要原因有:在泉漳人争夺战中帮一方而被另一方追杀,被迫弃田产逃离家园;不满政府苛捐杂税起义反抗失败,背井离乡逃生;汉人与之结为兄弟分田地、汉人娶其女分田产;租赁不当失田产等。古朴憨厚的平埔人最终计谋不过朝政者和奸诈的汉人,被赶进深山形成时今的居住生产生活方式。原来的稻(粟)作生产方式和因稻(粟)作生产约定俗成的民俗文化也随之发生演变,再因高山寒冷和缺水,没有了水稻耕作的条件而只能旱(粟)作或只能以狩猎为生。稻(粟)作祭祀也演变成单一的狩猎祭、粟祭。

湾南王部落大狩祭昭告祖灵

据《北斗镇志》载,台湾光复以后,原迁居到林仔城(后改为蓝城)的平埔后人,只能从姓氏中寻找到东螺社的丝丝踪影。现在村中的豹、宇、茆、乃、坠诸姓都是东螺社的姓,而村民们大都兼有平埔人与汉人的血统。

由此可见,台湾原居民的少数民族现今传承的民俗有着复杂的历史背景。

三、台湾少数民族收获祭中的政府行为

就台湾原居民的丰年祭而言,据考察和考证,近几年台湾丰年祭主要在每年的7—9月举行,综合台湾各媒体的相关报道,其主要内容是,台湾各民族在粮食(原为小米,日据时期后期有改为稻谷)收割、尝新、入仓等收获的各个环节开始或结束时,举行向祖先神灵祷告,祈求保佑农作物顺利收获,并预祝来年五谷丰收、人畜两旺的全民祭祀仪式,祭典一般在1~7天左右。由于居住环境及种植作物的成熟期、收获期不同,因此各地的节期也不尽相同。

近几年在政府的主持下,收获祭与台湾各地少数民族的收获祭一样,改称"丰年祭",时间也由粟谷收获的月圆择日改由因主持单位决定节庆日。正因为这样,才为我们课题组提供了一次可遇不可求的观摩机会。2011年9月23日(农历8月26日,秋分),本课题组安排4人专程赶到新北市三枝乡观摩阿美人的丰年祭节。

三枝乡阿美人的丰年祭

三枝乡阿美人的丰年祭是临时租的一处场所(空坪),由乡公所组织的活动筹备人员组成会务组现场办公,除了政府支付活动的费用外,还现场收取参加者的捐款,凡交了钱的人可得一套"民族衣服"和参加结束后的聚餐。乌来乡泰雅人2011年的丰年祭则因为资金不到位,推迟到年底前才草草做了一个小规模的丰年祭,在外工作的乌来乡泰雅人没几人回去参加。课题

组经实地考察,并研究了大量的台湾原居民文献资料后所得出的结论是:现今被网络和媒体炒得人尽皆知的台湾丰年祭(节),并非是台湾(14个)少数民族本民族按照传承规律自然、自觉传承的旧俗节日。准确地说,是当地相关部门为了开发旅游文化产业而在原有的历史民俗基础上进行加工、补充、丰富、综合后的新节日现象。

第六章
闽台民间鬼仙与女神崇拜民俗调查

第一节 闽台鬼魂崇拜

一、闽台鬼魂崇拜兴盛的社会历史背景

闽台民间信仰的特点非常鲜明,崇拜对象庞杂,最能反映闽台民间信仰特色的大概是"鬼魂"的崇拜了。曾有国外学者认为,中国民间"鬼的祭祀是在庙外或后门之外举行的。他们被视为危险甚至有害的东西","人们公然把他们比着土匪乞丐和强盗。很显然鬼是人们不喜欢的危险的陌生的超自然的代表。"① 可是,这结论显然与福建和台湾情况不同。闽台两地均崇拜野鬼,且不是把他们放在庙外祭祀,而是建立了影响很大的宫庙,祭拜的香火非常旺盛。

漳州祭祀鬼魂的宫庙有数十座,进入民间信仰宫庙数前10名,有数座大众爷庙始建于唐代。除了王爷外,较常见的还有有应公与大众爷。有应公与大众爷的神庙在福建随处可见。我们在田野调查过程中曾留意漳州的田垅间,田头田尾许多地方树有祭祀有应公的小庙。即使在房屋密布的漳州城区,如元光南路的街道两旁的社区,也有坂仔顶、田中央、草寮尾、新浦路等4座有应公庙宇。与土地爷一样,这类神庙比较小,有些在田野里,甚至只用三块砖头垒起来。事实上,无论在福建或台湾,专家公认土地庙为所有神明中庙宇数最多的,但是据台湾学者刘枝万1960年调查统计,台湾的民间宫庙数之中,王爷庙居第一位,为730座。以后的相关调查也证明王爷庙的数量还是最多的。②

---

① 韦伯:《儒学与道教》,江苏人民出版社1995年版,第1~18页。
② 谢宗荣:《台湾的庙会文化与信仰的变迁》,博扬事业文化有限公司2005年版,第24页。

福建与台湾鬼魂崇拜的兴盛,与福建与台湾独特的地理人文有关,为中原移民福建和闽粤东渡台湾的辛酸艰难的写照,反映了闽台开拓发展的一个重要部分。

1. 福建鬼魂崇拜的传统

福建历称"好巫尚鬼","尚滥祀,超越佛道二教。"①宋代,福建的崇鬼达到了泛滥的地步,"(陈)淳窃以为南人好尚淫祀,而此邦尤甚。自城邑至村庐,庐淫鬼之有名号者至不一,而所以为庙宇者,亦何啻数百所。"②明清时期,"俗尚淫祀,多以他邦非鬼立庙,互作淫戏"。"所祀他乡之鬼,更多是为它乡非鬼立庙,会首林立,盛于南宋。"③从宋代起,福建官方就设有厉坛、义冢、漏泽园制度。官方的做法,促进了福建民间祭祀无祀孤魂,收埋骸骨习俗的形成。民间遇有枯骨尸骸,亦会主动收埋,如祈求事件有灵,则建祠祭祀。东山甚至收集海上漂流的死者,集中埋葬,称之为海兄弟,并建庙常年祭祀孤魂野鬼亡灵。

农历七月十五日,俗称"七月半",民间以中元节为"鬼节",此为地官诞辰之日。福建更是将其延伸扩展为"鬼月",在七月初一至三十日之间有"普渡"之风俗。民众都要准备牲酒肴馔,祭祀祖先。各乡社街巷按各自传统日作"盂兰盆会",延僧念经,谓之"普渡"。各村境以丰盛的祭品轮流祭祀那些流离失所的孤魂野鬼,欲使之饱食而不危害人间,以热闹的法事和仪式救赎亡灵。施孤主要是施济阴间野鬼,让其早日超度转胎投生。

在宋代,福建的普渡祭祀是按朝廷规定"法斋行事,毋得出谒,宴饮、贾贩及诸烦扰"的要求;至清代,奢靡渐成风俗,结怨械斗酗酒闹事,聚众赌博等陋习出现,尤其是清道光之后,已成社会陋俗。实际上,佛教的盂兰盆会,道教的中元节及民间信仰的普渡,超度野鬼孤魂的习惯都集中在农历七月。

历史上多次发生北方移民入闽,移民生活艰难动荡的历程,提供了"孤魂野鬼"产生的条件。所以有"田头田尾有应公"的俗语。孤魂野鬼或是异地从军、客死他乡,或是青面獠牙、大块吃肉,或是当神的兵马……差不多都是男性。所祀的鬼魂,多数为非正常死亡,或没有后代,灵魂飘荡,无依无靠,无人超度,饱受地狱之苦。

人们祭祀孤魂野鬼,一方面是给予同情,另一方面则是惧怕它们对活人

---

① 《芗城区志》卷三十八《民俗》,方志出版社1999年版。
② 光绪《漳州府志》卷三十八。
③ 《芗城区志》卷三十八《民俗》,方志出版社,1999年版。

为害作祟。所以对客死他乡的遗骸都要收葬,还举行"普渡"这种大仪式来超度和祭祀,以避免野鬼危害。①

福建本是个森林密布的地区,瘴气极重,北方移民水土不服,就是当地土著也容易患病致死。

除了兵灾,频繁的自然灾害,疾病,匪盗,械斗也使得福建所属各邑产生了大量的无主骸骨,为鬼魂崇拜的兴盛提供了必要的客观条件。

2. 台湾的鬼魂崇拜

在台湾,祭祀孤魂野鬼一般是祭祀大众爷公或有应公。王爷的开基庙多是大陆漂来的王船或从大陆分灵而来的香火。对于无后代的先人崇拜的另一种方式是民间施孤,以体现人类的一种怜悯爱心。先民从大陆渡海来台湾,披荆斩棘,历尽艰辛;家乡的本土鬼神观念、信仰便很容易在台湾得以承续。

台湾明郑时的厉坛、义冢之设不详。清统一后,沿袭明制,台地各属府、厅、县大多设有厉坛,据《台湾通史》记载,台湾府、台南府、台北府、澎湖厅、嘉义县、凤山县、恒春县、彰化县、云林县,新竹县俱设有厉坛。官方依礼制定期祭祀境内无主、乏祀的孤魂,厉鬼。澎湖为先民渡海来台的中转地,较早就建有无祀祠。②

苗栗后龙镇海边的无名石头坟特写

---

① 林美容:《鬼的民俗学》,台湾文艺新生版1994年版,第59~64页。
② 连横:《台湾通史》卷一、卷十,广西人民出版社2005年版,第131~140页。

苗栗后龙镇海边的碑坟远照

清人胡建伟《澎湖纪略》载有澎湖的两处无祀祠。其云："无祀祠者……其礼始自明洪武三年颁其祭于天下，凡郡县立坛于北郊……今澎湖易坛以庙，虽非古制，而祭孤之礼，意则一也。"澎湖的易坛为庙，与漳州的做法是一样的，厉坛与庙祠有时是合一的。

清朝早期，台湾即有官设或官民合设之义冢。旧志可考者，约有一百多处。《台湾近代史》将同善堂、积善堂、厉坛、大众庙、万善同归、有应公等皆列入义冢之属，说明了有应公一类庙宇与厉坛、义冢制度之间的密切关系。①

台湾被祭祀的鬼魂中特有一种神灵叫"义民爷"，这是福建没有的。义民爷与大众爷有相似之处，均为孤魂之祀，所不同的是，前者多死于所谓"义"，而后者则多死于非命。绝大多数义民的来历是康熙六十（1721）年，朱一贵、林爽文在冈山起事，不久台湾省各地相继响应，宵小盗匪也趁机打家劫舍，新竹一带的客家人，为捍卫乡土，乃组织自卫队与盗匪抗衡，乱平后，地方人士将死难之士的尸骨合葬，称为义民冢。义民还包括死于族群械斗中鬼魂，族群械斗是不同祖籍的人们相互间因利益冲突而引起的争斗，所谓"漳人党漳，泉人党泉，粤人党粤"，②闽粤间、漳泉间，甚至于同府不同县间，争斗不已，以至"器声遍野，火光烛天，互相斗杀，肝脑涂地"。③ 在这种族群械斗中，闽人死于粤人，自称为义；粤人死于闽人，亦自称为义，漳泉间同样如此。

---

① 简荣聪：《台湾近代史》（宗教篇），台湾省文献委员会1995年版。
② （清）姚莹：《东溟文集》卷四，台湾文献丛书本。
③ （清）陈盛韶：《问俗录》卷六《分类械斗》。

新竹县义民庙、义民冢、客家人祖塔

"普渡"之俗由福建人传布到台湾,在台湾大行其道。"抢孤"、"放水灯"等习俗亦传到台湾,在台地与各种民俗活动相结合,形成了与福建和漳州基本相同的"鬼月"祭祀文化。移民崇信鬼魂的传统,官方的厉坛、义冢制度,再加上历史上各种原因产生的众多无主骸骨,造成鬼魂崇拜在台地的兴盛。

新竹义民庙祭放河灯

二、闽台鬼魂崇拜的分类

闽台的鬼魂崇拜非常庞杂。在归类上,即使是研究较多的闽台两地学者也多有争论。我们根据所作的调查和向多位专家请教,拟分为王爷、大众爷、有应公三类叙述。王爷是非正常死亡的鬼魂中神格最高者;大众爷多是群体埋葬的,有些还有神像;有应公多为田头小庙,最多有个牌位,极少见有神像(近几年有些庙也开始雕塑神像),或为各处死亡的遗骸,收集而群葬。

1. 王爷

王爷一般被认为是瘟神,流传过程中成为治"瘟"镇邪之神。闽南与台湾的王爷,传说中几乎都是文人或中举者,因种种原因非正常死亡,称为"王爷"或"王公",是闽南与台湾最流行的民间信仰之一。过去的流行病一发生,民间就要"送王船"。[①] 把载着王爷的"王船"放入大海,让王爷押走瘟神。

民间的"送王船"

闽南与台湾常发生瘟疫,因此瘟神也多,关于王爷的来历说法很多。有说是西周忠臣义士的英灵所化;或说是秦始皇焚书坑儒被活埋的 360 名博

---

① 王煌彬:《漳州开发区石坑社区"送王船"调查报告》,未刊稿。

士;也说是唐代360名冤死的进士;或者说是明末不愿受清朝统治自杀的360名进士等等。传说虽不同,但都是死于非命,曲折地反映了古人对瘟疫的恐惧心理。闽台"王爷"通称"代天巡狩"。相传元顺帝命36名文武进士戏谑张天师,进士遭雷击而亡。张天师悯其无辜屈死,请帝追封为"代天巡狩王爷",后人塑像庙祀。以前总认为王爷神是瘟神,其实是驱瘟之神。

在众多王爷中"五福大帝"地位比较突出。五福大帝,又名五灵公、五瘟神。五福大帝也称"五方瘟神",是民间的逐疫之神。传说明朝崇祯年间,泉州城五县之举子,路过福州南门外白龙山五瘟庙,梦见五瘟庙之神将瘟毒投入井中,欲将全福州人毒杀,慈悲心肠,由衷而发,五位就跳落五口井自尽,以示全城人民,这五位举人分别是晋江张生、惠安钟生、同安赵生、南安刘生、安溪史生。福州民众感其大义之举,奉之为福州一带乡土保护神,世代祭祀。五福大帝信仰传到闽南等地后,逐渐脱胎为"池王爷"典故。瘟神"五福大帝"遂与王爷"五府千岁"混同。

2. 大众爷

在闽南,大众爷的神格通常高于有应公,记录和年代也比较清楚。如南靖的石门岩主祀大众爷①,开始于唐长庆二年(822)奉祀的万善神;平和慈惠宫建于嘉靖四十三年(1564),祭祀与倭寇作战牺牲的官兵。他们都是有一定身份的游魂,受祀而为神。

林富士先生综合了各种意见分析,台湾的大众爷有三种形态:"一是和一般的有应公没什么差别,只是众多孤魂野鬼的总称;二是和佛教信仰结合,成为冥府之神;三是成为有名有姓的大将爷,而和一般的王爷几乎没有什么差别。"②其实,大众爷因为收纳的尸骨或祠祀对象数量比一般万善堂、有应公为多,且有显灵事迹,广受地方信众的祭祀,故能成为鬼中之长,升格为神明,并掌管地方有关阴间的大小事情。小自孩儿受惊、大到万善堂的搬迁整建,都必须由大众爷出面做主与阴魂沟通之后才能平安顺利。这点是一般万善堂、有应公所无法做到的。

3. 有应公

有应公称呼名目繁多,如有"金斗公"、"有英公"、"大墓公"、"水流公"、"万善爷"、"好兄弟"、"团仔公"、"阴公"、"义民爷"等。有应公庙宇常分布

---

① 徐辉:《台湾民间信仰调查过程笔录》,未刊稿。
② 林富士:《孤魂与鬼雄的世界——北台湾的厉鬼信仰》,台北县立文化中心出1995年版,第65页。

于偏荒野地,规模不大,有的"高不过寻,宽不及弓"。闽南与台湾民俗习惯,对被收葬的遗骸不认为是"厉鬼",为之建了一个三面墙壁的小祠(有的仅几块砖或三块石头叠成),成为有人供奉的"公妈"。由于四时祭祀、许愿,一般认为很灵验,称"有求必应"。由于这田头田尾的"公妈"很多连牌位都没有,更没有神像,庙前大多悬挂"有求必应"的红布条,故称之为"有应公"。这名称当然也希望"公妈"能"有求必应",庇佑百姓。

台湾苗栗县后龙镇外埔村,有一座小庙,当地王先生向课题组介绍说是村里的阴庙。据说这家兄弟是外来姓,但为人非常善良,有求必应,经常主动帮助村民。因他们无儿女,死后,村人念他们的好,为他们兄弟修了这座阴庙,每年的七月半或清明,村人都会主动去烧纸焚香祭拜。

苗栗县后龙镇有对联的小阴庙

由于有应公与大众爷性质上相近,让人不易分辨,而且民间信仰本身的随意性,使有应公与大众爷总是有些交叉,有些混淆。总体说,大众爷庙是可以祭拜求平安的,在位阶上比有应公及万善爷高。陈小冲认为,台湾的有应公是孤魂野鬼,大众爷是鬼界中的管理者;有应公的庙较小而简陋,大众爷庙较大而有塑像。[①] 这与漳州民间的做法大致相同。

---

① 陈小冲:《台湾民间信仰》,鹭江出版社1993年版,第171页。

按照鬼魂神格的高低,祭祀的规模也是由高到低。王爷的作醮和送王船,是本类神灵祭祀中影响最大的,规格也最高。就整体说,祀鬼的祭典规模大,祭品丰盛,比祀神有过之而无不及。祭祀大众爷、有应公之类,却没有祭祀王爷那种盛大规模,只是设庙供奉,而且没人在私宅中进行,这是因为祭祀孤魂野鬼的场所是"阴庙"的缘故。

课题组在漳州云霄东厦镇竹塔村一座有应宫详细调查村民知道大致有7位有姓名无后人的鬼魂。

三、闽台鬼魂崇拜部分宫庙

1. 泉州富美宫

泉州地区的王爷信仰极其盛行,王爷宫几乎遍布各村各里。然而,被誉为泉州地区王爷宫的"总部"或"行宫",则是位于泉州城南万寿路水巷末端的"泉郡富美宫"。

富美宫主祀萧太傅王爷,俗称"阿爷公",即西汉名臣萧望之。萧望之,字长倩,东海兰陵(今山东省苍山县兰陵镇)人。汉宣帝时,历官平原太守、左冯翊、太鸿胪、太子太傅,受遗诏辅政,领尚书事,拜前将军。萧望之为官刚直清正,不畏权势,忠心辅国为民,因而遭汉元帝宠信的宦官弘恭、石显等人攻击诬陷被迫饮鸩自杀。

富美宫是泉州地区王爷庙"总部",除主祀萧太傅王爷外,还配祀文武尊王(唐代的张巡、许远)和二十四司(商代的金素、吉立、姚宾,春秋战国的扁鹊、伍员、白起、田单、侯嬴,汉代的纪信,东晋的温峤,隋代的李大亮、吴孝宽、范承业、池梦彪、邢明德、朱叔裕,唐代的薛仁贵、雷万春,五代的康保裔,宋代的包拯、叶适、岳飞,明代的徐达、罗伦)。富美宫所崇祀的王爷神都是历史上曾为国家、民族做过重大贡献,深受人们敬仰的忠臣清官或英烈义士。

富美宫祭祀仪式相当隆重。过去富美宫每年按例要举办多次祭祀活动,灾患之年还要不定期举办水醮、放水灯、送王船以及群众性的水普等。远在晋江、南安、惠安、安溪、同安以至厦门、漳州、龙岩等地的善男信女都闻讯前来参加,地方绅士、县官也来参加祭典,泉州各戏班争先献演。

在富美宫举办的祭祀仪式中,最具特色、最有影响力者要数"放王船"。富美宫所放王船是大型木船,能承载二三百担,类似官船。据《泉郡富美宫志》记载:船上中部设有萧太傅指派的神明神位(三、五或七位,甚至十余位配神,还有班头爷等),有的是木雕金身,有的用标上某王爷尊号的令箭。神座前陈列香案桌,排有香炉、烛台和供品,神座左右排列纸扎的人役和乐队。船两旁插有仪仗木牌、凉伞、彩旗和刀、枪、剑、戟等兵器。后舱装有信徒奉献的柴、米、油、盐、米饭、药材、布料等各种生活用品以及炊事用具。还有在船上放置一只带有金或银耳环的白色公鸡(报更鸡)和活公羊。王船由萧太傅择日下水,信徒们纷纷前往赞筵、犒赏,道士送船祭礼,热闹非同一般。王船下水,要选择几位识水性者佩带符箓登上王船,在鼓乐、鞭炮声中起航顺晋江下游驶出海口,然后在海滩停泊,择定方向,举行交班仪式。王船上的人将佩带的符箓焚烧祷告,意将王船交给神明。船上人上岸,王船张帆起锚随风逐浪而去。

明清以来,王爷信仰在泉州地区特别盛行,随着移民的不断向外传播,在海内外出现了很多分灵。作为"王爷庙总部"的泉郡富美宫主祀的萧太傅王爷及其配祀神分灵最多,遍及闽南、台港澳、菲律宾、新加坡、印尼、马来亚等地,台湾多达2000多座。

2. 漳州西街王爷公庙

漳州教苑代天府巡狩王爷公庙,位于芗城区瑞京村西街教苑,始建于明洪武十年(1377)。明洪武丁巳年(1377),漳州城西隅教苑乡民于洪水中获得一面"代天巡狩朱王府"神牌,当地百姓为求神灵保佑,乃集资建庙。明末海寇攻陷漳州,教苑王爷公庙亦遭破坏而坍塌。清代初,政局稍为稳定,当地人对该庙重新修建。同治三年(1864),太平天国军攻入漳州,庙再遭损毁。后虽经乡人发起重修,但由于人力财力不足,只能简陋修整而已,直到1980年和1994年二次修葺,才恢复原貌,并翻录重刻"神牌玉印"以及旧石柱对联。其中有副石柱对联曰:"教经始自汉道藏宝箓垂传百世,苑府建于明布泽施恩庇荫万民。"

西街王爷公庙建筑风格独特,屋梁与庙中轴线成平行直线,在面西山墙开正门,庙坐东朝西,硬山顶,单进,面阔一间,庙前棚式搭盖,深四间,前有亭,占地面积2572平方米。主祀朱府王爷,配祀池、李、温、康四府王爷,附祀桨宫爷、福德正神。庙中现存文物有清康熙三十六年(1697)贡生陈远所写"声灵赫濯"木匾一面;还有道光十二年(1832)习古恭弟子谢文旭、道光二十八年(1848)郑在福、同治七年(1868)教苑社内阁中书举人蔡天保等奉送的3个石香炉。

西街王爷庙的重大祭祀活动有:每三年一次于农历十二月隆重举行"送

王船"活动,来年四月又请回来。原来"请王"是在七月,因和普渡同月,1966—1976年"文革"期间政府反对,地方上也觉得七月太热,所以改为四月。每年的农历六月十九日,为王爷诞辰;四月二十八是建庙的纪念日,都非常热闹。

明末清初,闽南许多人士渡海入台谋生,或随郑成功进军台湾,随身携带王爷公香火入台奉祀,传承至今。台湾各地奉祀王爷神明的礼俗与大陆相同,说明海峡两岸奉祀代天巡狩王爷的神源。教苑代天府王爷庙建庙600多年来,影响至闽南和台、港、澳以及东南亚一些地方,庙里香火鼎盛,迄今不衰。

自1989年以来,台湾各地又有许多地方前来王爷公祖庙进香,其中有台湾凤山市湄圣宫、桃园县五福宫、台北县社正宫、屏东县车城乡代天宫、佳冬乡五龙宫、台中县龙井乡永顺宫、台南县同济宫、朱奉宫、苗栗县上帝宫、彰化县南天府、新竹县新丰乡忠进宫等进香团到漳州西街进谒祖庙并赠谢匾额、神幡,表示对神明的崇敬。①

义民庙中的神旗幡,信民换新幡(1)

---

① 《芗城文史资料》(第十三辑),第131~133页。

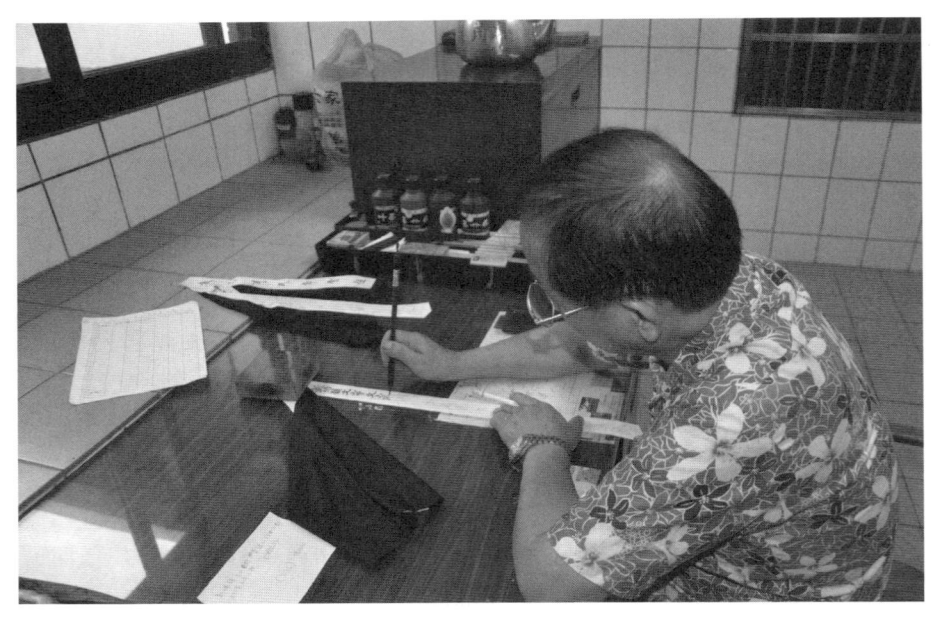

义民庙中的神旗幡，信民换新幡(2)

义民庙中的神旗幡，信民换新幡(3)

3. 福州白龙庵

白龙庵，位于福州台江区苍霞街道地段，古时台江称白龙江。白龙庵奉祀为救百姓而献身的五位书生,人们尊称他们为"五灵公"。道光《福建通志》载其所祀五帝:"设像五,其貌狰狞可畏。"郭白阳的《竹间续话》卷二解释:"五帝之姓为张、钟、刘、史、赵。"

白龙庵

白龙庵始建于明末,光绪三十三年(1907年)重建,原面积约2000平方米,由戏台、天井、钟鼓楼、大殿、后殿、临水宫、文昌阁等建筑组成。石柱对联曰:"威镇白龙职统阴阳尊主宰,诏衔丹凤典崇祀佑生民""人间善恶有报因果明是非,焚香祷告求神普降福寿宁""镇守白龙临福境,威灵显应佑良民"等,讴歌了为百姓献身的"五灵公"。后来苍霞棚屋区改造,为保护历史古迹,乡民在三县洲大桥北岸堤外,建了白龙庵,面积约500平方米。

历史上,白龙庵有传统的六月会庙会。据记载,庙会场面十分热闹,有演闽剧、踩高跷、奏十番等。如遇瘟疫流行,就进行"出海"仪式,"出海"前要举行游村,并将纸船送到苍霞洲闽江边焚烧,意寓送瘟神出海。

白龙庵在台湾颇有影响,嘉义市九天殿共义堂,台南市西来庵、范司堂、高雄市的清德堂等,从这里分炉。台湾同胞每年都要到白龙庵祖殿朝拜、进香。①

---

① 福州新闻网,http://fuzhou.fznews.com.cn/ssxl/2008－8－2/。

4. 台南南鲲鯓代天府

位于台南县西北面的北门乡，又称"五府王爷庙"，祀奉李、池、吴、朱、范五姓王爷。庙宇由代天府、中军府和城隍衙三部分组成。全部采用大陆石材所建，富丽堂皇，被定为台湾二级古迹。

台南县北门乡鲲江村海边的三角洲，形如大鱼，被称为南鲲鯓。南鲲鯓代天府为全台近千座主祀王爷庙最有影响者。康熙元年（1662）庙宇落成，名为"南鲲鯓庙"，因为是王爷开台首庙，所以又称"开山庙"，五府千岁被尊为"南鲲鯓王"。

台南南鲲鯓代天府

当地民俗认为五王建庙所在急水溪边的南鲲鯓沙汕，地理属于"浮水金狮活穴"。这里有三处奇特：（1）白槺榔树，白槺榔树生于庙后，是浮水金狮的尾巴，急水溪靠狮尾的指示，九九八十一转后才到达海面，使鲲鯓山免受山洪侵袭。（2）白马鞍藤头，南鲲鯓沙汕近海，淡水较缺，白马鞍藤头生在海底，根藤密布，具有保持水土和淡化海水的功用。（3）乌金石，位于"石井仑"井边，是渔民打水时的踏板，相传可以避水气并防止海水倒灌。

后来，荷兰人盗走乌金石，掘取白马鞍藤头，又因人为的缘故破坏了白槺榔树，于是南鲲鯓的地理遭破坏，南鲲鯓海汕慢慢被海水吞没了。"南鲲鲲鯓庙"开始重寻吉地,有一天,三王吴府起驾,在榔桐山,寻得一块直径二尺的圆形地,四季不沾露水,大雨不湿其地的"虎穴"吉地。建庙工程浩大,自嘉庆二十二(1817)动工,至道光二年(1822)六月六日完工,取名为"南鲲鯓代天府"。榔桐山原有"囝仔公","南鲲鯓庙"为囝仔公建小庙。人们到大庙进香,必敬小庙。小庙称"万善堂",主神称"万善爷"。后来又在同治十一年(1872),增建后殿"青山寺",民国七年、民国九年(1920),都有兴作。整体扩建的工程直到民国二十六年(1937)才全部完工。除了正殿的修缮,还增建中军府、城隍爷、天公坛、娘妈殿,形成如今的规模。①

5. 台湾台南白龙庵(五福大帝庙)

五福大帝庙位于台南中山公园西侧,清代道光年间为福州人所建。

《安平县杂记·风俗现况》记载:六月白龙庵送船,每年由五瘟王爷择日开堂,为万民进香,三天后王船出海,前一日杀生,收杀五毒诸血于木桶内,名曰千斤檐,当择一好运之人担出城外,与王船同时烧化,人民赠送物品米包,名曰添载,是日出海,锣鼓喧天热闹无比,一年一次取其逐疫之义也。

日人据台后建兵工厂毁之,其神像部分,寄祀大同街元和宫。1915年,余清芳于庙中谋起义,并借乩童之口传示讨伐日本人的神旨,因而名震全台,日本人为泄愤,乃将庙全毁,并将神像焚化,信徒于1953年重建,在台奉祀五福大帝的庙宇,除了五位主神外,还有名闻全省的八家将。

八家将是文武双差,枷锁两大神,左右掌刑,捉拿两神,春、夏、秋、冬四季神。文武判,奉请五福大帝。来台的巡抚尤崇,弟子尊称为中军爷,全省奉祀五福大帝、五灵公的庙宇,定农历三月初三为圣诞千秋,七月十日为祀日。

6. 东山铜陵演武亭万福公

演武亭万福公坐落于福建漳州东山县铜陵镇演武亭边,今绳缆一厂内。围墙隔界的二中操场为清代铜山(东山)武营演兵操练之地,故名演武亭。演武亭万福公相传为明初江夏侯周德兴在铜山建城时所倡建的四大"万福公"之一,又称"镇西万福公"、"乡厉坛"、"无祀坛"。最初,主要收葬无嗣或无主尸骸,筑祠坛供祭亡灵,并立有"万福公"碑铭。

清末民初,演武亭万福公墓葬范围18亩,几乎覆盖演武亭四面的上坑整片山野。现仅存500平方米左右,除集葬"金井"收埋难以数计的骨骸外,尚有130余通墓碑刻有姓名,其中2通镌刻"八名同归"、"十九人遗失姓名"。

---

① 南鲲鯓代天府全球网站:http://www.nkstemple.org.tw/。

演武亭万福公内现有"万福公"、"贵人公"二祠。"万福公"祠分设"万福公"和"孤魂公"灵坛。

"万福公"主要奉祀清代戍台班兵亡灵及历代无主亡灵。"孤魂公"则专祀无嗣无后的野鬼孤魂，尤其是无名号可认、无塔园归葬的出家人。清初"迁界"，北极殿（大庙头）住持老和尚宁死不屈，惨遭屠戮，身首分离；至康熙十九年"复界"，其头颅犹在庙中，百姓将其入殓"金斗"置于该庙前殿侧室，设"孤魂公"灵坛崇祀，并附设灵位供祭。"贵人公"祠奉祀郑成功收复台湾时运送军粮驰援而不幸殉难的东山一海商船主及船上众弟兄亡灵。南明永历十五年（1661）郑成功率师东征，因荷军船坚炮利，久攻不下，铜山运送军粮补给驰援。郑军将士视粮船如救星，激动地称"贵人来了"。台湾收复后，这条粮船没有回到东山，人们发现他们漂尸海上，便将尸骨运返东山，于万福公内建祠奉祀，称"贵人公"。①

7. 芗城坂仔顶有应公妈庙

坂仔顶有应公妈地处福建漳州芗城诗浦，紧靠于九龙江南岸。过去诗浦叫"浮州"，坂仔顶有应公妈庙建于浮州的九龙江岸边的大堤上，原来庙很小，只有约4平方米。庙虽小，但浮州大堤扼守着周边18个半村子的通道，所以，这18个半的村民均要祭拜坂仔顶有应公妈。

诗浦，作为中下游的交通枢纽，南来北往的过客偶有意外身故者，诗浦村总为安葬。1984年坂仔顶有应公妈庙迁址，庙址之下的大堤中，上上下下至少挖出6层的棺木，庙里还有一些"金斗"，可见坂仔顶有应公妈庙收拾了众多的遗骸。庙宇的历史悠久，但建庙的年代不详。据村子的一位90岁老人称，其祖父说在太平军到漳州时，这个庙已存在。

庙坐落于河堤的路口上，坐东北朝西南。面对大江，江风萧瑟，据称人们路过该庙，总觉得里头有嬉闹声，还有鸡犬之声。村民以为有应公妈极灵验，路过者如不表示尊敬，在路上或回家总会不舒服。所以，过路人必礼敬此庙，拜拜祷告。当地人认为有应公妈住的是"阴庙"，不能随便得罪。种种情况都说明了村民对鬼魂崇拜的畏惧心理。据称坂仔顶有应公妈历来有求必应，保佑人或牲畜平安无事。因此，无论平时或节庆，坂仔顶有应公妈庙均香火兴旺。1984年迁址后，有应公妈庙扩大为近30平方米，庙公请示神明，为雕塑像，并建了个戏台，占地数百平方米。

---

① 周跃红：《漳州与台湾同根神祇》，广角镜出版有限公司2004年版，第304~306页。

8. 同安西柯朝天宫

俗谚"行船讨海三分命"。福建沿海沿江渔村船民在长期水上生产作业过程中,逐渐形成遇见海上水面漂尸或捞到骨骸必须带上岸收埋的淳朴习俗。石狮祥芝渔村海边的"万阴宫"(又称"万阴祠"),集中存放海难者骨骸,并立"东海厉坛"神位祭祀供奉,择日安葬,称好兄弟。① 泉州浔埔宁海庙大普公乃三具海上无名漂尸。金门烈屿乡(小金门)青岐村仙姑庙,奉祀水流漂尸王玉兰,有求必应。②

厦门同安西柯镇浦头村的朝天宫奉祀朱、叶二王爷。宫前有水殇男女十八人公墓,俗称"十八墓公"。墓碑铭文:"康熙戊寅年(1698)四月廿八日夜,水灾暴作,人民被溺,死者无数。闻之伤心,因募舟工,捞尸埋葬。幸地主施地一穴,内葬男八人居左,女十人居右。"当地村民通称水殇"十八墓公"为王爷。

9. 台北许英妈庙

许英妈庙位于台北士林区社子岛,延平北路94弄口,是溪洲底的有应公庙之一。主祀许英妈,配祀妈祖、关公、观世音佛像等。

传说过去时常有人半夜在这个地方听到女人的哭声,其声音哀怨凄冷,当地居民心中非常惧怕,于是有人提议建庙祭拜,避免受到侵扰,之后由地方人士出面集资,在原地建庙祭祀,从此就不再听到哭声了。

因为是女性的哭声,祭祝时便尊称此有应妈为"苦音妈"。为了发音更雅,改成"许英妈",取的是福建话的谐音。这是把孤魂野鬼的崇拜,提升为有名有姓的人格神崇拜,还雕塑神像于庙内供人膜拜。

人们都认为许英妈庙相当灵验,有求必应,信众、参拜者也渐渐多了起来。自从建造了"许英妈庙",此地也就不再有水患,当地居民的安全和环境少一份威胁,人们认为这是许英妈显灵。居民为了感念许英妈的保佑,于每年农历四月一日为许英妈举行庆典活动,全庄人都会来祭拜,除了准备牲礼供品,诚心膜拜,并要连续演14天的酬神戏,娱神叩恩。③

10. 台北八里大众爷庙

据《台湾道庙志》记载,台北八里大众爷庙创建于嘉庆元年(1796年)4月

---

① 李国宏著:《远古的家园》,海潮摄影艺术出版社2005年版,第71、77页。
② 林丽宽、杨天厚:《金门的民间庆典》,台原出版社1993年版,第40~41页;杨天厚、林丽宽:《金门寺庙巡礼》,稻田出版有限公司1998年版,第259~261页。
③ 东吴大学社会研究所石计生:《社子岛宗教信仰的历史空间发展》,2006年02月11日。

6日，当时的八里坌是港口，因淤积而逐渐丧失功能，由繁华转为衰败，人们感到世事的艰难，建立了大众爷庙。同一年的夏天，八里坌发生罕见的大水灾，冲毁城墙，有不少罹难的人因无人收埋而成为孤魂，大众庙也收容了这些野鬼。

据载，八里坌较明确的移民垦殖年代在清初至清中期，八里坌正式开港与大陆通商，到北部台湾开垦的移民几乎都是从八里渡船头上岸。八里的先民们都会请妈祖或王爷等神像随行，并建庙奉祀，但八里坌最主要的信仰中心，是以鬼魂信仰为主的"大众爷庙"。

由于八里渡船头自古是大陆移民来台湾北部的落脚地之一，由于环境的适应等问题，不少移民客死异乡，人们将这些"孤魂遗骸"收殓同穴，或予祭祀，渐渐成为渡船头地方信仰中心。小自孩童受惊的小事，大至事业与社区烦事等等，都能通过大众爷解决，所以信众多于其他神明。

一般以为"武大众爷"是因械斗流血死亡的无主孤魂。根据史料记载，八里坌也有多次族群械斗，所以这里的大众爷应属于"武大众爷"。①

八里大众爷庙的主要祭祀活动：

五月初一的诞辰日。民间认为，死后的人灵魂合在一起才产生大众爷，于是就定统一的日子为大众爷的诞辰，八里也遵循这传统。祭祀活动是由顶角、中角及下角三个角头轮流主办。大众爷圣诞的夜间（子时），乡民会打扮成三十六官将，由七爷八爷带领出巡，到全乡"暗访"，将魔鬼驱逐出境，确保地方平安。第二天由各角头及其他阵头，做传统艺术表演，如舞龙舞狮及八家将等等。

农历七月初一开地狱鬼门，在渡船头放水灯，邀请孤魂野鬼至大众爷庙内赴宴。

第二节 闽台女神崇拜

在闽台民间信仰的神明系统里，女性神比较多，诸如妈祖、临水夫人、柔懿夫人、张英祖姑、案妈、有应婆等等，不胜枚举。特别是妈祖和临水夫人，这两位普通女子，以特有的魅力，吸引着众人的关注，成为举世闻名的世界性的女神。闽台的女神庙宇很多，影响很大，这在中华传统的"重男轻女"文

---

① 台北旅游网：http://www.5657.com.tw/。

化中显得非常突出,这当中的缘故与成因颇值得学术界和文化界探讨。

一、闽台民间女神崇拜的特点

课题组通过田野调查结合文献研究,发现闽台女神无论是人气极旺的妈祖和临水夫人,还是信众极少的土地婆、案妈等,都有某些共同的特点,试述如下:

(一)神格的依附性

1. 称呼的依附性

福建与台湾女性神的称呼多以"夫人"、"娘娘"、"婆婆"等已婚称谓出现,较少单独称为什么神的。如妈祖明明还未成家,也称为"天妃"、"天后",为男性的配偶身份。

福建与台湾的女性神明多,她们基本上以配偶的形象出现。比方,很多杰出人物被崇拜,人们总要把夫人一起配祀。扩而广之,只要是男性神,就要加上配偶奉祀。有应公与大众爷是孤魂野鬼,客死他乡,实不知其具体婚姻状况,信众还是以"有应公妈"和"大众爷公妈"同祀。

2. 祭拜的依附性

除几个女性以单独的方式被供奉,多数的女性神都为配祀,不是主神。比方36个婆祖、电母、土地婆、有应妈、案妈等等都没单独受祀,人们不单独祭拜她们,只作为男性神明的陪伴供奉。

(二)职司集中于水神与婚育神

海洋多女神是一个世界性的现象。一般认为妈祖是海洋神,笔者以为作为水神更为合适。其实开始妈祖是跟着溪流走,很多山区也有妈祖。临水夫人重要功能是"祈雨",和水也很有关系。观世音在南海,和水联系紧密。

福建与台湾女神更多是主管婚育方面的神明。如七仙女主姻缘,注生娘娘管生育,36个婆祖也是生育神,临水夫人则姻缘、生育两方面都管。

1. 职能的两极分化

福建与台湾的信众认为,男性神明,一般本领都较多,上山能除妖,下海能救难,平地保平安。百姓无论遇什么不能解决的问题,一进寺庙只要见是男性神明,就烧香祈求。可是信众对女性神明就不太一样,认为除了妈祖、观音(民间认为是女性)和临水夫人的能量大,几乎无所不能外,而其余的女性神明职能都较单一。于是约定俗成其职能信仰：如王母娘娘，虽为所有女性神明神格最高者，职能也仅是主管女官和长寿；七娘妈（七仙女）是主管一些妇女和孩儿有关的事；土地公的太太土地婆以及案妈、有应妈等，却没听说有什么掌管。

2. 形象的矛盾性

福建与台湾民间女神具有美好的一面，非常受赞誉，如：救海难的妈祖、促成姻缘的幸福神七仙女、大慈大悲的观世音、祈雨解旱的临水夫人等，表现了美好的一面。

然而同时福建与台湾女神又被塑造了狭隘、丑陋的一面，总把众多人格缺陷归于女神。比如王母娘娘拆散牛郎与织女，土地婆的势利与小气等等。即使信众极多的妈祖，也被编了一个与保生大帝谈恋爱又单方面悔婚的说法。

二、闽台女神崇拜形成的原因

首先，福建与台湾具有鲜明的海洋性，海边多女神，这是个世界性的倾向。心理学的研究表明，人自从胎儿开始有感知起，刻骨铭心以为最安全的时候，是在母亲的腹中；人们十分依恋的是母亲的心跳声。成年以后，人们因为痛苦，因为思想斗争，因为孤独，或者是危难之中，最容易唤起的是母亲怀中的安全感，最容易想起母爱。由于海洋的汹涌澎湃，航海的巨大风险，人们面对狂风巨浪和汹涌洪水的无助，激发危难中的恋母本能。这是与生俱来的对母性的依恋。人们恋母及对女性的依赖，导致海洋多女神是闽台的女性水神更为受崇拜的原因之一。

其次，闽台地区的女神崇拜自古有之。福建自古就有太武夫人崇拜，古越族文化中母亲、女神信仰崇拜遗风流传后世。唐代以后受到中原文化的影响，民间又增添了若干道教和佛教女神，如台泉州市宝山村后坑有女娲媓宫，表明华夏人祖女娲信仰。这种文化的历史积淀使得福建的女神崇拜更加巩固。五代时中国著名的道士泉州人谭峭，说到这种"重阴"的思想："戎羯之礼，事母而不事父；禽兽之情，随母而不随父；凡人之痛，呼母不呼父。"[①]

由上述可知，在男性占主导地位的文明社会里，由于闽台地区特殊的地理环境与历史传承，加上人类故有的对母亲的依恋，造就了灿烂的女神文化。妈祖、临水夫人、观音这三位女神，成为闽台民间信仰中信众最多的神灵。

---

① 谭峭：《化书》卷五《食化》。

三、闽台临水夫人崇拜源流

据史料记载,临水夫人陈靖姑于唐代大历年间,也就是公元700多年出生在福州下渡,她的丈夫刘杞是古田县人。相传陈靖姑曾经到闾山学法,能降妖伏魔,扶危济难,24岁时毅然施法祈雨抗旱,为民除害而献身于古田临水。陈靖姑死后英灵得道,成为"救产护胎佑民"的女神。当地人感念陈靖姑的恩德,建造临水宫纪念她。因陈靖姑当初在当地为民众救产、保胎、送子,大家都尊称她叫"大娘奶"(方言中大母亲的意思)。

陈靖姑生前曾随父在福州居住过,足迹遍及莆仙、福州、宁德等地,在这些地方至今还流传着很多她生前和封神后显灵的事迹、传说。陈靖姑信仰也在这三个地方最根深蒂固,在这三地还保留着很多祭祀"陆上女神"陈靖姑的庙宇。直到今天,莆田的嵩山临水夫人庙、宁德古田的临水宫、福州闽江畔的临水宫圣殿,香火依旧旺盛。经过千余年的传播发展,"陆上女神"信

临水夫人

仰从最初的莆福宁地区向广大的福建内陆区域传播,之后又被福建移民带到了世界各地,特别是台湾地区。在台湾,陈靖姑信仰仅次于海神妈祖信仰,是全岛第二大民间信仰。历代朝廷共30多次诏封陈靖姑,册封名号先后有"临水夫人"、"天仙圣母"、"碧霞元君"、"太乙仙姑"、"注生娘娘"、"陈真人"、"顺天圣母"等等。

五代闽王的36个嫔妃死后成为陈靖姑的三十六婆官,并且树碑纪念;南宋淳祐年间,理宗帝追赐陈靖姑为"慈靖夫人",赐额"顺懿";清乾隆帝封赐陈靖姑为"太后"。"莆田有妈祖,古田有靖姑。"妈祖林默娘和临水夫人陈靖姑生前都做过许多济世救人的善事,她们去世后,一个成了"海上保护神",一个成了"妇幼保护神"。陈靖姑的信徒有8000多万,主要分布在福建、浙江、台湾和东南亚国家。

四、闽台临水夫人宫庙择要

1. 古田临水宫

古田临水宫坐落在福建省古田县大桥镇,大桥镇在唐代称作临水,距离古田县城39公里。据称临水宫始建于唐贞元八年,经过历代重修扩建。

古田临水宫

建在山坡上的临水宫,飞檐翘角,重重叠叠,就象一座规模宏大的皇宫。占地3000多平方米。全宫设有前、后、左、右四个分殿。前殿有两重仪门,前殿大院内有古戏台、钟鼓楼、拜亭和正殿。走进前殿,古代辉煌的艺术令人眼花缭乱。正殿是木构架式与抬梁结构,两边的钟鼓楼,是双层阁楼,雕梁画栋,精美绝伦。正殿有一副对联:"我本无私,毕竟代天行化;人毋求媚,当思惟德是馨。"正殿的神龛下,体态魁梧的文臣武将分列两旁,另有四尊类似金刚的守护神两两相对,神态威武。整个正殿显得格外庄严肃穆。主殿古戏台是国内仅存的四座同风格的戏台之一。临水宫周边还散存着与陈靖姑神道相关的10余处遗址,如白蛇洞、夫人潭、大侬奶足印、百花桥、梳妆桥、顺天府宫等。

临水宫依山建筑,红墙绿瓦,参差错落,气势恢宏,与周围层峦叠嶂遥相映照,更加雄伟壮观。全宫占地2000多平方米,土木结构。正门嵌有"敕赐临水宫"匾额,山墙上有双龙戏珠、虎子尝泉等浮雕。宫内分前后左右四分殿:前殿南墙设两重仪门,越数级台阶达大院,院内存有古戏台、钟鼓楼、拜亭和正厅,以精雕细刻的廊柱、雕梁、画栋、斗拱扶摇而上,形成大小藻井。正厅中间供奉着相传以陈靖姑真身所塑造的神像;左殿是太保殿;右殿塑有三十六婆官像;后殿由陈母葛夫人殿、梳妆楼、三清宫组成。

2. 福州顺天圣母殿

顺天圣母殿即陈靖姑故居,位于福州市仓山区工农路72号,为顺天圣母陈靖姑的出生地。据《闽都别记》记载,"夫人临盆时,景云覆室,紫气盈庭,闾里称奇,引为吉兆"。现存故居为2004年翻修,占地300多平方米,小巧典雅,现存正殿、龙泉古井、牌坊、放生池、百花圃等建筑,常年百花争妍、绿竹长青。

正殿是木构架式,供奉顺天圣母、圆通自在天尊、圣父圣母、三十六婆官等神灵。殿中悬挂着"顺懿应天"、"崇福佑民"、"母地生灵"等牌匾。龙泉古井为唐朝至今的古迹,顺天圣母陈靖姑自幼食用此井水成长。古井为溶洞式水井,井底与众不同,藏有一个罕见的巨大涵洞,而且井水与闽江龙潭角祈雨处相通,常年是活水丰盈,所以至今清澈甘甜。[①]

每年3月份,故居都举办"临水夫人陈靖姑民俗文化节",发放平安饼、天下娘奶回娘家、祭祀大典、文艺表演、巡安绕境等丰富多彩的文化节活动,

---

① 百度百科:http://baike.baidu.com/view/。

进一步弘扬和传播了临水文化,圣母洪恩。文化节期间,海峡两岸各家宫观代表、全球各地信众集聚闽江之滨、南台之岛,共同纪念这位保幼护婴的平安女神。

3. 泉州奇仕宫

奇仕宫又称祈嗣宫,位于泉州市西街台魁巷17号,原名"临济夫人宫",为郡城西隅华仕铺奇仕里境庙,始建年代不详。奇仕宫主祀授胎、护产、育婴女神临水三夫人妈(陈、金、李),配祀妈祖,且有"观音签"。奇仕里临济夫人宫是泉郡最著名的临水夫人宫,泉人因此称临水夫人陈靖姑为"奇仕妈",俗称奇仕里临济夫人宫为"奇仕妈宫"。

清人陈德商《温陵岁时记·迎奇仕妈》载:"奇仕里临济夫人宫,香火极盛。城内外之妇人祈子者,祈产难者,得夫人案前花一朵,或迎神像归,则梦兰有兆。而语忘敬,遗胥远去矣。神于仲秋之月,必至东岳行宫进香,为郡人消灾迎福。是日远近男妇,乘舆徒步者踵相接。小儿衣冠骑马,或执旌旗,或持鼓吹随之。叩拜者肩相摩,毂相击。奇仕宫中,金纸齐山,花香委地。江南班、七子班,丝竹管弦,极其热闹焉。"农历十月十五日临水夫人诞辰日,奇仕宫必往古田临水宫谒祖,盛况空前。

4. 南靖山城注生宫

注生宫位于福建漳州南靖县山城镇墟尾街(今民主路),是专祀注生娘娘的宫庙。始建于明崇祯三年(1630),坐南朝北,二进,建筑面积近100平方米,供奉注生娘娘(分大妈、二妈、三妈)和花公、花婆。①

1997年以来,台湾沙鹿镇巡安宫和台中、台北进香团多次前来进香,并恭请山城注生宫二妈金身赴台巡安。高雄县路竹乡慧贤宫是奉祀注生娘娘的百年古庙,1989年,宫主陈碧霞首次率团回大陆寻根,在南靖县找到了与族谱记载相符的祖籍地——同样供奉注生娘娘的山城注生宫。2005年9月28日,慧贤宫宫主陈碧霞第六次率团回南靖寻根,到山城注生宫进香。在朝拜间隙,陈碧霞兴致勃勃地与当地群众同唱闽南语"七字仔"歌。②

5. 台湾的临水夫人宫庙

台湾非常崇信临水夫人,大多数民间信仰寺庙都配祀临水夫人,但是以临水夫人为主神的祠庙并不多。据调查最著名的有以下两座。

---

① 林嘉书:《南靖与台湾》,华星出版社1993年版,第422页。
② 周跃红:《漳州与台湾同根神祇》,广角镜出版有限公司2004年版,第114~115页。

(1)台南市临水夫人妈庙

临水夫人妈庙在台南市中区郡王里建业街16号。1736年,由几位福州乡亲从老家临水宫祖殿迎请陈靖姑金身后,在台南建庙供奉。悠久的历史,使这里有了台湾地区临水宫的开基宫庙的地位。咸丰二年(1852)始改今称。1983年动工重建,1988年竣工,1989年举行开光仪式。雕梁画栋,美轮美奂。庙中正殿主祀大奶夫人陈靖姑,胁祀二奶夫人、三奶夫人,右龛陪祀"花公花婆"。传说花公、花婆又称树公、花婆,主掌每个人的本命树与花,而每一株能开几朵花就代表会有几个子女,开白花即生男、红花即生女。民间相信,开红花或白花由注生娘娘决定,而负责照顾花开得好不好就有劳花公、花婆了,所以他们主掌了胎儿的健康。

台南市临水夫人妈庙

正殿两侧也陪祀了三十六婆姐,每一尊神像均栩栩如生,或抱或牵着各种样貌的婴儿,也象征了他们为照护儿童之神。

临水夫人妈庙也为信众做"栽花换斗"、"过子仔关"的仪式。"栽花换斗"是为了祈求顺利怀孕或希望生男生女的法事;"过子仔关"则以法事来保护健康不佳或命中有灾的儿童平安长大。传统习俗中,父母也带子女来祈求健康。现在台南市每年也举办"做十六岁"的活动,教育青少年已经长大成人,必须要更懂事、懂得孝顺与为人之道。

庙内有李登辉、林洋港等名人的题额。庙内存光绪癸巳(1893)"仁慈保赤"匾一方。经重写的原大门对联为:

  庙祀建南滨,临水支流同一脉;
  妇孺齐北面,瓣香顶颂永千秋。

(2)台北碧潭临水宫

碧潭临水宫位于台北县新店市溪洲路30号。以临水祖殿为蓝本,直接仿造福建古田的祖宫而建,现在,这里已经成为台湾五大观光庙宇之一。

从正面看,附属房舍不计,主建筑有大殿,左右类似钟鼓型等宫殿式楼房三座。由正殿拜亭进入,可见两面横匾,大书"顺天圣母"、"永怀慈恩"。两边分祀千里眼、顺风耳两尊大神像;中为本宫三奶,两旁配祀注生娘娘、"虎婆奶"江夫人;其中有临水陈夫人法身,左边是玉关慈降救世柳大天尊、右为玉皇宰相梅大将军。此外特别引人注目的是,左右班三十六宫夫人,全身高盈数尺,在各宫夫人怀里或身边塑提携幼童,活泼生姿。该宫奠基纪念碑上刻着这样的字样:"福建古田县临水陈太后,成道五代,肉身崇祀,历朝封赠;顺天圣母分灵碧潭,护国保民,荷蒙神示,立庙济世度人。因兹广建宫殿,先奠斯基。"

殿中许多楹对袭用临水祖殿旧句,有意识怀念本源。新楹对随录一副如下:

  临水得龙爻,殿建碧潭崇俎豆;
  顺天蒙凤诏,王封圣母度黎民。

第七章
道教和佛教俗神崇拜调查

闽台民间信仰的神灵中有一些是来自道教和佛教。道教的神仙和佛教中的佛、菩萨,其中神格较高的,自古受到信众的顶礼膜拜,老百姓为图祭祀的方便,把他们请到小宫庙里或者自己家中,他们便成了民间信仰的神灵了。为区别起见,学者把这些神灵称作道教俗神或佛教俗神。另外,自古以来,历代都有一些地方的高僧名道,他们为地方百姓做了许多好事,造福一方,道行或佛法高,民众感念他们,在他们"羽化"或"涅槃"之后,把他们奉为神灵。这些神灵也被纳入道教和佛教的俗神之列。

第一节 闽台的道教俗神崇拜

一、闽台天公崇拜

民间信仰的神明中,至高无上的是玉皇大帝,又称玉皇上帝、昊天上帝等,民间俗称天公、天公祖。闽台民间认为玉皇是至高无上的神,凡天、地、人三界,儒、释、道三教,无论自然神与人格化神都归玉皇统御,总管三界、十方、四生、六道。闽南俗话说"头顶三尺有神明"、"天公有目睭(眼睛)",认为天公高居天廷,统辖和主宰天地宇宙万物生长轮替、吉凶福祸赏罚大权。

我国古代本就有尊天的传统,古籍诗、书、礼、易等经典称作"天"或"帝"、"上帝"。商周时期天命观念浓厚,当时是把敬天和祖先崇拜两个方面结合起来,带有强烈的宗族色彩。秦始皇以后,开始推行中央集权制,由人类创造的神仙世界必然也要和人类社会一样,要有至高无上的形象。唐宋皇帝都推崇道教,经过这段时期的推波助澜,确立了玉皇大帝的崇高的地位。以后闽台民间极崇敬天公(玉皇大帝),宫庙及家庭多有奉祀,每年正月初九日玉皇大帝神诞,俗称"天公生",祭拜仪式隆重庄严。

1. 福建的天公崇拜

其实,按早年官方的礼制,祭天是朝廷和天子的专利,民间祭拜天公是不允许的。但唐宋以降,这方面的管制逐渐宽松,于是老百姓得以效法最高统治者的行为,祭拜天公,以求降福。

多数老百姓并无供奉天公神像,而是遥对天空祭拜。民众对至高无上的玉帝非常敬畏,所以不敢雕刻神像供奉,最多设立牌位祭拜。即使是主祀玉帝的宫观,也很少有玉帝的塑像,一般只供奉香炉,称"天公炉"。如泉州东岳庙有石天坛"天公炉"[①],龙海市白水镇大帽山麓的金仙岩(亦称妙善宫),亦供奉一石雕"天公炉"。而漳浦县石榴镇长兴村张姓村民自古奉祀玉帝。村中虽没有专门供奉玉帝的宫庙,但有世代相传的两座金牌,高30厘米,宽20厘米,阳刻"玉皇大帝"四个宋体金字,平时由值年头家保管,每年正月初九日"天公生",必虔诚供奉醴礼。[②] 福建传统民宅正厅前梁多悬有代表天公的"天公炉"或"天公灯",每天早晨和傍晚及每月的初一、十五上香,以示崇敬。

福建民间隆重做"天公生"

---

① 泉州市区道教文化研究会:《泉州道教》,鹭江出版社1993年版,第15页。
② 陈国强、陈炎正主编:《闽台玉皇文化研究》,香港闽南人出版有限公司1998年版,第170~174页。

"天公生"是福建民间一年中第一个重要节日,也叫"做天香"。家家户户在院子里摆桌子祭拜。正月初九拜天公的形式很特别,时间必须在太阳没出来、天未亮之前,地点要求在户外进行,才可以让天公知道。同时,屋内挂着"天公灯",以增光明。"天公生"的供品级别最高,用的"天公金"纸的规格最大,祭祀别的神佛都不能烧这么大的"天公金"。初八夜设香案、摆供品、点香烛、折"天公金",全家守到过半夜之后,鸣放鞭炮,为天公祝寿,直至天亮。福建民间隆重做"天公生",认为在一年之初许心愿,祈求风调雨顺,合家平安。

本课题组曾对漳浦县长兴村的玉皇大帝崇拜做过调查。长兴位于漳浦县城西面,石榴镇东面,长兴的地名源于这里著名的长兴庵。长兴村的张姓自古崇拜玉皇大帝,村中有世代的二座金牌,金牌高42厘米,宽18厘米,上阳刻"玉皇大帝"四个宋体金字,大房田寮,顶福两村各一座,由各一轮值年头家保管并祭祀。

负责代表全村祭祀的家庭称作"头家",须经选举产生。每年正月初九在长兴庵的正殿中,以一大一小两个八仙桌相叠,正中供玉皇大帝金牌,前供奉十二碗醴礼。经数轮的祭拜后,依次卜杯,直到新任头家入选,入选者祭拜结束将金牌奉回家中供奉。

新一年的头家必须在家中清理出一间最好的房间,布置香案桌,将金牌摆在正中,并在金牌外披上一条新的花布外套(花布套不取下,逾加逾厚),新置一只瓷香炉,墙上贴上"玉皇大帝"的横批,两边对联:"圣称无极居太上,尊尚玄穹步青天。"每天三餐供奉。供奉的要求是:金牌两边各点一盏长明的花生油灯,每天清早做好卫生,于神前奉清茶三杯,又高又满的米饭三杯,点三支香,中晚则只奉三杯茶,逢每月初一,十五日,还必须备办数碗好菜,甚至鸡鸭,猪脚等敬奉,一年到头,不得有误。供奉玉帝祖的这间房子,家中的女人不得进入,房里全由男人打扫,村中有丧事不满一年者不得到此家中。作为供奉玉帝的头家,是长兴张姓人家一件很荣耀的事,必须经过各方面的努力,才可能取得候选人的资格,每一个房角一个候选人,全长兴地区共十八人,只有二人有可能取得这一荣誉。

长兴人供奉的神明主要是玉皇大帝,然而仅仅是敬奉,并不将玉皇大帝作为抽签问卜的神主,村中极少有人会因为某事到玉帝金牌前烧香许愿,在长兴地区,这一方面的事主要由长兴庵中的五佛祖和开漳圣王陈元光神系承担。①

---

① 王文径、吴德和:《漳浦长兴地区的玉皇大帝崇拜》,载陈国强、陈炎正编《闽台玉皇文化研究》,闽南人出版有限公司1998年版。

2. 台湾的天公崇拜

福建天公崇拜的习俗也传迁入台湾。"台湾之人无不敬天,无不崇祀上帝,朔望必祈,冠婚必祷,刑牲设醴,至腆至诚。"①民间正月初九日"天公生",祭祀时间从午夜开始,到凌晨寅时止。每家在正厅天公灯下设祭,称"天公桌",一般分为两桌:上桌供奉天公座,备五果六斋;下桌备五牲荤菜,供奉玉帝下属各神将。台湾一些主祀玉皇大帝的宫观除举行祭祀大典外,还有阵容盛大的妆人、舞龙、狮阵、车鼓、踩高跷,等等。在广场上搭设戏台,献演戏剧、木偶、布袋戏或放映电影,称"天台戏",通宵达旦。有的宫观还举行"踩火盆"活动,参加者有时竟超过万人。

据统计,台湾主祀玉皇大帝的宫观大约有 140 座。台湾流传着"早期有三间半天公庙"的说法,一般指台南天坛、沙鹿玉皇殿、新竹天公坛(金阙殿)和彰化元清观。台南天坛,原来称"天公埕"。郑成功收复台湾后,曾于台南建天坛祭天;郑经嗣后又在台南西安坊建天公坛祀玉皇大帝。台南为清代台湾首府,台南天坛号称"台湾首庙天坛",当之无愧。沙鹿玉皇殿于嘉庆八年由泉州的同安县分灵而来,"为大肚中堡 53 庄信仰中心"。宜兰庆云宫俗称"大里简天公庙",嘉庆二年由头城镇草岭的漳州漳浦籍移民奉祀。彰化元清观,俗称"天公坛",大门有"温陵福地"匾额,由泉州籍移民创建于清乾隆年间。所谓"半间",或说因元清观后殿奉祀佛祖;或说因后来街道拓宽,元清观被毁大半。

福建的习俗也影响到台湾,庙中也很少摆设"玉皇"塑像或画像。日本铃木清一郎的《台湾旧惯习俗信仰》一书记载:"本省人很敬畏玉皇上帝,所以极少有供奉神像的。"②因此元清观是历史上台湾唯一供奉玉皇大帝塑像的宫观③(民国后,台湾多家宫庙雕塑了玉皇金身)。台南将军乡玉天宫,由晋江溪头吴姓渡台时奉家乡香火创建于清康熙年间。台中县玉皇殿由泉州人何声良创建于清嘉庆八年(1803)。

3. 闽台天公庙择要

(1) 泉州元妙观

元妙观位于泉州市鲤城区东街观东巷新府口,主祀玉皇大帝和三清,民

---

① 连横:《台湾通史》卷二十二《宗教志》。
② 转引自汪毅夫:《客家民间信仰》,福建教育出版社 1995 年版,第 35 页。
③ 参阅陈国强、陈炎正主编:《闽台玉皇文化研究》,闽南人出版有限公司 1998 年版,第 148~151 页。

间俗称"天公观"。元妙观是泉州最早的道教宫观，始建于西晋太康年间，原名白云庙。清朝康熙七年（1668），为避圣祖玄烨的忌讳，改名元妙观，一直沿用到今天。元妙观与东岳庙、关帝庙、城隍庙并称泉州四大庙。

元妙观历来是泉州民间信仰活动中心，每逢国家或神明节日、神诞，元妙观都要举行隆重的活动仪式，设坛打醮。每年，各大宫庙都要到元妙观举行"晋表"、"领旨"仪式。比如正月初九，据清人记载，"是日，元妙观最为热闹。初八、初九、初十，三日，观之董事，即遍观中悬灯结彩，早夜奏乐演戏。清晨迄暮，男女老幼持天香、陈八珍，叩拜阶前者踵相接。晚于观门外仿燔柴而祭意，斫柏木六七寸长，造作塔形，投火于尖处焚之，光灼宵汉"。①

进神门至前殿，即第二进三清殿，阔五间，深四间。殿正面祀玉清元始天尊、上清灵宝天尊、太清道德天尊。两边为四海龙王。三清殿后紧连老子祠、南天门祀五显灵官大帝。

第三进为灵霄殿，设有龙陛石阶，地势高于三清殿。灵霄殿正中祀天界神仙的最高统治者玉皇大帝，座前一尊铜雕的日神，两旁为金童、玉女、雷声普化天尊、太乙星君；东西两侧为北斗星君、南斗星君、六丁、六甲。后殿横列三间，单檐山顶式，为"文昌府"，当中祀关圣帝君，左祀文昌帝君，右祀梓潼帝君。

从山门到后殿，东西两边有长廊，列二十八星宿。

元妙观被誉为八闽第一观，丰富的天公文化积淀很受推崇。

（2）漳州天宝玉尊宫

根据《漳浦县志·寺观》记载，玉尊宫开始名称是开元观，唐中宗（684）时建于今漳浦县境内，786年，随漳州州治迁入如今的漳州市区。几经变迁，宫宇迁建于今芗城区新华西路人民新村。

民国时（1919）反迷信，玉尊宫被毁。据称天宝珠里后坑村的信众，把玉尊宫的神像运到穷乡僻壤，藏匿在山中，后来还建起简陋宫宇，予以供奉。②

1992年，台湾省宗教咨询委员会、宜兰草湖玉尊宫管委会主任委员李炳南先生，得知漳州天宝玉尊宫，为加强两岸民间信仰及庙宇的联谊，于1992年11月17日和1993年5月，两度率台湾进香团80多人到天宝玉尊宫参香，开光并分灵64尊像带回台湾奉祀。此后，台胞又多次组团前来进香、考察，玉尊宫成为两岸民俗文化交流的桥梁与纽带。

（3）莆田壶公山凌云殿

---

① （清）《泉州府志》卷二十《风俗》。
② 《闽台玉皇文化研究》，香港闽南人出版有限公司2000年版，第163页。

凌云殿位于福建莆田壶公山南面山腰,宋代称为灵云岩。明初辟建灵云殿,明嘉靖六年(1527年)改称凌云殿。据《重修凌云殿正殿并建叁门碑》碑记称:"壶山之巅,有曰灵云岩者。岩之左,数百年来崇奉玉皇上帝至尊","宫殿巍然,又踞其巅,上凌云汉,因名曰'凌云殿'"。① 20世纪60年代"文革"动乱损废,1980年修复,现为清代建筑构造,建筑面积3086平方米。

凌云殿背靠壶公山主峰,面对金炉峰,主祀玉皇大帝,为莆田奉祀玉皇大帝众宫庙中保存最完整、规模最大、影响最大的一座,为莆田道教圣地。主殿为重檐歇山造,共五座殿宇,梁架柱头雕画细致,前檐下一对盘龙石柱,雕艺精湛。殿后为兜率天宫,两旁为钟鼓楼,再后为大雄宝殿。主要建筑物还有玉宇桥、七宝塔等。整个建筑群依山而造,层层而上,蔚为壮观。建筑群左侧有千年古樟。

凌云殿为游览朝拜胜地,平时游人不断。每年农历正月初九和五月十六日庙会,来此朝拜的信众达上万人。

(4)台南天坛

台南天坛是连横《台湾通史》明文记载台南唯一主祀玉皇大帝的宫庙,是民间传说"台湾最早的天公庙有二间半"中唯一官民合建之首座坛庙,被定为台湾三级古迹。庙中仅立一座"玉皇上帝圣位"牌位,而无玉皇神像供祭拜。再次印证闽台民间少有玉皇大帝的雕像的说法。

咸丰四年(1854),官署同意在原郑成功祭天处,由民间建坛供奉玉皇上帝,称"天公坛",俗称"天公庙",主祀玉皇上帝圣牌,同祀福德正神与文武判神尊。以后,陆续奉请神明入庙,庙内神明多达二十多种。由于在道教神明体系中,玉皇上帝神格最高,天公坛也因此成为台南市地位最高、香火最盛的庙宇,是台南人的信仰中心。光绪二十年十二月,改庙名为"天坛"。1983年庙名改为"台湾首庙天坛"。

从年初至年尾庙会祭典不断,其中以农历正月初九天公生(玉皇上帝诞辰)、关圣帝君诞辰(农历六月二十四日)、九皇大帝诞辰(农历九月初九)最为盛大。庙内文物十分精彩,雕刻以龙柱及憨番木雕闻名。雕工精细流畅的龙柱,完成于清同治年间,单龙盘踞,造型刚劲有力,气势非凡,其间分布八仙献瑞及鲤鱼跃龙门图案,可说是府城龙柱中的精品。位于三川门廊堵下方的文字图雕,将"福、禄、寿、山、海"五字巧妙的交织成花瓶形状,喻指平安。②

---

① 郑振满等:《福建宗教碑铭汇编·兴化府分册》,第271页。
② 《台湾寺庙志》(第二辑),清流出版社1985年版,第58~65页。

台南天坛

（5）台湾草湖玉尊宫

草湖玉尊宫位于台湾省宜兰县冬山乡大进村185号，主祀玉皇上帝。该宫创建于1940年，据称玉皇大帝托梦指示宜兰县三星乡某村民，雕塑神像供地方民众供奉，以保佑地方平安。村民由此塑神像，并组成天公会。最早于村民屋中奉祀。

正殿奉祀玉皇大帝，偏殿奉祀玄天上帝、三官大帝、东华帝君、瑶池王母、九天玄女、关圣帝君、文昌帝君等诸仙神。经过六十多年，如今已发展成为宜兰县三星、罗东、冬山三乡镇民众的信仰中心，信徒广布于县内各乡镇及外县市。每日由台湾各地前来进香者络绎不绝，尤其是每年农历正月初九日，前往进香者达十万人之众，对民众影响力之大令人惊异。玉尊宫还热心推动两岸民间信仰交流，在两岸保生大帝、关帝文化、陈元光信仰交流等方面也极其活跃。①

二、闽台三官大帝崇拜

1. 闽台三官大帝崇拜概况

三官大帝是早期道教尊奉的三位天神，指天官、地官和水官。中国古代

---

① 《闽台玉皇文化研究》，香港闽南人出版有限公司1996年版，第115~133页。

的经典《仪礼·觐礼》说:"祭天燔柴,祭山丘陵升,祭川沉,祭地瘗。"①瘗是埋藏之意。我国上古就有祭天、祭地和祭水的礼仪。在道教建立后,三官列为天神,以后更进入皇家"祀典"到宋代,皇帝和士大夫都祭三官。② 明代朝廷一样崇拜,崇祯时封为"三官大帝"。由于天、地、水与百姓生活息息相关,三官大帝自然而然进入了民间信仰的神灵之列。经历代官方和民间的共同推奉,形成仅次于玉皇大帝的神格。具体是:

天官,称为上元一品赐福天官,紫微大帝,隶属玉清境。主管诸天帝王。每逢正月十五日,下到人间,校定人的罪福。故称天官赐福。

地官,名为中元二品赦罪地官,清虚大帝,隶属上清境。主管五帝五岳各地神仙。每逢七月十五日,来到人间,校定人的罪福,为人赦罪。

水官,称为下元三品解厄水官,洞阴大帝,隶属太清境。主管水中各大神仙。每逢十月十五日,来到人间,校定人的罪福,为人消灾。

奉祀:天地水三官各以正月十五日、七月十五日和十月十五日为神诞日,信徒都进庙烧香奉祀,以祈福消灾。

福建人相信三官大帝是天、地、水三大帝的传说,把人格化的神祇还原为对天、地、水的自然崇拜,因而对三官大帝崇拜非常兴盛,几乎每个宫庙都在前门之上设三官大帝的牌位。如漳浦著名的赤岭三官大帝祭坛,长期以来就设在露天,且没有雕像。黄姓聚居的漳浦诒安堡,就在正当城门处修建小庙奉祀三官大帝。泉州进贤境境庙进贤宫又称三官宫,主祀三官大帝和相公爷。金门宫庙或民间举行奠安仪式时,必须扎制象征天公的三层"天公亭",三官大帝在最上层。③ 台湾民间除建庙祭祀外,许多传统民宅正厅都在天公炉旁悬挂"三界公炉"祷祭。三官大帝与人们利害相关。想求功名富贵、延年益寿,可拜赐福紫微大帝;获罪欲求赦免,可拜赦罪清虚大帝;要消灾免祸,可拜解厄洞阴大帝。天官赐福,民间视为"福神",最受人们欢迎。

2. 闽台三官大帝宫观择要

(1) 泉州三官大帝宫

泉州的三官大帝宫俗称三官爷宫,位于泉州市北门河岭巷,坐南朝北,三开间,二进。建于明朝嘉靖年间。传说明嘉靖进士、泉州进贤铺人林云程,字登卿,号震西,官至吏部侍郎,出任江西九江知府。有一次返乡探亲,

---

① 《十三经注疏·仪礼注疏》,中华书局1979年版,第1094页。
② 《二十五史·宋史》第一三〇卷,上海古籍出版社,上海书店1986年版。
③ 林丽宽、杨天厚:《金门的民间庆典》,台原出版社1993年版,第111、57页。

路经进贤县,将该地三官大帝神像请回泉州老家,并献宅地建宫供奉。因当地名进贤,宫也就称进贤宫,保进贤铺一方平安。开始时只供奉天官、地官、水官三尊木雕神像。后来慢慢增加、寄祀关帝、观音、妈祖、相公爷、夫人妈(陈靖姑)、狗舍爷等。①

(2)桃园八德三元宫

三元宫位于八德市公所旁,宫前有石碑刻文,祈求三官大帝保佑开垦平安。经历300年的岁月演变与数次修整后,三元宫依旧是当地的信仰中心。《淡水厅志》卷六《庙祠》:"三官祠,一在霄里社,乾隆三十八年岁歉,黄燕礼等祈安建设,一在八块厝庄,嘉庆八年疫灾,庄民建设。"《台湾旧地名之沿革》谓:"八块厝境内有创建于乾隆二年之古庙三元宫,奉祀三官大帝。"

三元宫年代久远、富有历史价值的庙宇,是地方的珍贵资产。期间曾历经多次修葺,详细年代不清楚,只知民国十二年(1923 年)重建。庙貌一新,堂皇富丽。八德三元宫在建筑艺术上最显著的特点如下:其一,庙中现存叶金万、张火广的遗构(叶金万是 1920 年前后台湾北部的名匠,原籍福建漳州,风格师承自漳派匠师。作品别具一格,纤细,雕工精湛,为后人所不能及。张火广也是福建籍著名石匠);其二,庙中匾联、楹柱上多为当时名家真迹;其三,庙中擂金彩绘,非常珍贵。②

三、闽台张圣君崇拜

1. 张圣君崇拜概述

张圣君,号慈观,道教闾山派道士,被明正德皇帝敕封为"法主神号",故又被称作"法主公",意为法术高强的神灵。张圣君确有其人,于宋绍兴九年(1139)农历七月廿三出生在福建省永泰县嵩口镇月洲村。四岁丧父,后随母改嫁到盘谷乡连厝林里(今福坪村)的连姓人家为继子。十二三岁时,以砍伐锄柄谋生,所以当地人叫他张锄柄。十八岁那年,他上闾山学法,三年后学成归里。此后,他游走于永泰、闽清、尤溪、莆田、仙游等地。传说他行法术能祈雨辄应,镇邪除魅,常修桥铺路,造福百姓。据史志记载,淳熙戊戌年(1178),尤溪瘟疫流行,张圣君寻找草药救病民,他每云游一地,都宣扬"恶有恶报、善有善果"的道教因果道理,做的好事数不胜数。淳熙十年(1183),张

---

① 沈继生:《泉郡三官大帝宫的调查报告》,《泉州民间信仰》总第 15 期(1998 年 12 月)。
② 田金昌:《台湾三官大帝信仰——以桃园地区为中心》,"中央大学"图书馆硕博士论文,2004 年 5 月最新修正版,第 75~76 页。

圣君云游到闽清金沙镇,坐在九龙溪的巨石上"羽化",享年 45 岁。

张圣君信仰在福建的福州、永泰、仙游、德化、永春、安溪等县颇为盛行,而安溪之茶叶商人信奉尤诚,安溪许多茶商将法主公与清水祖师并列,视为重要之保护神。

明清时期张圣君信仰随福建移民传到台湾,传播的渠道有两条:"一是随闾山派道士入台。大约在明末清初就传入台湾,与台湾道教的兴衰紧密地联系在一起,至今台湾道教中的'法主公教'仍有较大影响。二是随民间信仰入台,约在清朝中叶至清末从福建的不同地区传入台湾。"①台湾著名学者刘枝万先生指出:台湾"法主公教起源于福建永春州,而传自泉州"②。张法主公的神诞是农历的七月二十三,每逢这一天,台湾各地都要举行隆重的庆典。台湾地区主祀张圣君的宫庙庙共有 19 座,主要分布在台北、彰化、云林、嘉义、台南、高雄、宜兰等地,以张圣君为配祀的宫庙更多。

2. 闽台张圣君宫庙择要

(1)德化石壶寺

石壶寺位于福建泉州德化县东北部水口镇境内石牛山巅深坳间,明崇祯庚辰年(1640 年)重建,1939 年兵乱中烧毁,以后历代均有重修,并复制宋嘉泰进士黄龟朋撰的楹联悬于正殿,联云:"破洞伏魔开福地;传统度法保生灵。"1936 年遭张雄南兵燹,殿堂与神像被焚毁殆尽,近年修复。殿为重檐歇山式,面宽五间进深一间,正门楣镌"石壶祖殿"匾额。石壶殿主祀张慈观法主(俗称法主公)、萧朗庆圣君、章朗瑞真人,合称"三真君",传说三真君合力被除鬼魅或蛇精,民众感念三人为民除害之恩德,建庙奉祀之。

石壶殿附近,自然胜迹很多。寺前有龙池,池内卧着石牛,在水中似沉似浮,形态逼真。绝顶有巨石形如牛,传说是太上老君骑青牛至此所遗;有朝天石窟"三壶水",旱不干,取不尽,据传"壶水"可供人体治病去瘟,可为植物除虫害。奇岩怪石有三狮五虎九葫芦,还有岱仙飞瀑、鲤鱼朝天等。巨石上大多留有张公圣君"斗魔"的足迹及坐卧痕迹。

石壶祖殿是闽台两地的道教圣地之一,莆田、仙游、永泰、永春、安溪、台湾等地有其分香。现传薪台湾数十座宫观。近年来香客游客络绎不绝,台湾的多处法主公庙特地到此寻根访祖。

---

① 林国平:《闽台民间信仰源流》,福建人民出版社 2003 年版,第 203 页。
② 刘枝万:《中国民间信仰论集》,"中央研究院"民族学研究所 1994 年第 2 次印刷,第 208 页。

德化石壶寺

(2) 闽清金沙堂

金沙堂位于闽清金沙镇中心位置,距福州市大约 90 公里,金沙古镇为福州与尤溪的交通要道,金沙堂就座落在古道之旁。金沙堂始建于宋绍兴二十九年(1159 年),至今已有八百多年了。现存正殿为明正统四年(1439 年)修,清康熙间重修,民国 6 年(1917 年)又覆以铁瓦重修。张圣君祖殿为重檐歇山顶,飞檐斗拱。

金沙堂正殿大门外设两尊金刚,分立两侧大门之内,右设龙王庙,左设土地庙。正殿内,张圣君塑像居中,两旁为萧法明、连良瑞塑像。塑像两边是黑底金字的对联:"威镇金沙驱厉疫,恩敷宇宙护苍黎"。近年来,这里还新建了门楼、戏台及圣母厅、伽蓝厅、土地庙、观音楼、文昌阁等,规模更大。张圣君祖殿至今还保留着许多珍贵的文物:雕刻于南宋绍兴二十九年(1159 年)的石狮一对,石狮造型古朴,线条明快简洁,十分难得;明洪武、崇祯年间的碑刻各一方;挖掘于清嘉庆八年(1803 年)的九龙泉;民国 6 年(1917)的铁瓦等。

(3) 福州台江张真君祖殿

张真君祖殿位于福州台江区星河巷 88 号,始建于宋代绍兴年间(1131—1162),至今已有 800 余年的历史。到明隆庆五年(1571),又进行大规模的重修,才形成今天的规模。大殿祀张真君,后殿为文昌阁(魁星楼)和临水宫(娘奶庙),占地约1000平方米,坐北朝南,为"重檐歇山顶,抬梁穿斗式"构架,古朴堂皇,完全保持了明代的建筑程式和艺术风格。大殿18根方、圆石柱布局,木构件、雕饰件和柱、础、廊及殿前河墘百米长石护栏保存完好;正面牌楼式砖墙,大门,上直书"旨奉祀典",下横书"张真君祖殿"贴金匾额,十分醒目。左侧附设有"三清宫"。大殿内依序有藻井戏台、供采光的雨盖天井、廊庑、正殿,中祀张真君神像。雕梁画栋,气宇轩昂,规模宏伟,是至今幸存的极有价值的福州道教文化胜迹。

(4)莆田永兴岩张真君庙

莆田的永兴岩张真君庙又称鬼岩,因岩体削壁几十丈,壁上有鬼脸状图样而得名,坐南朝北,窟中有三个并列小洞,构筑成一座小殿堂,总面积420平方米,洞窟中是仿木构件近于抬梁穿斗式的石建筑。整座石窟通面阔7间,进深3间,中间观音殿面阔3间,左边张公殿面阔3间,右边龙王殿面阔1间。

据史料记载,永兴岩石窟建于元至正二年(1342),清乾隆三十二年(1767)重修。现存建筑保持元明建筑风格,今石窟中尚存有元至正二年(1342)题刻的石碑一通,元石雕长方形香炉一个,明洪武二年(1369)题刻的佛座和清乾隆三十二年(1767)重修记石碑一通。原洞窟中有石雕像13尊,有重近千斤的巨像,可惜于20世纪八十年代被盗去一些,今尚存5尊,经专家鉴定均为元代文物。

永兴岩张真君庙周围石奇水怪,殿前高耸的岩顶泻下一道飞泉,如一道珠帘下垂,永不停息地溅落于岩前天然石井之中,水击石鸣,岩宇回音,如闻天外仙乐,令人心旷神怡。洞内后壁空隙处泉水汇于一潭,清洌甘甜,传说可治病驱瘟,香客们都争相掬饮,甚至盛取回家,让家人喝了以保安康。殿前近年修一宽大的平台,约300多平方米,前临悬崖,使祖殿外观更显得开阔伟壮。

(5)宜兰县苏澳镇晋安宫

台湾宜兰苏澳镇晋安宫俗称张公庙,供奉主神为张公圣君。由开拓苏澳先民苏士尾、张光明等于清道光七年(1827)恭请来台,在白米瓮永春(旧地名内城)建祠奉祀,至今已一百八十余年,是苏澳地区最古老寺庙。每年农历三月初八张圣君诞辰举行迎神巡境,祈求合境平安。该宫于1965年举行建醮庆典。1975年信徒再捐资整建为今日现貌。1990年3月11日由第二届前主任委员杨耀邦暨信徒共23人组进香团,前往福建省安溪县永春祖庙进香并恭迎张、萧、章三尊神像返台供奉于晋安宫。2000年2月23日由第五届主任委员石茂雄暨信徒共46人组进香团,前往福建省永泰县盘谷乡方壶岩地方(张公圣君)母殿谒祖进香。该宫除了建庙历史悠久,且保存了建庙文物,并有兴学建碑之纪念碑文等历史文物,故列为著名宫庙。

宜兰县苏澳镇晋安宫

(6)台北大稻埕法主公庙

位于台北市南京西路上的大稻埕法主公庙,主祀法主公张圣君,配祀东岳大帝、张道陵天师、斗姆星君、观音大士、玄坛真君、文昌帝君、六十太岁星君、南斗星君、北斗星君、关帝君、天上圣母、土地公等神灵。

清同治八年(1869)安溪县人陈书楚由碧灵宫分灵来台,至旧大稻埕得胜街振南茶行内奉祀,为茶商守护神。至光绪元年(1875)奉迎祖庙谒祖进香归台,光绪四年(1878)旧大稻埕发生瘟疫,灾区甚广,众绅商恭请"法主公"禳灾,瘟疫由此而除,因神灵显赫香火鼎盛,地方善信及茶商有感法主公神法无边,乃纷纷献金建庙。1947年农历九月廿二日起建醮三日,敦请江西龙虎山六十三代天师张恩溥首度来台莅庙主理醮典。每年法主公诞辰期间,远近信徒皆组团莅庙进香。1968年,台北市政府因拓宽道路,将法主公后殿予以拆除。拆除后的法主公庙变成只剩下前殿的长方形小型庙宇。1996年,该庙将其重建,殿址改建为五层楼建筑。

每年农历九月廿三日是该庙"乞龟、还龟"日,也是该庙主祀法主公圣诞所衍生的祭典仪式。这里的龟指红龟粿,是一种祭拜神祇的外裹面粉、里包红豆馅的甜点食品。因为面粉外面印有乌龟模样,象征吉祥而闻名。信徒向法主公许愿,向庙方乞得一个红龟粿回去保平安。隔年还愿时,则需要加倍偿还面龟。近年,该仪式仍十分盛行,另外,也有单纯使用红龟粿祭祀的。

第二节 闽台佛教俗神崇拜

一、闽台观音崇拜

观音原来是印度大乘佛教的菩萨,最早翻译作观世音。唐朝人避太宗李世民的讳,略称观音,沿袭至今。

1. 称呼与性别

闽台民间对观音的称呼很多,如:观世音菩萨、观音妈、观音佛祖、南海观世音菩萨、大悲菩萨、大慈大悲观世音菩萨、圣宗古佛、妙善公主等等,法名为正法明如来。

佛教认为,佛、菩萨都无生无死,也无性别。他们在世人面前可根据不同需要,示现各种化身。所以,南北朝时的观音菩萨造像有男相,也有女相。可是,自唐以来,观音造像多为女性形象,民间也有以观音为一妙龄女子。《楞严经》曾说到这个原因:"观世音尊者白佛言:'若有女人好学出家,我于彼前见比丘尼身、女王身、国王夫人身、命妇身、大家童女身而为说法。'"

从佛经的记载,观音本为男子形象,佛教传入中国后,为吸引广大妇女信佛,将其化为女身。这样做也造就了众多出家为尼的妇女(比丘尼)。观音能随类随缘,发展出"娘娘庙"的信仰;民间信仰以观世音为女神加以崇拜,日久遂与道教之"娘娘神"信仰混合,而有"观音娘娘"之称。

做为女性的观音,表现出许多的女性神的职能。如"送子观音",闽台妇女们通常在观音诞辰日前往寺院,供奉水果、寿桃、寿面,烧寿金。有的信众会以金牌或银牌,刻上观音名号,佩戴在小孩的脖颈上,以为保护。还常常在孩子出生后到观音庙许愿,有的契给观音娘娘,给孩子取名为娘龙、娘狗、娘喜等。以为这样之后,就会得到观音娘娘的保佑。此外还有一种"补运"的习俗,即观音圣诞当天,准备纸制的人形、米糕和与家属数目一样的龙眼干或鸡蛋,到寺院里观音佛祖前祈福消灾。

2. 应身、胁侍与节庆

观音被认为有六、十五、三十三、三十七、八十四个应化身。常见的有白衣观音、紫竹观音、鱼篮观音、净瓶观音、千手观音、送子观音、洒水观音等。实际上观音的形象出于信众着意制造,也有画工塑匠的艺术需要,塑造了多种形态而繁衍出来的。

闽台崇尚白衣送子观音,沿海对航海保护神紫竹观音也极推崇。紫竹观音又称南海紫竹,端坐岩上,下为海水。闽台民间也认为妈祖为观音化身。杨柳观音手持净瓶和柳枝,瓶里有甘露,以柳枝沾洒,点化众生。

观音的胁侍是善财和龙女。两人本是文殊的弟子,仅仅因为他们也参过观音,所以便留在观音的身边。据说龙女(婆竭罗)是龙王女,八岁成佛。善财出生的时候,出现了很多珍宝的奇异现象。因为学善,"善财童子五十三参",见过五十三种各类人学习善行。由于《西游记》的缘故,民间也有认为善财是红孩儿。民间对善财特别钟情,有认为会使人发财,还有认为可以祈求得男婴。

观音诞生日为农历二月十九日,成道日为六月十九日,出家之日为九月十九日。民间将这三个日子都当作是观音的生日。在台湾,多以农历二月十九日或六月十九日为观音圣诞,而举办各项庆祝祭典活动。①

3. 闽台观音庙择要

福建与台湾观音信仰悠久而广泛。泉州晋江安海的龙山寺建于隋朝皇泰年间(618—619),如今两地的观音庙宇数量在众多民间神庙中名列前茅,相当多人的家中都供奉观音神像。

(1)晋江安海龙山寺

清朝道光年间的《晋江县志·寺观志》:"安海龙山寺,在八都安平,古称普见殿。以大榕树雕千手眼佛祀之,座下树根石井尚存。"

安海龙山寺古名普现殿,又名天竺寺,俗称观音殿。位于晋江市安海型厝村北的龙山,因此称龙山寺。建于隋朝皇泰年间,是泉南著名的千年古刹,被列为全国重点佛教寺院。

自隋朝皇泰年间建寺,工程持续至唐初,至今龙山寺圆通宝殿中梁有块记载"大唐贞观十三年(639)鲁国公程咬金知节捐捧一千两督修"的牌匾。该寺历代曾多次修葺,现存建筑物为清朝康熙五十七年(1718)由施琅等捐资修葺,总占地面积4250平方米。

正殿(圆通宝殿)面阔五间,进深三间,通高11.3米,面积493平方米。

---

① 徐辉:《台湾民间信仰调查过程笔录》,未刊稿。

交错重叠的斗拱承托梁枋,形成下小上大的托座,状如莲花盛开,保存唐代建筑风韵。屋脊正中雕一座五层小宝塔,一对瓷雕龙朝向宝塔,取双龙护塔、镇邪摄吉之意。殿前筑有亭榭,叫天坛,是供进香的善男信女摆设香案的地方。殿内上方悬挂明代大书法家、本地人张瑞图题写的额匾"通身手眼",正中龛台内供奉着木雕千手千眼观音。

晋江安海龙山寺

后殿即大雄宝殿,重檐歇山式建筑。殿堂龛内正中供奉释迦牟尼。

寺有"三绝":千手千眼观音、盘龙柱、钟鼓楼的一鼓一钟。

"三绝"之首——千手千眼观音,用大樟树躯干所雕。通高4.2米,宽2.5米,头冠中嵌阿弥陀佛像,周围又雕有众多戴花冠的小佛首,层层叠作帽状。观音两肩雕着1008支手,每只手的掌心都精雕一只慧眼,指掌分别执法器、书简、钟鼓等等,千年不朽,是福建古木雕艺术登峰造极之作。《安海志》载:该寺历经多次兵燹匪劫,皆化凶为吉,因此龙山寺千手千眼观音被誉为"镇国佛"。明朝嘉靖年间倭寇八次进犯安平(安海古称),准备烧毁龙山寺,先后遇寺内乌蜂涌出,雷电交加,使"群寇惊俱跪叩,服罪而归,免得焚炬"。清顺治辛丑(1661),清廷禁海迁界,"滨海梵宫灰烬,惟龙山寺岿然独存"。即使在"文革"时代,远近寺庙毁之殆尽,龙山寺大部分文物乃保存完好。

"三绝"之二是盘龙柱。位于圆通宝殿前,呈八角形,以辉绿岩透雕,共一对,左右相峙,清朝道光年间立。令人称奇的是龙爪抓珠,一双鳞甲相间的龙爪,分别捧出同一大小、石质的一磬一鼓,用细铁条轻敲,分别显磬和鼓声,是福建石雕的精品,列全国四大龙柱之一。据说这位石雕大师,创作严谨,精雕细琢慢磨,一生仅雕龙柱两对半。

"三绝"之三是金刚殿前左右侧钟鼓楼的一鼓一钟。大鼓即由雕刻千手千眼观音的樟树尾部整筒凿空而成,直径近1米,至今有1700多年历史。鼓面由牛皮制成。鼓楼镌有对联:"暮传百八贪痴警,鼓觉三千菩萨音。"古钟重千斤,用一根直径仅有14厘米的檀香木横架于钟楼顶端。此檀木是早年旅外华侨专程从海外运来捐送的。古钟造型古朴,镂刻着"天竺钟梵"四个字,风格古朴。"天竺钟梵"是安海的八景之一,每天晨昏,照例敲钟108下,钟声悠扬,顺风时可传到十几里外。

唐宋以来,龙山寺的香火随着安平商贾的足迹,传播海外,在东南亚、台湾等地尤其突出。其中最著名的是鹿港龙山寺和台北艋舺龙山寺。移民为祈求神明保庇平安横渡台湾海峡,普遍带着龙山寺观音菩萨的神像和香火,定居后就在当地建龙山寺,共约四百多座,其中最著名的是鹿港龙山寺和台北艋舺龙山寺。①

(2)漳州云霄观音亭

阳霞观音亭在福建漳州云霄莆美镇阳霞村中,始建于明代,清道光间(1821—1850)重修。木石结构,其前墙窗、壁、柱、梁,都以花岗石雕琢而成,有透雕螭龙、浮雕麒麟、莲花翠鸟等图案,栩栩如生,工艺精美。内悬木刻横匾"精明应妙"。庙中主神为观音菩萨众多的法相之一,造型有别一般的观音形象。当地传说,这观音大士木雕古像为明代中期,该村方氏先辈从海中捞起来的。因异常灵验,族人筹资建造观音亭,数百年来香火鼎盛。当地民众尊称其为"泗州观音"、"泗州大士"、"观音佛祖"。

2001年12月6日,来自台湾省嘉义市中埔乡的方氏,专程到福建云霄阳霞祖籍地认祖归宗。当他们获悉阳霞观音亭所祀的佛像就是"泗州观音大士"时,纷纷表示:"与嘉义中埔乡湾潭村的'泗州佛祖'太相似了!"②

清代以后,泗州大士形象各地逐渐少见,所以,阳霞观音亭的泗州观音像,为少见的文物,非常珍贵。

(3)台北万华龙山寺

台湾古有"一府、二鹿、三艋舺"的说法。一府是府城,即今日台南市;二

---

① 永春小岵南山陈氏宗亲网:http://www.nanchens.com/xqxx/xqxx26/xqxx26008.htm。

② 周跃红:《漳州与台湾同根神祇》,广角镜出版有限公司2004年版,第40~41页。

鹿为鹿港，即今日彰化县鹿港；三艋舺，即今日台北市万华。艋舺是台北的发源地，也是台湾北部最早繁荣的地方。万华区内著名的庙宇很多，位于广州街的龙山寺香火鼎盛，被列为台湾二级古迹。

龙山寺始建于清乾隆三年（1738）。艋舺人祖先——福建三邑人在清雍正初年（1723），恭迎家乡安海乡龙山寺观音菩萨分灵回艋舺，寺名也叫做"龙山寺"。龙山寺在当时不仅是艋舺居民的信仰中心，更是生活中议事聚会的场所。清光绪十年（1884），光绪皇帝还敕赐"慈晖远荫"的匾额给龙山寺。龙山寺历经地震、炮火的侵袭，始终能幸免于难；再经历代几次重修扩建，渐渐有了现在的规模。坐北朝南，为传统三进四合院的宫殿式建筑，主要分为前殿、正殿及后殿。寺内雕梁画栋，结构布局庄严富丽，许多雕饰皆出自名家之手，以"线雕"、"透雕"、"浮雕"、"浅浮雕"的手法，将寺内各式各样花草龙鱼、人物故事、吉祥图像雕刻得栩栩如生。而左右护龙屋顶配有钟楼和鼓楼，为扁六角形的楼合，屋顶为三重檐，好像将军的头盔，气宇轩昂，造型雄伟为全台首见。

（4）鹿港龙山寺

鹿港龙山寺始建于明永历七年（1653），是佛教传入台湾的第一座寺院，被台湾列为一级古迹。相传在明崇祯十五年（1642）的时候，福建泉州有一个名叫肇善的苦行僧，携奉着石雕观音像，打算进献到南海普陀山，没想到中途遇上暴风雨，一直漂流到鹿港来，于是他就在鹿港暗街仔一带苦修，后来在港畔初创寺院，就是最早的鹿港龙山寺。

清乾隆五十年（1785），鹿港龙山寺因旧寺狭窄，迁建于现址，并延聘大陆名匠设计，仿祖地龙山寺图样，鹿港龙山寺的建筑极具特色，属北宋宫殿式，全寺格局为台省寺庙罕见的四进三院：第一进是山门；第二进是内门，又称五门，有全台仅见的内门戏台，以及用榫工组成的穹窿式八卦藻井；第三进是正殿，供奉观音菩萨，左右配祀境主公、注生娘娘等；第四进是后殿，原称北极殿，主祀玄天上帝，左右设龙神、风神位，配祀龟、蛇二将，今供奉日本本愿寺阿弥陀佛像，左右配祀地藏王菩萨与药师佛。正殿与后殿之间的后埕，掘有二口龙眼圆井于两旁，龙喉方井于正中央。

鹿港龙山寺年代久远，香火始终鼎盛，经过几次整修，目前多已恢复旧观，每逢节庆假日，信徒与游客川流交织，现在是鹿港多项民俗活动的中心。①

---

① "民间文化青年论坛·台湾的观音信仰"：http://www.pkucn.com/（台湾）。

二、闽台哪吒崇拜

1. 哪吒的来历

哪吒,又作哪咤,别称三太子、太子爷、罗车太子、太子元帅、三元帅、哪吒元帅、金环元帅、金康元帅、大罗仙、罗车公等。哪吒最早起源于印度佛教神系,是北方的守护神皮沙王五子之一。他为父亲手持铁塔,降伏妖魔。到了佛教盛行的唐代,有关哪吒的故事开始传入中原,并成为日后民间通俗小说及故事中的主角,得以广泛流传。宋代笔记志怪小说集《夷坚志》已将哪吒称为神将。在《封神榜》中,哪吒为陈塘总兵李靖的三子,他师父在他死后收其魂魄,用莲花化身,并赐他风火飞轮及长矛下山辅助武王伐纣,降妖除魔,后被玉帝封为三十六天将第一总领使,永镇天门。此后,哪吒的故事更与道教相结合,被尊为道教的护法神,并最终成为民间供奉的神灵。

2. 闽台同奉"中坛元帅"(太子爷)

闽台地区将哪吒作为神灵普遍供奉于市井和渔村。哪吒一般被称为"太子爷",是人人都熟识的神。哪吒的呼称还有"中坛元帅"、"李哪吒"等。福建与台湾的一些村庙或一般神庙的主神都有"五营"。五营各有元帅,通常以太子爷哪吒为中营元帅,坐镇于庙内或庙前,其余四营元帅,分镇于村社四角。五营的作用是守卫村庄四围,威吓、收伏游荡作祟的"恶鬼"。这些五营兵马都是野鬼转来的,经过哪吒的收伏,能驱逐它们原来的同类鬼魅。

哪吒信仰何时从福建传入台湾?据台湾较大的"天府宫"历史表明,大约于公元1660年,由福建泉州柯氏先祖于明末随郑成功光复台湾,护佑其漂洋过海,最早传入台南高雄一带。根据地方志的记载,明永历时台南已有太子庙。① 哪吒信仰在台湾至今已有三百四十多年的历史,哪吒被台湾民间信仰列为主要神灵祭祀,常年香火不绝,热闹非凡,成为当地人文精神的象征和文化旅游风景线。

在台湾,平时凡禳灭驱邪有求哪吒神者,市井村落皆插五彩方旗,并备牲礼犒祭中坛元帅。其各宫庙则每天清晨设坛,扶鸾问事以祈平安。在台湾,尤以农历九月初九重阳节,与哪吒祭祀密切。两地祭奠科仪,悉依古制,庄严肃穆,道俗同庆,万人空巷,成为台湾独特大型的宗教与民俗文化活动,牵动社会上上下下,成为团结广大民众的文明场所和感情纽带。

---

① 蔡相煇:《台湾之祠祀与宗教》,台原出版社1989年版,第41页。

台湾九月九哪吒贺诞盛会,通常由主醮司仪,首先播道教教乐,钟鼓交鸣。然后法师主坛,分赞礼者、赞醮者、陪醮者和主醮者,各就各位。其科仪一般为主醮献供,恭读祝文,送表燔燎,祝筵礼愿,礼成纳福。结束宗教礼仪后,组织民众"健行"、摸彩等一系列民俗文化活动。

3. 闽台哪吒太子庙择要

（1）同安后炉大寮宫

大寮宫明应殿位于厦门同安大帽山后炉村（现属翔安区）,面积100多平方米,始建于北宋,主祀哪吒元帅。传说清代有个林姓同安人,年轻时候落魄,曾经寄居在大寮宫。后炉村的某个员外见他有志气、勤吃苦、有能力,就将女儿许配给他。林氏后来官至台湾总兵。后来大寮宫分炉到台湾和福建、东南亚一些地方。大寮宫在台湾有100多间分炉,是晋江、南安、同安、翔安、台湾大寮宫的祖宫,信徒很多。台湾林姓于是把大寮宫哪吒元帅当作林姓的保护神,每年都有不少台胞前来厦门翔安区大帽山后炉村寻根谒祖。

（2）顶岱山九龙宫

九龙宫亦称太子庙,位于漳州市芗城区芝山顶岱山社。约始建于宋末,现存建筑为清代所建。占地面积约370平方米,坐东向西,正殿单进单开间,硬山顶燕尾脊,前有轩亭为单檐歇山顶建筑,面阔一间,进深一间。

庙宇祀奉金吒、木吒、哪吒,悬"眷顾诞膺"匾。檐前有二石方柱撑托石水槽,柱联"九州游遍光临净土,龙洞修成灵达玄天"。宫前有卷棚顶拜亭及石坪,宫内现存许多哪吒鼓。石坪前有清光绪四年（1878）"漳州府禁止乞丐骚扰"告示碑一通。每年九月初九哪吒神诞均举行隆重庆祝活动：八月初一开坛,九月初八请神,九月初九踏火,冬至后十一月初送神。仪式活动期间,抬神求龟（乞龟）,敲哪吒鼓表演,非常热闹。

（3）南靖霞寮太子庙

霞寮太子庙俗称下寮庵,位于漳州南靖县船场镇西坑霞寮村,主祀哪吒太子。霞寮太子庙分中、左、右三殿,中殿供奉释迦、如来诸佛,左殿供奉哪吒太子、保生大帝,右奉广应圣王等。内匾名隆兴堂,外匾名太子庙。社内各姓居民分为六甲,各推首事负责募款建庙诸事。霞寮太子庙始建于明代,漳州草坂陈氏分支肇迁南靖船场西坑霞寮埔。因地临溪边,春夏雨季山洪暴发,陈氏田庐每遭水灾。明弘治十四年（1501）,陈氏家族始建太子庙于村边,供奉哪吒太子,祈求借其神力制伏蛟洪水患。

霞寮太子庙与台湾省台北、彰化、高雄、桃园、嘉义、南投、苗栗、新竹等地的庙宇有着千丝万缕的联系。明末以来,霞寮所在地船场乡百姓东渡台岛,拓荒垦殖,移民带去祖宗香火,也带去祖家神庙香火。清康熙年间,霞寮太子庙香火传入台湾,后分传十几个庙宇,成为台岛颇受欢迎的神祇。1989年以来,台湾彰化代天宫太子庙、台北进龙宫、高雄万安堂、桃园山林太子宫、苗栗水兴宫、南投明圣宫、台北广武宫、新竹拱阳堂、仁德乡水明殿、台北新店后仪神宫、嘉义太极圣德殿等庙宇纷纷组成进香团到霞寮太子庙添割香火,参拜太子。不少庙宇从霞寮太子庙请去开光的太子神像,到台湾安奉。

(4)台南新营太子宫

台南新营太子宫,又称新营太子庙,为新营地区的信仰中心,主祀中坛元帅。自清康熙末年福建移民来台垦拓,多受太子爷保佑,便以"太子宫"作为这个村落的名称,这是"地名沿庙名"现象。

太子宫最早为一草寮建筑,清康熙二十七年(1688)建造土石庙宇。光绪九年(1883),迁于现址重建;1926年,又修建并增建拜亭,形成现在的规模。1971年大规模建新庙,构架钢筋水泥的洋楼式建筑。新庙的建设历经14年,形成太子宫的庙宇。

太子宫由台南县政府重新维修之后,古香古色,列为县定古迹保存,形成前旧后新、前小后大,一神两庙的有趣景象。新庙庙宇上方有巨型太子爷雕像,脚踩风火轮,手持兵戟,威风凛凛。旧庙则保留传统寺庙的建筑风格,新庙因太子信仰发展的需要而建,新、旧庙并存,体现太子宫的历史沿革。

新营地方人士认为太子爷很灵验。第二次世界大战期间,当地人被征调前往南洋地区参战,有到"太子宫"求取香火携带的,都能平安返回故乡。盟军飞机轰炸时,村庄的居民只要靠近"太子宫",都能平安不受灾难,村民一致认为是太子爷保佑。[①]

(5)高雄三凤宫

位于高雄三民区运河以北的三凤宫(旧名三凤亭),是高雄市三民区的地标之一,也是全台湾最大的太子庙,更是许多台湾信众的圣地。三凤宫所祀主神为哪吒太子,为三块厝住民之守护神,故又称为三块厝太子爷庙。建于清康熙年间,至今已300多年。

三凤宫以宫殿结构、殿宇壮丽而著称,以雕刻精细而凸显。庙宇三进皆为二层楼建筑。据说三凤宫首开二楼庙宇的建筑模式,也使得为数不少的

---

① 神脑科技文教基金会,http://www.town-all.org.tw/。

台湾庙宇建筑跟进,为二、三楼庙宇建筑形式之先,是庙宇建筑的一大转变。

三凤宫有许多文物:如300多年前分灵时的"老祖"哪吒太子木刻神像;100多年历史的出巡神轿、古老的雕花神桌等等。

高雄三凤宫

三凤宫是个台湾民间信仰的重地,同时也是高雄的青草药集散地。[①] 三凤宫旁边的青草铺很有特点。许多店都是数代相传。

三、闽台三平祖师崇拜[②]

1. 三平祖师崇拜的来源

三平祖师,俗姓杨,名义中(781—872),敕号广济大师,俗称三平祖师公,原是唐代的一名高僧,圆寂后逐渐演化为佛教俗神。三平祖师祖籍陕西高陵,因其父入闽为官,义中出生于福唐(今福清市),先拜玄用律师为师而出家,之后拜谒怀晖禅师、智藏禅师、怀海禅师、石巩慧藏禅师、大颠宝通禅师学法。经多年修行,达到很高的禅修境界。经过近20年的游历,于宝历初

---

① 资料引自台湾"高雄三凤宫"网站(http://www.sunfong.org.tw/)。
② 徐辉:《台湾民间信仰调查过程笔录》(台北清水祖师庙,鹿港赐福宫)未刊稿。

年(825)回漳州弘法,任三平真院住持。会昌五年(845)唐武宗灭佛,义中避于平和县三平山,建三平寺。大中元年(847),官方又崇佛教,义中出任漳州开元寺住持。咸通十三年(872)农历十一月初六日,义中圆寂,享年92岁。

三平祖师圆寂后,有许多民间传说广为流行。明万历三十五年(1607)漳东居士王志道摹述、同郡李宓所书的《漳州三平山广济大师行录》(非王志道所写,而是王讽撰),记述了"鬼魅造寺",以及"擒服大毛人,收为毛侍者"(毛人为当地土著)等民间神话传说,表明三平祖师已演化为佛教俗神了。

三平祖师生前创建的平和县三平寺,迄今已有一千多年的历史,一直香火鼎盛,每年从海内外到三平寺进香礼拜者,多达数十万人。三平祖师崇拜向外传播到漳州外的福建其他县市,各地分灵建庙,比如:厦门市海沧石云岩、内田莲三宫;泉州市涂岭龙济宫、灵源寺、石狮朝天寺、双龙寺、水头福安堂等。明清时期传到台湾,如今在台湾有数十座三平寺的分庙。

2. 闽台三平祖师庙择要

据不完全统计,在漳州各地,主祀三平祖师公的寺庙不少于66座,并有众多配祀三平祖师公的寺庙。在台湾,主祀约50间。

在海外,尤其是在东南亚及港澳台地区不少地方都供奉三平祖师公。究其源,主要是漳州民众外出渡海谋生,随身携带三平祖师公神像,台湾较早见于明代永历年间,如台南县四鲲鯓龙山寺,后有乾隆时的南投竹山三坪院等,台湾祖师公的香火随之兴盛。

现在每年均有台湾进香团,从南投、屏东、高雄及台南等地到三平寺进香,拜祭祖师公,号称台湾最大的三平祖师公分庙是台南市广济雷音宫。在台湾,其实供奉三平祖师的庙宇是不少的。由于民间传说三平祖师与安溪清水祖师是师兄弟,两神明的庙宇总混在一起,一些寺庙,既供奉三平祖师,又供奉清水祖师。[①]

(1)平和三平寺

三平寺位于福建省漳州市平和县文峰镇三坪村北,为晚唐高僧杨义中禅师于会昌五年所创建。距平和县城28公里,寺庙坐落在蛇山山麓,处于岩石深邃、结构曲危的三平峡谷中。坐北朝南,北靠狮头峰山脉,西邻九层岩。依山而筑,寺庙前低后高,结构匀称,寺之前方不远有一状如龟的小山丘,称为"上水龟",与寺之下水蛇南北呼应,相映成趣。三平古寺总建筑面积3000平方米。

---

① 王煌彬:《泉州市永春县岵山镇民间信仰调查报告》,未刊稿。

三平寺祖师公

  寺为三进三开间的古朴殿宇,结构精致严谨,体现出中国传统纵轴式建筑风格。在中轴线上依次为天王殿(半殿)、大雄宝殿、祖殿、塔殿。左右为长廊(各有260米)。

  三平寺的山门兼做天王殿,故又有"三落半"之称。殿门上的匾额"三平寺"是赵朴初居士所题。

  一进大雄宝殿。面宽五间、单檐、歇山顶。两侧为二层的钟鼓楼,钟楼里置有一口一千多斤的大钟,其声宏亮清远。鼓楼里有大鼓,节日时,钟鼓齐鸣,庄严肃穆。殿前埕中铸有一个一吨多重的万年宝鼎及一对栩栩如生的石狮。大雄宝殿内,供有三宝佛及十八罗汉金身塑像。左右偏殿供奉着迦蓝爷和开漳圣王陈元光夫妇的坐像。

  二进祖殿(广济大师殿舍)。面宽三间,堂中奉祀广济大师金身塑像,边立青面獠牙侍者,左右偏殿分别供奉监斋爷和地藏王。

  三进塔殿。基座高于二进祖殿两米余,两侧设台阶通往殿堂。殿为正方形,面积有200平方米左右。殿正中屋顶藻井谓蜘蛛结网八卦井,结构精巧。殿内有一石龛,当中端坐广济大师塑像,龛边对联曰:"法大无边龙虎伏,道高有象鬼神惊",龛后左边供有义中禅师的师父石巩慧藏禅师,右边供奉着有功于三平寺的潘荣尚书、颜颐仲尚书,俗称"潘颜二尚书"。塔殿后面有一石刻佛像,谓之石公。相传是三平祖师真容,也是三平寺中仅存的唐代文物。

相传三平寺为蛇穴宝地,三殿之中轴线左右曲进,从后山俯瞰,有游蛇动感之美,整座建筑突出了三平寺中轴转动、蜘蛛结网、八卦门拱、雕龙饰凤、鬼斧神工之特色。主体建筑依山逐级升高,更好地烘托出中轴线建筑的雄伟气势。

每年节庆活动及春节期间,三平寺游人云集,盛况空前。每年正月初六(祖师公出生之日),六月初六日(出家纪念日),十一月初六日(大师圆寂之日)及春节,海内外香客来三平寺同祖师公过年,三平寺有隆重庙会和祭祀活动,形式各异、丰富多彩,具有浓厚的福建宗教文化特色。

三平风景区经上海园林设计院和华侨大学旅游系规划后,已投资过亿元。建成祖师公雕像、九龙照璧、十二生肖、假山放生池、三平寺、炮廊、虎爬泉、广济园、生态休闲竹林、红军会师纪念馆、仰圣山庄、素菜馆、游客中心、商店、三平广场等景点和旅游配套设施。初步形成了两条游览线路:一条是以三平寺为中心的朝圣线路;另一条是以毛氏洞为中心的生态休闲旅游线路。将进一步规划建设三平祖师文化园、龙瑞瀑布、毛氏洞等新景点。①

(2)漳州芗城初华坊

芗城初华坊地处漳州市芗城区新华东路530号,位于九龙住宅小区内的繁华区域。该庙相传始建于清咸丰元年(1851),建筑面积仅9平方米,祀温府三帝君。据当地老人介绍:"民国二十一年(1932),漳州城发生鼠疫病,死亡数千人。当时人心惶惶,莫知所措。后由乡绅蔡潮初中医师倡议,请三平寺广济祖师神像来镇,意为压邪除瘟。本来计划坐镇12天就返回三平寺,但信众求神明长期留住初华坊,其意难却,只好另塑一金身送回三平寺。"从此,初华坊祀奉三平祖师公,并冠以"三平分镇"之名。

后经募缘修建,面积扩大到69平方米,又在庙边购买200多平方米的地皮,做为今后扩大庙宇之用。1993年信众集资重修。初华坊现有规模:占地面积600多平方米,建筑面积360平方米,为两进半间庙宇,面阔3间,进深3间,坐西北向东南,硬山顶,琉璃瓦铺盖,屋顶燕式撬尾的宫殿式,并于边带

---

① 《漳州文史资料》第27辑,第439~442页;三平寺提供部分文字资料。

瓷雕或剪贴人物、翠鸟和花草。①

（3）台南广济雷音宫

广济雷音宫位于台南永康市胜学路159号，该宫规模较大，号称台湾最大的三平祖师庙。该庙始建于明永历年间，由移民台湾带来的广济祖师香火袋。

在迁来此地前，由于原庙址太小，约于1961年，信众开始寻找适合兴建寺宇的"吉穴宝地"，前后经历7年。某日凌晨一、两点，信众吴清良等人受禅师指引前来此地，站在溪谷边抬头往上，见柴头港溪上游（目前本庙所在地）绿荫盎然，竹林苍郁，虫鸣鸟声，法音浑然天成。俯看溪边时，却见有条白色巨蟒盘踞此地，昂首吐信，巨蟒见吴氏等人闯入此地，竟不攻击，似有灵性般向吴氏等人点首三下后消失无踪。吴氏等人以为三平祖师在大陆祖庙地已收蛇类为"脚力"，此巨蟒应是自愿来此为禅师守护地理宝地。随后众人决定建庙于此。②

（4）屏东县塔楼三平祖师庙

塔楼三平祖师庙位于台湾屏东县里港乡塔楼村塔楼路54-2号，属乡里寺庙，规模较大。三平祖师庙是塔楼人的信仰中心。

最初是塔楼社邱姓先民，从福建漳州府平和县移居此地，自三平寺请了一尊三平祖师公圣驾保佑。此庙与祖庙三平做法差不多，信众平常有事请教祖师公，都由庙公或法师作译意或解签。

1988年，塔楼三平祖师庙管理委员会一行数人，在主任杨明义带领下，前往大陆打听三平祖师公庙在何处。该年度这件事始终没有着落。次年，皇天不负有心人，经多方打听确认，三平寺即是塔楼三平祖师庙的"元祖庙"，终于前往平和县三平寺参拜三平祖师公。大家均五体投地，三跪九拜，并恭取香火回台。③

四、闽台清水祖师崇拜

1. 清水祖师崇拜的由来

清水祖师俗称"祖师公"，又称"麻章上人"，福建一带多称为"乌面祖师"，台湾则称为"祖师公"、"祖师爷"。台湾全省近百座的清水祖师庙中，祖

---

① 《芗城文史资料》第十三辑，第107~109页。
② 资料来自广济雷音宫网站。
③ 部分资料为平和三平寺提供。

师爷的"分身"又称"蓬莱祖师"、"昭应祖师"、"辉应祖师"、"落鼻祖师"等，为佛教俗神。据宋代人写的《清水祖师本传》等记载，清水祖师俗姓陈，名普足，永春县小岵乡（福建永春县岵山镇铺上村）人，生于宋庆历五年（1045），元丰六年（1083）为安溪县祈雨获得成功。在当地百姓极力挽留下，清水祖师移居清水岩，直至建中靖国元年（1101）圆寂。

　　清水祖师的主要功绩，一是热心于慈善事业，一生劝造数十座桥梁，修桥铺路，功德无量，得到百姓的敬仰和崇拜是很自然的。二是清水祖师在祈雨方面很灵验。仅南宋时期，有文献记载的向清水祖师"祈祷雨，无不感应"的"灵异"就多达 16 次。清水祖师还有治病、驱逐蝗虫以及防御盗贼等职能，志称："凡人有疾病，时有雨旸，及盗贼之扰，随祷随应。"在百姓看来，祈雨获应是因为"道行精严，能感动天地"，所以百姓赋予清水祖师以神奇甚至神秘的色彩。清水祖师去世后，就被当地百姓奉为神灵，加以崇拜。

清水祖师像

南宋时期,清水祖师的神阶大大提高,先后4次得到朝廷敕封,反映了南宋时期清水祖师信仰的影响扩大,并且得到了官方的扶植,取得了正统的地位。

清水祖师的祈雨等功能,在漳州临近泉州的县份影响较大。漳州农业较发达,沿海地区雨量较少,渴望风调雨顺。如长泰靠着安溪,集中了本地最多的清水祖师庙宇。漳州地区清水祖师信仰由来已久,共有数十间庙宇主祀清水祖师。

明代中期以后,清水祖师信仰传入台湾,成为民众敬奉的主要神祇,庙宇数居台湾前十名之列。早期的移民仅仅把祖师香火供奉于家中,随着移民人数的增多和村落的形成,清水祖师庙被陆续建造出来。已知台湾最早的清水祖师寺庙是建于南明永历年间(1647—1661)的台南楠梓区清水寺和彰化二林镇祖师庙。清代康熙以后,台湾祖师庙如雨后春笋般地涌现,其中规模最大的是台北市万华清水祖师庙。

台湾的清水祖师又有"落鼻祖师"之称,传说中艋舺祖师庙的一座清水祖师神像非常灵验,每次只要有天灾、人祸,祖师神像的鼻子就会掉落,以之向信徒示警,信众皆称之"落鼻祖师"。

清水祖师信仰带有浓烈的福建区域文化特点,在泉、漳、厦和莆田籍的民众中有一个很大的信仰群体,又以陈氏乡亲为众。每年农历正月初六祖师诞辰日,各庙宇均隆重举行清水祖师祭祀庙会活动,连续数日绕境游神,信众拈香祈求消除灾祸、社里平安,并通过这一民间信仰习俗来维系怀念故土的情结。

2. 闽台清水祖师庙择要

(1)安溪清水岩寺

福建泉州的安溪清水岩寺始建于北宋元丰六年(1083),为清水祖师(俗名陈普足)所创建。由于乡人深感普足德高道深,于其圆寂后,乃筑亭于岩,崇奉为清水真人。从始建迄今,屡有兴废。现存的清水岩寺,位于蓬莱山右侧,西向,重楼复阁式,依山而筑,面临深壑,此为1966年以后,经20多年填修、改造、扩建而成的,它的整体布局、建筑风格,均按古文献记载重修,尽可能保持原貌。

清水岩有题名及登游纪事石刻16方。从蓬莱鹤前大桥启步,沿曲折盘绕的石阶古道拾级而上,沿路有各种奇岩异石,形象逼真。如嵌入"田"字的袈裟,烙有脚印的仙迹,顽似儿戏的弄狮,以及如鸡、似狗、若船、像蒸笼等异石。

安溪清水岩寺

觉亭稍下西侧的古樟称"枝枝朝北树",枝干粗悍,三五人合抱不过,历千年风雨雷电摧劫而不枯不衰。尤为称奇的是,它一反普通树向阳而茂的习性,"枝枝朝北"。传说此树乃清水祖师亲植,因为大悟成佛,得了山水灵性,当宋二帝被掳北上、岳飞抗金壮怀激烈之际,此树亦怀孤忠,枝枝朝北,一则望北盼帝归,二则向英雄示敬。昔日游人曾于此题诗寄情:"岩外名樟占一隅,枝枝向北与它殊。无知草木犹如此,寄语人间士大夫。"蓬莱镇每年开春均要举行"迎清水祖师"巡境活动。清水巡境活动把蓬莱镇的平原点和金谷的汤内、涂桥等自然区域分成三个庵堂9个社保27股,每股九年轮值举办一次,周而复始。每年的三月初一要举行"拈大旗"仪式,确定"大旗"、"车鼓亭"、"神前吹"的具体分工;其中拈得"大旗"的佛头股要推选"大旗手"和1名德高望重的长者充当"巡境司(春官)",主持当年的一切巡境事宜。同时通过"投卜"择定"开香日"。开香之日亦有严格的程序,如佛头股的家家户户要置猪头五牲、青菜香果到佛头厝供祭,次日凌晨还要上清水岩举办迎座仪式。在"清水祖师"迎春巡境的三天中,要举行各种仪式,如献花献茶、换衫换轿等,迎春仪仗庞大,规格庄严,程序庄重,大体分为"春官阵"和"火阵"两部分,随香还有鼓乐队、民间文艺队伍及民众等,人数多时上万人。其

"清水祖师"巡境的道路也必须按古例规定的线路行走。队伍中的擎大旗独具特色。旗杆是要到中庵堂的魁斗找一根连头挖起的全竹,直径斗大,杆长三丈三尺,重百余斤,旗上写着"敕封昭应广惠慈济善利大师菩萨"十四个大字。旗手一手从底部托起,另一手倒抱旗杆前行,作为游春队伍的前导,后来改为扛着前进。途中各庵堂都要按议定地点排列"供筵"候敬。课题组完整记录了2012年安溪"清水祖师"下山迎春巡境程序。

巡境前期准备:

巡境活动把蓬莱镇的自然区域分成3个庵堂9个社保27股,由顶、中、下庵堂的各一佛头股轮流负责执事。每股9年轮值举办一次,周而复始。

卜期:择日迎春巡境。清水祖师下山迎春巡境,定于前一年的农历三月初一日,由各庵堂佛头股各推举"首人"、"都会铳"各一位,集中在中庵堂"佛头厝",当众用"信杯"投卜迎春绕境的"开香"日期。如果投卜的是明春正月初八日为"开香日",则初九、十、十一日便是"三日大迎",十二日为"散香"日;如果初八日不"允",则卜初九日,再初十日。如初十日也不允,就要再从初七日卜起。"开香日"不得超过初十日,迎春绕境不得超过十五日(元宵)。今年,即2012年壬辰龙年的开香日为正月初八。开香之日亦有严格的程序,如佛头股的家家户户要置猪头五牲、青菜香果到佛头厝供祭,次日凌晨还要上清水岩举办迎座仪式。

拈大旗仪式:确定分工,每年的三月初一要举行"拈大旗"仪式,确定"大旗"、"车鼓亭"、"神前吹"的具体分工;其中拈得"大旗"的佛头股要推选"大旗手"和1名德高望重的长者充当"巡境司(春官)"。

开香日仪式程序:

迎接下山巡境:早在开香日之前的初七晚11点多开始,到初八晨子时,12点多,献生。晨1点,封/(包)旗,起鼓开香。初八开香之日有严格的程序,如佛头股的家家户户要置猪头五牲、青菜香果到佛头厝供祭。下午,中庵堂的佛头股要抬清水祖师佛像上岩,其他庵堂的"首人"、"都会铳"也要上岩。如果顶、下庵堂的人先到,必须在"觉亭"处等候,不得抢先;如果中庵堂抬迎的清水祖师先到,可以率先入岩。但祖师安座后,中庵堂的"首人"、"都会铳"还必须再到觉亭会齐,尔后一齐从觉路开始鸣礼枪进入岩殿拜佛。

初九清晨之初十一晚,迎春的路线,基本必须按古例规定的路线走,不能逾越。每天只迎一个庵堂,祖祖师才能进各庵堂的"佛头厝"。巡境路线:顶庵堂—中庵堂—尾庵堂。

第一日祖师下山经由鹤前清水垵外到"水供埕",绕鹤前学堂口过芸内贤庆大桥,顺公路而上过中亭庙、仙宫,入彭圩街,横穿十字路陈,而蔡姓二世祖宇,而杨姓祖宇,到顶庵堂埔的学堂门口歇午。午后,从埔顶出发,过岭南溪,自闪洋格绕从内圳古,再绕至岭美"文斗祖宇",沿溪南的乌石界而入顶庵堂"佛头厝"。

次日清晨,至乌石界起旗,经张姓的五房直至岭东的"虞山供庭",歇驾早餐后,继续迎至石佛仔格(这是顶庵堂和中庵堂的交接站),由中庵堂"首人"负责当日事宜,先检查执事的仪具和大辇等无讹后,再从案山过岭后坑前大路,而后山母脚入大墘内,再从山母脚后畔到报德庵歇午。午后,自"报德庵"过仙宫石跳到魁头祖厝门口,再到邢厝,转过芸内石跳,过中亭庙以后入中庵堂的"佛头厝"。

第三日,出佛到邢厝寨仔与魁头交界的石佛仔处起旗,一直去到大墘内"供埕尾"歇早用餐,而后到通天桥(这处是中庵堂与下庵堂的交接站)。同样履行检点手续后,从路尾过美山埔而土楼口下大弯,到井滨的下庵堂埔,才歇午用膳。午后,入汤内再兜原路出来,过蓬莱大桥,直下竹脚李,转入涂桥,重越跨大桥回到魁美的"承天"古址,达"尾供埕",然后到庵角倒旗,才入"佛头厝"(在蓬莱大桥未建前,迎春队伍从庵埔直入汤内后,还要再出来到"承天"旧址,过魁美渡,则竹脚李再转过渡回魁美)。三日大迎过后的第四天,队伍要从尾庵堂的庵边起旗,一直回迎到祖师生前施医行药的中庵堂的洋中亭,然后在那里举行倒旗、接头的仪式。轮到下一年的佛头股,必须组织人马,到站办理清点移接手续,然后按照预约,各庵堂的仪仗队把自己的佛轿迎回自己的佛头厝。①

(2)漳浦清水岩

清水岩位于福建漳州漳浦县赤湖镇后湖村赤水自然村,是漳浦县境内唯一的奉祀清水祖师的寺庙,也是继安溪清水岩之后最早的寺庙之一。

庙位于村西侧,背依小山,面朝大海,东南向,以正座和东厢组成,正座阔14米,深43米,正座深三进,每进落差0.8米,依次为门厅、天井庑廊、正殿、天井庑廊、后殿。面宽三间,其中正殿深三间,门厅、后殿深各一间,台梁木结构,悬山顶。全庙采用石柱承重,正殿后座保存了始创时的粗石柱,略呈梭形,该石柱配以鼓形素面连座式柱础,有明显的宋元风格。其他二组石

---

① 胡丹:《安溪清水祖师迎春巡境民俗调查报告》,未刊稿。

柱为清乾隆年间重置,刻有乾隆己亥年(1779)及奉舍人姓氏。

清水佛供奉于正殿中,为木质雕像,软身,乌面,又有二佛祖,以供正月各村迎奉下乡巡社祈安之用,佛之上方悬木匾二,分别为"清水佛"、"可以前知",均有供奉者姓氏。清水佛两边分别配奉红面王和黑面王,是为护法神;佛祖屏风后供奉哪吒太子,后殿则供奉观音佛祖。

漳浦赤水清水岩创建年代久远,历代多次修缮,大致保持南宋初创时的基础,庙中管理井然,保存多种历代文物,其中元代青石狮,尚属罕见,南宋淳熙二年立的石碑,史料丰富,印证了安溪《清水岩志》等资料中的记载,也是记载清水祖师事迹的最早的碑刻,当引起重视。①

(3)台北三峡祖师庙

台北三峡祖师庙是台湾著名的旅游景点,始建于清乾隆元年(1736)。三峡祖师庙原名长福岩寺,位于三峡镇民生路旁,主祀清水祖师,故又称祖师庙。曾二次重修,祖师庙建成融合历史、文化和艺术的庙宇。整座祖师庙乃是以木为顶、以石为基的建筑,采五门三殿的格局,庙内无处不雕、无处不琢,最精彩的是石雕、木雕。该庙与台北市的龙山寺、保安宫合称为台北三大宫庙。

光绪二十一年(1895)清廷割让台湾给日本,当日军进逼三峡时,三峡居民奋起反抗,以祖师庙为军火库和给养库,以祖师公的大红旗为令旗,杀伤日军一千余名。日军凶狠报复,烧毁了三峡祖师庙。

台湾人民更加崇信祖师,先后三次重建三峡祖师庙,形成华丽的建筑。整座庙采用五门三殿式的布局,石材均用观音石制成,精雕细琢。156根石柱根根精雕细刻。雕刻过程少则一年,多则三四年;其中一对"百鸟朝梅"上面竟有100只鸟,姿态不同,种类各异,生动活泼,令人眼花缭乱,叹为观止。

祖师庙的浮雕、木雕、石雕上的内容取材都是历史故事,刻画栩栩如生,气韵非凡。屋梁有圆形、方形、螺形、菱形、四角形、五角形、十二角形等形状,都由柚木或樟木雕刻成,金光闪闪,富丽堂皇。屋梁旁的斗拱刻有罗汉和狮子,造型细腻逼真。藻井为螺旋结构,精雕数百朵莲花。五门皆铜铸而成,上面有细致的浮雕。庙宇中多有铜铸浮雕,均出自名家之手。

三峡祖师公庙被公认为台湾庙宇艺术雕饰的杰作,素有"东方艺术殿堂"之美誉。②

---

① 《闽台清水祖师文化研究文集》,香港福建人出版社1999年版,第107~112页。
② 连心豪:《福建民间信仰》,福建人民出版社2008年版,第79~80页;维基百科网站:http://zh.wikipedia.org/zh-cn/。

第三节　福建与台湾定光古佛崇拜

一、定光古佛崇拜的由来

定光佛,或称定光古佛、定光老佛、岩前菩萨,是闽西及其周围地区客家民众的保护神。定光古佛在历史上实有其人,俗姓郑,名自严,祖籍为厦门同安,年十七在本郡出家为僧,在福建、江西吉安精研佛法,成为禅宗云门宗第四代嫡传弟子。青年起在江西、粤东、闽西一带弘扬佛法,历经种种艰辛,五十年如一日,为百姓教诲蛇虎,求雨导航,广造福田,被百姓尊为"和尚翁",又被天下僧人奉为"佛祖"。受到宋真宗的召宴,在两宋有着广泛影响。圆寂后,朝廷四次为其赐封,最终正式赐封他为"定光佛"的转世应身。定光佛在闽粤赣三省交界处,拥有大量信众。

定光佛信仰属于民俗佛教。明清时期,闽西客家人移民台湾,又把定光佛崇拜带到台湾,因而定光佛至今在台湾客家居民(主要是汀州客)中有相当的影响。

二、闽台定光古佛寺庙择要

1. 龙岩武平均庆院

均庆院位于福建龙岩武平县岩前镇狮岩,属石灰岩溶洞地貌,因形似狮得名。狮岩古称南安岩,被列入《中国名胜词典》。

登狮岩,入主洞口,便是古佛殿,正中供奉三尊定光古佛。前一尊是台湾淡水镇鄞山寺送来的。岩壁上刻有北宋丞相李纲所题的"灵洞水清仙可仿、南安木古佛洞居"联,洞两旁立着护法神。洞右侧供的是一丈多高的如来佛,洞左侧供的是妈祖。古佛殿后有一曲径,经过"通天第一洞",阵阵凉风袭人。岩顶上刻有"人世篷壶"四字,相传是乾隆皇帝所题。狮岩前有一天然泉水湖,称"蛟湖",清澈如镜,有"蛟潭涌月"之称。

武平是定光佛信仰的发源地。定光佛大约一半的时间生活在武平。武平南安岩是其驻锡地与圆寂地。武平百姓于北宋年间建定光寺奉祀,北宋真宗时,被封为"均庆院",南宋绍定三年又赐名"定光院"。这是最早的定光佛寺庙，从史料分析是定光佛信仰的发源地。①

2. 漳浦石榴青龙庵

福建漳州漳浦石榴青龙庵位于山城村，以四山环抱如城得名，过去为区别于南靖县的山城镇，别称小山城，今为山城行政村。该村是台湾"开兰始祖"吴沙的故里。

青龙庵祀定光古佛，也祀如来佛。青龙庵所处花岭，山脉逶迤如龙，周围风光秀丽。周边有八景：卓锡泉，泉水清冽；莳茶圃，寺前种有"白牡丹"茶树，白牡丹茶色平淡，而香气袭人，十分名贵，除到寺中品茗，他处无从购得；断雀庭，在寺前，为麻雀所不敢到之处；印月池，在寺前，月照时间长；放光石，为印月池边的一块天然石，夜间能出幽光；龙湫贯，指山涧一条激流，有一段是从石洞间通过；参差峰，又称三叉峰，指正面远山顶峰有三块突兀奇石并列，参差有致；飞来佛，指寺后山上奇石如一尊佛像屹立，好似凌空飞来的一样。

清代移居台湾的龙岭、山城村人不少，在台湾传下众多后裔，常有人来谒祖会亲。漳浦石榴的山城并不是客家地区，但也供奉定光古佛，可见定光古佛的传播中，也不是仅客家专供。②

3. 台北淡水鄞山寺

台北淡水鄞山寺又称"定光佛庙"，主祀定光古佛，1985年被列为台湾二级古迹，也是台北淡水文化的瑰宝。该庙建于道光三年（1823），是台湾清代定光佛寺中唯一保存完整的寺庙，规模不大但建筑型态完整，建筑以大屯山为背，面对淡水河。当时选地理，据称是"蛤蟆穴"。建筑依蛤蟆形设计，两殿两廊两护龙，风貌古朴传统。

三川殿面宽三间，深三间，架内二通三瓜，是对称的栋架。正殿宽同三川，深五间，步口廊置卷棚，架内三通五瓜。鄞山寺虽小，可是艺术精湛，虽曾翻修，仍保持170多年前的原貌。淡水鄞山寺中供奉泥塑的定光佛软身神像，神态安详庄严，栩栩如生。软身神像的作法是以木料作出有关节的骨架，再敷上灰泥做成的。这尊神像据说是自福建武平县岩前祖师庙中迎回的，十分珍贵。

鄞山寺的定光古佛极受尊敬，每年农历正月初五、初六日，定光古佛诞

---

① 百度百科，http://baike.baidu.com/view/。
② 吴跃红：《漳州与台湾同根神祇》，广角镜出版有限公司2004年版，第180～182页。

辰,台北市民接踵进香,热闹异常。① 鄞山寺是同乡会类型的寺庙,寺庙两厢护室设有接待同乡后进抵台住宿用的"汀州会馆"。地处淡水河口,为跑船贸易的客家乡亲提供联络、互助的中心。

三、闽台惭愧祖师崇拜

1. 惭愧祖师崇拜的由来

惭愧祖师又称荫林山祖师,在大陆,他是和尚化为的神灵。惭愧祖师乃唐代福建沙县人,俗姓潘,名了拳,出生于元和十二年三月二十五日(817年4月15日),圆寂于咸通二年九月二十五日(861年10月3日)。其名由来,据说是因为出生时左拳蜷曲而名为"拳",后来有一僧人在他左拳上写一"了"字手指才能伸直,遂更名"了拳"。少时出家为僧,云游四方。17岁时长途跋涉来到广东,后在粤地阴林山建道场,长居三十载,广教弟子。将圆寂时,认为一世未能广度众生,心觉惭愧,故令弟子在自身的灵骨塔写上"惭愧"两字,因称"惭愧祖师"。

福建漳州境内今存的惭愧祖师庙宇主要在平和、南靖等地,知名的有平和芦溪祖师庙、南靖南坑溯源官、汇流宫等。相传郑成功收复台湾时,惭愧祖师神像就随军入台,后来在南投建长安庙供奉。

在台湾,惭愧祖师被说成是道士化作的神灵,乃明朝福建省平和县人潘达孔、潘达德、潘达明三兄弟合称。三兄弟深明武术且行医济世,"惭愧"本是此三人之谦称,成神后,人称三人为"惭愧祖师",台湾如南投竹围仔祖师公庙等持如是说。三兄弟一生仗义疏财,淡薄功名,后来在阴林山炼丹得道。民间在潘氏三兄弟生前就以"惭愧公"尊称,殁后为之立庙塑像,香火奉祀。因三兄弟得道于阴林山,故又称"阴林山惭愧祖师"。

惭愧祖师信仰引进台湾,始于17世纪明郑王朝拓垦的军人。台湾清治时期,因入山开垦之台湾人深信"生蕃出草"期间,惭愧祖师会托梦,提示民众防备攻击,因此深受汉人及平埔人信奉。据说台湾镇总兵潮州客家人吴光亮,统领军民打通八通关古道时,也曾得惭愧祖师之佑助。

今台湾主祀惭愧祖师的庙宇仍有十七座,以南投县一带为多,不乏香

---

① 杨彦杰:《移民与台湾客家社会的变迁——以淡水鄞山寺为例》,2007-1-2 10:36,http//www.hakkaonline.com。

火,台湾以农历三月十六日为其圣诞祭祀。①

2. 闽台惭愧祖师寺庙择要

(1)平和秀芦步云堂

福建漳州平和县芦溪镇秀芦村的步云堂主祀惭愧祖师,庙宇面积约60平方米。相传平和芦溪曾瘟疫流行,潘了拳为了解救民众,长远跋涉来到芦溪采药配方,救活病人无数,控制了瘟疫。乡人感念他的功德,在多地建庙祭拜他。庙宇于农历八月二十日建成,民众前往广东梅县阴那山迎立惭愧祖师。从此,每年八月二十日到阴那山进香成为习俗。

到阴那山灵光寺进香的活动,前后历经好几天。阴那山灵光寺到芦溪约100多公里。首先,灵光寺和尚对福建芦溪的信众特别重视,以开中门迎入礼仪迎接(对其他地区信众都开旁门)。信众朝拜祖师后,阴那山灵光寺和尚诵经洗礼,诵毕用朱笔在从芦溪带来的三尊祖师神像上点睛,再将神像在香炉上转三圈后捧回,还给每位香客一张护身符。

回到这两个村庄后,在庙门口举行过火仪式。大家把几百筐的木炭倒在广场上,用火点着后,"乩童"做法施术后,从容地从熊熊燃烧的木炭火上走过,其他信众跟着过火。

接着,众信士抬着惭愧祖师神像到村庄的各个角落巡游,到东南西北四个角落封口。巡游后,村庄各角落信士把祖师神像抬回庙里安座。进香活动以连续三天演社戏压轴,还将祖师神像从庙里请到戏台前看戏。第一天白昼,所有信众摆上祭品,戏班里的小生小旦陪头家、炉主及信众祭拜祖师;第二天由信士分别祭拜,答谢祖师;第三天再由今年的头家、炉主在祖师神像面前用筊杯确定明年的头家和炉主。

平和许多寺庙也在每年惭愧祖师修道升天日前往广东梅县进香。②

(2)南投凤凰山寺

凤凰山寺在台湾南投县鹿谷乡,位于凤凰村顶城庄内,庙址居高临下,视野广阔,景色优美。寺庙建于清嘉庆年间,原名"顶城祖师公庙"。历经多次修建,现貌为1991年所修建,庙右门首提有"万年亨衢",左门首提有"山通大海",相传清嘉庆皇帝曾下旨敕封。台湾光复后,顶城改为凤凰村,凤凰山寺因而得名。

---

① 林文龙:《台湾中部的人文》,常民文化事业有限公司出版(台北)1998年版,第90~105页。
② 资料提供:平和芦溪汪南贤先生。

南投凤凰山寺

南投县位于台湾的地理中心,是全台唯一不临海的县份,境内80%以上为山地,南投的开发史,莫不与山林有关。由于地处山区,环境险恶,据说惭愧祖师在开荒垦拓方面屡显神通,凡居民入山操作者,常祈祖师香火,以保平安。凡可能与"原住民"发生冲突,惭愧祖师必先示兆;每当水旱疾疫发生,也有所保佑,居民感恩崇信,于是改建木平房以为庙宇,因地址在顶城,民间称顶城祖师公,由是香火日旺。

农历三月十六日为惭愧祖师祭日,福建与台湾两地信士举行祭仪,热闹非凡。凤凰山寺每24年举办祈安三献清醮活动,期间来自全台各地之信徒人山人海。

第八章
神灵系统与闽台民间信仰的仪式活动

第一节 闽台民间鬼神观念与神灵系统

我们在调查研究闽台民间信仰的过程中,注意了解探讨民众对民间神灵的认同、尊崇的原因和理由,也就是弄清楚他们的鬼神观念。经过对民众的采访,我们概括出了一些比较普遍的认识和观念。另外,前文提到闽台民间信仰具有泛神的倾向,但在广大信众看来,这种泛神与散漫性也不全是杂合混乱的状态,而是有一定等级的框架结构,形成一个神灵系统。在此,把田野调查所获资料结合文献资料展开讨论。

一、闽台民间鬼神观念

闽台民间承认万物有灵,通常是"鬼"和"神"两类。何谓鬼与神呢?有些生物在世时通常以正面形象出现,善终后为善灵,成为"神";在世为恶,或者在世为善,因种种变故冤死后为恶灵,即为"鬼"。对于人来说,闽台民间认为"人"分为"躯体"和"灵魂"两部分,从广义上说,人死后成鬼,俗称为魂。但为什么有的会成为"神"呢?成为神一般有三种情况:

一种是去世后被亲属供奉,按闽台的民俗,在"对年"(周年)后,将姓名列入公妈神牌,称为"公妈",成为祖先神的一部分。①

另一种是生前有功德之人,逝世后受人们供奉,或可以成神。《礼记·祭法》:"法施于民则祀之,以死勤事则祀之,以劳定国则祀之,御灾捍患则祀之。"②此乃中华民族历来的传统。

还有一种是非正常死亡、冤死者或客死他乡的亡魂,当地给收尸并供奉

---

① 闽南许多地方为49天或数天,做法不一。
② 《十三经注疏·礼记正义》,中华书局1979年版,第1590页。

起来，成为地方的保护神。如有应公、大众爷等，都是这样成为神灵的。也有本是鬼，后来因做善事而转化为神的。

所以，闽台民间的鬼神观念大概是：去世后的"灵"受到供奉，显出某种灵验，成为地方保护神；生前或死后有善行或功德者，被供奉成为神明；若死后无人供奉，就成为四处飘荡的鬼魂。

对于鬼，闽台民间一般并不持剿灭的态度，而是怜悯甚至恭敬它们，至少使鬼不随便祸害人间；或通过普渡等活动超度鬼魂，让其投胎为人，有些鬼类在人们的祭祀下便转化成了神。

闽台信众还认为，有些本来是神仙，由于犯过错等原因，离开仙界，也可能在凡间为魔鬼或为妖怪，如猪八戒和沙僧就曾有为妖怪的经历。

因此，闽台民间的鬼神观并不是一成不变的，鬼神之间可相互转化。

1. 善神与恶鬼

闽台民间认为，神灵系统有善神和恶神。善神对人类友善；恶神危害人类生产和生活。鬼神因善恶有不同的品位：死去有人供奉的是正神，所建的宫庙叫做阳庙；去世后没人供奉的，通过自己修来的超能力而会显灵，人们敬畏它们，建成的宫庙叫做阴庙。一般到阳庙可以祈福发愿，祈祷国泰民安，家庭美满；在阴庙则相反，大多是祈求个人利益。

庙里求神(1)

庙里求神(2)

庙里求神(3)

庙里求神(4)

2. 善恶的转化

闽台民间认为,善神和恶鬼是可以转化的。有的人客死他乡变成青面獠牙、为非作歹的恶鬼,但是被收服后,可以当神的兵马;一些没有后代的人,死后为鬼,灵魂飘荡,无依无靠,无人超度,难熬地狱之苦,积怨成恶鬼。所以除了平时要及时收葬遗骸,定期供奉(民间认为有人供奉就不会成为恶鬼)外,每年七月举行中元普渡祀鬼节庆,整个七月都是众鬼的假期,初一鬼门一开,鬼魂不必在阴间受苦,出来人间享受祭祀。地方上在一定范围内,从初一到二十九日,逐日轮流在各庄、各街道举行普渡活动,希望孤魂早日超生,来世免受苦难。老百姓以为这样能化恶鬼为善,或者让其转世投胎,消除不利因素。所以,有应公与大众爷原来是没人供奉的孤魂野鬼,被供奉就成为神了,保佑一方平安。

闽台民间认为,对善神、阳庙的不敬,照样会招来报应。据称同治六年,清朝钦差镇台使刘明灯巡视台湾宜兰时,由于随行的士兵误砍了协天庙后的枫树作柴薪,冒渎了神灵,于是吃过饭后,士兵们个个都病倒了。直到刘明灯跪在关帝君神像面前求救,士兵们才不药而愈。

3. 神灵的人性化

我们在文献调研和田野调查过程中,获得了大量关于神灵的神奇传说,绝大多数都是关于神灵具有超人的生平事迹、无边的法力和神迹、有求必应的慈悲和灵验等等。然而出乎意料的是我们还了解到闽南和台湾的民众心目中，有些神灵形象虽然神圣庄严，但道德行为并非尽善尽美的。犹如古希腊神话中宙斯有滥情的毛病一样，闽台百姓也把他们的神灵视为有人性的神灵，神灵和人一样，也有着优点和缺点。如：

在闽南和台湾的民间神灵中，妈祖和保生大帝的信众最多。有个关于他们两人谈恋爱的传说，当到了快婚嫁时，妈祖看到母羊生子的痛苦，于是单方面悔婚。保生大帝很生气，在妈祖生日那天作法，让天阴下雨；妈祖却在保生大帝生日时刮风，双方斗法较劲，就像小夫妻怄气一般。①

王母娘娘为女官的最高等级，身为人妻，又为人母，拆散牛郎与织女，私下单独与周穆王饮酒，行为有暧昧之嫌。

吕洞宾和泗洲佛都有好色的毛病。特别是吕洞宾，滥情之名声显扬，骚扰何仙姑，常有与村姑欢爱的传说。

闽南民间有神灵难侍候的说法，比如，"船里尪细身脾气大"（喻渔船里供奉的神明，个头小脾气大），"得罪土地公不要养鸡鸭"等。

民间也认为神灵太多，漳州儿歌唱："天公、地公、三平祖师公、屎桶公、尿壶王"，讥讽神明多而滥。

闽南的风狮爷本是镇风灾、镇邪气、保一方平安的。因金门位于台湾海峡，风特别大，所以，金门的地方上有数百尊风狮爷。可是，数量多了，有些也不全起好作用。比方金宁乡北山的风狮爷，开着大口对着村庄，使村子里鸡犬不宁，不仅如此，它还调戏过路的村女，村民们为此敲掉了它的门牙和左耳朵。

据说漳州陈圣王陵墓前的石羊、石马，晚上时会到周边农田里吃庄稼。村民们敲去墓前石蜡烛的火苗尖，这样晚上石蜡烛就不发光，故此石马、石羊不来损坏作物了。

虽然闽台老百姓觉得神灵有些缺点与不足，但对神们口存揶揄、行有不恭的同时，还是非常包容的，没有影响民间神灵在人们心中受尊崇的地位。譬如吕洞宾和泗洲佛虽好色，民间同样很受崇敬，认为他们阳刚而正义。这种把神灵人性化的观念，体现了民间信仰世俗化的特点，它表现为民间传说、戏谑、笑话、童谣等形式，长期以来没被学界重视。我们认为这个现象有

---

① 徐辉：《台湾民间信仰调查过程笔录》，未刊稿。

一定的神话学、民俗学的研究价值,特记于此,希望起到抛砖引玉之效。

二、闽台民间信仰的神灵系统

1. 神灵的系统性

人们一般把闽台的民间神灵及崇拜体系归属民间信仰系统。台湾学者林美容指出:"百分之八十以上台湾居民的宗教都是扩散式的信仰,一种综合阴阳宇宙、祖先崇拜、泛神、泛灵、符箓咒法而成的复合体,其成分包括了儒家、佛家和道家的部分思想教义在内,而分别在不同的生活范畴中表明出来,所以不能用'什么教'的分类范畴去说明它,因此宗教学者大多用'民间信仰'或'民间宗教'称之,而绝大多数人的宗教信仰都应属于这一范畴……"①

学界一般认为这种集合了各式民间习俗与传统做法的"扩散式的信仰",是没有组织形式,或者说没有规范的组织系统的。以台湾学者李亦园先生为代表,他把民间信仰称为"普化宗教"(diffused religion):"所谓普化宗教又称为扩散的宗教,亦即其信仰、仪式及宗教活动都与日常生活密切混合,而扩散为日常生活的一部分,所以其教义也常与日常生活相结合,也就缺少有系统化的经典,更没有具体组织的教会系统。"②所以,习惯上,人们认为闽台民间神灵是没有什么系统的,是儒、释、道和一些神仙传说的杂合体。

但是,也有学者发现,闽台的民间信仰神灵有一定的框架管理系统。民间推崇玉皇大帝,其地位至高无上,凡天、地、人三界,儒、释、道三教,无论自然神与人格神都归玉皇指挥。这就把民间的神明系统与传统道教区别开来了。道教是以三清为最高神祇(上清、太清、玉清)。

2. 神灵的管理系统

我们通过调查认为,民间神明从表面上看似乎无次序,事实上依然有着明显的神明系统,现试述如下:

(1)上层管理系统

闽台民间信仰体系中,神灵上层管理系统大概最高是玉皇大帝,其次是

---

① 林美容编:《台湾民间信仰研究书目·台湾民间信仰的分类》,"中央研究院"民族学研究所1991年3月,第Ⅷ页。

② 李亦园:《文化的图像》下卷,台北允晨文化实业股份有限公司1992年版,第180页。

三官大帝,然后是各重要的职业神灵。

玉皇大帝为民间最高神祇,所有鬼神都归玉帝号令指挥。玉帝对仙界的统领按一定的神明系统进行。玉皇之下有三官大帝三位神仙(又称"三界公"),分别管理天界、地界、水界(天仙、凡人、阴鬼);三界之下有分管职业的神灵,如:农务的神农大帝、工务的巧圣先师、商务的关圣帝君、医务的保生大帝、教育的文昌帝君、航海的天上圣母、司法的东岳大帝、生育的临水夫人、阴间的阎罗王等。

(2)神明的基层结构

闽台民间信仰认为,神灵的基层管理结构大概是城镇与乡村,暨城隍与土地两级管理。

很长一段时间以来,我国县级以上行政单位都有城隍的祭祀,民间也以城隍为该地域的守护神,一些杂事,甚至难解的案件,都到城隍庙求助(或称有城池就有城隍,具体见城隍部分的论述)。

乡村里都祭祀土地爷,各地基层的保护神一般为土地神。除此之外,还有一些特定地域和民系的地方保护神,如:漳州地方上的开漳圣王,泉州的广泽尊王,客家的三山国王、定光古佛等;分管阴间有地藏王菩萨等。①

3. 凡间行政机构与神灵系统之比较

只要认真考察秦以来的行政系统与闽台的民间神灵架构,就会发现它们有很多相似之处。譬如,秦的中央系统是一个帝王,之下有三公(丞相、太尉、御史大夫)九卿(九个各部门主事)。民间神灵也一样是以玉皇为中心,之下有三官大帝辅助,再下的若干神灵掌管相关的行业。

如此可以看出,神灵的系统和凡间行政部门的安排极其相似。众多神灵组成了一个与现实社会的存在和运行、生产和生活、凝聚和秩序大致对应的结构体系,这一结构体系凸显了民间诸神的职司,揭示了这些神灵在社会结构、社会生活、社会整合控制中的地位与功能。

但是在具体职责的安排方面,凡间的行政机构更为周到和缜密,神灵系统的安排则较空乏和松散。例如,丞相管行政但不涉及军权,太尉管军事而无行政权,御史大夫负责监察其他官员,可是没有行政和军事权。所以各个部门分工严密又互相牵制。而神灵系统的三官之间,天官赐福,地官赦罪,水官免灾,各司其职,没有相互牵涉的说法。各行业谁神灵影响较大,信众

---

① 林进源:《台湾民间信仰大图鉴》,进源书局2007年版,第53页。

就认为谁是该行业的主导者。可是民间神灵虽有专职,总的说是"一专多能"。比如保生大帝主职是医神,也兼有消灾、祈雨等多种功能。人间的九卿各有一名最高行政长官,职责分明,各不交叉,而神灵系统每个职掌总有多个神灵,表现了多元性,如关公、赵元帅同为财神,华佗、许逊都是医药神,七娘妈也管婚育,玄天上帝也是水神,他们与关帝、保生大帝、临水夫人、妈祖地位相当,没有高低之分。

就县与乡的城隍和土地来说,虽然,土地爷一般在乡村里,而城隍在县级地域威风凛凛,但民间并没认为土地爷一定就是城隍的下级。

所以人间的行政分工较为严密,神灵的职掌则较为模糊。总体上说,闽台民间的神灵系统与人间的行政系统大体一致,但归类上也有些模糊和交叉的地方。

第二节 闽台民间信仰的仪式活动

闽台民间信仰活动有个体活动与群体活动之分。个体活动指的是老百姓个人或家庭对神灵的祭拜;群体活动则是指在某些约定俗成的日子里,信众群体举行集体或较大规模的祭拜神灵的仪式,往往是场面恢宏,热闹非凡,颇具节庆气氛。

台湾民间信仰约300种神灵中,大部分是由大陆(主要是福建)"分灵"(又称"分身"或"分香")过去的。福建民间神灵向台湾"分灵"的过程,贯穿于向台湾移民的始终。通常是从台湾开基庙的确立开始,再向各地的分灵庙扩散。为了保持和增强承袭关系,各分庙每隔一定的时期都得上祖庙乞火,参加祖庙的祭典,以此证明自己是祖庙的"直系后裔",这种仪式活动称为"进香"。[①] 在台湾历史上,进香活动相当活跃和普遍。大陆改革开放以后,各类神灵宫庙的"进香"活动得到恢复,规模也愈来愈大,形成了很有影响的民间信仰群体活动。

除了分灵、进香活动之外,凡遇神灵的诞辰及宫庙的纪念日,一般都会有绕境[②]、巡安[③]、祈福等信仰仪式。闽台的这些活动丰富多样:比如过火、泼

---

① 高自宋:《厦门市同安区莲花镇军营村"进香"民俗调查报告》,未刊稿。
② 林江珠:《漳州市漳浦县杜浔镇正阳村巡境仪式田野调查》,未刊稿。
③ 林龙明:《莆田市仙游县龙华镇金建村杨氏游神活动调查报告》,未刊稿。

水、弄"大身尪公"、扮神明被鞭炮轰射、抢孤、送王船等等。课题组在田野调查中尽可能记录了一些仪式活动,下文将给大家作一些介绍。由于我们调查的范围和时间有限,有些活动形式的由来和涵义有待进一步探究,也求方家与学界同仁弥补完整。

一、闽台的过火仪式

过火,在福建地区很流行,有的地方称"踏圣火",意为逐疫、驱邪、除妖、除晦气,一般在大型民俗活动结束时举行。过火仪式从道教引入,原是迎神赛会的一项活动。如玄天上帝、哪吒、三山国王、开漳圣王、三王公等诸多神明的庙会或祭奠中都有"过火"仪式。

课题组曾在闽南实地考察过过火仪式,如,漳浦杜浔镇一年中最隆重的二月社(二月初九玄天大帝祭)结束时,必须有一道过火仪式。村民普遍认为过火可除妖魔灾害,经过火的洗练、净化,人畜平安。厦门市翔安区莲花乡道地村在正月十五元宵节过火仪式中,家有男丁的,由父亲带着男孩从火中趟过,除了为驱邪逐疫外,还借此俗锻炼男童的勇敢和不畏牺牲的精神。

1. 龙海崇福村圆明庵庙会的过火

福建省漳州龙海市崇福村位于九龙江畔,即九龙江的干流(北溪)、最大支流(西溪)汇合处的西岸,观音山下。地理位置突出,文化积淀深厚,村落的圆明庵迎神庙会活动充满古朴韵味。在 2012 年元宵,课题组到现场作了调查。

圆明庵迎神庙会活动的主题是:期盼新的一年,神明护佑,社会升平,合家安康,财源广进,和谐发展。

圆明庵庙会分为三个阶段:谢天恩,过火,巡安。

(1)谢天恩。

答谢天恩俗称"敬天公",敬天公是漳州地区最盛行的民俗。普通人家每年正月初九天公诞都要祭祀,每逢婚庆或庆典节日,诚心的人家还会宰猪杀羊来敬天公。崇福村三十六年轮到一次的会首们的集体敬天公,是在正月十五元宵节于公开场合备办的,也是庙会独特的仪式。

每位会首需备办很多供品,通常在元宵前几天就置办。十五日凌晨,把所有的供品全搬到圆明庵前的祭坛上摆放。祭坛共有十个会首的供品,纵列摆放了六十张八仙桌,十二盘精制菜碗一桌,供品极为丰盛。

敬天公仪式

供品摆好后,全家整肃衣冠,点香拜天公。主人身穿紫长衫,头戴"毡帽",主妇腰系黑绸围裙,头插金簪花,双双举香,祷声喃喃,颂语不断,向天公行三跪九叩大礼。怀抱中的婴儿也要参与,母亲帮忙把着孩子手中的香,象征性地拜着,由母亲祈祷孩子平安长大。

吉时是集体谢天恩,由村中族长和二十位(正月初五的十位会首也参加今天的谢拜仪式)会首集体谢拜,并有道士设醮念经做法事。道士身穿大红道袍,手持法铃,会首一字排开昂首站立。鼓乐起,法长口中念念有词,符刀比划,诵经念咒。礼赞三过,便由族长登坛进香祈福。当听到"信士焚香礼拜一叩首"时,会首即时下跪,进行三跪九叩之礼。礼拜三巡,答谢天恩,作法上表,以祈福安。

(2)过火(踏圣火)。

"过火"是圆明庵庙会的第二项活动。

木炭堆约2米宽,近4米长,30多厘米高,经过多次的摊开、集拢,并撒上盐和米。

整个圆明庵前人山人海,旌旗招展。前面由两面锣开道,再两面圣旗,玄天上帝神轿将再次登场,要环绕着火堆游走数趟(没定数),在弥漫的香烟中,护佑着信徒们平安"过火"。

踏火开始前,由法长(道士)手捧檀香,四人抬着玄天上帝沿火堆进场。

法长环绕着炭火开始做法,手持法器,口念符咒,将米、盐等驱邪的灵物泼向火坑,再插入灵符,意为保平安,齐鸣的鼓声烘托降服邪恶的气氛。道士继而手舞足蹈,同时念咒、洒米盐,分别向四周喷符水;以法剑拨弄炭火,赤手将符咒插入炭堆内;再挥动长柄大刀,绕一圈,向前、退回砍火堆数次,显示危难与邪恶已被法术所驱赶,留下安康与福禄。

上午约11点,踏火的仪式正式开始,法长用蛇鞭鞭击火堆四周,告知天地。接着,玄天上帝神轿率先踏过炭火,接着三面锣、圣旗紧随其后依次而过。火舌炎炎,而赤足擎圣旗和扛玄天上帝神轿的信众却从容、勇敢地前行,顺利地踏过了火堆。

随后西岳大帝等神轿、圣旗、凉伞、敲锣等29尊神轿依次踏火通过。紧接是20位身穿紫袍会首,缭起衣襟手持香炉从容过火。

接着是排着长队的数百名男丁们手执小圣旗在亢奋的状态下赤足跑过灼热的炭火,包括许多小学与初中的男童,也利索地赤脚冲过火堆;父辈们有些怀抱着男婴毅然"过火",据称这样可保孩子平安成长。人们也可端捧着家中供奉的神像过火,希望神明显灵护佑家中老小。

根据习俗,女性不能参与踏火。"过火"结束后,主妇们把踏过火的木炭用鲜瓦或铁质容器乘回家,以祈福赐安。在轰鸣、震耳欲聋的鞭炮带来的漫天硝烟中,踏火活动落下了帷幕。

(3)绕境巡安。

踏火后的迎神队伍,接着进行绕境巡安,绕巡了本村境域及相关村庄。圣旗、凉伞、彩旗等开路,男青年抬着乘坐"坊神"的"銮轿",各锣鼓、唢呐、弦乐齐鸣,到处是震耳的鞭炮、鼓乐声。

每经过一个村庄,村庄都有设祭坛,俗称"吃敬",一共设有十二个"吃敬地"。

巡安队伍在"吃敬地"要停下来举行祭典仪式随后再到另一处巡安。直到下午五时左右绕境巡安完毕,众神又回到了圆明庵"入庙",观看夜晚的大戏。

正月十五夜晚,圆明庵香烟缭绕,求签的、拜神的络绎不绝;广场戏台演唱大戏,看戏的、逛庙的人山人海。爆竹声以及夜空中绽放缤纷的礼花,平添了节日的欢快气氛。①

---

① 方港水:《漳州龙海崇福村元宵庙会调查报告》,未刊稿。

龙岩坎市晚上看戏的庙会场面

2. 三明漈砱村"过火龙"仪式

福建三明市凤岗街道漈砱村128户，总人口720人，分5个村民小组。姓氏很多，主要姓吴、张、姜（现有270多人），部分姓余、邱、王、孟等，大部分来自闽南南安、福州、尤溪等地。漈砱村"过火龙"活动是二月初一快入夜时举行。村里准备一大堆的火炭，在广场上铺开，大约6米多长、1.5米宽，用鼓风机将火炭吹到通红。此时，村里请来的道士点起三根香，分别站在火堆的两头对着火堆做法，再撒入一些盐和米。仪式结束后，道士放一桶水在火堆一头，村里的男性，特别是年轻小伙子先在这桶水洗过脚后，都争先恐后地站在火堆的一头，等乩童手持钢剑跑过火堆，再快速从火堆上跑过，每个人都要跑两三回，脚一般不会烫伤。

村里相传这一天要过火龙者，应该提前一个星期斋戒，并不近女色。

村里老人们也不知道为什么祖祖辈辈要在二月初一晚上过火龙，但是流传着这样一个说法：村里人要是出现不平安的状况，比如坏事较多时，就一定要过火龙。村民普遍认为这是驱邪去秽的意思，可以保佑人口平安。过火龙活动以前是两三年一次，现在是一年一次，如果遇上下雨天就不做这个活动，因为炭火在露天，下了雨烧不起来。

与"过火龙"活动一起的,还有"抱金砖"活动:村里事先将青砖锯成小块,放在木炭里烧到通红,由道士做法之后,先让乩童从炭堆里拿出一块,放到菩萨的供桌上。其他人先用道士提供的那桶水里洗过手,也都纷纷把砖头拿到供桌上,以祈求平安。但是抱金砖的活动近两年已经没有了,因为要买新的青砖比较麻烦,没有地方买。

3. 厦门市翔安区莲花镇小坪村庙村踏火仪式

厦门市翔安区莲花镇小坪村庙村踏火庆元宵的民俗由来已久,已经流传了数百年。踏火既是对过去一年丰收的庆贺,又是对新一年百业兴旺、百姓平安、发财致富的期许。

踏火节活动前由三家主事的男人领导整个活动,村民称之为头家。节前,由送家负责请示神明,分配旗手、乐队,安排抬轿,确定香山地点(主要是头家负责)。每家都要准备过火用的木材,要出2000斤左右,大概在早上10点左右开始烧。

踏火节活动程序如下:①

请圣火——踏火节前一天在神庙里,点起圣火,圣火是由祈福的纸点燃,加上折断的香,点燃后不断地加上干樟木屑。火要一直燃烧着,有人要昼夜守护。

去香山请神——节日那天一般都是早上3点左右起床,把神从神庙里请出来,几个人抬着神轿,有人敲锣打鼓,有人拿旗子,浩浩荡荡去香山,去的只能是男性,去香山主要是去做祭祀,做完之后就回来。回来途中要在一些村庄停留,让这些村庄的信男信女敬神、拜神。这时,由村里请的表演团表演,做完这些后就回自己的村庄。回到村庄后排起长龙的大队伍浩浩荡荡地在村庄里转,乐队和鞭炮齐鸣,声音响彻乡里。一幅生机盎然,喜气洋洋的景象。

敬神——村里的祖祠前一排长桌放满了贡品。村民先拜神,再拜祖。

踏火准备——村民准备点炭火,有人要一直照顾炭火,不要被熄灭。这时,表演团来助兴,闽南特有的民间节目——上演。

守圣火——由被选出来的一个村民守护圣火,让火一直保持着。圣火坛的木架上摆放了很多的平安符,是村民自己做了之后放在那的,踏火节结束各自拿回去,祈福一年平安祥福(守圣火的必须从头到尾抬着圣火到节日

---

① 连小莉:《厦门同安莲花镇小坪村道地自然村节日习俗调查报告》,未刊稿。

结束）。

神庙拜神——村民们会到神庙里祈求，各自许愿。

踏火仪式——村中年轻壮汉子们跳神的法师念念有词，吹号吹牛角，一段时间后，他把敬神的米和水洒到炭火堆上，还有一根特制的鞭子，抽打过后，踏火仪式开始了。

踏火——村中年轻壮汉子们光着脚抬着神轿，一直在场地中心转和摇晃着神轿，有的摇晃很厉害，有的很轻微，有的到处跑，有些活动幅度小，他们一边摇晃一边会倾斜的倒向炭火，再起来。抬着神轿的，举着旗子的，或抱着小孩的，或独自赤脚村民冲过炭火。据说只有神灵显灵了才能过去，来年更旺更好运。炭火只有男子可以烧，本村的男子才能踏，踏火的顺序也是村子里的人选出来的。

招待客人——这一天会有许多客人来，各家各户便忙着准备好吃的食物招待客人。

结束——活动在大家的欢声笑语中结束。

4. 台湾宜兰永镇庙的过火仪式

与福建漳州的过火仪式类似，台湾宜兰等地民间也有这样的群体活动。宜兰县永庙镇的开漳圣王祭拜仪式中的"过火"是在农历二月十五。仪式更加传统。将火炭堆成高约1.5米，宽1米多，长约2米的"火炭山"，"过火"仪式的神灵参加者不只来自永镇庙的信仰圈，还有来自台北、基隆、花莲等地的开漳圣王，以及客神如观音、妈祖、关帝、中坛、王母等，不下于50顶神轿。永镇庙的木炭长时间以来是由匏仑村和龙潭村提供，所以这两村的神轿可以跟在东道主之后过，其他村子需依次抽签。

"过火"开始前，需"起火盆"，就是向玉皇大帝禀告，祈求保佑此次过火平安顺利。约下午2时，鸣炮击鼓，由永镇庙的老大王（开漳圣王）及另外两尊开基神（狄梁公、张赵胡）的神轿开道，在大殿中三进三退的大礼之后冲出大殿，在广场上绕行三周，借以"暖身"，也让神明的神威充分展现。接着画保身符，发给每位参加过火者。

3点整，钟鼓齐鸣，鞭炮轰炸，神轿在大殿中行三进三退的大礼再从侧殿出。接着，由炉主和村社代表请出镇殿开漳圣王，安置于大轿里，一样对庙堂三进三退，神像都已准备妥当。

道士上场，右手蛇头鞭击地，左手锡号数响，脚踏罡步，口念咒语，邀请天神助阵驱妖；含一口清水喷出，再陆续洒盐，众人亦帮忙洒下数十袋盐。

盐可使火持续,又可压火舌。

道士开场做法的仪式热闹

"过火"正式开始,所有神轿绕庙及火焰山三周,先导乌令旗大大一展,率先爬过火炭山。接着,老大王(开漳圣王)及另外两尊开基神(狄梁公、张赵胡)的神轿通过,然后各地神轿依次上"火山"。如此所有神轿前后三次过火炭山,有的从容,有的慌张,各式各样,形态各异,完成了人与神的共庆。

"过火"后,村民依旧带走一些燃烧的木炭,放在自家的灶里,可保平安。接着,各家各户宴请来宾,全村沐浴在兴奋喧哗的神诞节庆中。①

二、长泰普济岩"落水操"

福建长泰县岩溪镇珪塘的普济岩里,供奉着"九龙三公",即"宋朝三君子"——文天祥、张世杰、陆秀夫。每年农历正月十七,普济岩的"落水操"民俗活动,纪念陆秀夫背负少帝赵昺投海殉国的壮举,已列为福建省级"非物质文化遗产"。

普济岩位于旌孝里珪塘社(今属岩溪珪后村),原址在福金山,始建于唐代,明弘治末年(约1499—1505)迁建珪塘。普济岩建筑面积559平方米,周

---

① 游谦、施芳珑:《宜兰县民间信仰》,宜兰县政府2003年编,第35~43页。

围场地开阔。殿宇分门厅和正殿,中留天井,饰有精致的木雕、石雕,雕梁画栋,建筑具有特色。普济岩前方约80米处开凿一个池塘名"一鉴方塘",取意朱熹名句"半亩方塘一鉴开"。普济岩前的"落水操"活动,就在此塘中进行。

普济岩前"落水操"风俗,已有几百年的历史了。叶氏的子孙在春天里演绎"落水操",除了追思纪念叶氏祖先,更重要的是追慕纪念南宋文天祥以及张世杰、陆秀夫等三位爱国忠臣。相传长泰叶氏开基始祖叶棻,曾与南宋爱国忠臣文天祥同朝为官,其子在一次抗元战斗中牺牲,他本人亦追随丞相陆秀夫、元帅张世杰抗元。在惨烈的崖山战役中,陆秀夫背负宋少帝投海殉国,侥幸生还的叶氏祖先回到岩溪珪后村。为纪念文天祥、张世杰、陆秀夫(称为"九龙三公"),将"三公"请进了叶氏祖祠供奉。

为缅怀宋代名臣"三君子"及本族开基祖的忠义,明弘治末年,珪塘叶氏祖先叶仪、叶玭倡议立下乡规,每年正月十七举行"下水操"民俗活动:抬三尊神像,下水"犁"神,即"落水操"。以表达当年"三公"不顾个人安危,崖山海战的艰苦卓绝。这些操法暗喻"三公"不惧沉浮危险,为挽救民族国家于危难之际,不甘为俘虏的崇高民族节气,再现当年陆秀夫背少帝投海殉国和渔民在海边寻找南宋落水忠臣的情景,表达族人对陆秀夫等"九龙三公"的崇敬。

每年正月十七春寒料峭,夜幕降临,长泰岩溪镇珪塘普济岩却热闹非凡,早早聚集许多慕名而来的民众,30多名叶氏青年手执长1.5米的特制火把,沿着池塘边依次排开。加上观看的人群,把岩前的"一鉴方塘"围得水泄不通。鼎沸的人声,紧密的锣鼓声,铿锵的吆喝声,闹腾腾地激起一股民俗烈焰。

傍晚六点多,一声炸雷般的吆喝声响起,顿时锣鼓齐奏,参加下水操的都是精挑细选的叶氏青年。光着上身,穿着短裤,赤着脚丫。这些青年人每6人一组,抬着"三公爷"——陆秀夫的神像,纵身跃入岩前冰冷的水塘里。齐胸的冰水,冻得人牙齿打颤。可是这些年轻人摇着"辇轿",在水中如蛟龙翻腾,一左一右,一起一落,颠簸进退,绕池而行,掀起了一阵又一阵水花。春雨缠绵,寒流袭人,岸上与岸下,互动呼喊:"嗨哟!嗨哟!"吼声震天,仿佛把人们一冬的憋闷全释放出来,也表达了对新春的希冀与憧憬。

各组人员绕池后,池塘边的火炬手现在全部集中到普济岩寺庙前,庙前已烧起了一堆木炭,红红的火焰吱吱直响。道士在做法,伴随着牛角号的吹鸣声,叶氏族人一个接一个,光着脚快速踏过烧得通红的炭火,随后,在一串长龙般的"火把"带领下,冒着夜色,巡安绕境周边的村社。①

三、福建平和侯山宫的"龙艺"和财神爷巡境

侯山宫坐落在福建平和县西林村,始建于明正德三年,主祀玄坛元帅赵公明(财神),民国初年增祀关圣帝君,左侧供奉慈航真人(观音菩萨)。元宵节期间,侯山宫的群体信仰活动有建醮、迎神、迎龙艺、结彩楼等,形成了一种浓厚的、具有鲜明地方特色的庙会文化。迎神赛会,是侯山宫的庙会文化中参与人数最多的活动,是最为热闹的集体性民俗活动。迎神,即把宫庙中的主神抬出来,辅于各种仪仗及鼓乐,巡游宫庙所在的社区全境,俗称"迎厾",亦称"出巡"、"巡境"。龙艺是侯山宫最具地方特色,最享有盛誉的民俗文化活动。侯山宫最早迎龙艺的时间,不迟于清朝初年。过去漳州的庙会节庆,总会扛艺棚。艺棚的前头总有一龙头相引,后面接上龙尾,再装上彩灯,金光闪闪,故又称"扛龙艺"。表演时,龙头由二至三名身强力壮、舞技精到的演员操作。龙头前有一人手持巨形彩珠,逗引巨龙。龙头随之表演"龙戏珠"、"穿龙门"、"爬龙山"等舞姿。艺棚上装扮成梁山好汉,或三国群雄,或山伯英台等人物的演员,载歌载舞,循环往复,尽情欢娱,情趣极浓。台湾各地也有"扛艺",数十架艺棚联成一气,组成一个声势浩大的"扛艺阵"。

平和的"龙艺"从明清年代流传至今已有数百年的历史,是至今保存这项活动的为数不多的地区之一。据康熙二十一年《平和县志》载,是时已有"民间结彩架,选童男靓妆立架上,扮故事,数人肩之以行"。这"彩架"就是现在称谓的"龙艺"。"龙艺"由"龙头"、"龙段(艺棚)"、"龙尾"三部分组成。龙头和龙尾装饰及舞蹈动作略同于"舞龙",龙段由数十块"艺板"连接而成。每块艺板称为"节",每节长约3米,宽约0.4米,每块艺板上站立一位男童或女童,各个艺板之间有木制旋轴连接,活动自如,蜿蜒成龙。2007年,侯山宫结扎的118节的龙艺是迄今世界上有记录的最长龙艺。侯山宫的特色龙艺为平和县捧回了"福建省民间文化艺术(龙艺)之乡"的称号。

正月十五一大早,县城就锣鼓喧天、长龙飞舞、彩旗飘扬。申报福建省涉台重点文物保护单位的西林侯山宫管委会组织"财神爷"巡境,到大街上

---

① 李丽:《闽南民俗仪式中的原生态民俗体育研究——以岩溪硅塘信仰仪式"三公落水操"为例》,厦门大学硕士学位论文,2009年。

接受市民的朝拜。40多米的长龙飞舞长空,数十辆制作精美的彩车迎风招展,闹元宵踩街队伍连绵数公里。大街小巷鞭炮齐鸣,到处喜气洋洋。人们用这一古朴的方式表达新年美好的渴望,祈求安康祥和。

清乾隆年间,有巫氏八兄弟从"紫极宫"(侯山宫前身)恭请玄坛元帅的金像香火,搭乘木帆船涉洋过海,战胜艰险,终于幸运地从台湾鹿港登陆,抵彰化县城后建坛奉祀玄坛元帅。在台湾,有宫庙或称"通天宫",或称"五福宫"等,宫名各不相同,但主祀的都是玄坛元帅。如今,台湾供奉玄坛元帅的宫庙香火鼎盛,信众遍及全台,玄坛元帅在当地民众心中是地方的守护神、财神爷。台湾宫庙一般在正月初四迎财神,但与"龙艺"连在一起的似乎没有。①

四、闽台"炸寒单"迎财神

1. 台湾台东的炸寒单

"寒单爷"爷又称玄坛爷,过去也称"邯单爷"或"邯郸爷",其由来众说纷纭,一说就是"武财神"赵公明,另一说是古代一位知错能改的回头浪子。相传,因为"寒单爷"穿得少,怕冷,所以喜爱炮火热身,炸得愈多,他会赐给更多财运。台湾的炮炸寒单爷习俗迄今已有50年历史,由于备受商家欢迎,习俗得以延续发展,并衍生成元宵观光的重要活动。寒单爷信仰是台湾台东地区民间信仰中相当独特的一支,据称由漳州府海澄的青礁传到台湾。

每年上元节时(正月十五),寒爷出巡,一连两天,伴随着各路神明绕境,成为地方盛事。台湾有供奉寒单爷的除了台东以外尚有花莲的行德宫、玉里的金阙堂、台东寒单爷恒春分堂及苗栗竹南中港等地,但真有肉身寒单接受炮轰的只有台东而已。

迎寒单爷的仪式十分特别,真人所扮演的"肉身寒单",面画大花脸,头系红帽巾,手执榕叶护体,上身赤裸地立于神轿上,在台东市的大街小巷中逡巡;所到之处,店家、信众无不热烈地投以鞭炮,把点燃的鞭炮丢向神轿以及扛轿的轿夫,称做"炸轿",希望能获得武财神的庇佑。炮竹声震耳欲聋,寒单爷却仍面不改色,神气活现。

相传寒单爷很会理财,民众用鞭炮迎接武财神,炸得越多、炸得越旺,新

---

① 林胜洁:《两岸共谒玄坛爷》,《闽南日报》2009年2月2日第4版。

年财运也会越旺,并且地方上新的一年会风调雨顺。除了寒单爷,众家神明在这天也会上街巡境,由台东各庙宇联合组成的大型队伍,热热闹闹地绵延了3~5公里,从市郊一路巡至市街闹区,一路上风光体面、喜气洋洋。值得一提的是,阵头中的神明除妈祖、荷叶仙师外,还会出现原住民的神明,实为后山"原汉交流"的一大特色。

"炮炸寒单爷",不只上身赤膊的年轻人要忍受鞭炮轰炸的痛苦,下面抬轿的人也不轻松。一般要安排十数场次的定点表演。第一次看表演的民众觉得既恐怖又过瘾。炮炸寒单爷变成全民性的娱乐活动,甚至连"市长"都会扮寒单爷上场,接受洗礼。每一位寒单爷绕过三到四圈,交棒给下一位继续接受轰炸,民众也立即给予下轿寒单爷英雄式的掌声及欢呼声。每位寒单爷一趟下来,身上满布着鞭炮轰炸出的红肿伤口。但寒单爷都是自愿接受炮炸,一般认为这样会洗去身上秽气;并且站在轿上感到神气与神圣,一生都觉得光荣。

商家也喜欢比热闹、迎财神,有的商家甚至会大手笔的花数十万元新台币,在自家商店前炸寒单,展现过去一年的业绩状况。

台东在炮火四射"炸寒单"的同时,元宵祈福绕境活动也一起展开,这也是台东地区的一项重要节庆活动。下午2时,三声响亮的锣鼓声过后,来自台东县各乡镇的73个阵头,在"报马仔"的带领下,开始元宵节的"绕境祈福"活动。阵头连绵数公里,颜色亮丽的花车和造型栩栩如生的神明脸谱,都增添了热闹气氛。各庙宇在台东市大街小巷演出,整个台东市就像"炮城",鞭炮声此起彼落。全城沉浸在一片火树银花、光彩夺目的节日喜庆气氛中。①

2. 厦门青礁的炸寒单

据称,台湾"炮炸寒单爷"习俗就是从海沧青礁传承而来,青礁万应庙是供奉"武财神寒单爷"的。

坐落于厦门市海沧区青礁村临海处的万应庙内供奉着有1000多年历史的"寒单爷"神像,庙门上方挂着的牌匾为乾隆庚戌年间(1790年)所题。村里老人说,在几十年前填海造田之前,这座庙就坐落在海滩上。青礁颜氏祖先将万应庙建在这里,就是为了让守护神"寒单爷"保佑子孙出海打鱼能够平安回来、满载而归。

---

① 中国台湾网 2007 - 03 - 05 16:38:00;中国新闻网 2008 - 02 - 21 17:11:00。

万应庙里的"寒单爷"是颜氏祖上移居青礁,作为保护神带来的。与台东的"寒单爷"神像相同的是,"寒单爷"也是右持打神鞭,左拿风天印,座驾黑虎将军,气宇轩昂、威风凛凛。

每年的农历三月初九,万应庙都要举行盛大的庙会,要把"寒单爷"请出来巡境、炮炸。这天,万应庙的大院经常被挤得水泄不通。从早上8点开始,便有各个艺阵上演,一天下来,共有上百个节目形式,如踩高跷、大鼓吹、蜈蚣阁、大棚……而最引人注目的重头戏"炮炸寒单爷"是在巡境中举行的。这里的"肉身寒单爷"为"乩童",同台东的"肉身寒单爷"一样,乩童也要站在椅轿上,由四名轿夫抬起来"出巡"、"游境"。但不同的是,这四名轿夫全部要赤裸双脚,踩过燃烧的火炭前行,与此同时,周围的人们再把燃烧的鞭炮掷向乩童。下面要忍受火炭的灼烫和炙烤,上面要承受从四面八方飞来的爆竹的轮番轰炸。不过,村民们认为,因"寒单爷"是武财神,所以会越炸越旺。

海沧年逾八旬的民俗专家颜明远先生说,青礁"寒单爷"堪称是福建最老的"寒单爷"了,曾分灵到台湾、漳、泉一带,现在,漳泉一带民众每年仍来进香。到了明代,从颜思齐开始,青礁颜氏的宗亲与周边的村民陆续迁往台湾。那时,子孙们离开家乡,也把家乡的"寒单爷"带去,一来希望守护神来保佑,二来也为了缓解思乡之苦。万应庙前原来可泊船,常有台湾民众前来进香。①

五、台南盐水的蜂炮与关帝巡境

"蜂炮"又名"烽炮",正式的名称应为"丛蜂炮"或"踪蜂炮",意指群蜂出巢的炮,所以俗称"放蜂仔"。台南盐水蜂炮每年照例由盐水镇的武庙主持承办,活动通常举行两天,即农历正月十四和十五日,并以元宵节当晚最为热闹,也是整个活动的重头戏。十四日从早上8点民俗阵头辇轿绕境活动开始,到了晚上6点,就会随着关圣帝君出巡路线沿路发射蜂炮,直到晚上12点。元宵当天则是从晚上6点直到隔日凌晨3点都进行蜂炮。

蜂炮起源的传说:清朝时,盐水镇是台南府与鹿港之间最大的驿站,商务繁忙,南来北往络绎不绝。清嘉庆年间,有一位旅客带来了瘟疫,夺去许多盐水人的生命,镇民束手无策,只将所有希望寄托在求助武庙的关圣帝

---

① 雷光美、许丹:《台湾"寒单爷"在海沧找到家》,《福建日报》,2007年4月25日第8版。

君——盐水人最崇敬的神祇。选择正月十三日(关圣帝君生日),关帝起驾巡境驱邪,村人施于鞭炮烟火。当夜,关圣帝君神轿所到之处,炮声不断,一连放了三天,直到元宵夜,果然瘟疫扑灭了。为了感谢神明,盐水人便将有平安炮之称的蜂炮习俗,代代留传,至今已达二百多年之久。

不同于一般人闹元宵的吃汤圆、提灯笼、举火把;台南盐水镇的居民,一直以放蜂仔炮的独特方式,为元宵夜画上炫丽的一笔。"蜂炮"自1945年光复以后,一改过去燃放的炮竹的单调形式,而精心策划了"炮架","炮架"是2~20尺大小不等的各种木架,然后再插放上密布的冲天炮,并把每支炮心连贯起来。因此,只要击中点燃蜂仔炮,所有的冲天炮会一起爆响,出现如蜜蜂般满天飞舞的景象,"蜂仔炮"因而得名。

从傍晚开始,武庙(关帝庙)的二十多顶神轿,由关帝率领,在万人拥簇下出发,每经过一个人家,备有蜂炮的便把炮城抬出,炮城上贴有红纸,上写着"某某人敬献"等字样,然后敬献者把红纸撕下焚烧,丢到炮城里,引燃蜂炮。也有王爷庙神轿摆在路上供民众钻轿底,可祈求平安好运。

盐水镇元宵蜂炮万箭齐发,盐水小镇像座"被点燃的火药库",神轿队伍分三路穿梭闹街,迎接蜂炮洗礼;逾万游客有如"置身枪林弹雨",愈夜愈热闹。

盐水蜂炮的发射方式,通常是居民会将一门一门的蜂炮集中于关圣帝君出巡路线上的几个主要重点地,等关圣帝君神轿一到,就数十门、数十万只蜂炮齐发,每一场大约持续10~20分钟,沿途经过许多蜂炮汇集点。①

2009年3月4日元宵夜,台南县盐水镇于下午6时10分,施放长达13公里鞭炮——"火龙传奇",持续35分后圆满结束,成功打破5年前由西班牙所创造的世界纪录。

据课题组田野调查了解到,台南民众多有漳州籍,漳州自古以来有"攻炮城"活动,做法与台南差不多。因此,台南的"蜂仔炮"也有可能受祖地影响而来。据查,祖籍闽南的著名台湾史志学家连横(1878—1936)在其撰著的《雅言》中就记叙了"攻炮城"这一活动:(除闽南外)"台湾也有掷炮城之戏,架竹为橹,高近2丈,上置炮城,掷者以鞭炮燃火投之……",数百年来,这一独特有趣的"攻炮城"在闽南、台湾盛行不衰。

---

① 中新网:《中国时报》2013年3月5日。

第八章 神灵系统与闽台民间信仰的仪式活动 | 273

攻炮火城（石狮蚶江端午节）

攻炮城规则（石狮蚶江端午节）

六、福建漳州芗城"古傩"庙会与王爷巡境

每年春节和农历正月廿二,福建漳州芗城浦南王爷庙都要举行盛大的巡境民俗活动。其中以两尊戴面具的"大傩"最为醒目。表演者将身体装进一个形似竹筐的椭圆形支架,蒙上古代戏剧服饰,顶部装上一个比人头大三倍的面具。表演者随着歌仔戏的打击乐,且行且舞,做出夸张滑稽的动作。该庙会在 2007 年已被福建列为第一批省级非物质文化遗产名录。

巡境队伍的最前面为巫师,不时吹响装着圆弧铜嘴的牛角,接着拱身向两旁各屈张双臂数次,以"制煞"和"去煞"。后面是数名青年以清代小弁打扮,两名戴黑色毡帽者,护送居中一名提香炉者。紧跟的是"浦南圩"的龙旗。接着是神明神辇,浦南王爷在前,后面是观音、关帝、辅顺将军、土地等,包括各村的神明。抬神总与队伍拉开距离,后再火速前冲。民间以为抬神速跑,去邪作用强。

古傩乃是约 3 米多高的县官和小弁,摇摇晃晃地走过来。"官员"手握"国泰民安"的牌子,"书童"举着扇子,另有一"大头娃娃"在他俩之间蹦蹦跳跳。小弁用扇子给县官扇热,然而扇子常打到县爷的官帽,县官气戳其头;偏偏边上有个大头娃娃高兴得哈哈大笑,颤得东倒西歪,还拿着龙眼枝挑逗两人,动作诙谐有趣。

龙队随行,玉珠引龙,龙随珠走,忽上忽下,或团围或散走,或游龙在天或神龙摆尾。数十斤的龙头、十多人的龙身舞得活灵活现。经过商店,店家点着数米长的鞭炮,游龙便在店前舞弄一通,认为可带来吉祥运气。

狮队很阳刚,黑旗挥舞,雄狮猛扑。或高耸或低卧,或腾跃或匍匐,拿大刀和钩链枪等器械的汉子随跃造势。跟着的南拳队伍,甩开膀子,表演踢、跺、旋子等动作还演练对打。

马队、棚艺队、锣鼓队、担金枣(当地民间舞蹈,"挑金枣,年年好")、落地扫(歌仔戏的前身)、跑马阵、八音队、大鼓凉伞队、竹马戏,数十顶花轿殿后,轿内坐着打扮成古代人物模样的儿童。队伍沿街且行且歌且舞,所到之处,阵容强大,锣鼓齐鸣,在村中、山上巡游,极为热闹壮观。

整个巡境过程,尚武之风极浓。《左传》载,"国之大事在祀与戎"[①]。福建民间很重视祭祀和习武,这是古老的传统,又是极好的民间体育文化运

---

① 《左传·成公十三年》,岳麓书社 1988 年版。

动。数小时的动作,没很好的体力是不能胜任的。

一年之计在于春,春天的游神镇邪是非常重要的。领头的"巫师"说,正月里的巡境祈安,可以起到收煞、镇邪的作用。对天地时诸多煞气,风灾、水灾都可以有很好的效果。浦南地处江畔,历史上丛林密布,潮湿闷热,易发传染病、瘟疫。村里的"王爷庙"供奉的"王爷"是巡游神像中的"主角"。民间的"王爷",多是客死他乡的读书或官宦人士。浦南的民众多为北方移民,对异乡人心存同情之心,便建"王爷庙"供奉,这样,原本会"危害一方"的死魂灵由于得到供养,心存感激,反过来保佑一方平安。这是大傩之所以为读书官员的形象,又由王爷庙主持的产生背景。

台湾也有类似的傩。除了浦南,福建一带尚未发现其他古傩。厦门大学人类学系石奕龙教授告诉我们课题组调查人员,《台湾民间信仰小百科》有类似的"大神仔"的记载:迎神赛会的热闹队伍中,除了家将团以及为了热闹、喜气而设的艺阁、阵头,更有一种身高及体型大过人体数倍、以木材雕成头部、竹子编成身体、外着衣服的大神仔,也称为大仙仔。这是种尪仔性质的巨大神,是主神的部将。它们之所以装扮成巨大、令人望而生畏的大神仔,是为了显示神威。人们可将其抬起行进,也可由真人穿入神衣内、伸出手来操纵。从这段描写可以看出,浦南傩与此极为相似。[①]

七、闽台的女神庆典活动

闽台女神的祭祀活动很活跃,像每年的农历三月二十二日"海神"妈祖的生日,闽台各地凡主祀妈祖的宫庙无不视为重大节庆[②],就是在山区,以南靖县"土楼之乡"梅林镇为例,梅林、背垅、下坂等自然村都要举行大规模的祭拜妈祖的民俗活动,祭拜活动一般从农历三月二十一日开始持续到三月二十三日,以二十二日为最高潮。而这一独具特色的土楼妈祖庆典至今已经延续了300多年。台湾的"三月疯妈祖"和台北龙山寺(供观音,民间认为观音是女神)等,都已成为海内外旅游和宗教朝圣的重要地方,以女神名义打造的各类文化节,也成为旅游观光的热点。

1. 湄洲妈祖金身巡游

湄洲妈祖祖庙供奉的妈祖神像是世界上唯一的妈祖金身。妈祖金身巡游被视为最高规格的妈祖神驾巡游。

---

① 刘丽英:《厦门晚报采访石奕龙》,2004年11月14日。
② 陈子冲:《台湾民俗文化调查——以大甲镇澜宫妈祖绕境》,未刊稿。

湄洲妈祖金身巡游

湄洲祖庙妈祖巡游习俗与建庙几乎同时产生。按照莆田祀神习俗，庙祭是局部或个别的拜祈神明形式，而绕境巡游则是"福荫全部"，无论贵贱，不分老幼，凡神灵巡游过处，皆布福赐安。所以，对这种巡游习俗民众趋之若鹜，备受欢迎。

湄洲妈祖金身巡游习俗由于种种原因曾中断三十多年，于1985年开始恢复，受到当地群众和世界各地妈祖信众的普遍欢迎，国内外民俗学、文化学、宗教学、历史学专家学者极为重视。随着妈祖文化的发展，各地分灵妈祖庙宇纷纷邀请湄洲妈祖金身到当地进行巡安活动。至目前，湄洲祖庙已举行过三次大规模的赴外妈祖金身巡游活动。

1997年1月24日至5月，湄洲妈祖金身巡游台湾102天，游历19个市县，驻跸35个妈祖庙，接受台湾妈祖信众100万人次的朝拜，台胞称之为"千年走一回"的世纪之行，台街媒体以"十里长街迎妈祖，火树银花不夜天"等来描绘巡游场面，妈祖金身巡游台湾的照片编入台湾中学历史教科书，其配文以"两岸文化正式交流"，巡游活动创下了两岸恢复交流以后，规模最大、影响最广的妈祖文化入岛记录。

2002年5月8日，应金门妈祖信众邀请，湄洲妈祖祖庙组织"湄洲妈祖金身巡安金门"活动,妈祖受到金门信众 3 万多人次的虔诚膜拜,场面极其热烈。此前,金门县长李炷烽、议长庄良时和金门妈祖宫庙负责人代表吴素兰专程赴湄洲祖庙谒祖进香,并议定妈祖金身巡安金门的具体事宜。当时,祖庙董事会赠送金门天后宫一尊 9.9 米高的妈祖石雕像,石像安奉于金门料罗湾公园。①

2. 台湾三月"疯妈祖"

"三月祭妈祖,四月迎王爷",每年从春节至农历 3 月 23 日妈祖诞辰期间,是台湾妈祖祀典的高峰期。如云林、新北、台中等地都是热闹非凡。在所有的进香活动中,尤以动员十余万人、途经四个县市、历时八天七夜、跋涉约 300 余公里的台中大甲镇澜宫妈祖绕境进香活动规模最为盛大。课题组 2011 年 12 月赴台考察记录大甲镇澜宫翡翠妈祖全台巡境。

香火鼎盛的大甲镇澜宫,是大甲镇民的精神归依。相传清雍正八年(1730)由福建移民自湄洲祖庙天后宫请得神像来台建祠,之后因圣迹灵验、历经扩大,庙宇才有现今之巍峨的规模。大甲镇澜宫是台湾知名度最高的妈祖庙。妈祖绕境原由两岸隔绝,回湄洲祖庙进香不便演化而来,传承至今已百年。来自四面八方的香客以各种交通工具举行进香仪式,除了早年坐轿子、三轮车及火车等形式,演变至今有游览车进香团、脚踏车进香团、轿车、货车、货运车等方式;同时仍可见以传统步行方式并手执香虔敬前往的信徒。许多信众经过八天七夜的徒步进香旅程,从台中出发,途经彰化、云林、嘉义四个县市,最后到达新港奉天宫。整个数百公里的行程,表达了信徒敬天谢神的虔诚,让妈祖信仰礼仪达到极致。近年来绕境的群众都达十多万,而前后参与的群众达百万,参加徒步活动的还有外国人。这一路浩浩人马,"逢庄吃庄、过镇吃镇",而沿途各地迎接妈祖信众更会在銮驾抵达时杀鸡宰鸭,招呼香客用餐饮,这是"大甲妈"绕境最富人情味特色之一。表演的阵头里还有来自大陆、香港、澳门、新加坡、马来西亚、泰国、韩国等国家与地区的队伍。②

八、福建古田临水宫请香接火仪式

福建古田临水宫主祀道教神女"临水夫人"陈靖姑。传承请香接火仪俗,是目前福建省乃至江南地区最有影响的一种民俗。此俗约肇于宋,盛于

---

① 黄春生:《妈祖金身巡游》,《湄洲日报》2010 年 3 月 11 日第 2 版。
② 《台湾大甲妈祖绕境巡游轰动》,《湄洲日报》2009 年 4 月 11 日第 1 版。

明清,至今已延续近千年。请香接火活动所在地——古田临水宫在台湾有400多座临水分宫分庙,20多年间台湾来古田祖宫朝圣者达40余万人次。2007年3月29日,古田县临水宫管理委员会和台湾顺天圣母协会联合通过县文体局向国家文化部申报临水宫请香接火仪俗为国家级非物质文化遗产项目。

请香接火仪俗活动全年进行,尤以每年农历正月陈靖姑诞辰月份最为隆重。各地信众组成"夫人社"来古田临水宫为陈靖姑庆祝圣诞,并从祖宫请香接火回乡祈神醮仪。农历正月十五,既是传统的元宵节,又是临水夫人神诞日,各地信众多将欢庆元宵与庆祝神诞相结合,组织隆重的庆醮社火活动。各地每年赴临水宫请香接火的仪队,由供奉临水夫人陈靖姑的临水宫、大奶庙的宗族或社区信众组成,其成员为宗族或社区中的精英及代表性人物构成。每一仪队都由轮值福首领队,仪队成员主要为临水夫人之香客、义子和鼓乐队的吹鼓手,并有当地道士随行。仪队的组成时间因地区的远近不同而异,如浙江温州,闽东寿宁、福鼎等地仪队则于年前就已组建,古田、屏南之近邻村落则于农历正月十二日、十三日出发前一日选定即可。台湾信众尊古田临水宫为祖宫,每年不分季节组团到古田临水宫请香接火,一切活动之科仪皆以祖宫为典范。每支仪队所备请香接火的器具均有开路旗、锣鼓、凉伞、香亭及供品,而大型仪队则有神舆、神像、銮驾执事和高大的香亭、香炉等器物。

各地请香接火仪队陆续到达临水宫后,先到庙方报到村落名称、领队福首及道师、信众人数,然后按序安排于宫中神案前的科仪桌上安奉本宫香火位。请香接火仪俗,自农历正月初一至初八数天来的多为外省和外地仪队,初九至十一日为周边地区仪队。自十二日至十五日上午,其仪队多来自古田及屏南附近地区,不仅仪队密集,而且香客最多者达千余人,每个仪队在宫内的请香接火仪式程序由"下马安奉"、"请神献供"、"起马回銮"三部分科仪组成,还带戏班到宫中戏台演戏酬神。临水宫中出现十几个仪队同时作"起马供"场面。一时间锣鼓竞作、号角齐鸣、喊声振耳、声震林壑,可谓声势浩大,震撼人心。请香接火活动至此达到高潮。由于信仰的力量和公众请香接火是对祈求平安的共识,因而连最不安分的人此时也不敢妄动,以免遭神人共谴,而临水宫的请香接火管理机制也尽量地发挥有效作用,使得请香接火高潮能平安度过,并通过请香接火仪式使香客们对祖宫留下神圣而又不可磨灭的印象。①

---

① 古田县政协:《国家非物质文化遗产——临水宫请香接火仪俗》,古田县政协网。

九、台湾竹林山观音寺巡回观音

竹林山观音寺,原称竹林山寺,又称林口庙或林口观音妈庙,是台湾台北县林口乡的著名景点,位于林口乡竹林路325号,为一佛道混合寺庙,奉祀十八手观音。清乾隆年间,由福建分灵而来观世音菩萨大妈(十八手观音),清嘉庆八年(1801),由大坪顶地区(五湖、五坑、龟山)所谓十八坪位(十八处角头)轮流奉祀。

1949年完成新庙改建,并更名为竹林山观音寺,信众日益增加,渐渐将原有轮值祭祀区重新调整,为现今北台湾4个县市,15个乡镇市22个坪位之规模。

林口竹林山的观音寺每年都会举办一次盛大的巡回观音佛祖值年庆典。"巡回观音佛祖"是没有主庙的"二妈",巡回在林口和桃园芦竹等九个沿海地区,由村民轮流供奉,每区九年轮值一次。在每年的农历三月轮值交接的前一天,也就是上任炉主轮值的最后一天,举办值年庆典活动。信徒做醮宰杀猪公拜拜、大摆流水席,恭送巡回观音佛祖圣驾。

在值年庆典前,要先举办一场牲猪比赛。养得肥肥的各大猪公经过评比、秤重,选出一只最壮大、最具威仪的神猪,它的体重通常都超过一千台斤。比赛得奖的猪公,才有资格被供奉在装饰得五彩缤纷的彩楼上,亲朋好友更是争相赠送金牌、礼品,主办单位还颁发奖状,祝贺饲主养猪成功夺魁。①

十、闽台"抢孤"仪式

闽台民间有"抢孤"的习俗。"抢孤"实际是农历七月普渡要结束时的重大活动,信众认为群鬼们要重新回地狱去,所以在地藏王诞辰日,要设地藏金来超度亡魂,先施孤,让野鬼孤魂吃个痛快然后才进地狱。并且普渡期间有"放水灯"的习惯,以把鬼魂引过奈何桥。日本和台湾学者认为,在群鬼吃过后,群众前往"抢孤",是因一些鬼魂吃后还赖着不走,以这种方式吓走野鬼。

1. 福建漳州的"抢孤"

福建漳州的"抢孤"仪式安排在地藏王诞辰日七月三十。

---

① 竹林山观音寺编:《竹林山观音寺简介》;《林口乡志》,林口乡公所2001年版。

在公爷街上搭起法师座和施孤台("孤棚")。法峡座跟前供着超度鬼魂的地藏王菩萨,下面供着大米及一盈盈熟面塑成的桃子和各种器物,孤棚上立着灵牌和招魂幡。孤棚后有木板打成二层楼高的塔,称"馒头山",内放食物与各种物品。有的地方"馒头山"用竹和草扎成,把馒头插满草捆,看起来就像馒头堆成山。孤棚前用纸糊一尊鬼王,青面獠牙,高丈余,遍身金甲,称"普渡公",又称"孤王",用于镇坛。

孤棚搭就后,各家各户将香烛、寿金及全楮、全羊、鸭、鸡、鹅、发糕、果品、瓜果等摆到孤棚上拜祀。祭品上插一把彩色的三角形纸旗,写"庆赞中元"、"盂兰盛会"、"甘露门开"等字祥,下写供奉者的姓名。

施孤仪式在肃穆的庙堂音乐中开始,和尚或道士在法师座上敲响引钟,带领座下众僧道诵念各种咒语和真言,然后上孤棚施食,将一盘盘面桃子和大米撒向四方,反复三次布施给饿鬼,称为"放焰口",俗称"摔孤"。

孤棚上的执事随后也向棚前的群众散发馒头、饭团,贫民更可借此抢吃一顿,称为"抢孤"。由此漳州方言中"抢孤"用以形容"猛塞东西吃,且吃相难看者"。群众还会争求馒头山塔内的物品,求到者来年要加倍奉还。

孤棚对面搭有戏台,上演目连戏和道士展示武功的"师公戏"。

普渡期间,漳州还要放河灯。民间认为,中元节是鬼节,也要为鬼魂张灯庆祝,但鬼灯属阴,所以要放在水里,把冤魂引过奈何桥。

九龙江沿岸居民在普渡期间有"放水灯"的旧俗,在河边摆上八仙桌,供祭品,请道士、和尚诵经为野鬼超度。烧过纸钱便放"水灯"、主灯用各色彩纸做成一两尺长的船,上置蜡烛或小油灯,有的放少量钱物。一般的水灯则以小陶钵,边沿贴上纸制的莲花,内置蜡烛而成。近年普渡期间,城区的江边居民一定的安排,在夜幕降临时,以小区施放。在黛色的江面上星星点点,随波而下,煞是好看。①

2. 台湾宜兰的"抢孤"

台湾居民有很多为漳州籍,七月普渡的习俗也与祖地相同。台湾"抢孤"北部大概以板桥、土城、宜兰为著名,以下以宜兰的情况为例。

宜兰农历 7 月 18 和 19 日是中元祭,而"抢孤"在 7 月 19 日进行。抢孤的地点,是在接云寺(留候里西门街 10 号)正前方。"抢孤"的"孤棚"长宽各约 3 米左右,高有 20 多米;孤棚上面供品堆积如山,吊着猪、鸡鸭肉,最上

---

① 陈荣翰:《漳州"普渡"习俗的演变》,《漳州职业大学学报》2004 年第 4 期。

面挂着一面红旗。

"抢孤"是在下午 6 点 30 分开始。当超度完了,铜锣一响,以烟火为信号表示开始,群众就会一拥而上抢这些供品和红旗。"抢孤"的所有人都拼命向前抢夺,一时打杀喊叫之声冲天。烟火未放之前表示孤魂恶鬼还在吃,此时若去抢会惹起恶鬼的不满,会带来一年的不平安,所以人们都静候放烟火的信号。

时间一到,烟火一放,成千上万的人,就争先恐后往"孤棚"上爬,无奈孤棚上的供品,都摆的很高,根本无法轻易抢到手,有人竟因此使用暴力,互相推撞打斗,其情其景恰如一大战场,有时甚至造成严重死伤;转眼之间三面小旗已被抢下,这时"孤棚"上站满了人,你推我嚷互抢,有的人就这样被推到台下。民间以为,能抢到东西的人,在这一年都会幸运。

祭主之所以舍得出资让大家抢,是因为人们相信,饿鬼如果正在吃酒宴时,突然出现一群比饿鬼还敏捷的暴徒抢吃,就会把饿鬼都吓跑,而不敢再来作祟。

过去"抢旗"和"抢孤",往往造成死伤,所以1884年台湾巡抚刘铭传曾严令禁止。民间却阳奉阴违,各地零星地举行,今天台湾几个地方还保有"抢孤"传统。

"孤棚"上所描的三面小旗,分别称为"头旗"、"二旗"、"三旗"。凡是抢到这种旗子的人,有时还可获得不少奖赏金。抢到这些旗的人,事后就可以高价将此旗子卖给航海者。航海人员认为,只要把旗插在船上,航行时就可一路平安。

民间以为,凡是不举行"抢孤"的年份,居民就会不平安,甚至还会流行瘟疫。然而,如今宜兰的"抢孤"已是由各运动队组成,以"抢旗"(顺风旗)为标志,不是再注重那些祭品;"抢孤"已成为民众运动,宗教诉求的成分下降了。[①]

十一、闽台"送王船"仪式

王爷信仰庙会活动中有"送王船"的仪式。[②] 闽台许多王爷庙都有送王船的习俗。民间通过"送王船",[③]以期镇妖驱邪,送走瘟疫,使家境平安、五

---

① 游谦、施芳珑:《宜兰县民间信仰》,第 27~35 页。
② 叶志鹏:《厦门同安区汀溪镇古坑村"送王船"节日习俗调查报告》,未刊稿。
③ 王煌彬:《漳州开发区石坑社区"送王船"调查报告》,未刊稿。

谷丰登。

"送王船"有两种形式,以木船送王船出海称为"游地河";以纸船的形式,将船送到江边焚烧,让灰烬升天为"游天河"。择日王船祭举行的周期不一,一般是 3 年一科或 5 年一科,醮期约 6 至 7 天,建醮期间,除了有大型的庙会活动外,最后一天的烧王船祭典,更是压轴好戏,信徒、艺阵纷纷前来助阵。

闽台的"送王船"习俗,多为 3 年一次,大概是沿海地区部分王爷庙,以木船"送王";而许多内陆宫庙,则以纸、布船"送王"为多。闽台有些地方的木船往往制作精良,可以下水航行于海,造价往往高达数十万、甚至上百万元;船上不仅船帆、船桨、锚锭等一应俱全,足见其建造之慎重严谨。借着打造王船,乡民们共同参与、投入,有钱出钱、有力出力,全乡同心凝聚,精神与信仰意义重大。每回的建醮日期必须择吉日进行,因此时间并不固定。

(一)厦门海沧钟山村水美宫"送王船"

福建全省有众多的王爷庙,2005 年 5 月,"送王船"习俗入选福建省第一批非物质文化遗产名录,2010 年 5 月 16 日,又入选第三批国家级非物质文化遗产名录。厦门"送王船"以海沧钟山村的规模较大。所以多年以来,这里香火鼎盛,水美宫逐渐成为附近乡民的信仰中心。该习俗一般 3 到 4 年举行一次,通过掷筊确定在固定农历月份中的某一天举行。"送王船"仪式依序有王船的制造、出仓、祭奠、巡境、焚烧等。

1. 钟山送王船前的相应仪式

从 2007 年 9 月 26 日开始至 11 月 13 日,钟山水美宫的送王船活动,进行了从造王船到送王船等一系列仪式①,我们课题组在田野调查中依次记录于下。

(1)立杆升旗。

农历八月十六日(公历 9 月 26 日),是送王船活动的开始,第一道程序是造王船。一大早,庙会的 16 个理事到村中心的福仁宫门前,在广场上竖起两根粗约 20 公分、高约 10 米的大红色旗杆。旗杆的上部各有两个木制方斗,写着"合境平安"等字样,方斗四角各插 4 面小旗,上书"行善积德"、"爱护黎民"、"五谷丰登"、"经济繁荣"等内容。同时在新旗杆上升起两面镶红牙边的"代天巡狩"橙色大旗。随后,理事们在福仁宫前举香,先拜天公、再

---

① 部分引自厦门翔鹭腾龙集团公关部人员记录。

拜王爷,点燃空地上数串十几米长的鞭炮。

立杆升旗仪式完毕,理事们到临近的水美宫,将造船的木材搬入宫内。造船期间,宫内的三位王爷金身请到庙会理事长家中供奉,水美宫的正殿作为造王船的场所,几个月内闲杂人等不允许进入,特别是女性更不能进入造船现场。

(2)安栈。

安栈是造船术语,就是安装船的龙骨,也就是造船的第一步。王船的所有部件都是以龙骨为基础,向船体前后、往龙骨两侧展开。所以安栈特别重要。

农历八月十八(9月28日)是个吉日,每任造王船的安栈仪式都定在这一天。零点刚过吉时已到,爆竹声骤然响起,理事们跪在地上,朝着水美宫三叩九拜。礼毕,理事们进入宫内,这时腰缠大红绸布的造船师傅端着罗盘,指挥大家调整龙骨头部的朝向,最后选择与宫门夹角约为50°的西北方向摆放好王船龙骨(每次新王船的龙骨朝向,都按风水地理进行调整)。接着,师傅在龙骨上安装上四块横向船肋骨。安栈仪式顺利结束,这时宫外的烟花依续点燃,瞬间,钟山村的夜空被朵朵银树金花镶嵌,灿若银河,焰火持续了20分钟,仪式结束。

(3)安龙眼。

安龙眼,也就是为王船安装眼睛。在木船两侧各装上一个眼睛,有了眼睛,木船也就有了生命。

安龙眼的仪式也是在晚上进行,依造王船的进度选一个合适的吉日。2007年定在农历九月二十六日(11月5日)晚上九点,为安龙眼仪式的时辰。

安龙眼的仪式与"安栈"相似。理事们跪拜完毕进入宫内,分列王船两侧,造船师傅在红烛光的照耀下,将事先做好漆好的木制大眼睛用特制钉子钉在船体的相应位置上。两颗黑眼珠上垂挂着三条代表吉祥的红丝带。水美宫外照例燃放烟花爆竹。

(4)立桅、进水、请帆。

"立桅"、"进水"、"请帆"是造王船过程中三项重要内容。立桅为树立桅杆于王船上;进水,则是到海边取回海水,运到水美宫内浸泡铁锚;请帆,是将王船出巡时要挂的船帆请到水美宫来。

农历十月初四日(11月13日)为造王船以来规模最大的祭祀活动。上午8:30,钟山村道上出现了壮观的仪式队伍,队伍前端是两面"代天巡狩"大旗和12面绣着飞龙的三角形大旗,接着为4个敲锣鼓、吹唢呐的老人,32位最具特色的"彩莲",即为头上戴着鲜艳彩花堆砌的锥形高帽、身穿蓝衣黑裤的水手,他们或手持船桨或提着红灯笼,由身穿黄色衣裤的彩莲头(水手长)带领,排成两列紧随其后;水美宫郑理事长带领16名理事身着长衫头戴礼帽披着红绶带走在队伍中间;最后是20名钟山村女腰鼓队员,极具喜庆气氛。队伍从郑会长家中请出长约1.8米,挂着三面船帆的王船样本,由彩莲们抬着来到村中心的福仁宫,理事们在宫内列队祭拜。

9:30,仪式正式开始。理事们在水美宫前三叩九拜,彩莲们也持香束拜天公和王爷。另外,在水美宫侧门,老人们在新做好的小舢板(王船的附船)的舱中放入三个大陶钵,并在各个陶钵中放一枝龙眼树枝叶,为取海水的必备设施。

9:45,燃放鞭炮,"立桅"仪式开始。三位老人在宫内的王船上立起"桅杆",此时的桅杆以一支带着枝叶的粗竹竿替代,原因是森桅杆有6米多长,屋内无法顶起,因此以竹竿代替;待十一月初六将王船移到宫外广场时,再换上预制好的桅杆。

9:50,"进水"队伍依照从福仁宫来时的排列顺序,浩浩荡荡开往"海边",8个彩莲抬着小舢板和小王船走在队伍中间。离钟山村不远的海沧区行政中心的湖泊有小港与大海相通,湖水就是海水。庙会经过搏筊后确定在湖的西岸"取水"。列队停于湖边,郑理事长举着主会炉与十多位理事、众多彩莲举香,敬拜上天、海神后,开始"取水"。

陶钵依次由理事们接力,从水边传递到岸上的舢板边,然后由数位老人小心翼翼的抬到舢板的三格船舱里,再将洗净的龙眼树叶放在钵内的水中。燃放鞭炮,彩莲们抬起小舢板和小王船,队伍一路敲锣鼓,顺着原路返回水美宫。老人们把陶钵抬入宫内,摆在王船侧边地上,从船上取下三支铁锚,将铁锚头部浸入陶钵的海水中,之后退出宫外,完成进水仪式。

11:10,进行"请帆"仪式。队伍照样浩浩荡荡穿过全村,到会长家中请出制成的船帆,放进小舢板,接着抬回水美宫,放置王船上。至此,"立桅"、"进水"、"请帆"仪式全部结束。

2. 送王船的过程

三年一度的"送王船"活动,在12月15日(农历十一月初六日)这一天达到最高潮。

(1)王船出栈。

王船出栈指的是将王船从当初"安栈"(安装龙骨、建造王船)的水美宫正殿内移出到水美宫外的广场上，竖起主桅杆挂上船帆，为游境做准备。

王船出栈

初五(12月14日)，天刚擦黑，水美宫的广场上就聚集了不少热心的村民和各地赶来的人们与外地打工人员，身穿蓝衣头戴彩帽的彩莲们手扶船桨维持着现场秩序；村中鞭炮声声震耳，天上礼花串串夺目；穿着服装的理事们和戴着红袖标的指挥们等候吉时到来；23:30，水美宫大门两侧的墙板拆除，使宫门拓宽至4米多。

初六的零点刚过，身穿黄衣的彩莲头在广场上竖起了5米多高的"代天巡狩"旗幡，理事们进入水美宫内，对王船进行检查整理，之后陆续退出宫门列队恭候。吉时0:20，随着总指挥的一声号令，在船身周围列队的众多村民，用双手慢慢托起重达几千斤的王船，小心移动脚步，跨出门槛，迈下台阶，将王船稳稳地放置在广场中央的船架上，并将船头调整为朝南方向。不断升空的礼花将广场点亮得如同白昼。

理事们在船头前方的空地上摆下三张供桌，桌边围上绣着"代天巡狩"字样的桌帘，桌上摆满供品，还有宰好去毛的一只大肥猪和一只大公羊。村里的妇女们则对着王船虔诚地烧香跪拜，祈求王爷保佑，保佑风调雨顺、保佑合境平安。

(2) 王船游境。

王船游境是"送王船"习俗的一项重要活动程序，历届到钟山村参加活动的人数都多达万人以上。

天刚蒙蒙亮，水美宫广场上迎来了提着香篮供品、祭拜王爷的妇女老人。8:30，庙会理事们都来到水美宫，进行"送王船"前的各项准备工作。各式民间艺阵如：同安"车鼓弄"、翔安"拍胸舞"等团体也陆续来到现场。参加王船游境活动的人群分为两个部分，香阵队伍人数众多，绕行路线较长，比抬王船队伍更早出发。两支队伍将按计划于10点多在村庄西边会合，然后一起游行。

8:50，香阵（进香队伍）开始从水美宫出发。60多个"阵头"（表演队伍）为"王船"开道引路，祭拜仪式后，上午9:30，礼炮齐鸣，"王船"开动，在一片欢呼声中，航行在"人潮"之上，开始环村"巡境"，许多村民手持香火，跟随"王船"，场面蔚为壮观。路边的观众则是啧啧称叹，感慨万千。

香阵的乐队游行队伍由35支从晋江、石狮、龙海、同安等地请来的乐队组成，其中西乐大乐队就有15支其余是腰鼓队、西鼓队、舞狮舞龙队，还有戏剧人物、歌仔唱、踩高跷等。各个艺阵都有人答谢、捐资，如龙海女子威风鼓队由"翔鹭腾龙集团答谢"。某位钟山村民一家人就答谢了蜈蚣阁和其余十一支乐队。

香阵队伍绵延数里，一路上不断有各村信众加入进香队伍之中，马路两边围观的民众更是人山人海。

吉时9:40，震耳欲聋的爆竹声轰然响起，王船巡游的队伍开始移动。与香阵队伍一样，前面也是几个一手举香一手拿扫把的老年妇女在轻扫浮尘，几个老汉敲锣打鼓紧随其后，拍胸舞、车鼓弄，钟山腰鼓队，5位道士吹着牛角号；16个庙会理事在郑理事长的带领下走在王船前面，32名"彩莲"手持船桨巡行在王船两侧，身材健壮的"彩莲头"，双手挥动"代天巡狩"旗幡为王船开道，王船队伍根据旗幡指引或行或停，井然有序。

引人注目的、费时3个月时间精心打造的"王船"在游行队伍中出现了。长12米，连主帆一起高约7米，船身全部采用上等木料，是从同安聘请的老造船工按照实际比例制作出来的，海上航行的设施应有尽有。老渔民说，这艘木船放入海中完全可以正常航行。以前送王船的习俗就是将送到海中让其随波漂流，而王爷就在船上一路代天行道。随着年代推移才逐渐演变为"烧王船"。

船头装饰着一个硕大的纸扎虎头，其额头上的"王"字、龇牙咧口的大嘴巴以及炯炯有神的绿眼睛，显示了王爷的威严。船上三面船帆高高挂起，船舷两侧插着十几面彩色旗帜,船身上还重笔彩绘着十二生肖画像。

最为壮观的还是抬王船的情景了:王船船身下面绑着前后左右共 8 根碗口粗 6~7 米长的杉木可供众人扛抬,王船游境时每根杉木下面最少有 15 个汉子用肩膀顶着,还有许多人钻到船底、围在船边用手托着船身。王船就在近两百人的扛抬下,在陆地上自如游走。

在王船游境总指挥的号令下,王船队伍时而缓步前行,时而急速奔跑,时而原地停住,船身翻腾起伏不止,原来是遇到大风大浪,最后总能逢凶化吉,浪止风息。汉子们挤在船身下虽然空间狭小,但大家仍然配合默契。村里的习俗是,凡是男子汉今天都应该去抬王船,王爷会赐予福气。

王船在全长 4 公里的巡境绕村路程中,共有 5 处歇脚停靠。每当王船到达一个停靠点,彩莲头高举着旗幡挨近船头,指挥王船慢慢地停放在马路中间,水手将铁锚放下,浸入陶钵的海水中。老人们在船前空地摆上供桌香炉,郑理事长带领 16 位理事们列为两队举香叩拜,5 位道士摇着铜铃吹着牛角,绕着供桌忙着"做谯"。而"拍胸舞"、"车鼓弄"、"腰鼓队"几个团体则随着音乐在围观的人群中间表演精彩的节目,他们认真敬业的态度和诙谐幽默的演出博得阵阵喝彩。

王船游境和香阵游行的过程中,经过一个上午的游行和 5 次停靠做醮,各路队伍终于在中午 12:00 到达王船游境活动的终点——钟山村福仁宫附近的村道上。王船在这里掉了一个头,朝着南面稳稳地停泊在路边,并按规矩下了锚。庙会理事们虔诚地做完仪式——"王船游境"顺利结束。村中心戏台演出开始。

(3)王船安位。

经过中午短暂休息,村民们下午 3 点多就陆续聚集到王船的停泊处,他们等待着抢先占到抬王船的有利位置,只等吉时一到,大家协力将王船抬到村庄南端的空地就位。庙会理事们和手执船桨的彩莲们也早早在现场张罗。4 时 10 分吉时,大伙列队祭拜,随着发出开船的号令,理事们又带领数百汉子簇拥的王船及相关艺阵队伍,一路敲锣打鼓,炮声震天,盐米、金纸喷撒飘扬,浩浩荡荡地顺着中心村道往南开拔。村庄南端的一大片菜地已收获,提前平整,边上堆放着许多柴火。王船队伍顺着马路慢慢拐进空地,在这里王船掉转个方向,船头正对南方,船身稳稳地落在地上。数百个汉子从船身下钻了出来,满身大汗却满脸喜悦。

王船安位后,十多个庙会理事挽起袖子,扎起马褂,将现场摆放的一捆捆柴火片子塞到船身底下,塞满后又在柴火堆上摆满大批纸钱、米袋、盐袋、筷子捆大小的柴火和苹果、橘子等水果,堆得王船就象停泊在小山包上似的。这些物品都是各家村民为王船出行准备的:只有荷包大的小米袋象征一担米,两捆筷子粗细的小木棍就代表一担柴火,这些数量充足的粮草可以让王爷在代天巡狩时没有后顾之忧。而王船上面摆满了锅碗瓢勺,纸轿纸人,甚至还有活鸡活羊。万事俱备,只待"化吉"。

(4)王船化吉。

"王船化吉"是送王船仪式中最重要的内容,村民们不说"烧"王船,而说"化吉",显然是一种讨吉利的说法。庙会理事们将在20:30送王爷金身到船上,并将替身人偶留在王爷身边,随后和彩莲们回家将行妆换下。为避免不吉利的事情发生,他们在回家途中按照习俗每人口中都含着一个鸡蛋,避免无意中与他人开口说话。现场的王船化吉活动由村中德高望重的老人们主持。

此时,道士们在继续做醮,几位老人在王船旁的堆积物上洒上柴油,鞭炮焰火陆续停息。21:30,各处柴堆点燃。一瞬间大火裹着疾风轰然而起,整艘王船顿时被烈火吞没,船头、船尾、船舱、旌旗、船帆、桅杆,全都烧起来。火光异常耀眼,热浪扑面而来,但围观的人群却没有一个人退后半步,大家或好奇、或崇敬、或震撼;有人在欢呼,有人在呐喊,有人则感叹,个个充满了激情。

火势越来越旺,船身渐渐被烧穿,木料烧成红炭,不断坍塌;而船正中那根近20厘米粗的主桅杆也被火舌缠绕,根部越烧越细,却久久屹立,不肯轻易倒下。成千上万围观的人群全盯着这根桅杆,猜测这桅杆到底会倒向什么地方。原来,钟山村分为东南、东北、西南、西北四块居住片区,传说当王船化吉时,主桅杆倒在哪个方向,王爷对那个片区的村民就会更加眷顾,他们生活会更平安、事业会更发达。经过50多分钟的烈焰燃烧,王船及周围的堆放物基本化为灰烬时,主桅杆才渐渐向西北倾斜,在几十个西北片村民的欢呼雀跃声中倒了下来。天上烟花地上爆竹又响成一片,"王船化吉"这项习俗中最重要的程序结束。

(二)台湾屏东东港"送王船"活动

台湾的中、东北部多以巡境作为庙会的大型活动。而以台湾的西南沿海多以"送王船"为主要内容,其中,以屏东县东港和西港历史悠久,且最受瞩目。以下以东港为例。

1. 东港"送王船"习俗的形成

屏东的东港每三年举行一次"平安祭典",时间在农历九月中下旬,前后8天,大概围绕着"王船祭"展开。名列台湾三大民俗宗教盛会之一。形成这一做法大约在近百年的时间。

台湾的"送王"记载,最早见修于康熙五十六年陈孟林的《诸罗县志》:"王醮,三岁一举,以送瘟王。醮毕,盛席演戏,执事俨恪跽进酒席;祭毕,乃送船入水,顺流扬帆以去。或泊其岸,则其乡多厉,必更禳之。""近年有与船而焚诸水次者,伐木以竹,五彩纸裯而饰之。每一醮动数百金,少亦中人数倍之产;虽穷乡僻壤莫敢误者。"①

东港的"王船"开始是纸制,1973年后,改为木制。其"送王"仪式,以祀王、宴王的儒家特点,王船的精制、庞大及凌晨"送王"为特点。

2. 准备工作

东港"迎王平安祭典"的准备于一年之前。由东隆宫牵头,成立"祭典委员会",执行则由地方7个"角头"的所有壮丁参加。"角头"人员的调度,由依次抽签产生的"大总理"负责。

王船建造使用的木材都是上等桧木,建造过程中,戴孝者、妇女或闲杂人员都不得靠近。几十年来,东港王船已形成造型壮观、制造精良的传统,据称为台湾王船之冠。

在王船建成,并完成开光等仪式后,接受信众的参观和捐赠钱物。

东港的各阵头表演都是业余的,训练工作于半年前开始。常见有"八家将"、"十家将"。一些诸如"五毒大神"、"十三太保"、"二十四司"等等,却是本地独有的将相团。为了团体的名誉,各"阵头"的训练与表演都十分卖力。

东隆宫在"平安祭典"一个月前,要举行"进表法会",预告上天"祭典"的进行时间。

3. "平安祭典"的过程

(1)请王、安座、出巡。

整个"祭典"以"请王"仪式为开始。由于王爷最早是在海边登陆的,所以"请王"的地点也在海边进行。头天下午午时,各角头人们到"请王"地点的"迎王将台",摆上"将令牌"等待开光。由起乩的"神笔"写下王爷的姓氏

---

① 《诸罗县志·风俗志》。

以开光。开光后,在此过程,七角头神轿多次冲入海中,祈求王爷降临。在"神笔"正确报出头衔后,在帅旗上写上王爷姓氏,标志王爷神驾已降临,于是人们将王爷的"王令"安置于轿中。

游行队伍转回东隆宫庙埕。埕内早已在五个方位各烧一堆木柴,在木已成炭后打实,撒上大量盐米之后,5位王爷依次过火。过火后即安座与"发榜安民"。

接着,在辖区内安排4天的出巡。王爷的出巡带有驱厉除妖等作用。信众们更是跪在路上,以求改运。当然,各阵头的表演,也是群众所祈盼的。

（2）送王仪式。

王爷出巡结束后两天,进行"王船法会"。法会首先要"调五营"天将前来,以守道坛和解疫鬼。法会的仪式还有热油锅,将扫帚、草席、五色旗等拍打油锅上的板凳,在绕王船一周,如此重复5次,向油锅喷烈酒后,打翻油锅,去掉器物,表示"押煞"完成。

祭典倒数第二天,王船绕境。先由道士进行"开水路"仪式。接着,各角头代表将王船的相关设施与供品安置船中。

王船绕境有载走厄运的功能。商店与住家都备香案置供品,通常是十二道菜、三牲、草粱、金纸、水等。另有人形替身,最后到送王地点,与王船一起烧掉。人们还给王船赠送添载物品,一起放入船舱中。

燃王船

凌晨子时的"宴王"仪式只有各角头的总理们参加,道士执行谢王礼仪。谢王之后,子时一过,开始"送王"。各阵头不必参与,只有手执高香的信众随行。

海滩上,王船边,密布金纸、米包、"替身"和各种神器;道士祭船,意味王爷将率兵将与押送疫鬼等离去。卯时,鞭炮点燃王船,信众将高香插于海滩上,按惯例不能停留,立刻转身离去。之后三天内,渔船不能出海。①

十二、福建南平樟湖崇蛇巡游

福建南平樟湖人认为蛇是神的化身,是吉祥物,故有蛇王节崇蛇巡游习俗,这种习俗延续至今。樟湖蛇王节具体始于哪个朝代,目前难以考证,但兴盛于明清两朝。② 据樟湖蛇王庙管委会工作人员介绍,每年的农历七月初七,南平市延平区樟湖镇都会举行独具特色的崇蛇祭拜巡游活动,现成为樟湖蛇文化旅游节③,又称赛蛇会。2005 年,蛇节巡游被列入福建省非物质文化遗产。

樟湖人视蛇为神,虔诚地供奉着,乡亲们始终相信,蛇是通人性的,它们不会故意咬人,在七夕这一天,蛇即使咬人了,也没关系,因为这些蛇都没有毒性。樟湖人尊蛇,镇里每个人基本都会"玩"蛇,小孩从小对蛇就有亲近感。

蛇节前,樟湖乡亲四出乡野捕蛇(一般抓没有毒的蛇),捕来的蛇不论大小轻重,都要献给蛇王庙,放于庙中瓮里,由专人完成"伏蛇"的环节,即先把蛇驯服了,人们才可以放心跟它们接触了,这由樟湖镇几名年轻人完成。

七夕节当日一大早,众人云集樟湖镇东边的蛇王庙。7 时许,蛇王开始出行,炮铳三声,锣鼓齐鸣,大锣开道,巡游队伍从蛇王庙浩浩荡荡出发。队伍以旌旗方队为先导缓缓前进,各乡乡民紧随其后,每人出发前,从大黑瓮中取出一蛇,或绕脖颈或围腰间,或缠手臂,年龄最小的仅为 8 岁。从黑瓮蛇窝里出来的蟒蛇,重量十几斤至三十几斤不等,但野性较足,身体仍不停扭动着。伏蛇人趁蟒蛇想开溜之时抓住其头,蟒蛇发出"嘶嘶"的咆哮声。一二十分钟后,在一阵阵惊呼中,蟒蛇似乎变温顺了,伏在舞蛇者肩上。

当地老者介绍,驯蛇时,手劲不能大,轻轻捏住,再备上一条湿毛巾,隔上几分钟,给它擦擦,降降温,"你把它们侍候舒服了,它们也就服服帖帖了"。

巡游队伍中,为首的是蛇王,被尊为"菩萨",坐在一顶专供的轿内,结

---

① 王煌彬:《漳州开发区石坑社区"送王船"调查报告》,未刊稿。
② 吴丽娇:《南平延平区樟湖镇每年七月初七崇蛇祭拜巡游》,http://www.fjgov.com,访问时间:2011 年 8 月 13 日。
③ 黄辉海:《樟湖文化旅游节综合调查报告》,未刊稿。

彩、挂花、挂龙牌,蛇王不时直起身子,吐纳舌头。

巡游队伍穿街过镇,每家每户以香火鞭炮迎接。各家在门口摆上一盆清水,让蛇"冰镇"清凉一会儿。巡游时,乡亲游客,有的壮大胆子触摸大蟒蛇,或逗逗小蛇,偶尔也有人与蛇亲密接触。

4~5个小时后,队伍在樟湖镇6个村庄巡游结束后,樟湖人会将蛇放入闽江中,送归大自然。不过,蛇王往往重达70多斤,是"菩萨",不能放生,节日结束后就养起来。

十三、台湾新竹客家"还老愿"的仪式[①]

台湾新竹县新丰乡新庄子的住民闽、客族群约各占一半,也都可互操对方的语言,唯在生命礼俗方面,则仍各自保有各自族群的传统习俗。约在每年秋收之后至农历年前这段时间,总有几户客家人会在自家门前搭起上、中、下座的高坛,并请仪式专家在午夜时分或天亮之前,启请众神,宣读文疏,酬恩消罪。据说:那是在替他们家往生的长辈"还老愿"。而住在同一条街道的闽籍非客家人较少有此种情景。

所谓还老愿,指的是子女在父母亲过世后三年,代父母施行的还愿仪式。新竹地区的客家人遇到生辰不顺,运途欠祥,或是急难病苦,身体欠安之时;或大或小皆有口头或心里默祷恭向玉皇大帝等诸神圣,叩许祈保平安良福,祈求身体健康,并代为消灾而解厄,添福增寿。一旦所求应验,大都会即刻选定良辰吉日,酬神还愿,答谢神恩。然而在实际生活中,很有可能因为事远年湮,不及答谢神恩,一旦个人辞世登仙后,生前所求即成"老愿",那就需要请先生、觋公、道士等在自家门前搭起瑶台,办理酬还夙愿,答谢神恩的仪式。

在自宅搭起的上、中、下座小宇宙,是使神、人、祖先与整个大宇宙产生交会,提供一个天人沟通与实践的相互感应场域,让主事者追求心灵层次的平静。

酬还老愿的仪式表面上看来,是因为担心先人尚有夙愿未还,可能在另外一个空间世界,受到责罚与痛苦,因而替自己的先人办理酬还老愿。同时对子女而言,其内在深层意涵还包含替自己及家族消灾解厄。还老愿仪式等同于个人的最后一个生命仪式,而仪式中所揭示的"酬还"观念,实系客家人对于生命的终极心态(ethos);而这对汉人社会与文化研究而言,具有十分

[①] 本节取自谢赐龙(课题组作者之一):《新竹地区还老愿仪式之研究》部分内容,"中央大学"客家研究所硕士学位论文,2011年。

重大的意义。

本书以翁林树于新丰乡所执行之谢屋还老愿仪式为例,详述整个仪程。

（一）仪式的前置作业

1. 择定良期

母亲及众位兄长告诉笔者,要为先严还老愿,首先要"看日子",①于是前往先严生前最信赖的还老愿"先生"翁林树家里,请他选一个适合的日子,先生说一般酬神还愿择日,首先是依据通书上面所记载的酬神还愿日课,并参照主事者及往生愿主的生辰八字,和往生愿主往生的时间,选择一个没有冲、煞、刑适合的日子,以及众神愿意降临来接受的日子。因为主要酬还对象是天公（玉皇大帝）,②原则上选阳日（子、寅、辰、午、申、戌）就要用阴时,选阴日（丑、卯、巳、未、酉、亥）就要用阳时,也就是俗称的"天门对开"就好,俗云："子时阳、午时阴"吉事要用阳时,先生选的是2007年6月2日（农历4月17日）丁卯日用子时,符合天门对开的条件。

2. 场地的选定

就举办仪式的地点而言,一般都是在"倚庐",③或是家族领导者家中,非不得已,一般是不会到宫（寺）庙去办理的。客家人对"老屋"的意象,除了提供遮风避雨外,也作为与天地神明或祖灵沟通祭祀的中心。

为了对列祖列宗表示崇敬与怀念,及对先严表达无限的思念与孝心,以及考虑到交通状况、空间场地等因素,我们对于选定仪式办理的地点,众家兄弟、姊妹一致希望在先严生前最后居住过的"倚庐",也就是新竹县新丰乡新庄子故居,来为先严办理还老愿的仪式,让列祖列宗及先严回到他们最熟悉的环境,共同来接受后代裔孙为祂们所准备的一份心意。

---

① 客家人要办理婚、丧、喜、庆择日,称为看日仔。
② 玉皇上帝是宇宙最大的神祇,是众神之王,掌管着一切天神、地祇、和人鬼,祂不但授命于天,统辖人间,也统辖儒、道、释三教和其他诸神仙,以及自然神和人格神;天神就是属于天上所有自然物的神化者,包括日、月、星辰、风神、雨师、司命、三官大帝、五显大帝等,而玉皇上帝也属天神之一,地祇就是属于地面上所有自然物的神化者,包括土地神、社稷神、山岳河海、五祀神,以及百物之神;人鬼就是历史上的人物死后神化的,包括先公、先师、仙贤、功臣以及其他的历史人物等。
③ 倚庐是房子的中门之外,东墙下木为庐,称为居倚庐,不涂以草夹障,不以泥涂墙,旧俗如父母不幸往生的时候,住在父母往生时所住的房舍称为倚庐,史书有关倚庐的记载为："处倚庐,寝占块",及礼记丧服大记"父母之丧,居倚庐"。

3. 与会人员

选定好日子以后,就赶紧联络笔者的其他八位兄弟姊妹,请大家无论如何都要把6月2日(农历四月十七日)这一天挪出来,以便全员参与此深具意义的盛会。在传统客家还老愿习俗中,当天是邀请很多亲朋好友来参加的,①在接近傍晚时刻,受邀请的亲朋好友都会带着天金、寿金、纸炮等金银财宝来参加仪式,此次的活动考量到是在午夜进行,且父执辈的亲友大都上了年纪,体力上无法负荷长时间的祭仪及熬夜,而年轻一代的不是忙于工作,就是对这种活动没有什么概念与兴趣,故决议亲朋好友都不邀请,仅母亲和我们九兄弟、姊妹的家族成员参加。

(二)供品与祭台

1. 供品的准备

在选定日子的同时,也请教"先生"其他要准备的工作和相关事宜,先生说最好要准备二张四方桌及长板凳二张,这是为了要搭上、下座用的,还有二支彩竹②、灯座一付、疏文一封、天金五仟、寿金三支、保运钱三支、礼烛三对、好香(大)一包、长寿香一包、珠炮一粒、长钱二付、米酒二瓶、金针二两、木耳二两、冬粉一包、糖果六包、四菓一包,红布一条,发粄六个、红龟粄、红桃粄、丁仔粄、钱粄各一盘;六燥、六湿各六碗,三牲、五牲各一付,糖果、水果若干等等,条件好一点的人家,另外还杀猪宰羊酬神。③ 上座的供品属斋果④,六燥、水果、清茶酒、丁仔粄、钱粄、红桃粄、发粄、糖果等。中座的供品为清茶酒、五牲、⑤清茶酒、六湿、糖果、水果、红龟粄、发粄等。下座供品为三牲、清茶酒、糖果等。

依据翁林树表示:二支彩竹,要取有头且透尾的观音竹,意谓凡事有头有尾,现代人方便就好,均改用甘蔗替代,灯座一付[共有三个灯座,代表三官大帝的临时行宫,黄色代表天官赐福,叩答恩光(中间),红色代表地官赦罪,一心诚敬(左边),紫色代表水官解厄,祈求平安(右边)],文疏一封(将

---

① 昔时还老愿当天晚餐即准备简单素菜,宴请亲朋好友及"先生";晚餐后,稍事休息先生就开始糊灯座等前置作业,现代社会一切讲求分工,大部分用品都是买现成的,先生也落的轻松。
② 先生说:古礼彩竹是必用竹子,故此次也特别采用竹子作为彩竹。
③ 有杀猪就要有杀羊,客家人称为"猪羊";若没有杀羊,就要用一支鸭或鹅背在猪背上替代。
④ 上界属较高级的神灵故用素的,如:玉皇大帝等诸神圣、圣贤。
⑤ 中、下界属中下级的灵用荤的,如:三官大帝等诸神仙、圣贤以下含祖灵。

祈求或酬还的经纬交代清楚),红布一条(吉事挂红也),发粄六个(代表长发),红龟粄(代表荤)、红桃粄(代表素)、丁仔粄(代表出丁)、钱粄(代表发财)各一盘,六燥(六燥者,阳干天也,即饼、粿六种或桔饼、柿干、木瓜干等六碗)、六湿(六湿者,阴坤地也,即金针、木耳、冬粉、笋干、香菇、金耳、浸湿六碗)、三牲[猪肉、鸡、鱼]、五牲[猪肉、鸡、鸭(鹅)、鱼、豆腐干]、糖果、水果等等。而张绍权、黄云举、余声台、徐石龙均表示:灯座一付是提供玉皇大帝及众神、仙、佛降临时暂时休憩的处所。

以上供品的数量各家版本有所不同,重要的是要有一颗虔诚的心,而不在于量的多寡。

2007年6月2日(农历四月十七日)晚上九点钟左右,九兄弟姊妹家族成员32人,相继返回新庄子老家,"先生"来了,时间刚好是十点钟,先生即要我们将四方桌叠起来,搭成上、中、下座的高坛。

2. 搭起瑶台

首先,工作人员拿二张长条凳子打直,放在大门口前,然后将四方桌一张,抬到长凳子上面,桌脚与凳子面刚好平面接触,先生说:上座前方桌脚要稍微垫高一点点(可用寿金纸垫平,前脚横放,后脚直放,象征丁字,出丁也),表示对众神圣及众圣贤的敬意,这点要特别注意。接下来是将二支彩竹(现代人改用红甘蔗)用红线或红绳子在四方桌前脚的两边固定绑好,然后将红彩布绑好挂上。

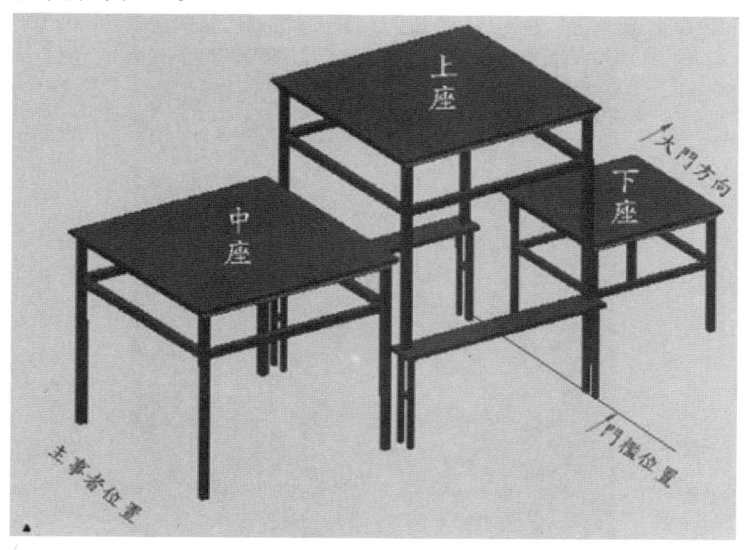

搭瑶台

大门口四方桌

紧接着将三个灯座（代表玉皇大帝与众天神等的临时行宫），摆在上座最前缘，一字排列整齐，中间摆叩达恩光，左边摆一心诚敬，右边摆祈求平安，顺序不可颠倒，若是"祈福"则将一心诚敬摆中间，左边摆叩达恩光（现代用薄纸糊的很轻，内部用寿金塞满，要用红线固定），接着将香炉、蜡烛台、茶杯（三个）、酒杯（五个）依序排列定位；然后上座是为供奉上界神圣的，故供品皆以素的为主，分别摆放斋果，灯座、六燥、龙蠋、清茶酒、糖果、水果、丁仔粄、钱仔粄、红桃粄、发粄等排列案前。中座的祭品为清茶酒、五牲、六湿、糖果、水果、红龟粄、发粄等，依序排列定位。下座摆在上座下方空间位置供品为三牲、清茶酒、糖果等。

三个灯座

第八章　神灵系统与闽台民间信仰的仪式活动 | 297

酒杯(五个)

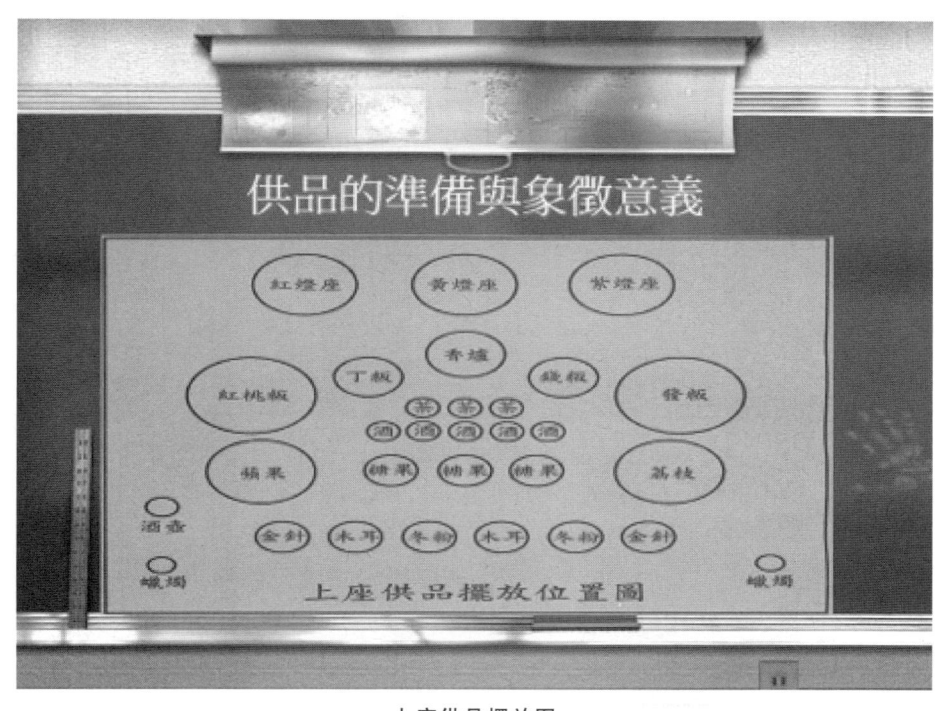

上座供品摆放图

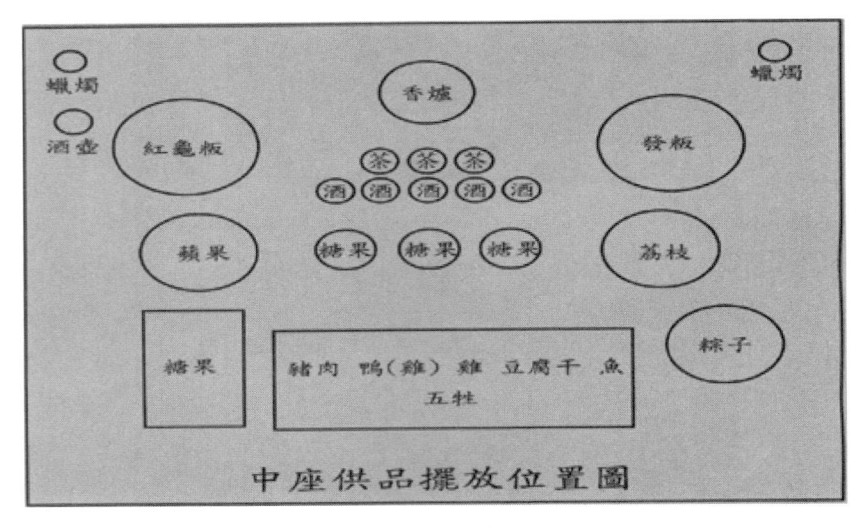

中座供品摆放图

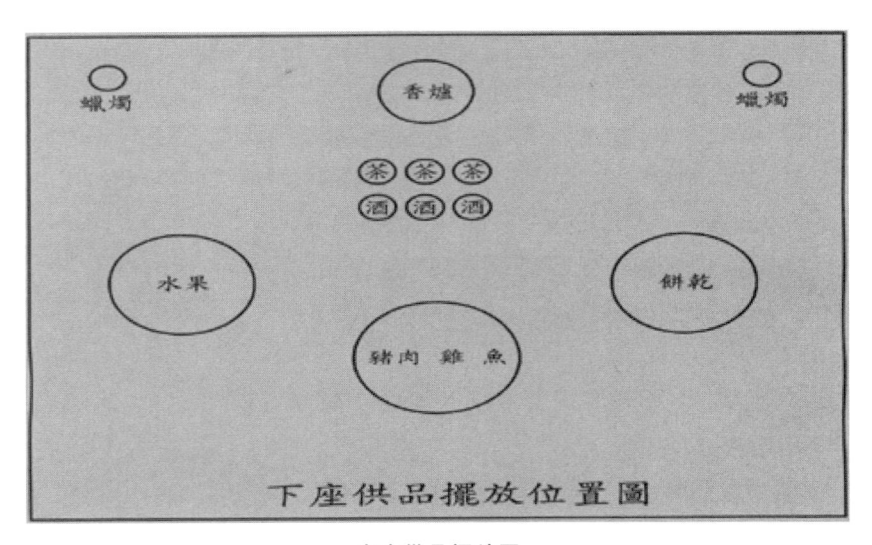

下座供品摆放图

若有杀猪（刚鬣）的话，也要摆列出来，古礼有猪（刚鬣）就有羊（柔毛），若没有杀羊可用鸭子（家凫）一只替代，猪头上方要插一把刀子，刀柄要朝向神圣，刀刃朝下（意谓请神圣将供品切来享用），猪嘴巴要用苹果、桔子或凤梨塞住，也有人直接用红纸包成纸团塞入，其实只是观感较好而已，并没有特别的意义。

高坛的搭建和供品的摆放到此告一个段落先生说："早子时已过15分

钟了,①我们要准备进行仪式了,请各位洗手准备烧香。"

(三)仪式的进行

首先,礼生点燃三支大香请主事者上香,并分别插入上、中、下座的香炉内,这个上香的动作,代表赛还老愿仪式的开始,接着礼生再为全体参与仪式者每人点三支香(代表天、地、人,同时,三为奇数也代表阳),大家一起上香;礼生并同时将香平均插入上、中、下座香炉内,随后便休息五分钟左右。(通神)还老愿仪式分成七大主题:

1. 启请众神

请神的原则,基本上是神格低的先请,再来才是神格较高的,依序为各种功曹、使者、金童、玉女、值日虚空过往鉴察尊神、东厨司命真君及三官大帝先请,再来才是昊天金阙玉皇高上帝陛下及天神、星君、大帝、禅师、菩萨、二十八宿星君、三十六壬星君、六十花甲星君、七十二耀星君、天兵天将、雷公雷母、风伯雨师、观音菩萨、圣母娘娘、五显大帝、五谷圣帝、保生大帝、玄天上帝、三山国王、鬼谷、药王、鲁班仙师、八卦仙师、本县城隍、褒忠义民爷、本境里社公王、把隘土地伯公伯婆、本家祀奉神祇、司命真君、井神龙君、檐前使者、天地神明、日月三光、值日虚空过往鉴察尊神等。

仪式开始时,先生身着素灰色长袍,②黑布鞋,同时身上绝不佩带皮制品(包括皮带、手机皮套等),立于主祭者位置前,陪祭者列于主祭者两旁,其余与祭者列于后方,双手合十虔诚地向前方祭坛正上方拜三下,随后先生开始口中唸出请神口语:"伏以,香烟缥渺,瑞气奔庭,上升天界,下通众神……伏望光降来临,请登金炉高座,伏乞宽心且座。"

上述请神口语开场白,大意是描述搭起的祭坛香烟嬺绕,直透天阶,传奏玉皇,请神降福,及祈望十方众神众圣,能够降临,共同到坐,领受鉴纳。

接着是躬身拜请本境的福德正神、值日虚空过往鉴察尊神、东厨司命真君及三官大帝,再来才是昊天金阙玉皇高上帝陛下,紧接着依序恭请大帝、老爷、星君、天地兵将、风伯雨师、圣贤仙师等等。再接下来就是恭请本境永宁宫的玉皇大帝及众神众圣,接着又请南海普陀落迦山以及新竹地区各宫庙的观音大士,再来又请湄州及台湾地区各宫庙的天上圣母娘娘,接着又请新竹灵鉴城隍老爷、枋寮褒忠亭刺封粤东褒忠义民老爷,暨新竹地区各宫庙

---

① 为了能确实掌握时辰不致误用,一般都在选定时辰加15分钟后仪式才开始。
② 先生身着长袍将脚掌以上遮盖,才不会"脚续续",表示对神圣的尊敬。

的大帝、老爷列列尊神等等,以及本家堂上,崇奉门神户位,檐前使者,井灶龙君,及本境里社,冥主公王,土地伯公伯婆,又再躬身拜请,宝树堂上谢氏历代始太高曾祖考,高曾祖妣,暨列列尊神等,今有堂下裔孙,请来到座,侍随座侧,作为中间主人,最后再请天地神明,日月三光,值日虚空过往鉴察尊神。至此,所有请神的动作暂告一段落,依此笔者对于先生请神的程序来做个检视,倒也符合先小后大、由近而远的原则。

接着先生口中念道:"奉请众位圣贤,众位神圣,今则有事来通请,无事不敢乱通神……",此段主要是叙明何方人士请神目的及感谢神恩等,并将所备供品一一禀明,同时虔诚地奉请众神降临领受。这时先生恭敬虔诚地连拜三下,众人也跟着拜三下以后,先生拿出圣筊开始掷圣筊,①掷有一次圣筊就可以(即表示神圣、圣贤已到座),接着开壶酌酒,此时礼生执酒壶对上、中、下座酒杯酌酒,然后休息一下。过了一段时间(约20分钟左右),先生再度回到祭坛前,先恭敬虔诚地拜一下,随后先生开始口中又唸出献酒口语:"神来未久,开壶酌酒,神来未献,开瓶酌献,——伏望众位圣贤,众位神圣,共同领受,共同鉴纳凡缘,酌上领受,巡酒巡浆。"此时礼生听到巡酒巡浆时,要执酒壶对上、中、下座酒杯做第二次酌酒。此段是请神圣就座,并尽情享用,同时将主人所备供品一一禀明,希望神圣领受。

虔诚三拜

---

① 掷筊一般性的请示,有一次圣筊即可;但有重大请示或决定时,则要连续三次圣筊。圣筊:为一阴一阳谓之,表示同意。阴筊:为二阴谓之,表示生气或不同意。笑筊:为二阳谓之,表示欢喜或不置可否。

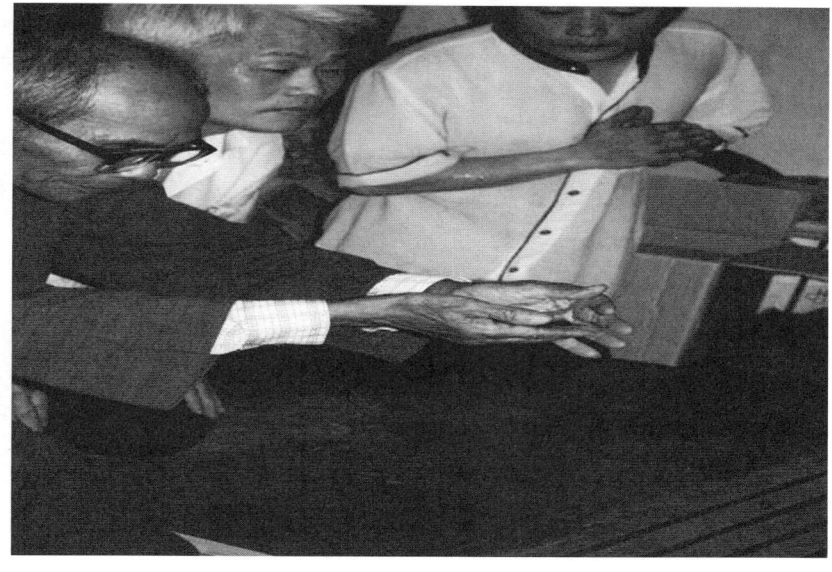

第八章 神灵系统与闽台民间信仰的仪式活动 | 301

表示神圣、圣贤已到座

开壶酌酒

2. 请求庇佑

众神圣请到座以后,就请众位圣贤,众位神圣庇佑,随后先生恭敬虔诚地拜一下,随即口中开始唸出庇佑口语:"众位圣贤,众位神圣,伏乞宽心且座,宽宽饮酒,宽心保佑,——男添百福,女纳千祥,——东去遇着财,西去遇着宝,南去遇着福,北去遇着禄,脚踏四方,方方吉利无事共同来保佑,保佑万事大吉昌,又来酌上,保佑,巡酒巡浆。"

此段请神文是请众神庇佑,信士合家人等,四季纳福,老者;添福增寿,壮者;心雄志壮,年富力强,幼者;花圆端正,口道光明,男添百福,女纳千祥,士农工商,脚踏四方,方方吉利。希望众位圣贤,众位神圣,共同来保佑,保佑万事大吉昌。

当礼生听到巡酒巡浆时,要执酒壶对上、中、下座酒杯,做第三次酌酒;同时把附在灯座上的疏文拿下来,放在祭坛左方备用。

3. 完愿

完愿这个仪式,是整个还老愿仪程的重头戏,也是整个仪式精神的所在,事先要将欲表达或说明及感恩的事,依据事实实情,详述在文疏之上。① 基本上是有以下七个仪程。

(1)诵读请神口语首先,先生口中唸出诵读请神口语:"众位圣贤,众位神圣面前,今有酬恩集福信士敬修疏文一封,恭向众位圣贤,众位神圣面前,跪下宣读分明。"此时先生先恭敬虔诚地拜一下,然后全体陪祭、与祭者跪下跟着拜。先生口中又唸出诵读请神口语:"冒渎天听,恳冀随临,望众位圣贤,众位神圣,得听可高字文。"然后先生又带领大家恭敬虔诚地再拜一下,准备诵读文疏。

(2)传呈攸归在诵读完文疏之后,先生向坛前神圣恭敬虔诚地连拜三下;同时,再将文疏检视确认一下,是否有遗漏之处后,置放于桌上。

(3)禀告原委。

先生此时拿起圣筊,恭敬虔诚地拜一下,口中唸道:"众位圣贤,众位神圣,今有酬恩集福信士敬修疏文一封,行行已读过,千圣万贤尽皆闻,是书不是书,不是下民假文书,是行不是行,不是下民假疏章。疏头压有台湾省,疏尾压有太岁年皇,疏中不写他名姓,即写愿主在疏章,皇天不负民间神意事,为我下民传疏奏玉皇……今朝共同赛还,信等口起就口还,心起就心还,一还清额就万古分明,伏望众位圣贤,众位神圣,千金圣筶证分明。"

在禀明还老愿原委之后,即向坛前神圣恭敬虔诚地连拜三下,然后掷筊到有一次圣筊就可以。

---

① 文疏是整个仪式精神的所在,内含要表达和感恩之事,用黄纸写成,由先生诵读后火化。

(4) 交疏。

先生口中唸口语说："赛还老愿交疏，共同巡酒巡浆。"此时跪着恭敬虔诚地连拜三下，起来后再恭敬虔诚地连拜三下，同时将疏文装入封袋中放好。

(5) 献财帛。

先生口中继续唸化财帛口语说："众位圣贤，众位神圣案前，今有酬恩集福信士，合家人等，敬备天金高钱，寿金灯座，敬修文疏一封，然后南方丙丁火化，共同领受，共同鉴纳。"

此时先生站着恭敬虔诚地连拜三下后，交代即刻将灯座解下，取寿金、财帛及文疏一封，又恭敬虔诚地拜一下，交予礼生火化，并燃放鞭炮。

寿金、财帛及文疏交予礼生火化

同时，叮咛表章、文疏最好另外用干净的盆子烧化，因为疏文内有记载很多神圣的名字，不可随便混入其他物品烧化，以示对神圣的尊敬。待金银财宝烧化后，又恭敬虔诚地拜一下，同时禀告众神圣曰："众位圣贤，众位神圣案前，今有酬恩集福信士，合家人等，敬备金银财宝，未曾烧前系白纸，白纸烧后，变成黄金铺满地，一贯两贯，田头分算，一百两百，田头分折，分钱童子，分钱童郎，分得神神有份，圣圣共同鉴纳。又来酌上烧钱，巡酒巡浆。"

此时礼生听到巡酒巡浆时，要执酒壶对上、中、下座酒杯，做尾满的巡酒巡浆。

(6) 奉送归转。

仪式进行到此，也已接近尾声了，这个阶段就是将前面所有请来的众位圣贤，众位神圣，稽首奉送，有宫归宫，有殿归殿，此时先生向祭坛恭敬虔诚地拜一下,口中唸着送神口语如下:"自古讲年有十二月,酒有四五巡,巡巡得献,碗碗鉴尝,今有酬恩集福信士合家人等,备有小小凡筵不敢久留,伏望众位圣贤退下座位,伏乞千金圣筶证明,然后稽首奉送。"同时向祭坛前神圣恭敬虔诚地拜一下,第一次是笑筶,先生口中继续唸着送神口语如下:"众位圣贤,众位神圣,好言不敢乱多说,好筶不敢乱多求,再求一筶,来退座位,千金圣筶,退座退酒浆。"

全体人员此时向祭坛前神圣恭敬虔诚地连拜三下,然后掷筶,这一次是圣筶,表示神圣已同意,就可以了。接着先生再恭敬虔诚地拜一下,口中唸出口语:"然后稽首奉送,奉送凌霄殿内,昊天金阙玉皇高上帝陛下,奉送归转凌霄殿,三元三品三官大帝殿前,暨周边列列神圣星君,奉送归天庭。又来奉送……今有下民不能一一标名,奉送众位圣贤,众位神圣,有宫归宫,有殿归殿,后有所请,伏望降临,降福,降祥。"

接着先生将香炉中的大香拔起,虔诚地向祭坛前方神圣恭敬虔诚地拜三下,然后将香放入金银财宝炉中火化。

(7)撤馔。

就在此刻,先生说:"可以将供品收起来了。"此时,家族成员将祭品收起来,笔者也同时将猪的头给切下,表示祭仪到此正式结束,然后将猪肉分成若干小块,以便分送给家族成员及亲朋好友,仪式进行至此,时间是 2007 年 6 月 3 日(农历 4 月 18 日)凌晨 2 点 10 分。

撤 馔

第三节 闽台两地的普渡

一、福建闽南的普渡

"普渡"又称"普度",最早源自佛教"慈航普渡"的说法,即有普遍超度无祀孤魂之意。而"普渡"成为一种民俗,既与佛教的盂兰盆会有密切关系,又与道教的中元节有着深厚的渊源。宋代泉州真德秀在中元节举行斋醮时献给天神的奏章祝文,已用上佛教的词语"普渡",其文名为《普渡青词》,这正是佛、道合流的证据,表明宋代泉州在地方最高长官知州的住持下,合道教的中元节和佛教的盂兰盆会成为一个共同的纪念节日,即"普渡"。

闽南的普渡与中原的中元节活动,从时间上看是有区别的。中原地区的祭拜活动集中于农历七月十五这一天,而闽南地区则是整个七月都有祭拜活动。闽南"中元普渡"的祭祀从农历七月初一开始。七月初一,俗称开地门,据说,这一天阎罗殿的地狱之门打开,所有的鬼魂都涌向人间觅食。从这一天开始,家家户户在门前屋檐下挂灯笼,上书"阴光普照"、"超生普渡""庆赞中元""敬点路灯"等,因而七月初一在闽南也称为"起灯脚"之日。家家户户在门前还摆好供桌,上供饭菜、粿、粽、果品、鸡鸭、猪羊肉等,点烛焚香,烧银纸祭拜,以便招待恶鬼大吃大喝。农历七月十五中元节这天,闽南地区在祭祀祖先的同时还要超度孤魂野鬼。① 乾隆《泉州府志·风俗》载:"南国风俗,中元夜,家户各具斋供罗于门外或垌衢,祝祀伤亡野鬼。"这天民间除须备办丰盛菜肴,准备香楮金纸银服,于自家厅堂孝敬列祖列宗外,另于傍晚时分,在家门口另摆一席菜肴,孝敬无主孤魂散鬼。烧给散魂的冥币不必用金纸,只烧银纸和服纸即可。

闽南的普渡一般分为"公普"和"私普"两种。选择哪一种方式,一般由居住在此地的人们自己商定。现在遗留下来的,大多是早些时候约定俗成而流传下来的。"公普"一般就在鬼节这天,公普的时候,先由道士来张罗,首先竖起招魂幡并张贴榜文,曰"竖幡"、"贴榜",闽南语称"竖旗"。"竖幡"是为了招引亡魂来接受普渡,"贴榜"是规定来此接受普渡之众鬼魂的类别、

---

① 黄雅瑜:《南安市梅林镇传统普渡与中元节调查报告》,未刊稿。

时限、入境路线以及普渡的时间。普渡的时候,在村落祠堂前的广场上搭起普渡坛,三面用帆布围起,坛上用篾皮为骨架,糊一尊丈余高的"大士爷",面目狰狞,青面獠牙,看起来就像最古老的男性"观音大士"。"大士爷"的两侧,又有各种纸幡、"敕马"等物。"大士爷"神前,点着巨香、大烛,气氛威严阴森。普渡榜文由黄纸写成,由于内容繁杂,所以常需要两三张黄纸粘接而成,贴在道坛侧边的墙壁上。等到普渡仪式结束后,在烧纸钱时一起撕下焚化。神坛之前,有临时搭起的平台,在坛前摆着一桌子二十四味的大篷,常用最大号的碗,用食盐铺至碗面。然后各家各户把准备好的祭品放在大篷上,祭品下方插入书写名字的小纸条,以免散筵后发还时弄乱。整个普渡仪式的活动由统一的人主持完成。"私普"的整个仪式过程相对比较简单。各乡镇在普渡日那天,在自家门外摆桌,祭祀活动由自家主人完成。① 不论是"公普",还是"私普",大致的祭祀过程已经简化为:摆桌在家门外朝向溪河的方向,摆上准备好的祭品,放上纸钱,燃烛点香,分两次点香,分两次烧纸钱。第一次点香,请神"普渡公"来食,请求普渡公保佑家人在过河、过溪、过巷、过路时平安顺利,然后烧纸钱,让其保佑家人出入平安,安居乐业。第二次点香,请阴间的"好兄弟"来食,叫他们要吃饱吃好,吃饱吃好后安分守己,不要到人间为恶作乱,不要加害家人,然后烧纸钱,让他们在阴间衣食无忧。两次点香后都插在房屋外面的墙壁上,香必须插放在不同的位置;两次纸钱也要分两个地方烧,不能烧在一起。这点又和其他的祭祀活动不同,比如祭祀祖先或者财神,一般都只要点一次香,请一次神。普渡仪式结束后,每家每户就开始着手准备饭局,请亲朋好友来家里吃饭。有的地方还把请客人数的多少看成是今年生意或事业红火的程度,所以每每到普渡的时候,闽南百姓都毫不客气地到亲朋好友家吃喝聊天,气氛很愉快。

二、台湾的普渡

明清时期闽南移民入台后,普渡仪式自然也带到了台湾。但几百年间台湾社会的特殊历史经历也使得普渡仪式发生了一些区别于闽南的特质。

在台湾,和闽南一样,普渡的形式也分为公普和私普,私普就是以街、庄等居住单位为主的普渡,从七月初一到三十,大家商议好时间轮流普渡。普渡时都会在门口摆设长长的供桌,摆上丰盛的菜饭以及其他的食物等,每盘

---

① 匡妙:《厦门市翔安区马巷镇乩童祭祀调查报告》,未刊稿。

菜上都要插上一枝香,俗称"拜门口"。同时,家家门前、檐下都挂盏圆形纸灯,一面写"阴光普照"或"庆赞中元",一面为"路灯",这是用来照引路途,使这些孤魂野鬼能找到可以供养他们的地方,又叫"树灯篙"。

台湾新竹树灯篙

公普又称为"庙普",一般都在农历七月十五日举行,俗语又叫"拜七月半"。① 通常以寺庙为中心,由庙寺主事者来主持。这一天,人们往往在街头巷口搭起法师座和祭孤堂,设起普渡坛。普渡坛中央悬挂着"盂兰盆会"的

---

① 徐辉:《台湾民间信仰调查过程笔录》,未刊稿。

横幅或三官大帝像。祭孤台上立着几块灵位,有"男孤魂之位"和"女孤魂之位",这是召唤各方没有主儿的"饿鬼"前来受祭。为了怕施食时"小鬼"抢不过"大鬼",还特设"儿童男女孤魂之位"的灵牌。在坛前边摆有上下两层桌子:上桌放一个斗灯,下桌放神像、香炉之类。斗灯内放白米、古剑、铜镜、剪刀、小秤等物,以作避邪之用。另外,坛前还特设一排长桌,以供民众摆牲之用。中午过后,各家各户便挑起三牲、粿品、水果、纸钱、衣帽、竹笠等祭品前来祭拜。主事者分别在每一件祭品上插上一把黄、绿、红各种颜色的三角纸旗,并写上"盂兰盛会"、"甘露门开"等字形,以作纪念。之后便请和尚、道士各念其经,进行祭拜,仪式是在一阵庄严肃穆的庙堂音乐中开始的。

七月普渡在台湾汉人社会中,比其在原乡还来得受重视。十七世纪以来,汉人冒险来台拓垦,毒蛇猛兽、瘟疫、劳累、械斗、民变,夺走珍贵的人命。"九死一生"的谚语说明了其生活竞争的艰辛。遍地无人收埋的尸骨形成先民对鬼魂强烈的畏惧心理,但这些身死异乡的孤魂野鬼有许多是来自原乡的兄弟。在宗教与怜悯的驱使下,人民集资收埋暴露的尸骨,形成台湾有应公或万善祠高密度的现象,台北一个小小的木栅区就有26间这样的祠庙。由于这些客死台湾的孤魂野鬼都是在台湾如兄弟般互相照料的拓垦者,因此七月普渡在台湾称为"拜好兄弟",不同于原乡的"拜人客(即外地人)"。

就台湾社会发展史观察,中元普渡的祭典成为十九世纪以后台湾社会区域人际网络连结重要媒介。这些中元节祭祀的好兄弟,许多是为了保乡卫民而牺牲的。在祖籍别意识强烈的时代,不同祖籍别的人群各自透过中元节祭典,形成自己的集团,彼此团结,共同面对敌人。台北大龙峒的保安宫是祖籍福建同安县人中元节的祭祀中心,台北盆地内同安籍人分三组轮流担任中元祭典主持。艋舺的龙山寺、清水的祖师庙分别是福建三邑(即南安、晋江、惠安三县)与安溪县移民的祭典中心。

台湾七月普渡称为拜好兄弟实有其特殊的历史背景。除宗教的意义外,七月普渡成为连结十九世纪台湾中北部社会最重要的媒介。如果人们能以七月拜好兄弟的"热情"来关怀帮助人间的弱者,则孤魂野鬼或可减少。

中元普渡基本上是为了抚慰亡灵祈求平安,它出自对无主孤魂的怜悯之心和对鬼魂的怖栗之情。从民间对普渡的慎重,显现台湾民众对孤魂野鬼的同情心和恐惧感。义民节,每年农历七月二十日,是台湾客家人举行义民祭典的重要仪式。课题组在台湾新竹县褒忠义民庙调研,虽然客家义民祭典在每年农历七月二十日举行,但其实整个义民祭活动早在一个月前即开始,义民爷是台湾客家人特有的民间信仰内容,每年义民祭盛典台湾客家人聚集地新竹、桃园十五大庄轮值区的重大活动,是全台湾客家人心中期待的活动。它代表客家人淳朴、敦厚、热情、好客,更传承客家人心中的褒忠、忠义思想及精神,更是台湾客家人一年生活中最为重要活动,客家人将永远传承义民之忠义精神,并发扬它,使它成为客家文化中,自己的最精髓的支柱。

台湾义民节举行的义民祭不是通常意义上做热闹,它展现了台湾客家人齐心团结生活内涵。每年轮值的大庄都会以最虔诚的心来努力办好这场义民祭盛事。自农历七月十八日晚间十一时立灯篙仪式为本祭典活动之起点,农历七月十九日于傍晚则举办了放水灯仪式,晚间在义民庙及二十日普渡区都有法师佛事,主要都是请大士爷出位,法师巡筵席施法食,赈济孤苦伶仃无人理睬的小鬼幽魂,这与中元普渡有相同的意义,不仅人饥己饥,人溺己溺普度众生,连阴间孤魂野鬼都要给予超渡,以求得脱苦超生,这正是人间大爱,至高无上的表现。神猪、神羊比赛得奖入赏固受人注目,而义民庙前的神猪、神羊献供及客家酬神戏、庙旁吃糖粥,更能吸引人潮,确实是一年一度罕见的热闹气氛。家家户户摆下最丰盛的筵席招待朋友、亲戚,轮值区内家家户户座无虚席;而在亲友热闹离去后,主人会将普渡收孤后的神猪,分成一条条的猪肉料,趁第二天亲友未上班前,分送给亲友家中,这样一年一度的义民节轮调,才算告一段落。台湾义民庙的中元祭历史悠久,大约从清道光年间开始,迄今为止已222年。

一般而言,关鬼门的日期是在农历八月初一子时。而基隆地区则在初一下午才关鬼门。孤魂野鬼在人间享受一个月奉祀之后,在八月初一以前必须回到阴曹地府,接受地藏王管制。八月初一奉祀孤魂野鬼、无主骨骸的阴庙便会象征性地将栅门关闭,表示封闭鬼门关。至此,整个七月祭鬼的活动完全结束。

在关鬼门之后,为了防止孤魂野鬼"逾假不归",要举行"跳钟馗送孤",所谓"送孤"亦即送走孤魂野鬼之意。七月鬼祭先礼后兵跳钟馗,通常用在祭煞仪式,是台湾民间最普遍的驱鬼仪式。民间俗信钟馗是鬼王,具有镇压鬼魂的法力。但管理众鬼的却是佛教地藏王菩萨,由此可见民间信仰中佛道融合分工的思想,也表现台湾民众对孤魂野鬼那种先怀柔后强硬的态度。

第四节　闽台神灵与信仰活动的理论分析

从中原到福建,从福建到台湾,闽台节庆文化源远流长,中原移民带来了汉民族传统节日习俗,同时不断融进八闽古越族节庆习俗及不同地域的文化,构成了各地不同节日和习俗,使得闽台节日礼俗有着相当丰富、独特的文化内涵。课题组在田野调查过程中深切地体察到,虽闽台各地节俗因地而异,但各地民间信仰节俗众多是其一大突出特点,这与闽台人民民间信仰的虔诚度远胜于中国其他地方密不可分。

无论在福建还是隔海相望的台湾,在城邑还是村墟,年节或者神诞日期间将神像抬出庙宇巡境是当地常见的一种节日礼俗,这种"舁神出游"①的民俗事象正是本书所研究的对象。作为社会学、宗教学和人类学等共同关注的领域,有关舁神出游等民间信仰活动的研究已经取得丰硕成果,这些成果主要是将民间信仰作为一种宗教或文化现象,侧重在宗教教派的本末源流、信仰习俗等方面,但从节俗的角度对该民间信仰活动的探讨,则更多的聚焦在民俗事象的描述及个案分析上。

一、舁神出游——民间信仰衍生的节俗

闽台民间所崇奉的神灵数以千计,有女神崇拜,如妈祖等;有圣贤崇拜,如开漳圣王等;有道教神崇拜,如保生大帝;有佛教神崇拜,如清水祖师等,几乎每一个地区都有自己的神灵。

每逢岁时节庆、神诞日或其他祭祀日,各地常常进行盛大的舁神出游活动。

福建境内的迎神之举至迟在宋代已蔚然成风,南宋庆元年间(1195—1200),漳州名儒朱熹弟子陈淳向漳州知府赵伯逷提交《上赵寺丞论淫祀》,札中描述了当时城邑和村墟里筹办迎神活动的场景:"某窃以南人好尚淫

---

① 著名史学家、民俗学家顾颉刚先生(1893—1980)在《妙峰山》一书里用"舁神出游"来描绘江南赛会的特点,意思是指抬着神像或载有神像的物具出庙游街的一种形式。笔者通过对闽台现存迎神赛会仪式及游神进香巡境的考察,依据仪式的形式,认为用"舁神出游"一词能把"将神抬出庙宇巡境以祈福驱疫或进香谒祖的集体性祭神的两种行为"贴切的概括统一起来。

祀,而此邦之俗为尤甚。自城邑至村墟,淫鬼之名号者至不一,而所以为庙宇者,亦何啻数百所。逐庙各有迎神之礼,随月送为引神之会。自入春首,便措置排办迎神财物事例,或装土偶名曰舍人,群呵队从,撞入人家,迫胁题疏,多者索至十千,少者亦不下一千。或装土偶名曰急脚,立于通衢,拦劫觅钱,担夫贩妇,拖拽攘夺,真如白昼行窃,无一空过者。或印百钱小榜,随门裔取,严于官租,单丁寡妇无能逃走。"

从这段记述来看,南宋漳州府庙宇众多,每个庙都有"迎神之会",每年入春以后,筹办迎神出巡是人民的重要活动。这种现象极为普遍,它已成为漳州府社会生活的一种秩序。且从它兴盛之初的宋代,由于掺杂着迷信、浪费钱财以及容易引起社会治安案件等原因,这项民俗活动从宋代开始就被理学人士甚至官方禁止,但由于民众情感的集体需求,近千年来从未彻底淡出人们视线,"有司不能明禁,复张帐幕以观之,谓之与民同乐。且赏钱赐酒,是又推波助澜,鼓巫风而张望之"①。新中国成立后中断了一段时间,当代福建地区民间信仰舁神出游仪式则是在台湾进香团浩浩荡荡赴福建祖庙进香的刺激下开始复苏并日益兴盛的。

舁神出游节俗闽台各地叫法不同,如莆田湄洲妈祖庙每年都举办盛大的祭祀仪式之一谓之"游神";湄洲岛除祖庙外,还有十五座妈祖宫庙,正月期间,各宫庙按次序先后抬着妈祖神像到祖庙的活动叫"进香",台湾台中的大甲镇澜宫妈祖神诞日进香谒祖是台湾最大的宗教盛事,名曰"绕境进香";泉州城区每年正月要举行盛大的游神活动,称作"巡城";每年元宵期间漳州云霄举办的是开漳圣王"圣王巡安"活动,清水祖师每逢年节期间进行的是"迎春绕境"等。

虽各地的叫法迥异,不过按舁神出游的目的划分,笔者认为主要有两种情况:

一曰迎神赛会。由上至下,年节、神诞日或其他祭祀日,主庙或各分庙的神明从寺庙出来,到辖地或分庙绕境巡安,所绕之境有特定的区域和界线,其目的在于为当地禳灾祈福。

二曰游神香会。自下而上,即分灵神往更高级的神庙(如祖庙或开基庙)进香拜谒,将祖庙的香火分入自带的香火炉中带回,它的路程不划定领地内外的边界,所经过地区也未必属于出行的队伍。一年四季不定期,通常

---

① 毓璋:光绪《漳州府志》卷三八《民风》。

在神诞日前后。

顾颉刚认为,迎神送祟的赛会、朝顶进香的香会,实际上都是古代社会因祭社神而集会的变相。① 当代学者郑振满的田野调查也证实了这一点,"这些村庙大多是由明代的里社演变而来"②。

不过,"共向田头乐社神",因里社之神就供奉在村头地边,而土地神其神格平和,没有其他神灵那样的神秘与威严,自西周至唐,未见社祭有奉神像出游,更无以仪仗、鼓乐、旗幡、歌舞、杂伎、百戏陪神像出游之事。宋代之后的"社会"祭礼,一般被称为"迎神赛会"或"祠赛社会"、"祠赛"、"社赛"、"社会"等,与旧时相比,已有了很大不同,其供奉的神明呈现多元化的趋向,除土地神及佛道二教外,还有大量的民间信仰神祇,而"迎神"二字也就是"巡游"也体现了与之前的社祭的区别。

有学者认为舁神一俗源于佛教的"行像"仪式,所谓"行像",是把神佛塑像装上彩车,在城乡巡行的一种宗教仪式,所以又称"行城"、"巡城"等,原为西域佛教国习俗。

后魏杨衒之撰写的《洛阳伽蓝记·城南》里记载其时洛阳奉佛像出游之盛况:"于是金花映日,宝盖浮云,旛幢若林,香烟似雾,梵乐法音,聒动天地。百戏腾骧,所在骈比。名僧德众,负锡为群。信徒法侣,持花成数。车骑填咽,繁衍相倾","辟邪、师子导引其前。吞刀吐火,腾骧一面。彩幢上索,诡谲不常。奇伎异服,冠于都市。像停之处,观者如堵"与迎神赛会的"边行进边表演"展演形式有极大的相似之处。

由此说来,信奉民间神祇的福建随着历史的演进逐渐形成了以供奉各类神明的寺庙为中心的舁神出游活动习俗。与别处不同,除了"各省皆有之"③的迎神赛会,福建的游神香会也颇为兴盛,这与福建是造神最多的省密不可分。福建由于独特的地理位置与历史原因,素有"好巫尚鬼"的传统,除了信奉全国性神明外,还产生了大量的土生土长的由人升格为神的地方性神明。以漳州为例,所奉四百余种神明中除五十位左右为全国性或其他地

---

① 顾颉刚:《走在历史的路上——顾颉刚自述》,江苏教育出版社2005年版,第135页。
② 郑振满:《神庙祭典与社会空间秩序——莆田江口平原的例证》,王铭铭、王斯福:《乡土社会的秩序、公正与权威》,中国政法大学出版社1997版,第182、184、189页。
③ 按照《清稗类钞》中的解释,迎神赛会就是"具仪仗杂戏迎神,以舆昇之出巡,曰赛会,各省皆有之。"

区传入的神明,绝大多数为本地产生的,①这就决定了闽地为诸多神明的祖庙所在地,"在同一里社系统的村庙之间,存在着逐级'分香'的从属关系,形成了多层次的祭典组织"②,从而多见分灵神出游前往祖庙进香拜谒也就不足为奇了。

二、迎神赛会——社会结构中的沿门送祟

迎神赛会是古代社祭春祈秋报遗风的延续,所迎之"神"是社区神庙所供奉的神明,此时,神庙承担着社坛的功能,神明也即这个社区的社神。在年节或神诞日期间,乡民便抬着这些"神像"出来巡走,"迎神"强调的是抬神像巡游整个社区的过程中各区域进行"迎接"环节,因为常在过年或神诞祭祀日举行,所以有了送祟祈福和接受祝贺的意味。

"与其说社会是一种事物,不如说社会是一种过程——一种辩证的过程,其中包括着结构和交融先后承继的各个阶段。"特纳"结构与反结构"经典理论中有两个关键词,"社会结构中的模式"和"交融的反结构模式",社会结构中的状态特指社会关系所建构起来的稳定状况,交融的状态指特定的个体间的关系,与具体的、个性化的个人相联系。具体而言,他把仪式过程称作"阈限期",在阈限前后的阶段中,人类社会处于日常状态,人们有着明确的社会关系、身份、地位和角色,但是到了阈限期间,社会结构出现一时的空白,人们处于交融的状态,显示出反结构的主要特征,仪式结束之后,社会结构又得以重新恢复。那么迎神赛会这种具有世俗化意味的宗教仪式,是否具有反结构的特点呢?以笔者文献资料和田野调查搜集的信息看,仪式过程中"反结构"交融状态的判断不全然适用于本仪式。

以莆田地区为例,并非每个村落都会组织迎神赛会,处于同一片区域的村落是否举办迎神绕境本身就体现了社会结构中的阶序差异。"在里社演变为神庙之前,一般仍会保留原有的社名,而以'各里所祀之神祇,别其名为宫、庙'。因此,这些神庙往往既有庙名又有社名。在江口平原地区,凡属社、庙并存的村落称为'境',意指某一社、庙的管辖范围,亦即绕境巡游的'境'。在这里,'社'与'庙'都是构成'境'的必要条件,只有已经建庙立社

---

① 段凌平:《漳州地区民间庙宇主神调查报告》,《闽都文化研究》2004年第02期。
② 郑振满:《神庙祭典与社会空间秩序——莆田江口平原的例证》,载王铭铭、王斯福:《乡土社会的秩序、公正与权威》,中国政法大学出版社1997年版,第182、184、189页。

的聚落才可以进行独立的绕境巡游仪式。换句话说,有庙无社或有社无庙,都不成其为'境'。"①是否有社跟村落聚群的历史有关,明代以前的有设社。

在台湾,少数民族祭祀以"社"为单位举行,活动仪式进行中,外人不得入寨。汉人的菩萨出游、巡境,则是一家有活动,全镇各庙菩萨都出行参加热闹。台湾的汉人也就近靠庙会自发地组织活动,并在庙会中形成精神归属组织。如彰化鹿港关帝庙的关帝爷从山西朝祖回岛,鹿港关帝庙的信民以主人身份邀请全镇60多座庙神共同欢庆。全镇居民,以家宅最近的庙宇为单位,年轻人组织常规的轿夫队,平时会排练阵营和菩萨轿时的舞步;年长者负责整个活动的策划、组织、巡境活动路线、时间等安排;妇女们则负责祭祀等。整个活动中,60余座庙的上百尊神灵由信民抬着、装扮着出游,有条不紊、井然有序。

从祭典的组织形式看,以笔者2012年在泉州安溪县蓬莱镇清水岩对清水祖师迎春绕境的田野调查为例,蓬莱镇的自然区域分成三个庵堂九个社保共计二十七股,由顶、中、下庵堂的各一佛头股轮流负责执事,每股九年轮值举办一次,周而复始。多由村落社群的民间俗众出面协商举办,而非由神庙承担,系闽台迎神赛会节俗的惯例。神力大小不同的神明,出游的范围不同,为之出资的俗众也不同。"一般说来,主祀神诞辰的庆典仪式,由村庙董事或头人、福首统一组织,其有关费用由全体村民分摊;角落神诞辰的庆典仪式,由各角落自行组织,其有关费用也在角落内分摊。至于普通陪神的诞辰,一般不举办庆典仪式,只是临时增添几样供品而已。在元宵绕境巡游时,除了坐镇本庙的社公社妈之外,主祀神和角落神通常都要出巡,而普通陪神则不参加巡游。……'总出游'和主祀神的神诞庆典仪式,由佑圣观董事会,其经费大多来自私人捐款,如有不足则按全村人口摊派。"②

迎神赛会时所走的路线划定的区域,将乡民的族群身份鲜明的突显出来,有较强的排他性,历史文献也记载了不少由于迎神赛会而起的纷争:"按平潭灯节,城市村镇庙社相率舁神出游,谓之'迎上元',倘东乡之灯未得西

---

① 郑振满:《神庙祭典与社会空间秩序——莆田江口平原的例证》,载王铭铭、王斯福:《乡土社会的秩序、公正与权威》,中国政法大学出版社1997年版,第182、184、189页。

② 郑振满:《神庙祭典与社会空间秩序——莆田江口平原的例证》,载王铭铭、王斯福:《乡土社会的秩序、公正与权威》,中国政法大学出版社1997年版,第182、184、189页。

乡同意擅入其境,则云于丁有伤,每至互殴成讼,禁之不息。"①《闽杂记》记载:"兴化乌白旗之始,起于仙游洋寨村与溪里村械斗,洋寨村有张大帝庙,村人执庙中黑旗领斗获胜;溪里村有天后庙,村人遂执庙中白旗领斗亦胜。由是二村械斗,常分执黑白旗,各近小村附之,渐及德化、大田、莆田、南安等处,一旗皆万余人。乌旗尤强,其俗呼黑为乌,故曰乌旗。"②

在迎神赛会的仪式过程中,社群内部成员和外部成员的身份被强调,村落内部成员在神面前也并未实现完全同一化,仪式过程本身不乏错综复杂的人际关系,其遵循的是一种生存的逻辑。笔者在云霄县开漳圣王巡安的田野调查中了解到村落内,凡此年新婚或新生男儿之家,必恭请神像至其门首,置香案、供献金枣茶;有影响力的捐助人在自家场地允许情况下,会像其他福社恭请神像一样将神像迎请到自家门前,最富特色鉴王③仪式则是在当地最大的祠堂举行。

三、游神香会④——文化场域中的集体朝圣

游神香会的游行和迎神赛会的绕境在形态上很接近,但如上文所述,两者在出游的目的和行进的路线上却差别迥异。进香、游神、香会这样的仪式活动通常被用以和基督教的 pilgrimage 类比,后者在汉语中约定俗成的以"朝圣"为对应词。

人类学家莫里尼斯(A. Morinis)对 pilgrimage 这样一种宗教行为做了简明扼要的定义,他说:朝圣是人的一次旅行,目的是寻找一个体现了价值理想的地方或一种境界。按照惯例,朝圣的终点是一个坐落在固定地理点的圣地。这个地方要求具有极高的声望以吸引香客。因此,朝圣常常被看作是一次"神圣之旅"⑤。

精神磁场⑥、云游、香客,从这些方面看,中国的香会、行香等仪式行为与

---

① 民国《平潭县志》卷二一《礼俗志》。
② 施鸿保:《闽杂记》卷七《乌白旗》。
③ 鉴王,当地以极富特色食品、手工艺贡品等集体礼拜神明的一种方式。
④ 本文用"游神香会"的概念来指代抬着神像进香的仪式,以示与"个人进香"的区别,并且与昇神出游的另一种类型"迎神赛会"在词序相对应。
⑤ 石峰:《朝圣与族性差异——对特纳"交融"概念的省思》,《世界民族》2010 年第 3 期。
⑥ 普雷斯顿(J. Preston)观察世界各地的朝圣行为,认为无论什么样的神圣中心,都统一拥有者能够吸引香客的力量,即"精神磁场"(magnetism)。

基督教的朝圣有共同要素。特纳在对基督教朝圣进行评论时指出,朝圣具有通过仪式的反结构属性,如超脱平凡、常规的世俗生活,地位平等,服装与行为的简单化等,朝圣用它所负载的一致性消解了世俗领域的族性、文化、阶级和职业的差别。

然而,尽管在空间特征上,游神进香的云游有着"向外"的特点,但反结构的"交融"状态不能用来描绘游神香会的情形,朝圣过程的宗族身份依旧体现得非常明显,"泉州经常发生因'上香山'引起的宗族械斗。所谓'上香山'是指把本境的菩萨抬到另一处有名的寺庙,将那里的香火迎取回来,俗称'取火'、'接香'。一旦不同宗族的抬神队伍相遇于途中,各不相让,就会引起械斗"[1]。与此同时,游神香会的分庙神和被拜谒祖神之间亦蕴涵着世俗社会中等级秩序关系。

就某座分庙而言,进香谒祖的游神香会通常不会年年举办,而是定期或不定期上祖庙(或在台开基庙)乞火。比如,莆田仙游北郊贝龙宫的妈祖进香谒祖是宫庙最大的神事,隔六十年一次[2],大甲镇澜宫的"湄洲谒祖进香"民间相传在清朝每隔十二年要举办一次[3]。不过迄今为止,早年大甲先民曾有的"湄洲谒祖进香"已经演变为台湾宫庙所有的进香活动规模最大,且年年进行的"新港绕境进香"节俗,与其他宫庙的游神香会相比,其卷入的香客之多、行程之远、历时之久使之成为人类学者研究妈祖朝圣的典型样本。

以对台湾妈祖朝圣的研究为例,其反结构特性在人类学者中形成一定的共识:桑高仁(Sangren)对台湾妈祖朝圣考察后认为,妈祖朝圣过程中清楚地展现了社会文化范畴的边界和轮廓,香客不是作为个体,而是村庄群体的一员。香客主要来自大甲五十三庄,以书写了村名或团体名的旗帜为区分的标识,还以对萨满表演、舞蹈、服装等的选择来表达自己的独特性,"就这一点而言,妈祖朝圣本质上不存在反结构,泛台湾层面上的整合的仪式性表达,是部分地通过朝圣群体的仪式性差异来表达的"[4]。张珣研究大甲妈祖

---

[1] 林国平:《闽台民间信仰渊源》,福建人民出版社2003年版,第247~248页。
[2] 郑工:《文化的界限:福建民俗与福建美术研究》,海潮摄影艺术出版社2002年版,第28页。
[3] 《大甲镇澜宫志·进香仪典篇》,财团法人大甲镇澜宫董事会2005年版,第27页。
[4] P. Sangren, *History and Magical Power in a Chinese Community*, Stanford University Press, 1987, p. 194.

进香的空间结构时则指出,仪式过程中位置的空间被分割成许多不同地位的单元,譬如进香仪式中头香、贰香、参香与一般香客的祭拜位置,充分显示出他们之间的阶层与社会关系。①

在桑高仁看来,中国的朝圣作为一种展演,作为一个社会剧场,在朝圣过程中,地方的特性和等级化的社会一体性都共同地得到了展示。这与李亦园强调要将西方的理论与中国文化的现实相结合的观念不谋而合,"我们若要了解此宗教信仰行为其中的含义,就得从该民族的社会文化的角度入手,才能有全盘性的把握。因为在群体的层次上,每一宗教行为的存在,都不是孤立的现象,而是必有其相互关联、互为因果的文化社会因素在作用。"②

四、余论——"天下社会"的仪式展演

延续了古代社祭遗风的昇神出游仪式,或迎或进的行进路线和过程中的规仪都体现了对现实社会结构如族群身份、地位、人际关系等的重复和再生产,不仅如此,两者的相互联系还投射了更宏大的社会结构。

"社"最初指土地神,后来"社"的概念外延扩大,成为一种以社神为中心的地理组织——里社,在此基础上于社日进行"社",后人谓之"聚徒结会谓之社",继而衍生了赛会、香会。这种民间信仰集会反映了民间对政治交流模式的创造,折射了帝国的政治空间模式。自下而上进香则模仿了外服对中心朝贡,自上而下巡境原形来自于"古代中央政府巡狩四边",台湾南鲲鲲王爷庙的绕境巡游仪式在台湾直接被称为"南巡北狩",它是台湾王爷最重要的神职之一③,"'朝'与'封'是中国政治宇宙观中一组相辅相成的关键词汇,就像'朝贡'与'封建'一样,二者相互联系在一起构成了一套社会秩序,通过自下而上的朝贡和自上而下的封建膜礼,社会秩序的完整性得以形塑,时空格局也被赋予了意义"。④

---

① 张珣:《大甲妈祖进香仪式空间的阶层性》,载黄应贵主编:《空间、力与社会》,"中央研究院"民族学研究所1995年版,第351~390页。
② 王铭铭:《"朝圣"——历史中的文化解释》,载《文化、族群与社会的反思》,北京大学出版社2005年版,第69~99页。
③ 范正义、林国平:《闽台宫庙间的分灵、进香、巡游及其文化意义》,《世界宗教研究》2002年第3期。
④ 王铭铭:《"朝圣"——历史中的文化解释》,载《文化、族群与社会的反思》,北京大学出版社2005年版,第69~99页。

关于"社会",钱穆认为,"中国本无社会一名称,家国天下皆即一社会。……人生在天之下,地之上。中国有社,乃土地神。十室之邑乃至三家村皆可有社。推而上之有城隍神。一国之神则称社稷。稷为五谷神。中国以农立国,故稷亦与社同亲同尊。中国人观念,凡共同和合通处皆有神。故不仅天地有神,山川有神,禽兽草木金石万物亦各有神。人心最灵,最能和通会合,故亦有神,而与天地同称三才。则人群社会亦必有神可知。今可谓社会可分天下与地上两种。西方社会为地上社会,非天下社会。"①中国的社会是天下社会,是纵向的,是由"乡民、士绅、皇权"贯穿的"家、国、天下",不仅如此,中国的天下还包括"天地人三才"。舁神出游的"迎"或"进",实现了天下社会"天地人三才"的和通会合,"神"系天的象征,出游之"境"体现了"地"的概念,乡民在仪式过程中则实现了"人"与"天"、"地"的通合。在这里,人们所共享的信仰,实际上成功地在展演过程中建构了传统文化语境下的政治空间模型。

---

① 钱穆:《现代中国学术论衡》,三联书店2001年版,第218页。

附　录

一、台湾民间信仰调查时间、区域和庙宇汇总表

调查区域	调查时间	寺庙名称	寺庙地址	供奉神祇	祭祀神祇说明	备注
金门	2011年9月21日	黄氏大房祠堂	水头村	供奉黄家三3代祖先		金门主祀神风狮爷
基隆市	2011年9月23日	中元宫	坪林	祀械斗而死的亡灵		
台北市	2011年9月24日	奉圣宫		祀天上圣母		庙宇在公寓内
		士林慈诚宫		主祀天上圣母，从内往外依次是："观音"、城隍、福德正神"文衡圣帝"（文关帝），配文武二财神、张天师，配"五虎兄弟"，孚佑帝君；右依次玄天上帝、光泽尊王、文昌帝君、魁星爷；太岁殿"（太岁范宁星君）、"功德堂"（地藏王）、"注生娘娘"、"三仙道长"		
		大龙峒保安宫		主祀保生大帝，殿各配孔子、神农、玄天上帝、关帝；左侧殿依次为"武英殿"（关圣王）、李将军、黄王爷、西秦王爷、田都元帅（二者皆为戏曲祖师爷）\"太岁星君"、"注生娘娘"；右侧殿配"福德正神"、"妈祖"		

续表

调查区域	调查时间	寺庙名称	寺庙地址	供奉神祇	祭祀神祇说明	备注
		小关帝庙	库伦街边			一民众捐助
		行天宫	民权东路2段109号	主祀关圣帝君		台北最大妈祖庙
		大稻埕慈圣宫	龙华区	主祀妈祖,配祀顺风耳与"范将军",千里眼与"谢将军";右殿配祀关帝、文昌帝君、福德正神、月下老公、虎爷公、太岁殿、神农大帝、龙井公;左殿配祀观音、三宝佛祖、注生娘娘		
		大稻埕张法主公庙		主祀张法主圣君,配祀张天师、东岳大帝、张柳将军、虎马将军(谢、范将军)	九月二十二法主生	两岸祭祀法主公略有差异(有无红龟)
		霞海城隍庙	艋舺主街道	主祀城隍,配祀千手观音、达摩、文武判官;右殿城隍夫妇、"义勇公"		
		龙山寺	艋舺	主神观世音菩萨;配供三宝佛,中间释佛,右药师佛	七月普度;盂兰盆节做醮渡;二月十九观音生日;四月初八浴佛节;六月十九观音成道日;九月初一至初九药师生日;九月十九日观音涅槃日子做法会	此庙来自泉州晋江安海
		清水祖师庙		主祀清水祖师,配祀妈祖、关帝、孔子、福德正神、文昌帝君、大魁夫子(张将军、黄将军是主神的守卫)		

续表

调查区域	调查时间	寺庙名称	寺庙地址	供奉神祇	祭祀神祇说明	备注
台中市	2011年9月25日	万和宫	台中老街	主祀妈祖多为黑面；后殿主祀观音；右殿关帝和太岁殿；左殿祭祀神农大帝		虎口进，龙门出
		文昌宫庙		主拜文昌帝君；配祀关帝、观音	二月初三为文昌帝君圣诞	公布台湾主要考试的时间、优秀考生的名单
彰化县	2011年9月25日下午		鹿港	不同庙宇的神像分为各个不同的方阵	关帝回乡绕境	
	2011年9月26日	永安宫	鹿港老街	曾大老爷		"王船"—地营盘
		林氏宗祠		主祀观音，左配祀注生娘娘，右配祀白大人		祖籍福建泉州
		泰安宫		主祀李府千岁爷，右配祀地藏菩萨左配祀将军府		
		南泉宫		主祀普庵祖师，配祀吴夫人妈；将军府诸多王爷（名姓）和水仙祖师		明永历十五年，泉州晋江埔头乡施姓迁普庵祖师金身来台
		南靖宫		主祀关帝，周仓、关平		漳州南靖移民
		景安宫		主祀苏府三王爷，吴大人妈		在巷子深处
		天后宫		主祀妈祖，配三官大帝（右）和"龙王尊神"（左）		
		（？）宫	天后宫左侧门	第一进供奉太上老君、观音、月老、三清道祖、妈祖、吕洞宾、土地公、清水祖师；第二进供奉四面佛像千手观音（道家称准提国母）、五路财神；第三进300年古井——八卦井	主持法喜（法号）、林金玉（后名）	私人住宅样式
		集英宫		主祀北极大帝，配祀"清莲堂白夫人妈"，六府王爷（陈、韦、温、金、骆、苏）		
		永安宫		主祀薛府王爷；右配祀曾大老爷（绍龙）左将军府		
		开台天后宫	天后宫酒店边上	前殿主祀妈祖；配祀（殿两侧）二十四司妈祖辅助神、注生娘娘、境主公；后殿上层祭祀玉帝配祀左一为女娲娘娘，左二为水仙尊王、右一五谷神右二为观音；后殿下层祭祀太岁		鹿港地区标志性庙宇

续表

调查区域	调查时间	寺庙名称	寺庙地址	供奉神祇	祭祀神祇说明	备注
		奉天宫		主殿供奉大二三苏王爷；右置蚶江五府、石狮七府王爷；左置中军府、将军爷和众多兵丁；左侧殿祀文昌帝君、太岁星君和月老星君；右侧殿祀福德正神	四月十五"安（镇）小（大）营"活动	此为大陆所无，实为兄弟三人
		城隍庙				拍外景
		三山国王庙		祭祀的神像"三山"为"中山炉"、"明山炉"、"独山炉"；后殿祭祀为"三妈夫人"	客家人信奉的神灵	祖庙在广东揭西县
		景灵宫		主祀苏府王爷	每年四月十二日一次祭祀活动；神社共有五柱：苏王爷、福德正神、天公、占山法主、丁番李五神；一柱分五炉主，八个头家	角头庙
		应灵祠石敢当	在路边			
		临濮堂		施姓大宗祠		
		富美宫	临濮堂隔壁	祭祀肖相国；配祀地藏菩萨、中军府		东汉一忠臣
		凤朝宫		祭祀张、顺、白三姓夫人配祀右为将军府；左为中军府		唐代末年为国而死的三位夫人
台南市	2011年9月27日	福德祠	离开台南市区路边	主祀土地公		
		慈兴宫	安南区高车里	主祀池府千岁；配祀右为福德正神、左为注生娘娘	农历三月池王爷与天上圣母一同绕境	村里同时供奉有保生大帝、钟檀元帅、如来佛、福德正神、注生娘娘、田都元帅、黑虎将军等

续表

调查区域	调查时间	寺庙名称	寺庙地址	供奉神祇	祭祀神祇说明	备注
		慈济宫	学甲寮村	主祀保生大帝	三月十五保生大帝生日	
		圣母庙	正统鹿耳门	前殿祀五府千岁；正殿祀妈祖；后殿祀佛祖；后殿二层供观音、三楼供玉帝		东南亚最大的圣母庙
		南天宫	在路旁	主祀地府千岁		
		瓷塔一座	安南公学路四段78号	大榕树二株		
		武圣庙	安南区公学路旁	主祀关圣；配祀"榕王公"、田都元帅	一月十三日关圣诞日、一月十五日榕王公诞日、六月十一日田都元帅诞日	唯一为榕王公塑像（1978）的庙宇
		濮临堂施氏坟祠	路边见一片施氏祖坟地	土地像		后土变成土地庙，这在大陆并未见
		南鲲鯓代天府（五府王庙）	北门乡鲲江村蚵寮	供奉五府千岁李、池、吴、朱、范，鲲鯓王；后殿供奉观音，配祀天公（右），有"天公坛"和"娘妈殿"（注生娘娘）	农历四、六、八、九里各位王爷诞日举行庙会	台湾全省瘟神（王爷）庙的总庙；泉州富美宫也有王爷信仰
		万善堂	南邻边上	主祀团仔公		一个牧童
		赤山龙湖岩寺		供奉观音		
	2011年9月28日上午	五妃庙五妃墓		主祀妃五妃（明末宁靖王朱术桂之妻妾）		台湾一级古迹，为墓庙合一的阴庙；
		城隍庙	台南开山路上			
		天主堂				

续表

调查区域	调查时间	寺庙名称	寺庙地址	供奉神祇	祭祀神祇说明	备注
		延平郡王祠（开山圣王庙）		正殿供奉郑成功像；后殿中间供奉翁太妃（郑母）、左祀宁靖王朱术桂及殉节的五妃牌位、右祀"监国夫人陈氏"之神位与"监国王长孙郑克㙷"神位（郑经之孙）	每年农历正月十六举行祭祀	全台最早郑成功祠
		临水夫人妈庙		主祀陈靖姑；右配注生娘娘，左配"花公花妈"大殿左右两侧供三十六宫娘娘；殿前墙内右侧供"大圣爷公"孙悟空，内左侧供"福德正神"与"顾花童子"	「移花换斗」法事	台湾开基之庙
		齐天大圣庙	路边			
	2011年9月28日下午	风神庙接官亭	中西区民权路三段143巷8号	主祀风神爷，水神与火神随侍在侧；殿左右供雷神（右）与电母（左）；配祀观音（右）、天真圣祖、武财神（骑虎）、土地公（骑狮）		全台湾唯一一间主祀风神的庙宇
		广泽尊王庙	郭王堂斜对面	主祀广泽尊王		
		郭王堂	风神庙殿侧	供奉广泽尊王神像，但主祀的二大人（光泽尊王弟及弟媳）		书有"广泽尊王二大人行馆"

二、田野调查报告目录

徐辉：《台湾民间信仰调查过程笔录》。

徐辉：《宁德市古田临水宫陈靖姑文化节调查报告》。

徐辉：《福州白驻庙与南天照天君宫调查报告》。

林江珠：《漳州市云霄县2区6村民间信仰与节日田野调查报告》。

林江珠：《台湾"原住民"传统信仰以及相关习俗综合调查报告》。

林江珠：《对台湾8市县民间信仰及相关习俗田野调查综合报告》。

林江珠等：《漳州市漳浦县杜浔镇正阳村巡境仪式田野调查》。

刘芝凤：《台湾丰年祭与神灵巡境考察报告》。

刘芝凤：《福建省莆田市仙游县盖尾镇前连村文化遗产资源调查分析》。

谢赐龙：《台湾新竹义民庙企业化管理化管理历史沿革调查报告》。

胡丹等：《安溪县蓬莱镇清水祖师下山巡境调查报告》。

谢翠娜:《厦门同安莲花镇道地村民间信仰田野调查实录》。
黄辉海:《龙岩市永定县坎市民间信仰调查报告》。
黄辉海:《龙岩市永定县坎市天后宫妈祖诞辰庆典调查报告》。
黄辉海:《福州市平潭县流水镇东美村民间信仰调查综合报告》。
黄辉海:《永春县岵山镇岭头村民间信仰调查报告》。
黄辉海:《永春县岵山镇铺上村和铺下村民间信仰与宗祠文化习俗调查报告》。
王煌彬:《泉州市安溪县湖头镇民间信仰调查报告》。
王煌彬:《泉州市永春县岵山镇民间信仰调查报告》。
王煌彬:《漳州市云霄县东厦镇东坑村观音诞信仰调查报告》。
王煌彬:《莆田市及仙游县城民间信仰调查报告》。
王煌彬:《南平市顺昌县大干镇民间信仰调查报告》。
王煌彬:《泉州石狮市龙湖镇瑶林村民间信仰调查报告》。
王煌彬:《厦门市同安区信仰习俗调查报告》。
王煌彬:《三明沙县凤岗街道漈砱村民间信仰考察报告》。
王煌彬:《莆田仙游盖尾镇前连村民间信仰调查报告》。
王煌彬:《屏南县棠口乡漈头村民间信仰与宗祠文化考察报告》。
王煌彬:《屏南县双溪镇民间信仰考察报告》。
林婉娇等:《安溪县蓬莱镇清水祖师巡境活动调查报告》。
王煌彬等:《漳州市漳浦县杜浔镇信仰专题调查报告》。
陈春香:《厦门市翔安区新圩镇东寮村民间信仰调查报告》。
冯银淑等:《厦门市集美区英村南岳庙调查报告》。
郑元聪:《漳州市平和县芦溪镇东槐村三义尊王民俗调查报告》。
林春红:《厦门地区民间信仰调查报告》。
匡妙:《厦门市翔安区马巷镇乩童祭祀调查报告》。
谢楠:《厦门市鼓浪屿民间信仰民俗调查报告》。
叶志鹏等:《厦门集美区后溪镇英村民间信仰调查报告》。
陈子冲:《台湾民俗文化调查——以大甲镇澜宫妈祖绕境为例》。
沈少勇等:《诏安县东沈村民间信仰考察报告》。
胡丹等:《漳州市云霄县开漳圣王巡安活动调查报告》。
王煌彬:《漳州开发区石坑社区"送王船"调查报告》。
郭文源:《厦门市同安区莲花镇小坪村正月十五踏火节调查》。
黄雅瑜:《南安市梅林镇传统普渡与中元节调查报告》。

张丽婷:《厦门同安区莲花镇小坪村庙村踏火节调查报告》。
庄忆雯:《厦门同安清明习俗调查》。
叶志鹏:《厦门同安汀溪镇古坑村"送王船"节日习俗调查报告》。
黄雅芬:《翔安区新圩镇古宅村"抢灯"民俗调查报告》。
佚名:《厦门正月初八"天公生"习俗调查报告》。
傅素勤:《泉州市安溪县元口村正月佛事调查报告》。
高自宋:《厦门市同安区莲花镇军营村"进香"民俗调查报告》。
黄艺娜:《漳州龙海市角美镇西边村"请王设醮"习俗调查报告》。
佚名:《泉州市百崎回族乡里春村"跳火群""烧塔仔"调查报告》。
林龙明:《莆田市仙游县龙华镇金建村杨氏游神活动调查报告》。
袁庆:《厦门同安湖井村闽南李氏始祖、老祖巡安习俗调查报告》。
康莹:《漳浦县杜浔镇"二月社"习俗考察报告》。
游燕燕:《宁德市柘荣县"送马仙"仪式调查报告》。
蔡庆卫等:《泉州与澎湖"乞龟"元宵民俗活动调查报告》。
佚名:《厦门正月初八"天公生"仪式调查报告》。
上官婧:《闽西客家地区"打船灯"民俗活动调查报告》。
上官婧:《龙岩市连城县"游大粽"民俗活动调查报告》。

三、调查对象名单列表

民间信仰调查受访人汇总表(按地区)

地区	采访地点	采访时间	受访人	性别	年龄	职业/职务/采访内容
漳州	龙海市角美镇西边村	2011年4月5日	黄启全	男	47	务农
			林亚美	女	70	务农
	平和县芦溪镇东槐村	2011年5月9日	郑敬放	男		
	云霄县陈岱镇礁美村	2012年2月5—6日	陈玉云	女	76	施氏祠堂旁做小生意
			汤毓贤	男	50	开漳纪念馆馆长
			汤三再	男	79	云霄将军庙主委
			谢鹏志	男	66	广告公司董事长
			方群达	男	66	从事文史研究工作
			柳共和	男	58	云霄威惠庙副主委
			汤家旺	男	73	汤氏祠堂顾问

续表

地区	采访地点	采访时间	受访人	性别	年龄	职业/职务/采访内容
			汤文雄	男	44	汤氏祠堂族长
			施振成	男	79	农民
			施定规	男	84	村老人会会长
	云霄县东厦镇东坑村		吴金生	男	53	
			吴永顺	男	61	
			吴素茶	女	40	
			高义花	女	80	
	漳浦县杜浔镇镇政府	2012年2月29日	洪两全	男	60	正阳村书记
			吴跃南	男	39	杜浔镇文化站站长
	漳浦县杜浔镇范阳村	2012年2月29日—3月2日	卢国宾	男	47	务农和做金纸
			洪阿嘉	男	44	排宵仪式主持
			洪木才	男	40	32届二月社副首事
			洪艺群	男	42	32届二月社正首事
			黄永照	男	38	正阳村首事会计
			洪四宗	男		正阳村庙理事
			洪办	女	56	
			邱金	女	69	
			胡春华	女	31	
			洪永荣	男	72	原小学教师
			林美桂	女	42	打工
			柯春金	男	70	正阳宫管理员
		2012年3月2日	柯孔文	男	58	务农
			洪壬癸	男	79	老人会八年的出纳
	杜浔镇正阳村玄天大帝行宫	2012年3月1日	胡春华	女	31	
			洪办	女	56	
			邱金	女	69	
			卢永港	男	64	
			洪川	男	69	原杜浔中心小学校长
			谢福生	男	48	务农兼职小生意

续表

地区	采访地点	采访时间	受访人	性别	年龄	职业/职务/采访内容
	杜浔镇正阳村、文卿村、近城村	2012年3月1日	邱云池	男	72	周宝堂管理人
			邱木礼		84	原是某镇党委书记
			邱福邻			
			邱惠平	男	57	工人
	漳浦县杜浔镇文卿村	2012年3月1日	邱和睦	男	72	粮食局退休干部
			洪和碧	男	71	
泉州	安溪县元口村	2011年5月1日	刘雪芬	女	41	
			郑玉英	女	67	
			陈婷	女	67	
			郑丽菜	女	31	
			刘雪芳	女	38	
			刘甲乙	男	34	
			刘宜竹	男	69	
			郑志艺	男	42	
			郑文旭	男	23	
	安溪县剑斗镇红星村	2011年8月9日	王积棉	男	86	务农
			王良志	男	76	务农
			王明思	男	65	务农
			王良文	男	86	务农
			王素真	女	62	务农
	安溪县清水岩	2012年1月30—31日	释如慧（谢金盾）	男	52	清水岩寺庙主持
			蔡建坤	男	29	巡境工作人员
			释明净	男	27	僧人
			刘章生	男	50	商人
			陈迎财	男	40	商人，巡境首人
			王成合	男	50	商人
	安溪县文庙	2012年7月10日	张飞鹏	男	62	文庙停车场管理员

续表

地区	采访地点	采访时间	受访人	性别	年龄	职业/职务/采访内容
	安溪县文化馆	2012年7月10日	谢正平	男	58	安溪县博物馆馆长
			林水力	男	56	县文体局、文化馆馆长
			廖青莲	女		县文馆非遗办化公室
			陈清河	男	76	安溪县竹编技艺开先祖
	安溪县湖头镇湖二村	2012年7月11日	李清黎	男	61	湖二村书记
			李呈清	男	65	民俗人生礼仪口述人
			李建成	男		手工米粉制作承传人
			李全火	男	56	湖头泰山岩管理员
			许月星	男	45	七寨祖庙管理员
			叶祖礼	男	66	祖传道士
			李镇	男	60	杂货店老板
			陈丽	女	58	杂货店老板
	南安县石井镇淌江村	2011年4月5日	林阿忠	男	79	务农
			陈小桃	女	44	个体工商户
			李学西	男	39	渔民
	南安县码头镇土皮芸社区、金中村、柯内村、洞顶等村社	2012年1月29—30日	林少杰	男	50	经商
			雷幼珠	女	49	经商
			林三包	男	56	炉主、巡境活动主持
			吴淑花	女	85	
			林荣祥	男	68	退休教师
			洪淑珍	女	66	务农
	鲤城区浮桥街道岐山村	2011年5月7日	吴红梅	女		
	石狮市龙湖镇瑶林村	2012年6月23日	李荣杰	男		
			李华齐	男	36	道士
	石狮市灵秀镇华山村	2012年6月24日	蔡衍康	男	52	工程水电工人
			蔡文焕	男		华山村村长
	德化县	2011年5月1日	林志民	男	60	务农
			冯阿莲	女	63	务农

续表

地区	采访地点	采访时间	受访人	性别	年龄	职业/职务/采访内容
	永春岵山镇塘溪村	2012年7月12—13日	陈昌宗	男		南音社岵山分社负责人、教师
			陈金树	男	55	村长
			陈礼猛	男	57	
			林喜	女	78	务农
			黄秀春	女	54	务农
	永春县岵山镇铺上村和铺下村	2012年7月13日	陈其炮	男	58	铺上村书记
			陈先生	男		原铺上村书记
	永春县岵山镇岭头村	2012年7月14日	李再生	男	48	村书记
厦门	集美区英村南岳宫	2012年1月9日	柯春作	男	40	道长
			庄作仁	男	25	道士
	集美后溪镇英村、何山埔	2012年3月1—2日	汪美寿	男	60	南岳祖庙负责人之一
			汪水龙	男	66	英村汪氏宗祠负责人之一
	同安区古庄村	2011年4月5日	卢合培	男	50	
	同安区汀溪镇古坑村	2011年5月1日	叶金沙	男	81	
			叶建成	男	54	
			叶荣煌	男	52	
			叶胜	男	61	
	同安区莲花镇军营村	2011年5月1日	高素兰	女		
	同安莲花镇小坪	2012年11月5日	洪参议	男	48	村委会委员（同安莲花褒歌，省非物质文化遗产传承人）
	同安城区	2012年7月20日	叶秋烟	男	63	木偶戏团员
			曾惠凤	女	60	天后宫管理员
			蔡其南	男	73	观音堂会计兼出纳

续表

地区	采访地点	采访时间	受访人	性别	年龄	职业/职务/采访内容
	思明区	2011年5月7日	刘素琴	女	73	
			翁亚琴	女	79	
			邹剑明	男	49	
			林有根	男	58	工人
	翔安区马巷镇洪溪村	2011年5月7日	陈炳泞	男		
	翔安区新店镇霞浯村	2011年4月10日	吴沅衍	男	52	前霞浯村书记
	翔安区马巷镇邮电巷	2011年5月1日	陈乌裕	男	66	务农
	钟宅畲族社区	2011年3月6日	钟福团（畲族）	男	73	
			钟天赐（畲族）	男	62	
			钟天补（畲族）	男	71	
			钟国滨（畲族）	男	70	
福州	平潭县流水镇东美村	2012年7月23日	高淑武	男	83	渔民
			高桂富	男	57	村干部
			高福生	男	62	渔民
			高传禄	男	55	村支书
			高桂情	男	56	村长
			郑光华	男	71	渔民
龙岩	长汀县童访镇举河村	2012年2月3日	胡如春	男	80	退休教师
			胡如炎	男	74	教师
			胡王王	男	56	村干部
			刘正纲	男	72	村干部
			胡如火	男	53	农民

续表

地区	采访地点	采访时间	受访人	性别	年龄	职业/职务/采访内容
			胡龙杨	男	73	农民
			曹春莲	女	74	农民
			戴香香	女	39	农民
			胡如泉	男	42	经商
			林启芳	男	42	乐队成员
			陈辉	男	23	学生
			陈东升	男	23	学生
			陈启金	男	60	务农
			刘长斌	男	25	务农
			刘仰柳	男	65	务农
			曾李木	男	65	务农
			曾繁桂	男	54	务农
			曾繁淦	男		务农
			胡凤扬	男		原举河小学校长
	长汀县童坊镇举林村	2012年2月3日	刘书勇	男		村书记
			刘源章	男	56	
			刘春美	男	63	
			刘盛举	男	79	
			刘长伟	男	52	
			罗二哩	女	53	
			吴二金	女	50	
			罗玉香	女	78	
	连城县罗坊乡罗坊村	2012年2月6日	罗炳学	男	60	退休教师
			罗竹安	男	73	退休教师
			罗理事	男	76	文馆会员
			罗定太	男	80	退休医生
			罗益和	男	76	农民
			罗志鸣	男	52	农民
			罗水发	女	24	农民
			魏子英	女	36	农民

续表

地区	采访地点	采访时间	受访人	性别	年龄	职业/职务/采访内容
			徐孟作	男	56	乐队成员
			江师傅	男	60	乐队成员
	长汀县童坊镇彭坊村	2012年2月4日	彭慕铿	男	84	农民
			彭慕松	男	70	农民
			彭丁辉	男	59	农民
			彭慕周	男	45	农民
			彭桂生	男	47	工人
			付水根	女	31	工人
			彭文春	男	23	学生
			彭婕	女	14	学生
			魏洪亮	男	67	退休教师
			温焰云	男	43	剧团团长
			胡长金	女	50	
			曾水莲	女	63	
			张五莲	女	68	
			张冬菊	女	38	
		2012年2月	彭怀权	男	72	务农
			彭择权	男	51	务农
			彭华生	男	54	务农
			彭怀桂	男	72	原生产队干部
			胡燊基	男	69	原小学校长
			彭华轮	男	45	务农
			张廷玉	男	60	教师、原村干部
			彭慕喜	男	50	刻纸龙灯艺人
	永定县坎市镇	2012年4月12—13日	卢泉章	男	72	原坎市街社区书记
			卢绍林	男	63	经商
			杨乾坤	男	50	务农
			卢先德	男	59	天后宫理事会会长

续表

地区	采访地点	采访时间	受访人	性别	年龄	职业/职务/采访内容
莆田	仙游县盖尾镇前连村	2012年7月19—23日	连文洪	男		前连村书记
			连开华	男	58岁	村干部
			连宝贤	男		教师
			连义钗		68岁	务农
宁德	宁德屏南县双溪镇	2012年7月27—29日	高秀锦	女	43	务农
			黄玉兰	女	73	务农
			张元琼	女	25	务农
			张新坚	男	78	务农
			严红梅	男	74	教师
			宋延寿	男	47	务农
			陆修干	男	73	调解员
			魏盛权	男		镇组织委员兼宣传委员
			宋延寿	男	59	
			陆则起	男		屏南县文体局副局长
			倪淑珠	女	76	务农、巫婆
			颜红梅	女	74	
	屏南县棠口乡漈头村	2012年7月30—31日	周茂科	男	70	二轻局员工
			张先生	男	42	小卖部老板
			杨女士	女	40	小卖部老板
			张扬世	男	66	务农
			张尊洋	男	63	务农
			张奉族	男	58	务农
			黄布济	男	54	小卖部老板
			张奉从	男	65	
	福安市区、福安市坂中乡朝阳新村、康厝乡长潭村、康	2012年3月23—24日	蔡清盛	男	24	
			黄小钊	男	24	退伍军人
			雷章吉	男	40	工人
			雷森春	男	80	原某纪检副书记
			黄纪荣	男	66	庙祝

续表

地区	采访地点	采访时间	受访人	性别	年龄	职业/职务/采访内容
	厝乡金斗洋村		林国民	男	38	
			钟谢梅	女	49	
			雷娇妹	女	49	
南平	蒲城县富岭镇双同村圳边村	2012年8月2—3日	李丁福	男		村长
			李江洋	男	72	务农
			钟仕财（畲族）	男	62	退伍军人小卖店老板
			黄有銮	女	85	裁缝
			王兰芳	女	51	
	武夷山市下梅村	2012年8月6—7日	王德兴	男	64	务农
			杨有仁	男	69	务农
			放新富	男	67	务农
			李三宝	男	60	务农
			周木兰	女	58	务农
			周汝妹	女	56	务农
			孙惠荣	女	70	务农
	延平区樟湖	2012年8月22—23日	陈学铭	男	56	蛇王庙理事会会长
			陈学信	男	72	
			施岳云	男	65	蛇王庙理事会成员
			陈登松	男	78	
	顺昌县大干镇	2012年8月8日	李苏宁	男	41	务农
三明	将乐县余家坪、凉地村	2012年8月11—12日	刘乾美	男	76	造纸工
			叶冬年	男	69	务农
			俞林木	男	60	务农
			俞如优	男	50	造纸
			伍女士	女	39	务农
			伍女士	女	65	务农

续表

地区	采访地点	采访时间	受访人	性别	年龄	职业/职务/采访内容
			梁启禄	男	77	原凉地村书记
			梁佑芳	男	72	原凉地村书记
			童有凤	女	37	村支委
			廖二娣	女	87	务农
			黄春英	女	30	
			杨火珠	女	65	务农
			王诚	男	34	龙栖山管理所所长
	沙县凤岗街道漈砾村	2012年8月13日	姜阿玉	女	69	务农
			吴永锦	男	54	村医
			姜长荣	男	80	务农
			孟起轩	男	82	务农
			孟长中	男	71	务农
			姜承财	男	55	村书记
			余宜友	男	81	原村干部
			姜进生	男	66	务农、祭祀时的乩童
			邱仕金	男	63	漈砾村财务人员
	大田县	2011年5月7日	郭兆隆	男	51	务农
台湾	台湾苗栗县后垄镇外埔里吉兴宫	2012年9月1日	许素玮	女	58	外埔里里长
	新竹县竹北市中正路219巷20号	2012年9月2日	廖荣进	男	60	祭祀公业总干事
			钱汉昌	男	70	现任七姓公宗亲会会长
	台北市罗斯福路三段81号	2012年9月5日	王可富	男	80	大律师
	"中央研究院"民族研究所	2012年9月11日	黄树明	男		所长、院士

续表

地区	采访地点	采访时间	受访人	性别	年龄	职业/职务/采访内容
	"国立"交通大学客家文化学院	2012年9月11日	庄英章	男		院长、专家
	南开科技大学	2012年9月12日	张永桢	男		副教授（台湾研究）
	"国立"台东大学	2012年12月15日	蔡政良	男		博士（民族研究）
	台湾明新科技大学	2012年12月15日	罗元宏	男		副教授，民俗学者
	美国普林顿大学儒学院	2012年8月30日	王胜生	男		教授、博士
	"国立中央大学"客家学院	2012年9月6日	李贤明	男		客家、赛夏人民俗学者
	金门技术学院	2012年11月10日	杨再平	男		金门民俗学者
	新竹县县长秘书	2012年12月2日	黎永钦	男		新竹县义民庙俗交流
	新竹县"原住民"族行政处	2012年12月6日	姜礼仙	男		"原住民"非遗保护交流
	新竹县政府国际产业处大陆科	2012年8月30日	钱运财	男		平埔人民俗
	新竹县工业园区	2012年9月2日	卫政富	男		客家民俗
	新竹县尖石乡政府乡长	2012年9月1—2日	云天宝	男		泰雅人民俗及非遗保护交流
	新北市乌来区公所	2011年8月30日	王立文	男		泰雅人民俗、交流
	苗栗县赛夏族民俗文物馆（私人）	2012年12月2日	潘秋荣	男		赛夏人民俗采访

续表

地区	采访地点	采访时间	受访人	性别	年龄	职业/职务/采访内容
	南投九族文化园	2012年9月2—3日	许逸明	男		九族园各民族民俗采访
	桃园县平镇市环南路	2011年12月4日	林峰、姜建鹏	男		中华宝岛文化经济贸易交流发展协会理事长，汉人入台民俗
	台北市北平东路30号	2012年8月30日—9月3日	王建平	男		汉人入台民俗变迁
	海峡两岸合作发展基金会董事长	2011年9月4日	张世良	男		漳化佛学交流
	新竹县刘姓宗亲会竹东分会长	2011年8月12日	刘珈恺	男		竹东镇宗氏文化采访
	台东市中华路2段	2011年8月3日	张健三	男		"原住民"营造合作社农渔业与手工技艺采访
	苗栗县三义乡广盛村	2012年9月4日	张信裕	男		民间手工技艺采访
	台东县东河乡兴昌村	2012年9月7日	陈心怡	女		夫妻开民宿的市场方向采访
	台中市北区北兴	2011年8月31日	詹明锦	男		手工技艺与击剑采访
	台北市新生北路二段	2011年8月14日、2012年9月1日	高江孝怀	男		台湾"原住民"权益保护协会，泰雅人民俗
	新竹县民俗学者	2011年8月21日、2012年9月4日	谢赐龙	男		台湾客家学研究
	新竹县竹东镇长春路	2011年8月13日	彭永钧	男		海洋文化学者

续表

地区	采访地点	采访时间	受访人	性别	年龄	职业／职务／采访内容
	新竹县义民庙总干事	2012年9月2—3日	魏北沂	男		义民庙采访
	苗栗县后龙镇海埔里	2012年9月5日	王启仁	男		渔业民俗学者，石沪
	台东县卑南乡明峰村	2012年9月7日	郑春喜	男		台东卑南人民俗
	苗栗县南庄乡东河村	2012年9月6日	风健福	男		苗栗赛夏人民俗
	新竹县"原住民"文化艺术永续发展协会	2012年9月6日	沙云达鲁	男		新竹县少数民族艺术
	苗栗县南庄乡文化路	2012年9月6日	江醒闻	男		江记花密传统饮食
	苗栗县南庄乡文化路	2012年9月6日	陈文锟	男		灯熏鳟鱼传统制作
	新竹县竹北民生街11巷	2012年8月27日	田文龙	男		田屋八音（北管）
	台北县乌来乡瀑布路	2011年8月4日	郑美花	女		尊长文化歌舞艺术
	新营市隋唐街	2011年8月15日	李启明	男		中国口传文学学会
	漳化县鹿港镇文史工作	2011年8月16日	陈仕贤	男		文史学者
	新竹县湖口新丰詹姓宗亲会	2011年12月4—5日	詹桓次	男		客家学者
	新竹县新丰乡新堂村	2011年12月4日	陈清合	男		池和宫总干事
	新竹都城隍庙驻庙道长	2011年12月2日	柯金助 张万泉	男		城隍庙俗
	台中县龙井乡大肚区	2012年12月3日	廖义雄 杨法师	男		巧圣先师庙

续表

地区	采访地点	采访时间	受访人	性别	年龄	职业/职务/采访内容
	计程车司机	2011年12月3日	王健清	男		游客现象
	新竹县湖口乡中势村	2012年9月1日	张福普	男		湖口联庄祭
	苗栗县南庄乡东河村	2012年9月5日	徐年枝	男		"原住民"、编织技师
	新竹县廖姓宗亲会	2011年12月3日、2012年9月4日	廖奇泉	男		汉人入台民俗变迁
	苗栗县南庄乡东河村	2012年9月5日	风德辉	男		赛夏族语言研究中心
	台北地理师	2011年8月3日	易逍遥	男		民间信仰
	新竹县湖口地理师	2011年12月2日	黄云举	男		民俗
	台南居士	2011年8月30日	陈瑞彬	男		民俗
	新竹县碾米工会	2011年12月12日	詹益源	男		新竹农业
	南投县埔里镇清新里	2011年8月6日	伍约章	男		外来宗教

参考文献

著作：

贾二强：《唐宋民间信仰》，福建人民出版社 2002 年版。

姜义镇编著：《台湾的民间信仰：神明之祭祀，庙宇之介绍》，武陵出版社 1990 年版。

王水著：《江南民间信仰调查》，上海文艺出版社 2006 年版。

台湾淡南民俗文化研究会编著：《民间信仰仪式专刊》，博扬文化事业有限公司 2012 年版。

王秋桂、李丰楙主编：《中国民间信仰资料汇编》，学生书局 1989 年版。

王景琳等主编：《中国民间信仰风俗辞典》，中国文联出版公司 1992 年版。

郑振满、陈春声主编：《民间信仰与社会空间》，福建人民出版社 2003 年版。

汪毅夫著：《客家民间信仰》，水牛出版社 2006 年版。

邢莉主编：《民间信仰与民俗生活》，中央民族大学出版社 2008 年版。

闽西客家联谊会、龙岩市政协文史和学习委编：《定光古佛与客家民间信仰》，龙岩市文化与出版局 2008 年版。

泉州市区民间信仰研究会编：《关岳文化与民间信仰研究》，厦门大学出版社 2008 年版。

黄桂秋著：《壮族社会民间信仰研究》，中国社会科学出版社 2010 年版。

杨晓红著：《宋代民间信仰与政府控制》，西南交通大学出版社 2010 年版。

向柏松著：《传统民间信仰与现代生活》，中国社会科学出版社 2011 年版。

谢重光著：《闽粤台民间信仰论丛》，海洋出版社 2012 年版。

王学锋著：《民间信仰的社会互动：山西贾村赛社及其戏剧活动》，学生书局2011年版。

朱海滨著:《祭祀政策与民间信仰变迁:近世浙江民间信仰研究》,复旦大学出版社2008年版。

叶涛、周少明主编:《民间信仰与区域社会:中国民间信仰研究论文选》,广西师范大学出版社2010年版。

王见川、皮庆生著:《中国近世民间信仰:宋元明清》,上海人民出版社2010年版。

马新、贾艳红、李浩著:《中国古代民间信仰:远古—隋唐五代》,上海人民出版社2010年版。

李远国、刘仲宇、许尚枢著:《道教与民间信仰》,上海人民出版社2011年版。

酒井忠夫、胡小伟等著:《民间信仰与社会生活》,上海人民出版社2011年版。

路遥等著:《中国民间信仰研究述评》,上海人民出版社2012年版。

徐晓望著:《福建民间信仰源流》,福建教育出版社1993年版。

林国平、彭文宇著:《福建民间信仰》,福建人民出版社1993年版。

乌丙安著:《中国民间信仰》,上海人民出版社,1995年版。

宋兆麟著:《巫与民间信仰》,中国华侨出版公司1990年版。

金泽著:《中国民间信仰》浙江教育出版社1990年版。

刘技万著:《台湾民间信仰论集》,联经出版事业公司1983年版。

沈元坤主编:《漳州民间信仰》,海风出版社2005年版。

范荧著:《上海民间信仰研究》,上海人民出版社2006年版。

连心豪、郑志明主编:《闽南民间信仰》,福建人民出版社2008年版。

泉州市区民间信仰研究会编:《泉州民间信仰》(总第13期),泉台第二次萧太傅研究专辑泉州市区民间信仰研究会1997年版。

钟雷兴主编:《闽东畲族文化全书》(民间信仰卷),民族出版社2009年版。

刘道超著:《信仰与秩序:广西客家民间信仰研究》,广西师范大学出版社2009年版。

黄振良编著:《闽南民间信仰》,鹭江出版社2009年版。

刘道超著:《筑梦民生:中国民间信仰新思维》,人民出版社2011年版。

刘大可著:《闽台地域人群与民间信仰研究》,海风出版社2008年版。

段凌平编著:《漳台民间信仰》,厦门大学出版社2011年版。

黄晓峰著:《神仙江湖:潜伏在民间信仰中的神仙》,陕西人民出版社2012年版。

侯杰、王小蕾著:《民间信仰史话》,社会科学文献出版社2012年版。

姜彬主编:《吴越民间信仰民俗:吴越地区民间信仰与民间文艺关系的考察和研究》,文艺出版社1992年版。

林国平著:《闽台民间信仰源流》,福建人民出版社2003年版。

宋兆麟著:《会说话的巫图:远古民间信仰调查》,学苑出版社2004年版。

李天锡著:《华侨华人民间信仰研究》,中国文联出版社2001年版。

游谦、施芳珑著:《宜兰县民间信仰》,宜兰县政府2003年版。

王继英著:《民间信仰文化探踪》,民族出版社2007年版。

林美容编:《台湾民间信仰研究书目》,"中央研究院"民族学研究所1997年版。

刘还月著:《台湾民间信仰小百科》,台原出版社1994年版。

张禹东、刘素民等著:《宗教与社会:华侨华人宗教、民间信仰与区域宗教文化》,社会科学文献出版社2008年版。

彭维斌著:《中国东南民间信仰的土著性》,厦门大学出版社2010年版。

陈桂炳著:《民间信仰与社会和谐:以闽南及台湾地区为研究视野》,方志出版社2010年版。

黄萍瑛著:《台湾民间信仰"孤娘"的奉祀:一个社会史的考察》,稻乡出版社2008年版。

贾艳红著:《汉代民间信仰与地方政治研究》,山东大学出版社2011年版。

刘慧著:《泰山信仰与中国社会》,上海人民出版社2011年版。

[美]韩森著:《变迁之神:南宋时期的民间信仰》,浙江人民出版社1999年版。

[美]韩明士著:《道与庶道:宋代以来的道教、民间信仰和神灵模式》,江苏人民出版社2007年版。

王霄冰主编:《仪式与信仰:当代文化人类学新视野》,民族出版社2008年版。

李世伟著:《台湾佛教、儒教与民间信仰:李世伟自选集》,博扬文化事业有限公司 2008 年版。

周政贤著:《台湾民间信仰的地基主》,兰台出版社 2008 年版。

王守恩著:《褚神与众生:清代、民国山西太谷的民间信仰与乡村社会》,中国社会科学出版社 2009 年版。

王见川著:《汉人宗教、民间信仰与预言书的探索》,博扬文化 2008 年版。

陈支平主编:《一统多元文化的宗教学阐释:闽台民间信仰论丛》,厦门大学出版社 2011 年版。

论文:

郑衡泌、陈文龙:《民间信仰地域分异的微观分析——泉州三个村庄神祇生态位宽度测量和比较》,《地理研究》2010 年第 4 期。

马新:《关于民间信仰史研究中的几个问题》,《民俗研究》2010 年第 1 期。

沈刚:《汉代民间信仰的地域特征》,《陕西师范大学学报(哲学社会科学版)》2010 年第 2 期。

韩秉方:《论民间信仰的和谐因素》,《中国宗教》2010 年第 2 期。

范正义:《社会转型与民间信仰变迁——泉州个案研究》,《世界宗教研究》2010 年第 1 期。

王健:《明清江南民间信仰活动的展开与日常生活:以苏松为例》,《社会科学》2010 年第 2 期。

赵宏勃:《隋代的民间信仰——以巫觋的活动为中心》,《南京师大学报(社会科学版)》2010 年第 1 期。

向柏松:《神话与民间信仰》,《中南民族大学学报(人文社会科学版)》2010 年第 1 期。

张祝平:《当代中国民间信仰的历史演变与依存逻辑》,《深圳大学学报(人文社会科学版)》2009 年第 6 期。

张祝平:《民间信仰:当下状态与应然路径》,《广西社会科学》2009 年第 1 期。

艾潇:《当前我国民间信仰问题的现状及对策思考》,《云梦学刊》2009 年第 6 期。

徐姗娜:《民间信仰与乡村治理——一个社会资本的分析框架》,《东南学术》2009 年第 5 期。

张祝平:《民间信仰 60 年嬗变:从断裂到弥合》,《福建论坛(人文社会科学版)》2009 年 11 期。

王宪昭:《论民间信仰中的"小人物"崇拜》,《韶关学院学报》2009 年 11 期。

王健:《民间信仰的权力之维》,《博览群书》2009 年 11 期。

张维佳、余植:《浅谈道教三官与民间信仰》,《大众文艺理论》2009 年第 1 期。

陈友冰:《民间信仰与岛民心态》,《两岸关系》2009 年第 1 期。

刘道超:《论我国民间信仰的多元一体化格局》,《广西师范学院学报(哲学社会科学版)》2009 年第 4 期。

郭平坦:《台湾民间信仰扎根中华文化》,《台声》2009 年第 6 期。

谢国先:《民间信仰与官方意识》,《韶关学院学报》2009 年 10 期。

张佑周、戴腾荣:《闽西与台湾客家民间信仰的传承及变异》,《龙岩学院学报》2009 年第 3 期。

刘健:《中国民间信仰研究述论》,《才智》2009 年 28 期。

李浩:《民间信仰的屈服与融合——以魏晋南北朝为例》,《民俗研究》2009 年第 2 期。

周建新、温小兴:《社会文化史视野下的国内客家民间信仰研究》,《民俗研究》2009 年第 2 期。

俞黎媛:《论民间信仰的区域差异——以福建张圣君信仰为例》,《莆田学院学报》2009 年第 6 期。

王守恩:《论民间信仰的神灵体系》,《世界宗教研究》2009 年第 4 期。

王健:《明清江南地方家族与民间信仰略论——以苏州、松江为例》,《上海师范大学学报(哲学社会科学版)》2009 年第 5 期。

贾艳红:《汉代民间信仰的社会功能探析》,《民俗研究》2009 年第 4 期。

矫凯、司汉武:《民间信仰对农村经济社会的影响考察》,《商业时代》2009 年 15 期。

刘丽敏:《中西之"神"再辨——以中国民间信仰与天主教为例》,《甘肃联合大学学报(社会科学版)》2009 年第 3 期。

王星:《狂欢视角下的民间信仰导控与乡村和谐》,《传承》2009 年第 10 期。

苏全有、葛风涛：《近十年来民间信仰功用问题研究述评》，《大连大学学报》2009年第2期。

褚智慧：《浅论〈搜神记〉中的民间信仰》，《才智》2009年第19期。

王存奎：《民间信仰与社会和谐：民俗学视角下的社会控制》，《中国人民公安大学学报（社会科学版）》2009年第6期。

何其敏：《民族民间信仰研究的视角和意义》，《中国宗教》2009年第5期。

王文科：《海峡两岸三山国王信仰及文化意义》，《莆田学院学报》2009年第3期。

陈传善：《论民间信仰对社会主义新农村建设的影响》，《宿州学院学报》2009年第6期。

耿羽：《一个民间信仰的生成——基于福建崇武解放军烈士庙的考察》，《福建论坛（人文社会科学版）》2009年第5期。

曹春婷、邵雍：《探析民国前期泰山神民间信仰的特点》，《山东农业大学学报（社会科学版）》2009年第1期。

陈勤建、衣晓龙：《当代民间信仰研究的现状和走向思考》，《西北民族研究》2009年第2期。

朱海滨：《民间信仰——中国最重要的宗教传统》，《江汉论坛》2009年第3期。

郭占锋、冯海英、李小云：《由中国民间信仰复兴现象反思现代化理论逻辑》，《青海社会科学》2009年第6期。

皮庆生：《材料、方法与问题意识——对近年来宋代民间信仰研究的思考》，《江汉论坛》2009年第3期。

黄建铭：《悠悠茶俗 欣同神知——福建民间信仰与茶俗之缘》，《中国宗教》2009年11期。

贾艳红：《浅析中国古代民间信仰产生的心理背景——以汉代民间信仰为例》，《山东师范大学学报人文社会科学版》2009年第3期。

高长江：《民间信仰与和谐社会建设》，《中共天津市委党校学报》2009年第2期。

刘博：《民间信仰与和谐杭州的构建》，《重庆工学院学报社会科学版》2009年11期。

唐金培：《闽台民间信仰的"光州固始"情结》，《信阳师范学院学报哲学社会科学版〉》2009 年第 3 期。

祝松、陈支平:《宗教与风俗史的细部考察与多角度审视——评朱海滨的〈祭祀政策与民间信仰变迁〉》,《中国社会经济史研究》2009 年第 1 期。

吕文杰:《花山岩画传说中所反映的民间信仰观念》,《中国商界(上半月)》2009 年 11 期。

魏长领:《民间信仰及其与道德信仰的关系》,《河南师范大学学报(哲学社会科学版)》2009 年第 3 期。

朱和双:《台湾世居少数民族的性禁忌及其信仰习俗》,《贵州民族研究》2009 年第 1 期。

高峻:《当代河北乡土社会汉民族民间信仰状况的调查与思考》,《领导之友》2009 年第 6 期。

荣国庆:《金元时期泽州宗教、民间信仰的演变》,《晋城职业技术学院学报》2009 年第 5 期。

骆婧:《浅论民间信仰为民间戏曲营造的文化环境——以闽南打城戏为例》,《福建师范大学学报(哲学社会科学版)》2009 年第 1 期。

王晓丽:《民间信仰的庞杂与有序》,《西北民族研究》2009 年第 4 期。

刘明君、郑来春:《经济视野中农村民间信仰的几个问题》,《农村经济》2005 年 12 期。

马莉:《中国民间信仰在现实中的生长力及文化价值初探》,《兰州学刊》2005 年第 6 期。

东泽民:《直东交界一带民间信仰与义和团运动》,《邢台学院学报》2005 年第 4 期。

王雄伟:《自我生存保障的建构——对于农村民间信仰兴起的社会学分析》,《河西学院学报》2005 年第 6 期。

黄建铭、方宝川:《马祖列岛民间信仰文化的基本内涵与特征》,《中国宗教》2005 年第 5 期。

陈瑶:《试论当代民间信仰的变迁》,《哈尔滨学院学报》2005 年第 8 期。

梁家贵:《试论民间信仰与会道门的关系》,《贵州社会科学》2005 年第 2 期。

黄洁琼:《唐宋闽南民间信仰与经济发展的关系初探》,《龙岩学院学报》2005 年第 4 期。

高师宁:《当代中国民间信仰对基督教的影响》,《浙江学刊》2005 年第 2

期。

吴巍巍:《造神缘起:论经济建设热潮与福建民间信仰兴盛之关系》,《福建论坛(人文社会科学版)》2005年S1期。

巫仁恕:《民间信仰与集体抗争:万历承天府民变与岳飞信仰》,《江海学刊》2005年第1期。

林立强:《美国公理会传教士卢公明与晚清福州民间信仰》,《世界宗教研究》2005年第2期。

郭春梅:《当代中国社会的传统民间信仰》,《沧桑》2005年第1期。

彩娟:《论汉族民间信仰的功利性》,《广西民族学院学报(哲学社会科学版)》2005年第3期。

范正义:《20世纪80年代以来基督教与民间信仰关系研究述评》,《福建师范大学学报(哲学社会科学版)》2005年第6期。

钟晋兰:《论民间信仰的正统化与地方化——以宁化河龙的伊公信仰为分析对象》,《福建论坛(人文社会科学版)》2005年10期。

周俐、周建新:《从民间信仰看粤闽赣山区开发和客家族群发展》,《中南民族大学学报(人文社会科学版)》2005年第5期。

汪毅夫:《从福建方志和笔记看民间信仰》,《东南学术》2005年第5期。

陈明文:《我国现代化进程中对民间信仰的批判引导及其启示》,《理论学习与探索》2005年第5期。

李霞:《民间信仰的社会凝聚机制:性别角度的初步探讨》,《天府新论》2005年第5期。

谭小军:《民间信仰与乡村社会的历史记忆——新干县萧公庙的个案研究》,《宜春学院学报》2005年第1期。

陈必昌:《佛教核心教义对中国民间信仰的影响》,《民俗研究》2005年第3期。

王健:《近年来民间信仰问题研究的回顾与思考:社会史角度的考察》,《史学月刊》2005年第1期。

余丰:《连城四堡的宗族社会与民间信仰》,《厦门广播电视大学学报》2004年第2期。

林国平:《福建民间信仰的现状、特点和发展趋势》,《东南学术》2004年第S1期。

罗勇:《论民间信仰对客家传统社会的调控功能》,《西南民族大学学报

（人文社科版）》2004 年第 7 期。

蔡少卿：《中国民间信仰的特点与社会功能——以关帝、观音和妈祖为例》，《江苏大学学报（社会科学版）》2004 年第 4 期。

余美珠、李爽、袁书琪：《海峡两岸民间信仰文化旅游开发的 SWOT 分析》，《重庆师范大学学报（自然科学版）》2004 年第 2 期。

宋德剑：《国家控制与地方社会的整合：闽粤赣客家地区民间信仰研究的视野》，《江西师范大学学报》2004 年第 3 期。

谢金森、张国栋、张鼎如：《民间信仰误区的解读与矫正——新时期农民信仰问题的调查》，《福建农林大学学报（哲学社会科学版）》2004 年第 2 期。

段凌平、张晓松：《漳州地区民间信仰调查与研究》，《漳州师范学院学报（哲学社会科学版）》2004 年第 1 期。

苑利、顾军：《从龙王信仰看研究民间信仰的学术价值与意义》，《青海民族学院学报》2004 年第 1 期。

韩卢敏、李爽：《民间信仰文化旅游资源分类与评价——以闽台地区为例》，《亚太经济》2004 年第 1 期。

袁书琪、李爽：《海峡两岸民间信仰文化旅游开发构想》，《重庆师范大学学报（自然科学版）》2004 年第 3 期。

李云华：《民间信仰与宗教》，《中国宗教》2004 年第 9 期。

陈明文：《试论民间信仰在现代社会中的价值与作用》，《常德师范学院学报（社会科学版）》2003 年第 3 期。

黄建铭：《闽台民间信仰在海峡两岸交流中的作用》，《中国宗教》2003 年第 5 期。

范立舟：《宋元以民间信仰为中心的文化风尚及其思想史意义》，《江西社会科学》2003 年第 5 期。

温秋明：《福建民间信仰探析——佛教俗神定光古佛在闽西》，《福建广播电视大学学报》2003 年第 2 期。

张鸿石：《论传统民间信仰与社会主义精神文明建设》，《学术交流》2003 年第 3 期。

陈明文：《论当前我国民间信仰中传统文化资源的开发与利用》，《湖湘论坛》2003 年第 2 期。

向柏松：《传统民间信仰与现代生活》，《中南民族学院学报（人文社会科学版）》2003 年第 1 期。

吴鸿丽:《宋元时期泉州海外贸易与泉州的民间信仰》,《泉州师范学院学报》2003年第1期。

刘大可:《台湾的福州移民与民间信仰》,《福建论坛(人文社会科学版)》2003年第6期。

李爽:《浅谈闽台民间信仰文化与旅游开发》,《亚太经济》2003年第4期。

谢明礼:《闽台民间信仰文化旅游资源的空间差异及开发》,《亚太经济》2003年第4期。

林国平:《闽台民间信仰与两岸关系的互动》,《江西师范大学学报》2003年第4期。

袁霞:《从〈荆楚岁时记〉看魏晋南北朝荆楚民间信仰的特征》,《黄石教育学院学报》2003年第3期。

袁书琪、郑耀星、陈维平:《论闽台民间信仰文化旅游对促进祖国统一的作用》,《亚太经济》2003年第3期。

余美珠:《闽台民间信仰文化的特征及开发对策》,《亚太经济》2003年第3期。

贾艳红:《略论汉代民间的西王母信仰》,《山东师范大学学报人文社会科学版》2003年第3期。

丁贤勇:《明清灾害与民间信仰的形成——以江南市镇为例》,《社会科学辑刊》2002年第2期。

徐杰舜:《汉族民间信仰特征论下》,《广西民族学院学报(哲学社会科学版)》2002年第2期。

周建新:《客家民间信仰的地域分野:以许真君与三山国王为例》,《韶关学院学报(社会科学版)》2002年第1期。

徐杰舜:《汉族民间信仰特征论上》,《广西民族学院学报(哲学社会科学版)》2002年第1期。

袁同凯:《文化心理与人类行为:以民间信仰为例》,《南开大学法政学院学术论丛》2002年S2期。

王世光:《前清儒者视野中的民间佛道信仰》,《宗教学研究》2002年第3期。

余险峰:《不可忽视民间信仰问题》,《中国宗教》2002年第5期。

梁羽:《福州市民间信仰问题的调查与思考》,《福州党校学报》2002年第 3 期。

金泽:《民间信仰的聚散现象初探》,《西北民族研究》2002 年第 2 期。

林国平:《闽台民间信仰的由来及发展》,《台湾研究》2002 年第 2 期。

冯贤亮:《明清江南的正统寺庙、民间信仰与政府控制》,《江苏社会科学》2002 年第 3 期。

林国平:《论闽台民间信仰的社会历史作用》,《福建师范大学学报(哲学社会科学版)》2002 年第 2 期。

黄辉全:《海峡两岸民间信仰的纽带——唐山神》,《统一论坛》2002 年第 2 期。

张先清:《试论艾儒略对福建民间信仰的态度及其影响》,《世界宗教研究》2002 年第 1 期。

詹石窗:《传统宗教与民间信仰在海峡两岸交流中的作用》,《世界宗教研究》2001 年第 4 期。

方文桃:《海峡和平女神群像雕塑记——兼谈民俗信仰题材雕塑如何提升质量》,《雕塑》2001 年第 1 期。

郑振满、陈春声:《国家意识与民间文化的传承——〈民间信仰与社会空间〉导言》,《开放时代》2001 年 10 期。

朱迪光:《民间信仰与中国文化精神研究》,《十堰职业技术学院学报》2001 年第 3 期。

范涛:《林美容教授在民间信仰研究中的开拓与创新》,《广西民族学院学报哲学社会科学版》2001 年第 5 期。

范正义:《拒斥与接纳——基督教在华传播与中国民间信仰关系的文化透视》,《福建师范大学学报(哲学社会科学版)》2001 年第 3 期。

杨树喆:《壮族民间师公教:巫傩道释儒的交融与整合》,《中央民族大学学报》2001 年第 4 期。

毅华:《汉代的类宗教迷信和民间信仰》,《南都学坛》2001 年第 4 期。

麻健敏:《从文化层面透视福建民间信仰》,《福建论坛(经济社会版)》2001 年第 6 期。

聂德宁:《新马早期华人社会的民间信仰初探》,《厦门大学学报(哲学社会科学版)》2001 年第 2 期。

林盛根、张诺夫:《宗教和民间信仰对福建沿海地区部分农村基层组织建设的影响及对策》,《中共福建省委党校学报》2001 年第 2 期。

王耕:《源远流长:浅谈台湾的民间信仰》,《两岸关系》2000 年第 4 期。

徐晓望:《福建佛教与民间信仰》,《法音》2000 年第 1 期。

徐杰舜:《论汉族民间信仰的原始性》,《云南民族学院学报(哲学社会科学版)》2000 年第 1 期。

仲宇:《道教对民间信仰的收容和改造》,《宗教学研究》2000 年第 4 期。

顾希佳:《汉族民间信仰与儒、释、道的关系》,《广西梧州师范高等专科学校学报》2000 年第 4 期。

欧阳小松:《"乡国情结"与福建民间信仰在台湾的植根》,《中共福建省委党校学报》2000 年第 9 期。

郑立勇:《关于民间信仰特性的几点思考》,《福建省社会主义学院学报》1999 年第 4 期。

奕龙:《闽台民间信仰的表层差别及其原因》,《台湾研究集刊》1999 年第 3 期。

张泽洪:《道教斋醮科仪与民俗信仰》,《宗教学研究》1999 年第 2 期。

华方田:《妈祖崇拜:澳门的民间信仰》,《世界宗教文化》1999 年第 2 期。

林正添、李敬焕:《民间信仰与社会问题——析福建妈祖信仰文化的功用》,《福建公安高等专科学校学报·社会公共安全研究》1999 年第 2 期。

徐心希:《闽台地区汉民族民间信仰的源流、现状与特点探讨》,《中华文化论坛》1999 年第 2 期。

陶思炎、铃木岩弓:《论民间信仰的研究体系》,《世界宗教研究》1999 年第 1 期。

李天锡:《华侨华人民间信仰的特点及其前景》,《世界宗教研究》1999 年第 1 期。

陈小冲:《台湾民间信仰中的义民爷与义民庙》,《岭南文史》1993 年第 2 期。

陈小冲:《台湾民间信仰若干史事辨误——与台湾学者商榷》,《福建学刊》1992 年第 2 期。

后 记

在厦门市委宣传部、厦门市社科联和规划办的高度重视下，闽台民间信仰资源调查组全体师生，耗时近3年时间，不畏艰难和困苦，圆满完成任务。

本课题参与田野调查的师生共38人，参与本书稿写作的师生和学者7人。

本课题写作大纲的设计和总编纂由厦门大学博士生导师徐辉教授与课题组总负责人、厦门理工学院刘芝凤教授共同负责，由林江珠承担书稿统稿、插图选择和闽台调查信息分类统计撰写个案调查报告、段凌平承担主要章节的写作任务。书中采用了26位师生的闽台民间信仰调查报告，尤其是学生考察队的队长王煌彬在二年多的田野考察中，一人就撰写了二十余篇民间信仰调查报告，在此无法把他们全部列出，但他们的贡献不能忽略。本书能够完成还得益于在田野调查时接受我们访问的单位和传承人，如南平市樟湖镇文化馆王商书先生，不仅带我们走访文化遗址，考察地方民间信仰展览，还参加本书的蛇崇拜和蛙崇拜文化专题写作。他们所给予的支持和帮助，使本书大量案例以活态形式及原汁原味的形态表现在课题之中，他们的文化自觉意识和行动激励着课题组全体成员，激发我们承担起保护和传承闽台历史文化遗产的光荣使命，感激之情，无法逐一答谢。

借此机会，向所有参加田野调查的师生表示衷心感谢；向所有提供考察地点和接待考察队的地方政府、宣传部、文化局、文化馆和接受采访的单位与个人表示由衷地感谢；向"闽台历史民俗文化遗产资源调查"总课题组主持人刘芝凤教授及大组全体师生表示万分感谢，本课题的田野调查主要是随着大组一块进行，大组在经费上和人员上一直给予各个子课题的支持与协调，在资料共享、文化共建上保障了本课题的正常运作。

最后，向本课题采用过资料的资料作者，因一时无法联络到本人并及时征求意见而表示道歉。

林江珠

2013年9月26日

图书在版编目(CIP)数据

闽台民间信仰传统文化遗产资源调查/林江珠等著. —厦门:厦门大学出版社,
2014.5
(闽台历史民俗文化遗产资源调查)
ISBN 978-7-5615-4981-0

Ⅰ.①闽… Ⅱ.①林… Ⅲ.①信仰-民间文化-资源调查-福建省②信仰-民间文化-资源调查-台湾省 Ⅳ.①B933

中国版本图书馆 CIP 数据核字(2014)第 088953 号

厦门大学出版社出版发行

(地址:厦门市软件园二期望海路 39 号 邮编:361008)
http://www.xmupress.com
xmup @ xmupress.com

厦门集大印刷厂印刷

2014 年 5 月第 1 版 2014 年 5 月第 1 次印刷
开本:720×1000 1/16 印张:22.5 插页:4
字数:410 千字 印数:1~4 000 册
定价:56.00 元

本书如有印装质量问题请直接寄承印厂调换